"十三五"国家重点出版物出版规划项目

南水北调中线一期工程文物保护项目
湖北省考古发掘报告
第 9 号

郧县刘湾遗址

湖北省文物局
湖北省移民局
南水北调中线水源有限责任公司
编著

科学出版社
北京

内 容 简 介

　　本书全面系统地介绍了湖北省郧县刘湾遗址在不同时期的文化遗存。书中分别就该地区的新石器时代、周代、汉代、宋代及明清时期的遗存进行了研究，内容涉及考古学、历史学、人类学、动物学等学科，重点总结了刘湾遗址各阶段的文化特点，是配合南水北调中线工程建设的一部综合性考古发掘报告，对研究鄂西北古代文化发展历程补充了材料，具较高的学术研究价值。

　　本书可供考古学、历史学、人类学、动物学等学科的科研、教学人员及关心南水北调中线工程建设的人员阅读、参考。

图书在版编目（CIP）数据

郧县刘湾遗址 / 湖北省文物局，湖北省移民局，南水北调中线水源有限责任公司编著. —北京：科学出版社，2018.11

（南水北调中线一期工程文物保护项目. 湖北省考古发掘报告；第9号）

"十三五"国家重点出版物出版规划项目

ISBN 978-7-03-059439-6

Ⅰ.①郧…　Ⅱ.①湖…②湖…③南…　Ⅲ.①古城遗址（考古）–考古发掘–发掘报告–郧县　Ⅳ.①K878.35

中国版本图书馆CIP数据核字（2018）第258207号

责任编辑：王光明　蔡鸿博 / 责任校对：邹慧卿

责任印制：肖　兴 / 封面设计：陈　敬

科学出版社 出版

北京东黄城根北街16号

邮政编码：100717

http://www.sciencep.com

中国科学院印刷厂 印刷

科学出版社发行　各地新华书店经销

*

2018年11月第　一　版　　开本：889×1194　1/16

2018年11月第一次印刷　　印张：24 3/4　插页：27

字数：810 000

定价：328.00元

（如有印装质量问题，我社负责调换）

"13th Five-Year Plan" National Key Publications Publishing and Planning Project

Reports on the Cultural Relics Conservation
in the South-to-North Water Diversion Project
Hubei Vol.9

The Liuwan Site
in Yunxian County, Hubei Province

Cultural Heritage Bureau of Hubei Province
Resettlement Bureau of Hubei Province
Mid-route Source of South-to-North Water Transfer Corp. Ltd

Science Press
Beijing

南水北调中线一期工程文物保护项目

湖北省编辑委员会

南水北调中线一期工程文物保护项目

湖北省考古发掘报告第9号

《郧县刘湾遗址》

主 编

闻 磊

项目承担单位

湖北省文物考古研究所

目　　录

插图目录

插 表 目 录

图 版 目 录

第一章 概　述

第一节　地理位置与环境

一、地　理　位　置

　　刘湾遗址位于湖北省十堰市郧县[①]杨溪铺镇刘湾村四组，西北距郧县县城约10千米，隔汉江距青龙泉遗址约3千米。遗址地处汉江左岸一、二级台地上，中心地理坐标东经110°53′15.8″、北纬32°48′57.1″，海拔约160米，总面积约3万平方米。整个遗址早年经过平整，北部原为村民居住区，20世纪80年代初搬迁至东部岗地，现距遗址约300米（图一；图版一、图版二）。

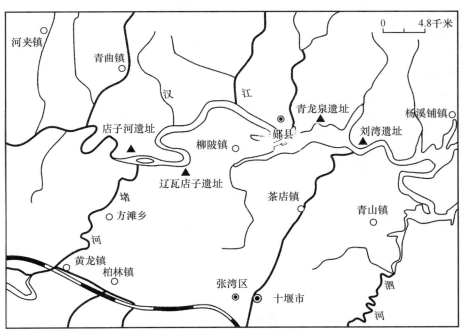

图一　刘湾遗址地理位置示意图

---

①　郧县，即今湖北省十堰市郧阳区。因本书内容主要发生在撤县设区之前，故仍用"郧县"地名。

二、自然环境

郧县位于湖北省西北部，与豫、陕二省交界。地处秦岭、大巴山东延余脉之间，汉水上游下段。纵跨北纬32°25′～33°16′，横贯东经110°07′～111°16′。东北部与河南省淅川县相依，东南部与丹江口市接壤，南部与十堰市区、房县相邻，西南部与竹山县毗连，西部与陕西省白河县交界，西北部与郧西县相交，北部与陕西省商南县相接。史有"鄂之屏障，豫之门户，陕之咽喉，蜀之外局"之称。

郧县地质构造属秦岭纬向构造带东段南缘次级构造，地层岩性北、南各不相同。刘湾遗址所在杨溪铺一带的地质构造地层单位属震旦系上统灯影组，为一层浅、中海相碳酸盐沉积岩。郧县地貌是以丘陵低山为主体的山谷相间的山区，南、北、西三边以高山为界，地势呈马蹄状环绕，由西北、西南向中部倾斜，汉水纵贯中部，由西北向东南将县域分为南、北两部分。复杂的地质地貌将县域分成西南中低山区、汉水河谷丘陵区、滔河外缘中低山区、滔河盆谷丘陵区4大区域。其中，汉水河谷丘陵区为汉水沿岸海拔500米以下的低缓地带，地势起伏较小，相对高差不到100米，为河谷相间的低矮丘陵和盆地。丘陵区的山岭多为紫色的红砂岩，由南向汉水南岸低伏，在汉水沿岸出现大小不一的坪地、河湾地、河漫滩地。刘湾遗址就位于这样的坪地及河漫滩地上，整体呈南北向长方形，西缘距枯水期的汉江岸线约50米。

郧县地处秦岭南北气候带分水岭南侧，属北亚热带大陆性季风气候，随地形和地势走向不同，又呈现出北亚热带、暖温带、中温带3个不同的气候带。整体气候四季分明，光照充足，降水集中，夏旱突出。从汉江河谷到高山地区，年均气温在10～16℃，平均湿度约70%[1]。

远古的郧县水草丰茂、丛林密布，是古生物栖息繁衍的天然乐园。刘湾遗址地理位置良好，气候、土壤环境适当，造就了该地从新石器时代中晚期到明清直至现代的文化传承。据考古发掘资料得知，刘湾遗址新石器时代曾有来自北方中原地区及南方江汉地区文化因素的相继存续，是本地文化早期发展的源流。

第二节　既往发掘史、资料整理及报告编写

一、历年发掘情况

2009～2012年，湖北省文物考古研究所为配合南水北调丹江口库区文物保护工作，由周国平担任领队、胡文春担任执行领队，逐年对刘湾遗址进行发掘，发掘面积总计8325平方米（图二），共发现聚落环壕1条、房址1座、灰坑211个、灰沟3条、灶2座、窑址2座、墓葬100座、瓮棺3座（图三；图版三、图版四）。具体情况如下：

（1）2009年6月5日～7月15日，为全面了解遗址情况，湖北省文物考古研究所组织人员以刘湾村原居民点所在地——前岭为中心，分别对南、北两个台地及汉江沿岸坡地进行了调查，

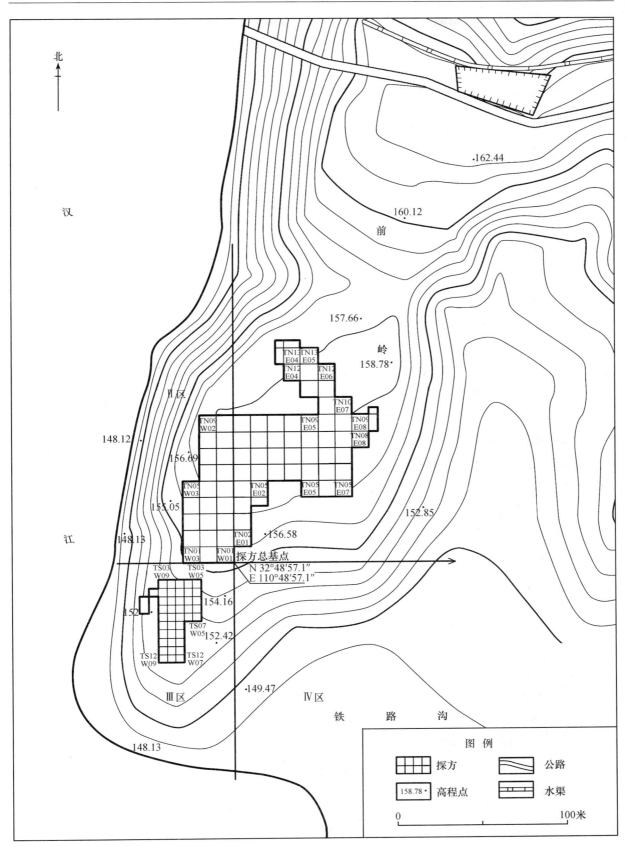

图二 刘湾遗址地形及探方分布图

在南部台地发现新石器时代陶片和汉代墓砖。因台地上已全部种植水稻，只对江边坡地进行了勘探。同时，请荆州博物馆肖玉军用全站仪对整个遗址进行了测绘，将遗址按象限逆时针分为4区，编号Ⅰ～Ⅳ。

第一次发掘分两个阶段：第一阶段于2009年6月16日在Ⅲ区汉江沿岸坡地旱田布5米×5米探方27个，7月底该阶段发掘结束；第二阶段待下半年水稻收割后，于10月7日再次对整个台地进行了全部勘探，面积约15000平方米，10月14日在Ⅰ区布10米×10米探方24个，2010年1月该阶段发掘结束。

本次发掘面积合计3075平方米，共清理新石器时代聚落环壕1条、房址1座、灰坑121座、灰沟2条、灶坑2座、墓葬38座、瓮棺2座，周代灰坑1座、墓葬3座，汉代墓葬1座，宋代窑址1座，明清时期墓葬3座。

参加本次调查、勘探及发掘工作的有胡文春、张家云、张杰、程飞、周正生、王文平、杨红艳。

发掘期间，2009年12月23日，湖北省文物局南水北调文物保护办公室组织专家组检查工地和发掘资料，专家组成员有陈跃钧、孟华平、王明钦、杜杰等。

（2）2010年10月～2011年1月，对刘湾遗址西南部进行全面勘探，面积约15000平方米。根据勘探资料，第二次发掘于2010年10月31日在Ⅰ区布10米×10米探方8个，Ⅱ区布10米×10米探方21个。为全面揭露第一次发掘中发现的聚落环壕，11月29日在Ⅰ区东北部布10米×10米探方4个、5米×5米探方1个。

本次发掘面积合计3325平方米。共清理新石器时代灰坑68个、窑址1座、墓葬37座、瓮棺1座，东周时期墓葬3座，宋代墓葬1座。

参加本次勘探、发掘工作的有胡文春、席奇峰、赵军、廖华云、粟旭、张家云、程飞、张杰、王文平、杨红艳。

发掘期间，2010年12月29日，湖北省博物馆、湖北省文物考古研究所馆所长包东波、副馆所长孟华平，十堰市文物局局长郭崇喜，十堰市博物馆馆长胡勤等赴工地慰问，并详细了解工地发掘情况。

（3）经过两次发掘，刘湾遗址发现了较多新石器时代墓葬、灰坑及聚落环壕，但仅在Ⅲ区北部发现了一座圆形房址。2011年1月，向湖北省文物局南水北调文物保护办公室申请追加发掘面积3000平方米，旨在寻找更多相关的遗迹、遗物，充实刘湾遗址内涵。同年8月，追加发掘面积申请得到批复。

第三次发掘于2011年9月15日进场，意在Ⅲ区寻找房址及与房址有关的遗迹。但由于当时汉江水位较高，Ⅲ区淹没在水中。故先在Ⅰ区布10米×10米探方5个、5米×10米探方1个，Ⅱ区布10米×10米探方2个进行发掘，并对Ⅰ区东北部进行勘探，等江水回落后再对Ⅲ区进行布方发掘。发掘期间，11月汉江水位再次上涨，部分探方进水。11月17日，同时向湖北省文物局南水北调文物保护办公室和湖北省文物考古研究所发回刘湾遗址停工报告，但每天仍在监测汉江水位情况，在推测水位不会回落的情况下，11月25日撤出工地。

本次发掘面积合计750平方米，共清理新石器时代灰坑7个、墓葬7座，宋代墓葬1座，明清时期墓葬4座。值得注意的是，本次发掘首次发现刘湾遗址内部大型石料坑（H195、H196）。

参加此次发掘的有胡文春、瞿磊、粟旭、程飞、王文平、杨红艳、马小姣。

（4）2012年2月7日，刘湾遗址第四次发掘开始，参加工作人员有胡文春、闻磊、程飞、王文平、杨红艳、马小姣。在Ⅲ区布5米×5米探方14个，Ⅰ区布10米×10米探方6个、5米×10米探方3个、5米×5米探方1个。4月初汉江水位回落，在江边局部发现文化堆积，呈坡状分布，遗物较丰富，在Ⅲ区布5米×10米探方1个。

本次发掘面积合计1175平方米，共清理新石器时代灰坑14个、灰沟1条，汉代墓葬1座，明清时期墓葬1座。本次发掘依旧未发现房址及其他新的遗迹。

2012年5月中旬，刘湾遗址整个田野发掘工作结束，湖北省文物局组织专家对工地发掘情况进行了验收。

二、资料整理及报告编写

刘湾遗址基础整理工作第一阶段从2011年2月23日开始。整理工作安排：首先将陶片全部分类，依照先地层、后灰坑进行摊开，拼对、统计和挑选标本。先修复墓葬，后地层和遗迹。6月下旬~7月15日因郧县尖滩坪墓群发掘，整理工作暂停。7月中旬~12月继续整理（其中9月中旬~11月刘湾遗址第三次发掘），整理工作由胡文春负责，先后参加整理有人员有席奇峰、瞿磊、程飞、王文平、杨红艳；修复由杨红艳负责，绘图由周士本、马小姣负责，田野发掘记录资料由程飞输入电脑，全部地层、遗迹图纸扫描后归入各单位。2011年累计整理7个月。

2012年3月中旬，在刘湾遗址第四次发掘的同时，由周国平、胡文春负责器物标本照相登记，余乐负责器物标本照相，4月初完成大部分器物标本照相任务。

刘湾遗址基础整理工作第二阶段从2012年6月1日开始。整理工作安排：6~7月，闻磊、程飞、王文平对第三、四次发掘陶片拼对、统计，杨红艳负责修复，符德明负责绘图，第四次发掘出土器物标本照相由胡文春负责。8~9月，程飞、王文平对各单位陶片、器形统计表进行百分比汇总统计，制作灰坑、墓葬等遗迹登记表格；闻磊负责制作整个刘湾遗址出土器物标本卡片。10月初，器物标本实物与卡片重新核对，填写出土器物标本登记表，田野照片、器物照片编排装册。10月上旬刘湾遗址整理工作基本结束，中旬由湖北省文物考古研究所组织专家对该遗址具有代表性的出土器物标本进行了审定，下旬填写出土文物暂存清单，标本分类装箱，移交郧阳博物馆。发掘资料上交湖北省文物局南水北调文物保护办公室。10月25日整理工作全部结束。

2012年10月底，《郧县刘湾遗址》报告体例得以确定，2012年11月开始逐步进行报告编撰工作。报告正文分为八章。其中第一章，第三章第二节由胡文春编写。第二章，第三章第一、三节，第四、五、六、七、八章由闻磊完成。绘图及描图由符德明、周士本、马小姣负责，图版编排及校对由周礫负责。附录一由周蜜、赵军负责，附录二由陶洋、闻磊负责，附录三由冯小波、闻磊撰写。最后由闻磊负责修订定稿。

第三节　报告情况说明

　　鉴于遗址是多年连续性发掘项目，为了发掘方便，结合地理环境，我们将遗址按照象限逆时针分为4区，实际发掘涉及3个区，正文中用罗马数字Ⅰ～Ⅲ代表。各探方号同样冠以罗马数字表明其所在区域。因为涉及南水北调项目的遗址发掘都是一次性的，本报告为了全面系统地反映遗址内涵，所有发掘资料均予以发表。同时，为了让读者更加方便地查阅和研究，每个单位的材料尽量单独成图刊出。文中分期的期号用汉字一、二等表示，段别用阿拉伯数字1、2等表示。器物类型学观察中涉及的器物件数只代表完整或修复的器物数量。

　　若一个图名、图号需要占用几版图幅，则在每一幅图名、图号后加大写英文字母，如图三有3版图，则分别编号图三-A、图三-B及图三-C。

　　部分灰坑堆积是可以分层的，由于各层遗物差别较小，为了方便介绍，在描述时没有注明层位。

注　释

［1］　大部分内容摘自湖北省郧县地方志编纂委员会：《郧县志》，湖北人民出版社，2001年。

第二章 地层堆积及遗址分期

第一节 地层堆积及遗物

　　根据地形特点及前期勘探结果，将遗址分为3个发掘区，为了便于发掘、整理和研究，我们对照历年发掘情况将整个遗址统一地层，其中第Ⅰ、Ⅱ发掘区位于整个遗址的中心，文化堆积层次基本一致，从上至下依次分为5层。第Ⅲ发掘区则位于遗址西南部临近汉江的地势较低区域，主要分为两类堆积：第一类为主体堆积，基本分布于整个第Ⅲ发掘区，自上而下分为5层，由出土物来分析，其堆积时代整体较Ⅰ、Ⅱ区偏晚；第二类为特殊堆积，仅ⅢTS05W11内有所发现，疑为次生垮塌堆积，从上而下分为2层。以下就分区来介绍遗址的文化堆积情况，并列举介绍文化层内出土遗物。

一、地层堆积

（一）Ⅰ、Ⅱ区

　　共分5层。以发掘区中部偏东区域堆积层次最为完整，向周边地区逐渐缺省。现以ⅡTN07W02～ⅠTN07E07北壁为例予以说明（图四）。

　　第1层：耕土层。灰色黏土，结构疏松。东部厚于西部，含有较多植物根茎、近现代遗物及少量陶片。厚5～45厘米。

　　第2层：灰褐黏土。夹杂少量红烧土颗粒，结构较致密。东部较西部厚，深5～45、最厚处50厘米。包含物有泥质红陶、夹砂灰陶等；纹饰以素面为主，少量弦纹、篮纹；可辨器形有罐、钵等。开口本层下遗迹有H62、H115、H124和M33。

　　第3层：灰黑黏土。夹杂少量红烧土颗粒，结构较致密。仅见于遗址东部。深25～75、最厚处30厘米。出土遗物以泥质红陶为主，夹砂灰陶次之；纹饰以素面为主，少量绳纹、篮纹；可辨器形有鼎、罐、钵等。G1、G2开口于本层下。

　　第4层：黄褐黏土。夹杂少量红烧土颗粒，结构较致密。仅见于遗址东部。深25～90、最厚处25厘米。本层出土少量陶片，以泥质红陶为主，夹砂灰陶次之；纹饰以素面为主，少量绳纹；可辨器形有鼎、罐、钵、盆、锉等。

　　第5层：黄褐沙土。结构致密。见于遗址西部及东部，中部缺少不见。深15～90、厚8～30

厘米。包含少量陶片，以夹砂红陶为主，泥质红陶次之；纹饰以素面为主；陶片多破碎，未有可辨器形。

此层下即为黄色生土。

（二）Ⅲ区

1. 主体堆积

共分5层，完整堆积主要分布在该发掘区中部偏北部分，周边堆积则显零碎。现以Ⅲ TS06W08 ~ Ⅲ TS06W06北壁为例予以说明（图五）。

第1层：耕土层。灰色沙土，结构疏松。中间厚、两边薄，含有较多植物根茎、近现代遗物及少量陶片。厚10 ~ 20厘米。

第2层：灰褐黏土。结构致密。西部较东部略厚。深10 ~ 20、厚5 ~ 25厘米。包含物较杂，有晚期釉陶、青花瓷及少量早期陶片，应为古代及近现代人类活动扰乱层。

第3层：深灰色黏土。结构较致密。东部厚于西部。深15 ~ 45、厚5 ~ 30厘米。本层出土大量陶片，以泥质红陶为主，夹砂红褐陶次之；纹饰以素面为主，篮纹次之；可辨器形有钵、碗、鼎、罐等。

第4层：黑色黏土。夹杂大量红烧土颗粒，结构较致密。中部较两边显薄。深20 ~ 75、厚0 ~ 45厘米。出土物较少，以泥质红陶为主，泥质灰陶次之；纹饰以素面为主；可辨器形有钵、罐等。开口本层下遗迹有H20。

第5层：褐色黏土。夹杂大量大小不一卵石块，结构较致密。东部厚于西部。深20 ~ 120、0 ~ 30厘米。出土少量陶片，以夹砂红陶为主，泥质红陶次之；纹饰以素面为主，绳纹、弦纹次之；可辨器形有鼎、罐、盆、钵等。H21开口于本层下。

此层下即为红褐色生土。

2. 特殊堆积

在勘查过程中发现遗址紧邻汉江有一片黑土堆积，后布5米×10米探方发掘（Ⅲ TS05W11）。发掘表明该方虽位于第Ⅲ发掘区内，但其堆积层次及内涵与Ⅲ区主体堆积不尽相同。共分2层，东厚西薄。现以Ⅲ TS05W11东壁为例予以说明（图六）。

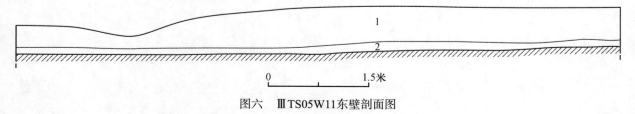

0　　　　　　　　1.5米

图六　Ⅲ TS05W11东壁剖面图

第1层：灰黑黏土。结构疏松。由东南向西北呈坡状分布。厚20 ~ 50厘米。出土大量陶片，以夹砂红陶为主，夹砂红褐陶次之；纹饰以篮纹为主，绳纹次之；可辨器形有罐、缸、敛口钵、釜形鼎、尖底瓶；陶胎普遍较厚。

第2层：黄色黏土。夹少量红烧土颗粒，结构较致密。由东北向西南呈坡状分布。深20～50、厚5～10厘米。包含纯净，基本未见陶片。

此层下即完全浸泡在江水里，未发掘到生土。

通过包含物对比，Ⅲ TS05W11第1层堆积与Ⅲ区主体堆积第5层的内涵基本相同，同属西阴文化。这片特殊堆积形成的原因可能是汉江二级阶地上原始堆积随着江水涨落冲刷而滑至一级阶地次生形成。

二、文化层内出土遗物

刘湾遗址文化层内出土遗物种类较多、数量丰富，主要有石器、陶器及动物骨骼等。

（一）石器

出土石器残块较多，仅少量可辨器形。器类分为生产工具和兵器二类，前者主要有斧、锛、凿、刀、镰、网坠及盘状器等，后者则主要为钺、镞等。加工方式多为先利用原石打制成初坯，再经磨制加工成型；极少量为直接打制而成。

1. 生产工具

斧　38件。数量最多。岩性绝大多数为细砂岩，少量泥条粉砂岩、含砾砂岩、辉绿岩及闪长岩。Ⅰ TN05E01⑤：2，细砂岩，石片加工而成，一面保留石皮。圆肩、弧刃对称成尖，保留少量使用疤痕。长9.2、宽4.9、厚2.4厘米，重88克（图七，1）。Ⅰ TN06E05④：17，细砂岩，原件通体磨光，两侧对称外斜，刃部疤痕重叠。残失严重，肩、腰断失，弧刃。长8.3、宽6.8、厚1.6厘米，重165克（图七，3）。Ⅰ TN07E06②：6，辉绿岩，通体磨光。梯形方肩，刃断失。残长10.6、宽7.7、厚2.5厘米，重341克（图七，4）。Ⅰ TN07E06②：7，闪长岩，通体凿光，刃部稍磨。肩残失，刃部见砍击疤重叠。残长10.4、宽8.8、厚4厘米，重599克（图七，5）。Ⅱ TN04W02②：1，泥条粉砂岩，利用扁平河砾稍磨刃部，形成双面凸弧刃。长14.9、宽7.7、厚1.8厘米，重440克（图七，2）。Ⅲ TS08W09②：3，细砂岩，利用石片打制，保留部分石皮，仅刃部磨制。双面凸弧刃，上半段残失。残长6.3、宽8.7、厚2.6厘米，重213克（图七，20）。

锛　7件。数量较少。岩性以片岩为主，细砂岩次之，极少量蛇纹岩和泥条粉砂岩。Ⅰ TN06E04④：11，片岩，通体磨光。单面刃，后肩部残失。长4.9、宽4、厚0.8厘米，重34克（图七，11）。Ⅰ TN06E05④：16，片岩，通体磨光。两侧平直，单面凸弧刃，肩、腰残失。长4.3、宽3.6、厚0.8厘米，重24克（图七，9）。Ⅰ TN06E03③：21，蛇纹岩，利用石片打制，仅对刃部磨光。整体呈梯形，单面刃微凸弧。长6.8、宽3.8、厚0.7厘米，重40克（图七，6；

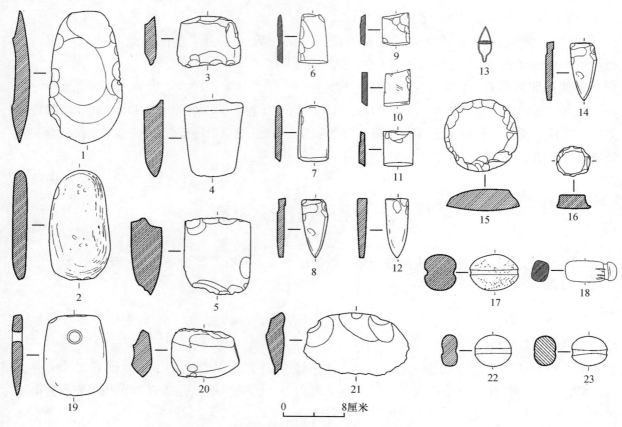

图七　刘湾遗址文化层出土石器

1～5、20. 斧（ⅠTN05E01⑤：2、ⅡTN04W02②：1、ⅠTN06E05④：17、ⅠTN07E06②：6、ⅠTN07E06②：7、
ⅢTS08W09②：3）　6、7、9～11. 锛（ⅠTN06E03③：21、TN08E05②：8、ⅠTN06E05④：16、
ⅢTS11W08②：7、ⅠTN06E04④：11）　8、12. 凿（ⅠTN06E04③：22、ⅡTN01W01②：8）　13. 镞
（ⅢTS12W07②：6）　14. 镰（ⅢTS12W08③：1）　15、16. 盘状器（ⅠTN06E03②：12、ⅠTN09E02②：5）
17、18、22、23. 网坠（ⅠTN06E04④：12、ⅢTS04W09③：4、ⅡTN02W02②：1、ⅠTN05E07②：2）　19. 钺
（ⅡTN03W02②：1）　21. 刀（ⅠTN03E01②：2）

图版二二，3）。ⅠTN08E05②：8，细砂岩，通体磨光。顶圆弧，两侧平直，单面刃微凸弧。
长7.8、宽4.2、厚0.8厘米，重52克（图七，7；图版一八，2）。ⅢTS11W08②：7，泥条粉砂
岩，原为方条形，通体磨光。两侧保留少量修整疤，单面斜刃，肩断失。残长4.8、宽3.4、厚
0.7厘米，重24克（图七，10）。

　　凿　2件。均为片岩，呈圭形。ⅠTN06E04③：22，片岩，通体磨制。整体平滑，两侧对
称成尖，刃不明显，腰、顶残失。长4、宽1.7、厚0.4厘米，重50克（图七，8；图版一九，
4）。ⅡTN01W01②：8，片岩，两面凿光。平顶，两侧磨平对称成尖。长7.9、宽3、厚1.2厘
米，重68克（图七，12）。

　　刀　1件。ⅠTN03E01②：2，细粒黑云母花岗岩，由石片加工而成，一面保留石皮。刃缘
呈扇形，加工疤重叠。长10.8、宽8.4、厚2.6厘米，重355克（图七，21）。

　　镰　1件。ⅢTS12W08③：1，片岩，利用石片修整。刃缘呈锯齿状，齿间为较深凹槽。长

2.75、宽4.9、厚0.2厘米，重7克（图七，14）。

网坠　4件。平面分为近圆形和柱形二类。ⅠTN06E04④：12，花岗岩，卵形砾石，中轴打磨一凹槽便于系捆。长6.1、宽4.7、厚4厘米，重155克（图七，17）。ⅠTN05E07②：2，花岗岩，偏平卵形砾石，中轴凿成凹槽，便于系捆。长4.7、宽4.1、厚3厘米，重80克（图七，23）。ⅡTN02W02②：1，闪长岩，利用扁平卵石，中轴凿磨一周凹槽，利于系捆。长4.8、宽4.3、厚2.1厘米，重85克（图七，22；图版二二，5）。ⅢTS04W09③：4，细砂岩，自然形成柱状，近顶端处凿磨一周凹槽，利于系捆。长6.85、宽2.9、厚2.15厘米，重93克（图七，18）。

盘状器　2件。利用扁平河砾一周连续单向加工形成边刃，保留二面石皮，刃缘较锋利。ⅠTN06E03②：12，粗砂岩。直径约9.7、厚约2.5厘米，重327克（图七，15）。ⅠTN09E02②：5，细砂岩。直径4.2~4.4、厚1.8厘米，重38克（图七，16）。

2. 兵器

钺　1件。ⅡTN03W02②：1，闪长岩，通体磨光。平肩，双腰对称平滑，双面凸弧刃，肩下对钻一孔。长11.2、肩宽7、刃宽8.4、孔径1.5~2、厚1.4厘米，重256克（图七，19；图版二〇，1）。

镞　1件。ⅢTS12W07②：6，片岩，利用石片磨制。两翼对称成尖，两侧尾端对称外弧，短直铤。长4.5、宽1.7、厚0.45厘米，重4克（图七，13；图版一九，6）。

（二）陶器

文化层内出土陶器泥质陶为主，夹砂陶次之。陶色以红陶为主，次为灰陶，黑陶所占比例极小。绝大多数素面，少量绳纹、划纹、弦纹及篮纹。器类主要有鼎、罐、钵、盆、碗等生活用具，少量生产工具如纺轮，装饰品如陶环。由于文化层内出土陶片数量较大，器形多破碎，故本节仅列举完整器及参与新石器时代器物类型学分析的标本以作说明。

鼎　1件。ⅢTS05W11①：45，夹砂灰陶。口及上腹残，折腹，圜底近平，锥状实足，足尖残。腹部饰凹弦纹，足跟饰一捺窝。腹径28、残高12.4厘米（图八，11）。

罐　2件。ⅠTN07E02②：7，夹砂红褐陶。敞口，卷沿，深弧腹微鼓，最大腹径在器中，下腹及底残。腹部饰细绳纹。口径26.4、腹径29.6、残高18.8厘米（图八，15）。ⅢTS12W07②：2，夹砂红褐陶。敞口，卷沿，圆唇，束颈，鼓腹，最大腹径偏上，平底微凹。上腹饰数道凹弦纹。口径10.4、腹径12.8、底径5.6、高12厘米（图八，14）。

钵　6件。其中红顶钵5件，红陶钵1件。ⅠTN09E01⑤：1，泥质灰陶、红顶。敛口，圆唇，弧曲腹，小平底。素面。口径26.2、底径6.6、高11.4厘米（图八，1）。ⅠTN09E01⑤：2，泥质灰陶、红顶。整体呈半卵圆形，敛口，尖圆唇，弧曲腹，底残。素面。口径36.8、复原底径6.4、高14.4厘米（图八，2）。ⅠTN07E01⑤：4，泥质灰陶、红顶，薄胎。敞口，弧腹，圜底，底腹交界处阴刻一周凹槽。素面。口径32.2、底径6.8、高11.2厘米

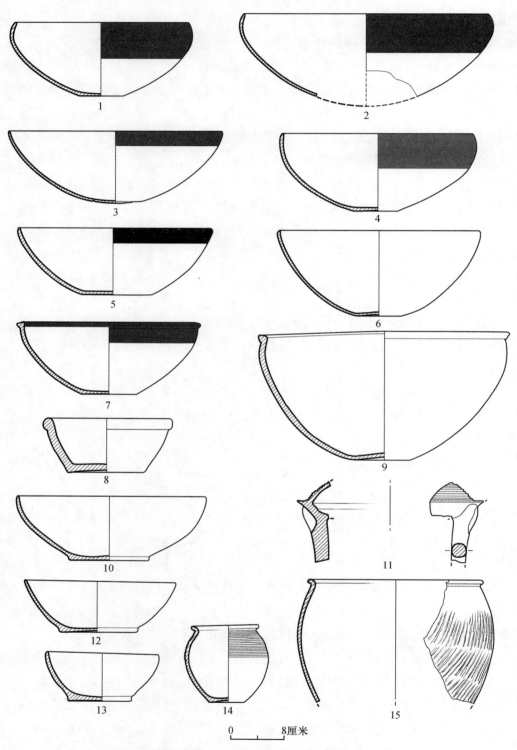

0　　　　8厘米

图八　刘湾遗址文化层出土陶器

1~6.钵（ⅠTN09E01⑤：1、ⅠTN09E01⑤：2、ⅠTN07E01⑤：4、ⅠTN08E02③：9、ⅢTS12W07②：1、
ⅠTN06E04④：26）　　7~9.盆（ⅢTS11W07④：1、TN07E04③：27、ⅢTS04W07③：1）
10、12、13.碗（ⅢTS11W08③：1、ⅢTS11W08②：8、ⅠTN06E04④：25）　　11.鼎（ⅢTS05W11①：45）
14、15.罐（ⅢTS12W07②：2、ⅠTN07E02②：7）

（图八，3）。ⅠTN08E02③：9，泥质灰陶、红顶。直口，圆唇，弧腹，平底。素面。口径28.8、底径6、高12厘米（图八，4）。ⅢTS12W07②：1，泥质灰陶、红顶。敞口，尖圆唇，弧腹，大平底。素面。口径30、底径10.4、高10.5厘米（图八，5）。ⅠTN06E04④：26，泥质红陶。敞口，尖圆唇，弧腹，平底微凹。素面。口径30.8、底径6.4、高13.2厘米（图八，6）。

盆 3件。ⅠTN07E04③：27，泥质灰陶、红顶。直口，折沿，沿外缘下斜弧腹，平底。素面。口径29.8、底径8.2、高16.2厘米（图八，8）。ⅢTS11W07④：1，泥质红陶。敛口，折沿，眼外缘上翘，凹底。素面。口径38.4、底径8、高20厘米（图八，7）。ⅢTS04W07③：1，夹砂红陶。敞口，厚圆唇，斜腹，凹底。素面。口径19.6、底径12、高8厘米（图八，9）。

碗 3件。ⅠTN06E04④：25，泥质红陶。侈口，斜弧腹，假圈足、底面近平。素面。口径13.2、底径9.6、高7.6厘米（图八，13）。ⅢTS11W08③：1，泥质红陶。直口，弧腹，假圈足、底面近平。素面。口径28.8、底径12、高10厘米（图八，10）。ⅢTS11W08②：8，泥质红陶。敞口，斜弧腹，假圈足、底面微凹。素面。口径23.2、底径12、高8厘米（图八，12）。

（三）动物骨骼

遗址文化层内还发现少量蚌壳、兽骨等动物骨骼，可辨种属的有鹿、猪等。

第二节 遗址分期

刘湾遗址经过四次发掘，每次发掘均对照以往地层进行了统一，根据不同地层、遗迹单位等出土的遗物特征，结合周边地区研究成果，我们将遗址分为早晚五个大的文化时代，具体情况如下（表一）。

表一 刘湾遗址地层、遗迹、墓葬所属文化时代对应表

文化时代	分期	地层	遗迹及墓葬
新石器时代	一期	Ⅰ、Ⅱ区第4、5层	灰坑2个（H153、H209），墓葬9座（M12等）
			墓葬8座（M2等）
			灰坑60个（H27等），灰沟1条（G4），墓葬8座（M7等）
	二期	Ⅰ、Ⅱ区第2、3层，Ⅲ区第5层，ⅢTS05W11第1层	灰坑53个（H23等），聚落环壕1条（G2），灰沟2条（G1、G3），灶址1座（Z2），窑址1座（Y2），墓葬4座（M1等）
	三期	Ⅲ区第3、4层	灰坑12个
周代			灰坑1个（H17），墓葬6座（M8、M9、M10、M47、M50、M86）

续表

文化时代	分期	地层	遗迹及墓葬
汉代			墓葬2座（M42、M99）
宋代			窑址1座（Y1），墓葬2座（M85、M96）
明清时期			墓葬8座（M17、M18、M19、M87、M88、M89、M90、M100）
时代归属不明遗存			灰坑83个，房址1座（F1），灶坑1座（Z1），墓葬53座，瓮棺3座（W1～W3）
合计			聚落环壕1条，房址1座，灰坑211个，灰沟3条，灶坑2座，窑址2座，墓葬100座，瓮棺3座

注：本表所列时代归属不明遗迹及墓葬等均属于新石器时代遗存，但因无遗物或出土特征不明显而无法划分具体期别

新石器时代：刘湾遗址主体堆积，可细分为三期遗存。

一期　主要分布在遗址中北部高台地上，包括Ⅰ、Ⅱ区第4、5层，62个灰坑，G4，25座墓葬。出土陶器以泥质红陶为主，纹饰多为素面，器形组合以罐形鼎、罐、小口罐、盆、钵、红顶钵、碗、器座等为代表，其文化面貌与鄂西北、豫西南仰韶文化早期相当。

二期　包括Ⅰ、Ⅱ区第2、3层，Ⅲ区第5层、ⅢTS05W11第1层，53个灰坑，G2，G1、G3，Z2，Y2，4座墓葬。出土陶器胎质普遍较厚，以夹砂红陶为主，纹饰有篮纹、绳纹等，器形组合以釜形鼎、罐、筒形罐、钵、盆、带流盆、盘等为代表，其文化面貌与鄂西北、豫西南仰韶文化中期相当。

三期　主要分布在Ⅲ区，包括Ⅲ区第3、4层及12个灰坑。出土陶器以泥质红陶为主，纹饰多素面、少量篮纹等，器形组合有仰折沿内凹罐、高领罐、红顶钵、器座等，其文化面貌与鄂西北、豫西南仰韶文化晚期相当。

周代：没有发现文化层堆积，仅发现1个灰坑（H17），墓葬6座（M8、M9、M10、M47、M50、M86）。出土陶器有夹砂红褐陶、灰陶鬲、泥质黑陶盉，还有少量绿松石、石璧等装饰品。

汉代：没有发现文化层堆积，仅发现墓葬2座（M42、M99）。出土遗物有泥质灰陶盆、罐，铁剑、铜削及五铢钱。

宋代：没有发现文化层堆积，仅有1座窑址（Y1）和2座墓葬（M85、M96）。其中M85出土泥质灰陶盆1件。

明清时期：同样没有文化层，发现墓葬8座（M17、M18、M19、M87、M88、M89、M90、M100）。其中明确为明代墓葬的出土有釉陶壶、青花瓷碗及夹砂陶罐，明确为清代墓葬的均在填土中发现数枚"康熙通宝"。

第三章　新石器时代遗存

第一节　遗迹及遗物

刘湾遗址新石器时代遗迹种类多样、数量众多，共发现聚落环壕1条、灰坑210个、灰沟3条、房址1座、窑址1座、灶坑2座（图九）。

刘湾遗址新石器时代出土遗物较为丰富，主要有石器、陶器及动物骨骼等。以陶器为大宗，共出土陶片87833片，选取标本1810件，修复完整94件。陶质以泥质为主占58.45%，夹砂次之占39.92%，极少量夹蚌陶占1.63%；陶色以红陶为主占44.2%，次为灰陶占16.91%，红褐陶再次占15.49%；器表纹饰绝大多数为素面占90.64%，少量划纹占4.29%、绳纹占3.54%、弦纹占1.15%；器类主要有鼎、罐、钵、红顶钵、盆、瓮、碗、杯、盘、器座、锉、器盖等，所占比例分别为4.25%、33.49%、32.2%、12.14%、12.02%、1.89%、0.29%、0.06%、0.03%、0.19%、1.38%和0.63%。出土石器290件，多为生产工具，极少量兵器。主要器形有斧、锛、凿、盘状器等，占比分别为36.66%、6.33%、2.67%和4.33%。并采集少量骨器、蚌壳、动物骨骼标本。

一、聚落环壕

发现1条，编号G2。

位置：位于整个遗址中部，经过ⅠTN06E04东部、ⅠTN06E05西部、ⅠTN07E04东南角小部、ⅠTN07E05西部、ⅠTN08E05东南大部、ⅠTN08E06北部、ⅠTN09E06东南大部、ⅠTN09E07西北小部、ⅠTN10E07西南小部、ⅠTN10E06东部、ⅠTN12E05东部、ⅠTN13E04中部及ⅠTN14E03西部。

层位关系：开口于第3层下，打破第4、5层及生土。沟口距地表深20~65厘米。

形制及结构：经勘探和发掘，确认该沟为南北向，呈弧状延伸至汉江边，斜壁，平底，壁面及底面未见加工痕迹。已知长度约200、宽3.1~6.5、深1.2~1.8米。

沟内堆积：可分为2层。第1层：灰黑黏土层。夹杂少量红烧土颗粒、草木灰等，结构较致密。深30~60、厚35~120厘米。出土陶片以夹砂红陶为主，占38.29%，泥质红陶次之，占27.67%；纹饰以素面为主，少许篮纹、弦纹、划纹等；可辨器形有鼎足、罐、盆、钵、红顶钵、尖底瓶等。第2层：褐黄黏土层。夹杂少量红烧土块、砾石等，结构较致密。深65~90、厚20～70厘米。出土陶片以泥质红陶为主，占22.75%，夹砂红陶次之，占18.18%；纹饰以素面为主，少许划纹、弦纹等；可辨器形有鼎、罐、盆、钵、红顶钵、碗、瓮、尖底瓶、器盖、器座、陶锉等；陶胎普遍较厚重（图一〇、图一一；图版五，1）。

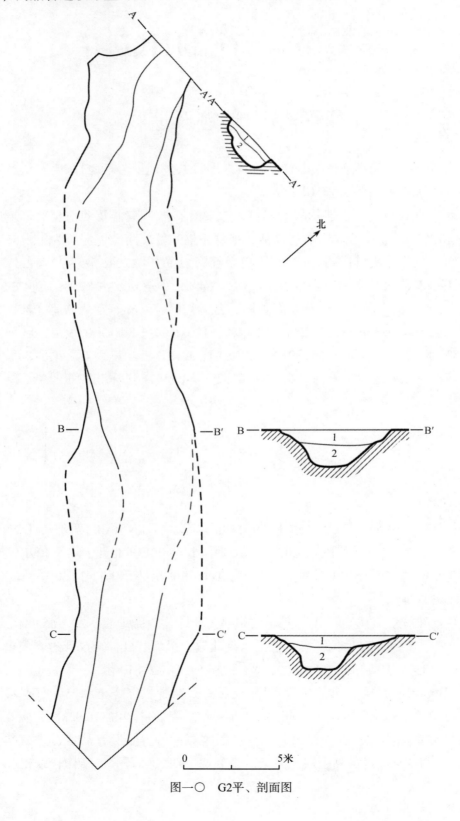

图一〇　G2平、剖面图

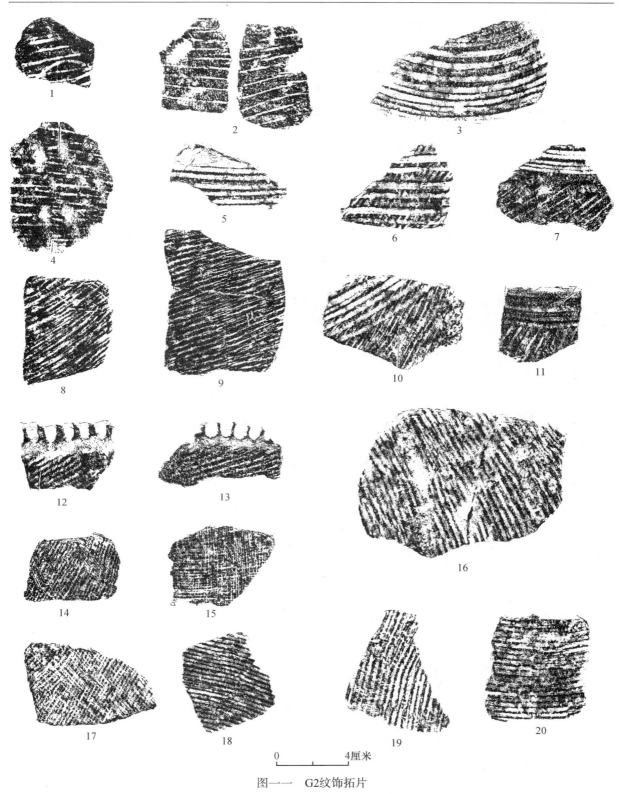

图一一　G2纹饰拓片

1.划纹与圆符号（G2②：317）　2、8、9.划纹（G2②：327、G2②：312、G2②：309）　3.弦纹（G2②：311）　4.间断划
纹（G2②：314）　5.凹弦纹（G2②：326）　6.弦纹与间断划纹（G2②：320）　7、10、11.凹弦纹与划纹（G2②：315、
G2②：321、G2②：325）　12、13.附加堆纹与绳纹（G2②：330、G2②：322）　14.细绳纹（G2②：329）　15、17.交错细绳
纹（G2②：318、G2②：313）　16.斜粗绳纹（G2②：316）　18～20.中粗绳纹（G2②：323、G2②：324、G2②：319）

出土遗物：主要有石器、陶器二类，以下分类介绍。

1. 石器

共出土65件，可辨器形37件，其中第1层仅有1件，余均为第2层出土。大部残断，仅存肩、顶部或刃部。器类均为生产工具，可辨器形以斧为主，少量凿、锛、锄及盘状器等。加工方式多为先打后磨，少量直接打制成形。

斧　29件。岩性多为细砂岩，少量粉砂岩、花岗岩等。G2②：250，粗面岩。原件通体磨光，两侧光滑，双面凸弧刃，后肩残失。长8.1、宽8、厚2.1厘米，重261克（图一二，1）。G2②：254，细砂岩。原件通体磨光，双面凸弧刃，后肩、腰残失。长7.4、宽8、厚1.6厘米，重168克（图一二，2）。G2②：280，泥条粉砂岩。原件通体磨光，双面凸弧刃，后肩残失，刃部略残。长9.3、宽6.9、厚2.8厘米，重326克（图一二，3）。G2②：299，花岗岩。原件通体磨光，双面凸弧刃，后腰、肩残失。长7.1、宽4.3、厚3厘米，重144克（图一二，4）。G2②：328，泥质粉砂岩。利用河砾打制，通体磨光，保留部分坎疤。圆弧顶，两腰对称平直，双面凸弧刃、微残。长5.7、宽7.1、厚1.6厘米，重95克（图一二，5）。

锛　1件。G2②：251，粉砂岩，通体磨光。两腰对称微凸弧，刃为单面凸弧刃，刃宽小于器身宽。长8.6、宽3.2、厚0.5厘米，重42克（图一二，6；图版一九，2）。

凿　1件。G2②：303，细砂岩。利用石片修整，一面保留石皮，双侧对应修整，对称成尖，尖侧及刃部稍磨。长15、宽3、厚1.4厘米，重95克（图一二，7）。

锄　1件。G2①：3，灰岩。利用石片打制，保留大部石皮，肩斜尖，二腰对称且束，斜凸弧刃。长18.6、宽10.8、厚3.6厘米，重138克（图一二，8）。

刀　2件。小巧细致。G2②：272，粉砂岩。近零台面石片，呈扇形，凸弧刃，背面保留石皮，刃缘薄锋。长7.4、宽3.9、厚1厘米，重33克（图一二，10）。G2②：273，细砂岩，零台面石片，一面保留石片，左上断裂，刃缘为两边刃。长5.4、宽5.3、厚0.8厘米，重27克（图一二，13）。

杵　1件。G2②：281，细砂岩。整体呈圆柱状，除两端砸击，其他砾石皮完好。长14.4、宽5、厚3.7厘米，重441克（图一二，9）。

盘状器　2件。均利用偏平河砾单向加工一周形成盘刃，保留两面石皮。G2②：268，砂岩。直径6.1、厚1.3厘米，重84克（图一二，11；图版二三，2）。G2②：269，细砂岩。直径9.4、厚1.8厘米，重262克（图一二，12；图版二一，1）。

2. 陶器

共出土陶片2181片，采集可辨器形器物标本219件，纹饰标本20件。其中第1层仅有2件，余均为第2层出土。多为残片，仅8件修复完整。陶质以泥质陶为主，夹砂陶次之；陶色以红陶为主，红褐陶次之，并有少量橙黄陶及灰陶；器形以罐为大宗，并出土较多鼎、鼎足、钵、盆及瓮等。以下按器类进行介绍。

鼎　18件。G2②：12，肩部以下均残。夹砂红陶。侈口，仰折沿，圆唇，束颈，弧肩。素

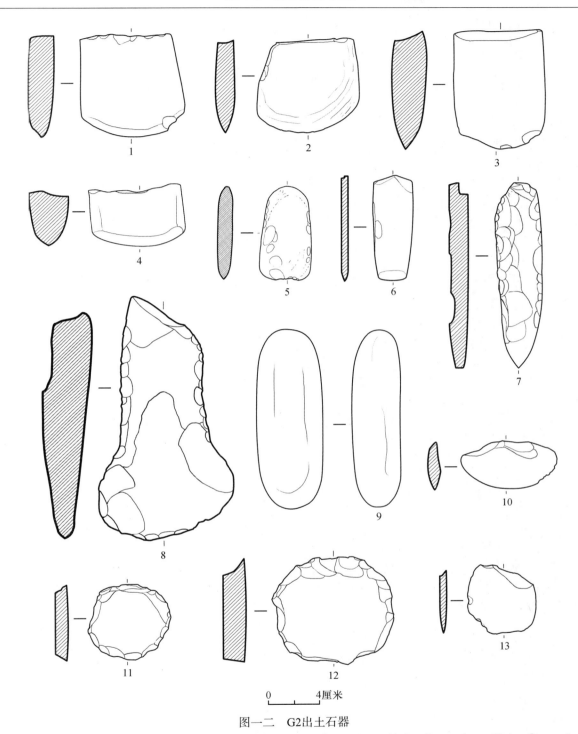

图一二　G2出土石器

1~5.斧（G2②：250、G2②：254、G2②：280、G2②：299、G2②：328）　6.锛（G2②：251）　7.凿（G2②：303）

8.锄（G2①：3）　9.杵（G2②：281）　10、13.刀（G2②：272、G2②：273）　11、12.盘状器（G2②：268、G2②：269）

面。复原口径24、残高5.2厘米（图一三，1）。G2②：13，肩部以下均残。夹砂红陶。敞口，仰折沿，圆唇，束颈，溜肩。素面。复原口径23.6、残高5.2厘米（图一三，2）。G2②：20，肩部以下均残。夹砂红褐陶。侈口，卷沿，圆唇，微束颈，斜肩。素面。复原口径18.8、残高

5.2厘米（图一三，3）。G2②：21，肩部以下均残。夹砂红陶。侈口，卷沿，圆唇，束颈，斜弧肩。素面。复原口径20、残高5.6厘米（图一三，5）。G2②：23，肩部以下均残。夹砂红褐陶、灰胎。侈口，卷沿，圆唇，束颈，弧肩。肩部饰划纹。复原口径28.4、残高8厘米（图一三，7）。G2②：27，肩部以下均残。夹砂红褐陶。敞口，卷沿，圆唇，束颈，溜肩。肩、腹部饰划纹。复原口径20.4、残高8.8厘米（图一三，4）。G2②：184，腹部以下均残。夹砂红陶。直口微侈，尖圆唇，束颈，折腹。上腹饰数道凹弦纹，折腹处起棱。复原口径14、残高9.8厘米（图一三，6）。

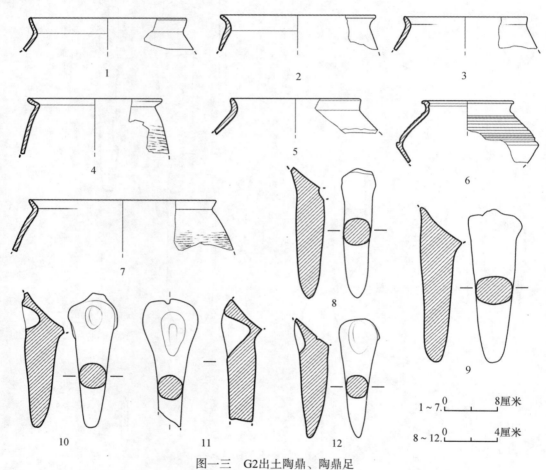

图一三　G2出土陶鼎、陶鼎足

1～7. 鼎（G2②：12、G2②：13、G2②：20、G2②：27、G2②：21、G2②：184、G2②：23）

8～12. 鼎足（G2②：36、G2②：38、G2②：41、G2②：151、G2②：40）

鼎足　12件。G2②：36，足跟残。夹砂红褐陶。锥状实足，足尖略外撇。素面。残高10.2厘米（图一三，8）。G2②：38，夹砂红褐陶。锥状实足，截面较扁。素面。残高12.2厘米（图一三，9）。G2②：40，足跟残。夹砂红褐陶。锥状实足，足尖外撇，足跟饰一捺窝。残高9.3厘米（图一三，12）。G2②：41，足跟残。夹砂红褐陶。锥状实足，足尖外撇，足跟饰一捺窝。残高10.6厘米（图一三，10）。G2②：151，足尖残。夹砂红陶。复原应为锥状实足，足根部饰一深按窝。残高9.6厘米（图一三，11）。

　　罐　83件。均肩部以下残。G2②：31，夹砂褐陶。直口微敛，圆唇，束颈，斜弧肩。肩部先饰一周连续窝纹，其下饰凹弦纹。复原口径24、残高7.2厘米（图一四，1）。G2②：33，夹砂红陶。侈口，仰折沿，圆唇，斜肩。颈部饰浅划纹，肩上贴塑一圆饼饰捺窝纹，其下为凹弦纹。复原口径31.2、残高8厘米（图一四，2）。G2②：49，夹砂灰陶。侈口，卷沿，圆唇、唇面有浅凹槽，弧肩。肩部略饰浅凹弦纹。复原口径26.4、残高6.4厘米（图一四，3）。G2②：50，夹砂红陶。侈口，卷沿，圆唇，斜弧肩。肩部饰斜划纹。复原口径24、残高10厘米（图一四，4）。G2②：51，夹砂红陶。侈口，卷沿，圆唇，斜弧肩。素面。复原口径22、残高7.6厘米（图一四，5）。G2②：53，夹砂红陶。直口微敛，圆唇，弧肩。肩部先饰二道凹弦纹，其下为斜划纹。复原口径28.8、残高7.4厘米（图一四，6）。G2②：57，夹砂褐陶。直口微敛。圆唇，唇面微凹，鼓肩。肩部饰几道凸棱。复原口径35.6、残高6.8厘米（图一四，7）。G2②：68，夹砂灰陶、黑皮磨光。侈口，卷沿，圆唇，束颈，斜弧肩。素面。复原口径17.2、残高6.2厘米（图一四，8）。G2②：76，夹砂红陶。侈口，圆唇，束颈，斜弧肩。肩部饰凹弦纹。复原口径23.2、残高5.6厘米（图一四，9）。G2②：88，夹砂褐陶。侈口，卷沿，圆唇，弧肩，鼓腹。肩下饰绳纹。复原口径35.6、残高9厘米（图一四，10）。G2②：152，泥质红陶。微侈口，圆唇，斜肩。肩部饰一周附加堆纹。复原口径26.4、残高10.4厘米（图一四，11）。G2②：167，夹砂灰陶。侈口，卷沿，圆唇，束颈，弧肩。素面。复原口径23.6、残高6.4厘米（图一四，12）。G2②：344，夹砂红陶。侈口，方唇，束颈，弧肩。肩部饰数道凹弦纹。复原口径26、残高5厘米（图一四，13）。

　　钵　13件。G2②：9，泥质红陶。直口微敛，圆唇，斜弧腹，平底微凹。素面，器表施枣红色陶衣，大部已脱落。口径23.6、腹径24、底径6.6、高18厘米（图一五，1）。G2②：117，下腹及底部残。泥质红陶。敛口，圆唇，弧腹内收，口下可见一疑为修复用圆形穿孔。素面。复原口径25.6、残高5厘米（图一五，2）。G2②：119，下腹及底部残。泥质红陶。微敛口，方唇，弧腹。素面。复原口径18.4、残高7.8厘米（图一五，3）。G2②：120，下腹及底部残。泥质橙黄陶。敛口，方唇，弧腹，口下可见一疑为修复用圆形穿孔。素面。复原口径26、残高7.4厘米（图一五，4）。G2②：171，下腹及底部残。泥质红陶。敛口，圆唇，微弧曲腹。素面。复原口径32、残高9厘米（图一五，5）。

　　红顶钵　2件。均下腹及底部残。泥质灰陶、红顶。素面。G2②：121，敛口，圆唇，微弧曲腹。复原口径31.6、残高5.6厘米（图一五，6）。G2②：122，直口，圆唇，上腹较直、弧腹下收。复原口径21.2、残高7.2厘米（图一五，7）。

　　盆　60件。均下腹及底部残。G2①：1，夹砂红陶。微敛口，圆唇，弧腹。素面。复原口径24、残高6.2厘米（图一六，9）。G2②：85，泥质橙黄陶。敛口，圆唇，弧腹。上腹部饰五道浅凹弦纹。复原口径32、残高8.8厘米（图一六，2）。G2②：99，泥质红陶。敞口，卷沿，圆唇，弧腹。素面。复原口径42.8、残高6.2厘米（图一六，3）。G2②：100，泥质红陶。敛口，折沿略外垂，圆唇，弧腹内收。素面，器表施黑衣，已大部脱落。复原口径30.2、残高9.4厘米（图一六，12）。G2②：104，泥质橙黄陶。敞口，窄沿，方唇，弧腹。素面。复原口径31.6、残高9.2厘米（图一六，5）。G2②：109，泥质红陶、灰胎。敞口，宽沿，圆唇，

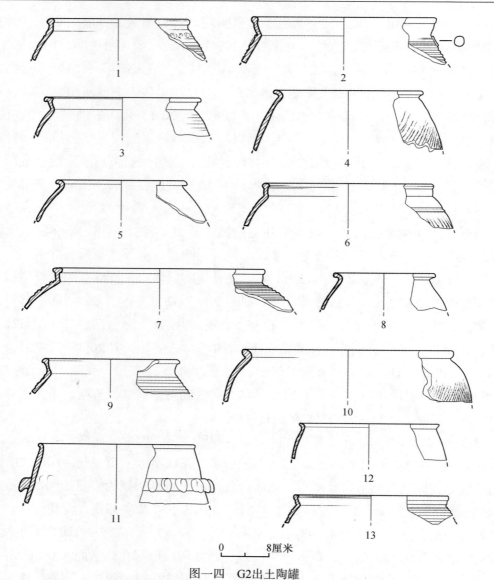

图一四　G2出土陶罐

1～13.罐（G2②：31、G2②：33、G2②：49、G2②：50、G2②：51、G2②：53、G2②：57、G2②：68、G2②：76、
G2②：88 、G2②：152、G2②：167、G2②：344）

斜弧腹。素面，器表施枣红陶衣，已大部脱落。复原口径30.8、残高5.6厘米（图一六，6）。
G2②：127，泥质红陶。微侈口，圆唇，弧腹。素面。复原口径38.8、残高9.4厘米（图一六，
7）。G2②：130，泥质红陶。微侈口，圆唇，弧腹内收。素面。复原口径34.8、残高9.6厘米
（图一六，10）。G2②：149，泥质红陶。敞口，宽沿，圆唇，斜腹。素面。复原口径22、残
高6.8厘米（图一六，4）。G2②：169，夹砂灰陶。微敛口，圆唇，斜弧腹。素面。复原口径
28.4、残高7.4厘米（图一六，8）。G2②：347，夹砂红陶。敛口，圆唇，弧鼓腹内收。素面。
复原口径28、残高7.4厘米（图一六，11）。G2②：348，泥质灰陶。微敛口，折沿微垂、沿面
略凸，圆唇，斜弧腹。素面，器表施红衣，已大部剥落。复原口径36、残高10厘米（图一六，
1）。

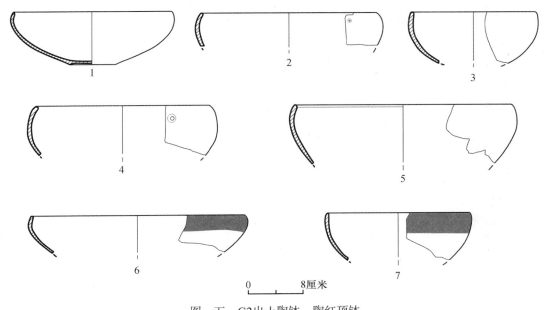

图一五　G2出土陶钵、陶红顶钵

1~5. 钵（G2②：9、G2②：117、G2②：119、G2②：120、G2②：171）

6、7. 红顶钵（G2②：121、G2②：122）

　　瓮　　11件。G2②：82，肩部以下均残。夹砂橙黄陶。敛口，厚圆唇，鼓肩。肩部饰斜划纹。复原口径44.8、残高8.7厘米（图一七，1）。G2②：125，肩部以下均残。泥质红陶。敛口，方唇，鼓肩。肩部饰几道划纹。复原口径25、残高8.4厘米（图一七，3）。G2②：186，肩部以下均残。泥质红陶。敛口，厚圆唇，鼓肩。肩部饰斜划纹。复原口径26.4、残高6.8厘米（图一七，7）。G2②：213，夹砂橙黄陶，胎较厚。直口微敛，圆唇，溜肩，复原应为弧腹，平底。上腹残部饰划纹。复原口径40、底径26、高48厘米（图一七，10）。

　　盘　　3件。G2②：8，泥质红陶。敞口，圆唇，浅斜弧腹，低假圈足。素面。口径13.2、底径9.2、高3.2厘米（图一七，14）。G2②：144，下腹及底部残。夹砂灰陶。敞口，圆唇，浅斜弧腹。素面。复原口径26.4、残高2.8厘米（图一七，15）。G2②：160，器形较大。泥质灰陶。敛口，方唇，浅腹，大平底。素面。复原口径40.8、底径42、高4.6厘米（图一七，16）。

　　器座　　8件。均上、下缘外侈，束腰。素面。G2②：1，泥质红陶，胎较厚。圆唇。直径19.2、高5.7厘米（图一七，2）。G2②：3，泥质红陶。下口略大于上口，尖圆唇，腰部有一钻孔。直径8.2~8.8、高2.6厘米（图一七，4）。G2②：6，整体器形较扁。泥质红陶。圆唇，腰部有捏痕。直径6.4、高2厘米（图一七，5）。G2②：208，泥质红陶。方唇。直径8.4、高2.3厘米（图一七，6）。

　　锉　　7件。均残。G2②：230，泥质红陶。扁平长条形，弧边，器表粗糙，密布小圆窝纹。残长10.7、宽4、厚0.8厘米（图一七，11）。G2②：231，泥质红褐陶。扁平梭状，中宽端窄，弧边。器表粗糙，密布小圆窝纹。残长12.5、宽3.3、厚0.7厘米（图一七，12）。G2②：233，泥质红陶。扁平等腰梯形，弧边。器表粗糙，密布小圆窝纹。残长8.7、宽3.1、厚0.6厘米（图一七，13）。

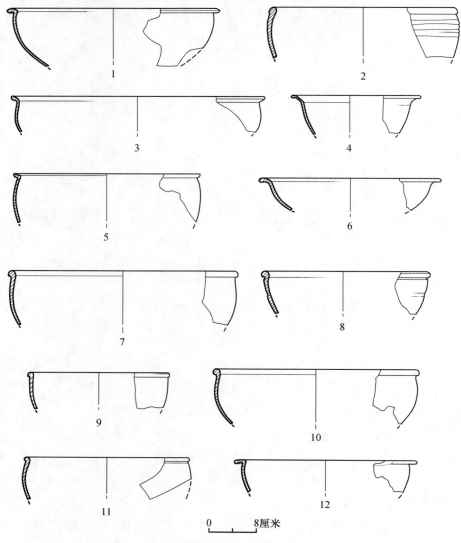

图一六　G2出土陶盆

1～12. 盆（G2②：348、G2②：85、G2②：99、G2②：149、G2②：104、G2②：109、G2②：127、G2②：169、
G2①：1、G2②：130、G2②：347、G2②：100）

　　纺轮　1件。G2②：7，略残。夹砂红褐陶。圆形饼状，弧边。素面，中心有一管钻穿孔。直径6.6、厚1.9厘米（图一七，8）。

　　球　1件。G2②：214，泥质红陶。不规整圆形球状。器表密布小圆窝。直径1.7～2厘米（图一七，9）。

　　由G2地层堆积及包含物分析，G2的始建年代不晚于刘湾遗址新石器时代第二期文化时期，废弃年代在新石器时代第三期文化之前。

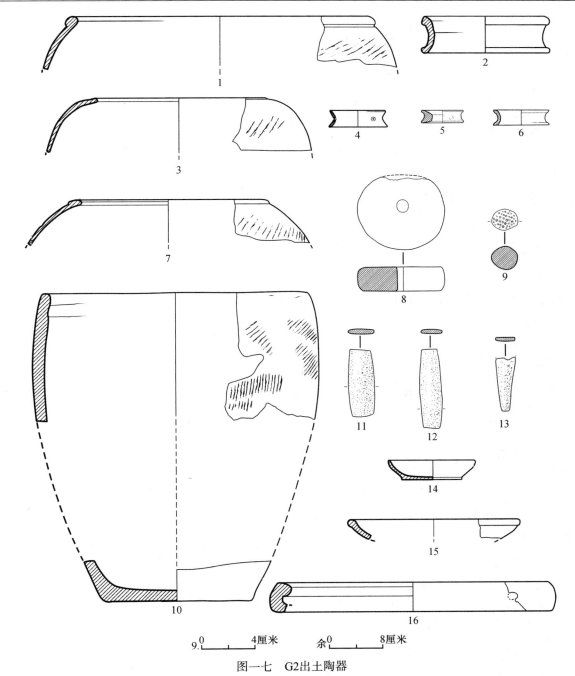

9.[0——4厘米]　余[0——8厘米]

图一七　G2出土陶器

1、3、7、10.瓮（G2②：82、G2②：125、G2②：186、G2②：213）　2、4～6.器座（G2②：1、G2②：3、G2②：6、
G2②：208）　8.纺轮（G2②：7）　9.球（G2②：214）　11～13.锉（G2②：230、G2②：231、G2②：233）　14～16.盘
（G2②：8、G2②：144、G2②：160）

二、灰　坑

　　210个。根据平面形状可分为近圆形（包括近半圆形和椭圆形）、近方形（包括近长方形）
和不规则形三大类，剖面形状有直壁平底、斜壁平底、弧壁圜底及袋状平底等，部分灰坑壁面或

底面有人为加工痕迹。坑内多有遗物出土，以陶器为主，石器次之，还有极少量动物骨骼等。以下按有无采集遗物分单位介绍刘湾遗址新石器时代灰坑情况（图一八；图版六~图版九）。

（一）未采集遗物灰坑

67个。包括未出土遗物及因残片较碎、不辨器形而未采集的灰坑二类。各灰坑概不详述，详见附表一。

H207、H118、H48、H26、H35、H47、H64、H110、H2平、剖面图见图一九~图二七。

（二）采集遗物灰坑

143个。以下按平面形状分类，每类灰坑以先Ⅰ、Ⅱ区，后Ⅲ区的顺序，据开口层位由下至上依次介绍。

1. 近圆形灰坑

共65个。其中近正圆形灰坑13个，近半圆形灰坑10个，椭圆形灰坑37个，近圆形袋状灰坑5个。按单位介绍如下。

（1）近正圆形灰坑

H73　位于ⅠTN06E05南部。开口于第4层下，距地表深约85厘米，打破第5层和生土。平面呈圆形，直径约65、深约85厘米。直壁微斜，平底，壁面及底面较规整，疑经人为加工。坑内填土为灰黑黏土，夹杂少量红烧土块及石块，结构较致密。出土陶片以泥质红陶为主，占35.29%，泥质红褐陶及黑陶次之，分别占比17.64%和17.67%；纹饰以素面为主；可辨器形有鼎、罐、钵、盆等。采集陶器标本4件（图二八）。

陶罐　1件。H73：1，肩部以下均残。泥质红陶。直口，矮直领，尖圆唇，广肩。素面。复原口径8.2、残高2.8厘米（图二九，3）。

陶钵　1件。H73：3，下腹及底部残。泥质红陶。敞口，尖圆唇，斜弧腹。素面。复原口径30、残高5.8厘米（图二九，11）。

陶盆　2件。均下腹及底部残。圆唇，弧腹。H73：2，泥质红陶。微敛口，平折沿略仰。素面。复原口径28、残高4.6厘米（图二九，2）。H73：4，泥质黑陶。直口微敛，平折沿略垂。素面磨光。复原口径26.4、残高3.6厘米（图二九，4）。

H42　位于ⅠTN06E05中西部。开口于第3层下，距地表深65~70厘米，打破第4层、M16和生土。平面呈近圆形，南北长约284、东西宽约260、深20~30厘米。坑壁西部较弧缓、东部斜直，坑底凹凸不平，壁面及底面无加工痕迹。坑内填土为灰黑黏土，夹杂少量红烧土块、草木灰和石块，结构疏松。出土遗物以陶器为主，伴有零星石器。其中陶片以泥质红陶为主，占

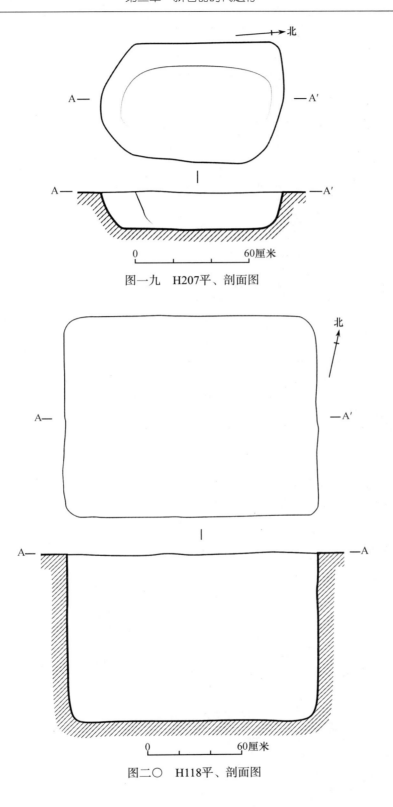

图一九　H207平、剖面图

图二〇　H118平、剖面图

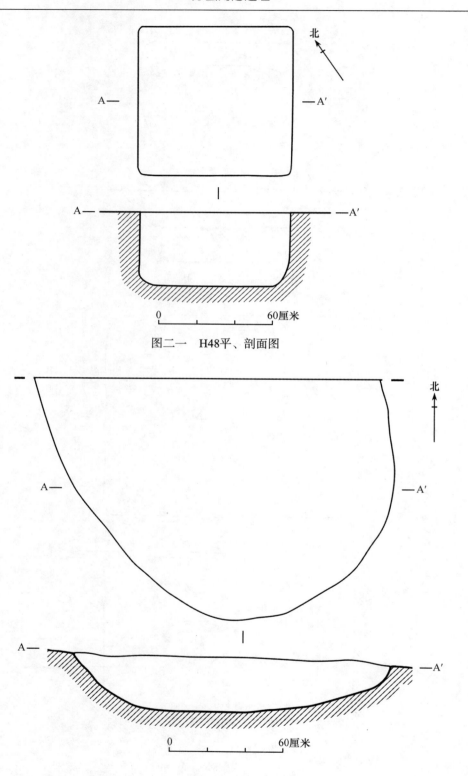

图二一　H48平、剖面图

图二二　H26平、剖面图

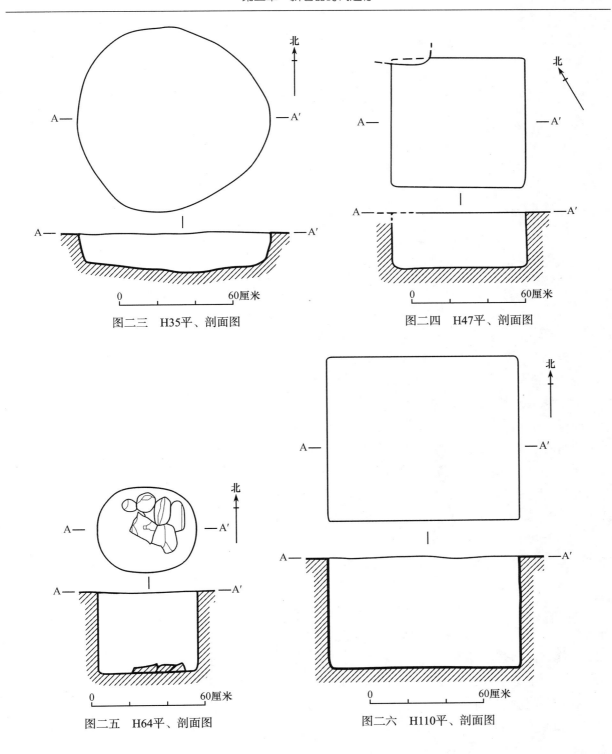

图二三 H35平、剖面图

图二四 H47平、剖面图

图二五 H64平、剖面图

图二六 H110平、剖面图

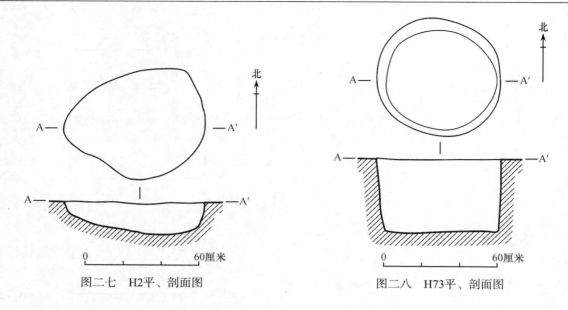

图二七　H2平、剖面图　　　　　　　　　图二八　H73平、剖面图

33.56%，泥质灰陶次之，占31.53%；纹饰以素面为主，划纹次之；可辨器形有鼎、罐、钵、红顶钵、盆、碗等。采集石器标本1件，陶器标本29件（图三〇；图版六，1）。

石斧　1件。H42：30，辉长岩。原石斧通体磨光，肩微凸弧，刃残失，后期作为凿砍之用，疤痕明显。长9.5、宽7.4、厚2.1厘米，重289克（图二九，1）。

陶鼎　4件。均为夹砂红褐陶。H42：1，侈口，圆唇，微束颈，鼓腹，圜底，尖锥状足，足尖略外撇。素面。口径17.6、腹径21.6、高20.4厘米（图三一，2）。H42：2，三足残。侈口，卷沿略凹，圆唇，鼓腹较深，最大径位于器物中部，圜底。素面。口径20.4、腹径25.2、复原高27.2厘米（图三一，1）。H42：12，肩部以下均残。侈口，折沿，圆唇，斜肩。素面。复原口径19.2、残高4厘米（图三一，3）。H42：14，肩部以下均残。侈口，折沿，圆唇，束颈，弧肩。素面。复原口径22.4、残高4厘米（图三一，4）。

陶鼎足　1件。H42：25，夹砂红褐陶。圆锥状实心足，足体较高。素面。残高15.5厘米（图三一，15）。

陶罐　3件。H42：13，颈部以下均残。夹砂红褐陶、胎较厚。敞口，卷沿，圆唇，束颈。素面。复原口径24、残高4厘米（图二九，6）。H42：15，肩部以下均残。夹砂红褐陶。直口，卷沿、沿面有凹槽，圆唇，溜肩。肩部饰数道凹弦纹。复原口径23.6、残高5.6厘米（图二九，7）。H42：17，肩部以下均残。夹砂红陶。侈口，仰折沿，尖圆唇，广肩。素面。复原口径20.8、残高4.8厘米（图二九，8）。

陶钵　2件。H42：3，泥质红陶。敞口，尖圆唇，弧腹，平底、底腹交界处有一周阴刻凹槽。素面。口径26、底径5、高9.2厘米（图二九，15）。H42：20，下腹及底部残。泥质橙黄陶。敞口，圆唇，斜弧腹。素面。复原口径35.6、残高6.2厘米（图二九，13）。

陶红顶钵　5件。均为泥质灰陶、红顶。H42：4，敞口，尖圆唇，浅弧腹，平底、底腹交界处有一周阴刻凹槽。素面。口径26.4、底径6.4、高9.2厘米（图三一，9）。H42：5，敞口，尖圆唇，弧腹，平底、底腹交界处有一周阴刻凹槽。素面。口径32.4、底径5.6、高11.2厘

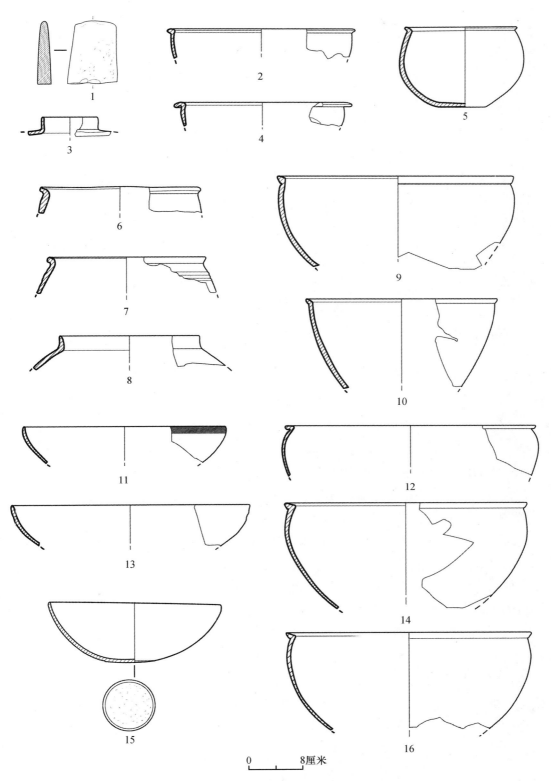

图二九　H73、H42出土遗物

1. 石斧（H42：30）　　2、4、5、9、10、12、14、16. 陶盆（H73：2、H73：4、H42：9、H42：10、H42：16、H42：18、
H42：28、H42：29）　　3、6～8. 陶罐（H73：1、H42：13、H42：15、H42：17）　　11、13、15. 陶钵（H73：3、H42：20、
H42：3）

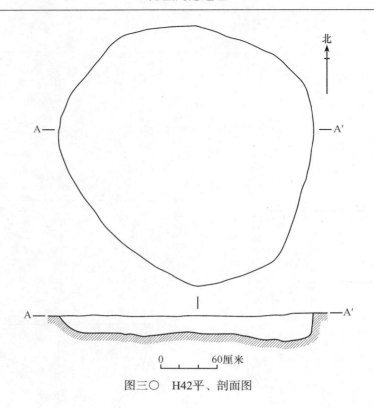

图三〇　H42平、剖面图

米（图三一，8）。H42：11，敞口，尖圆唇，浅弧腹，平底、底腹交界处有一周阴刻凹槽。素面。口径30.6、底径6.4、高11.6厘米（图三一，5）。H42：19，下腹及底部残。敞口，尖圆唇，弧腹。素面。复原口径29.6、残高10厘米（图三一，6）。H42：21，下腹及底部残。敞口，圆唇，弧腹。素面。复原口径31.6、残高7.2厘米（图三一，11）。

陶盆　6件。H42：9，整体器形较小。泥质橙黄陶。敛口，内斜沿，口沿下有一对修复穿孔，弧腹略垂，平底。素面。口径13.2、底径6.4、高12.4厘米（图二九，5）。H42：10，底部残。泥质红陶。敛口，内斜沿，尖圆唇，斜弧腹。素面。复原口径35.6、残高10厘米（图二九，9）。H42：16，底部残。夹砂红褐陶。敞口，仰折沿较窄，尖圆唇，溜肩，弧腹下收。素面。复原口径28.4、残高13.8厘米（图二九，10）。H42：18，下腹及底部残。泥质红陶。敛口，平折沿，圆唇，弧曲腹。素面。复原口径37.2、残高8厘米（图二九，12）。H42：28，底部残。泥质红陶。敛口，内斜沿、沿面略凹，尖圆唇，弧腹。素面。复原口径36、残高16厘米（图二九，14）。H42：29，下腹及底部残。泥质橙黄陶。敛口，内斜沿，尖圆唇，弧腹。素面。复原口径35.2、腹径35.6、残高15.6厘米（图二九，16）。

陶碗　3件。均敞口，圆唇，浅弧腹，假圈足、底部边缘略突出。H42：6，整体器形不规整。泥质红陶。素面。口径30、底径14.4、高11.2厘米（图三一，12）。H42：7，泥质红陶。素面。口径29.6、底径12.6、高9.6厘米（图三一，14）。H42：8，泥质红陶。腹部中下处饰一道凹弦纹。口径20.4、底径10.8、高6.8厘米（图三一，13）。

陶锉　2件。均呈扁平梭状，表面粗糙，密布小圆窝。H42：26，泥质红褐陶。残长8.6、宽4.3、厚0.6厘米（图三一，7）。H42：27，泥质红陶。残长6.4、宽1.7～3.3、厚0.6厘米（图

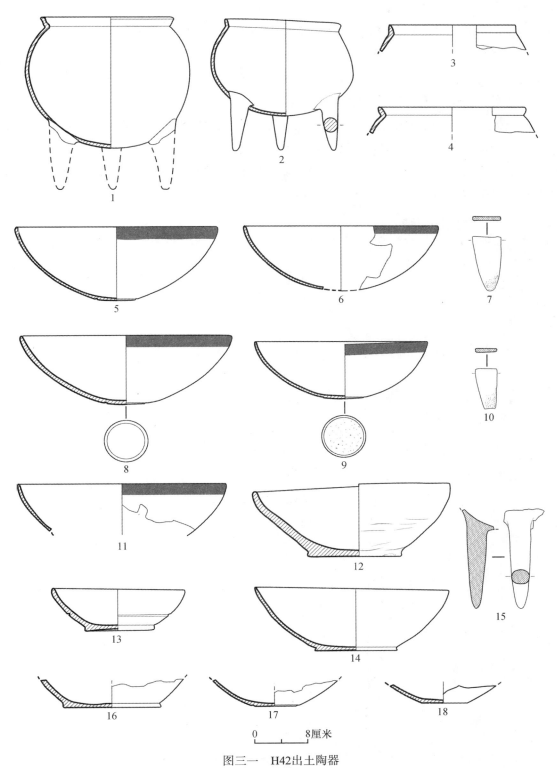

图三一　H42出土陶器

1～4. 鼎（H42：2、H42：1、H42：12、H42：14）　　5、6、8、9、11. 红顶钵（H42：11、H42：19、H42：5、H42：4、

H42：21）　　7、10. 锉（H42：26、H42：27）　　12～14. 碗（H42：6、H42：8、H42：7）　　15. 鼎足（H42：25）

16～18. 器底（H42：22、H42：23、H42：24）

三一，10）。

　　陶器底　3件。均口及上腹残。H42：22，泥质红陶。器内可见轮制痕迹，斜弧腹，假圈足。素面。底径15、残高4.4厘米（图三一，16）。H42：23，泥质红陶。弧腹较浅，平底、底腹交界处有一周阴刻凹槽。素面。底径7、残高6厘米（图三一，17）。H42：24，泥质红陶。浅斜腹，平底。素面。底径7、残高2.8厘米（图三一，18）。

　　H43　位于ⅠTN06E03中部。开口于第3层下，距地表深约105厘米，打破生土，并被H36打破。平面呈圆形，直径约100、深约140厘米。直壁，平底，壁面及底面无加工痕迹。坑内填土为灰黄黏土，结构较疏松。出土极少量陶片，以夹砂红褐陶为主，占33.33%，泥质红陶次之，占26.66%；纹饰大多为素面；可辨器形有罐、瓮等。采集陶器标本6件（图三二；图版六，2）。

　　陶罐　5件。均为夹砂红褐陶。素面。H43：1，颈部以下均残。敞口，仰折沿，圆唇，束颈。复原口径26、残高4厘米（图三三，3）。H43：2，肩部以下均残。侈口，卷沿，方唇

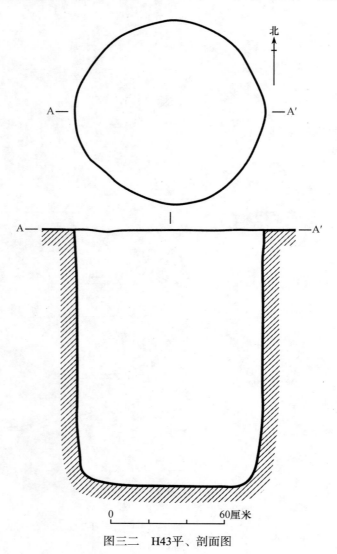

图三二　H43平、剖面图

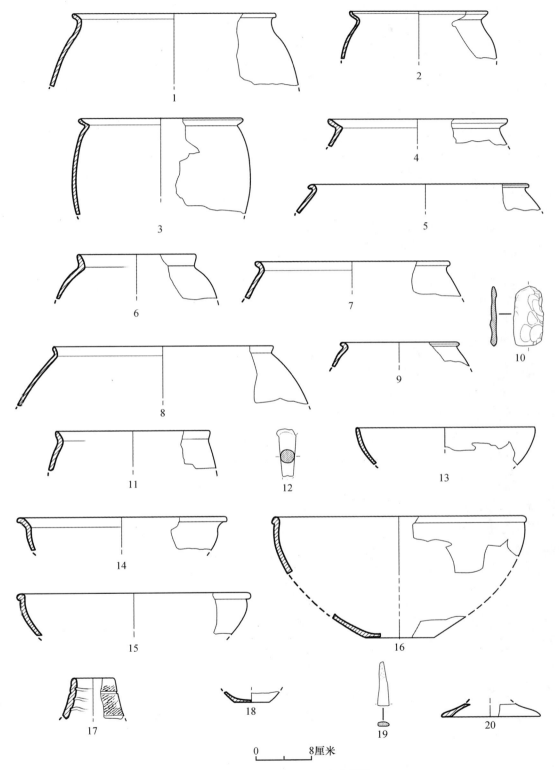

图三三 H43、H45、H25出土遗物

1~7、9.陶罐（H43：3、H43：2、H43：1、H43：5、H43：6、H45：2、H25：1、H25：2） 8.陶瓮（H43：4） 10.石锛
（H45：6） 11.陶鼎（H45：1） 12.陶鼎足（H25：5） 13.陶钵（H45：4） 14~16.陶盆（H45：3、H25：3、H25：8）
17.陶瓶（H25：4） 18.陶器底（H45：5） 19.陶锉（H25：6） 20.陶器盖（H25：7）

内钩，束颈，溜肩。复原口径20、残高7.2厘米（图三三，2）。H43：3，肩部以下均残。侈口，卷沿，圆唇，微束颈，斜肩。复原口径29.6、残高10.8厘米（图三三，1）。H43：5，底部残。敞口，仰折沿、沿面略凹，圆唇，溜肩，弧腹。复原口径12、残高14.2厘米（图三三，4）。H43：6，肩部以下均残。敛口，卷沿外垂，圆唇，斜肩。复原口径30、残高4厘米（图三三，5）。

陶瓮　1件。H43：4，肩部以下均残。夹砂红褐陶。侈口，圆唇，弧肩。素面。复原口径32、残高9厘米（图三三，8）。

H45　位于ⅠTN06E02东南部。开口于第3层下，距地表深约30厘米，打破5层和生土。平面呈圆形，坑口东高西低，直径约180、深约30厘米。斜直壁，坑底东高西低，壁面及底面无加工痕迹。坑内填土为灰褐黏土，夹杂少量红烧土颗粒及动物碎骨，结构较疏松。出土零星石器及少量陶片，其中陶片以泥质红、黑陶为主，均占18.18%，还发现极少量夹蚌灰、黑陶，占2.62%；纹饰以素面为主；可辨器形有鼎、罐、钵、盆等。采集石器标本1件，陶器标本5件（图三四）。

石锛　1件。H45：6，利用河砾打制。单面凸弧刃，一边加工疤重叠，保留大量石皮。长8.8、宽4.4、厚0.8厘米（图三三，10）。

陶鼎　1件。H45：1，肩部以下均残。夹砂红褐陶。侈口，尖圆唇，微束颈，溜肩。口沿下残留极少量黑色陶衣，大部剥落明显。复原口径22.4、残高6厘米（图三三，11）。

陶罐　1件。H45：2，肩部以下均残。夹砂红陶。侈口，圆唇，束颈，鼓肩。素面。复原口径17.2、残高6.8厘米（图三三，6）。

陶钵　1件。H45：4，下腹及底部残。泥质黑陶。敞口，尖圆唇，弧腹。素面。复原口径23、残高5.6厘米（图三三，13）。

陶盆　1件。H45：3，下腹及底部残。泥质灰陶。敞口，宽沿，圆唇，弧腹。素面。复原口径30.4、残高4.8厘米（图三三，14）。

陶器底　1件。H45：5，仅存底部。泥质灰陶。小平底，底面粗糙。素面。底径5、残高1.6厘米（图三三，18）。

H25　位于ⅠTN06E04东南部。开口于第2层下，距地表深35～45厘米，打破第3、4层和生土。平面呈圆形，坑口西高东低，直径约180、深约50厘米。坑壁西部稍陡，东部壁呈坡状，坑底东高西低，壁面及底面无加工痕迹。坑内填土为灰色黏土，夹杂少量红烧土颗粒及石块，结构疏松。出土极少量陶片，以夹砂灰陶为主，占34.81%，夹砂红褐陶次之，占17.39%；纹饰以素面为主，极少量划纹；出土遗物有罐、盆、鼎足、器盖、陶锉等。采集陶器标本8件（图三五）。

陶罐　2件。均肩部以下残。H25：1，夹砂红褐陶。侈口，仰折沿，圆唇，束颈，斜弧肩。素面。复原口径28.4、残高5.4厘米（图三三，7）。H25：2，夹砂灰陶。侈口，卷沿，圆唇，溜肩。素面。复原口径17.2、残高3.6厘米（图三三，9）。

陶盆　2件。均为夹砂灰陶。H25：3，下腹及底部残。直口微侈，圆唇，弧腹。素面。复原口径34、残高6.4厘米（图三三，15）。H25：8，微敛口，方唇，弧腹下收，平底。近底器

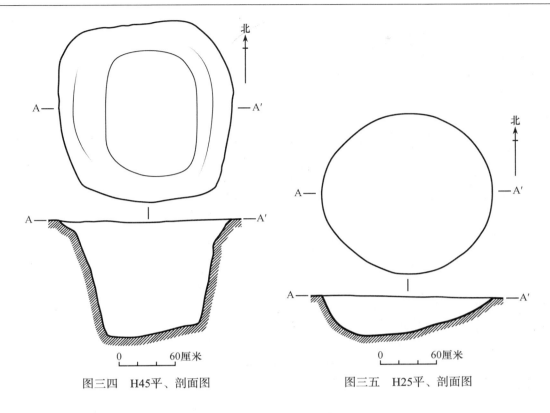

图三四　H45平、剖面图　　　　　　　　　图三五　H25平、剖面图

表有烟炱痕迹。素面。复原口径36、底径10、高18厘米（图三三，16）。

　　陶鼎足　1件。H25：5，足尖残。夹砂红褐陶。复原应为锥状实心足，截面近圆。素面。残高7.2厘米（图三三，12）。

　　陶器盖　1件。H25：7，纽及上部残。器形较小。泥质红陶。弧壁外侈，盖缘宽平。素面。复原口径14.4、残高1.8厘米（图三三，20）。

　　陶锉　1件。H25：6，残半。泥质红陶。整体呈梭形，端部似柱状尖锥，中部扁平，表面粗糙，密布小圆窝。残长6.6、宽1.7、厚0.7厘米（图三三，19）。

　　陶瓶　1件。H25：4，颈部以下均残。夹砂红陶。直口，方唇，弧颈。颈部饰弦断划纹。复原口径6.4、残高6厘米（图三三，17）。

　　H66　位于ⅠTN07E03中部。开口于第2层下，距地表深约25厘米，打破第5层和生土。平面呈圆形，直径约80、深约90厘米。直壁，平底，壁面较规整，疑经人为加工。坑内填土为灰黑色黏土，结构疏松。出土极少量陶片，以夹砂红褐陶为主，占42.85%，零星夹蚌灰陶，占7.15%；纹饰皆为素面；可辨器形有罐、钵、鼎足等。采集陶器标本2件（图三六）。

　　陶钵　1件。H66：1，下腹及底部残。泥质黑陶。敞口，方唇，弧腹。素面。复原口径23.6、残高3.6厘米（图三七，1）。

　　陶器底　1件。H66：2，口及上腹部残。泥质红陶。下腹内收，假圈足。素面。复原底径23.6、残高3.6厘米（图三七，5）。

　　H116　位于ⅠTN08E02中部。开口于第2层下，距地表深35～45厘米，打破第5层和生土。平面近圆形，直径约100、深约60厘米。斜直壁，平底，壁面有较明显加工痕迹。坑内填土为

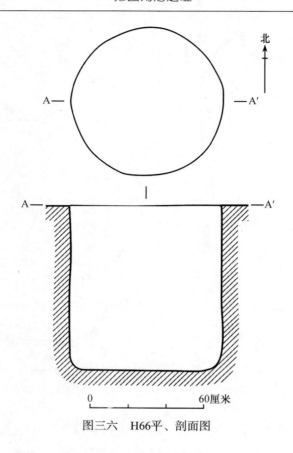

图三六　H66平、剖面图

灰黑色黏土，夹杂少量红烧土颗粒及草木灰，结构较致密。出土零星陶片，以夹砂红陶为主，占42.87%，泥质橙黄陶次之，占28.57%；纹饰皆为素面；可辨器形有罐、钵、盆、陶锉等。仅采集陶器标本1件（图三八）。

陶锉　1件。H116：1，两端均残。夹砂红陶。扁平梭状，中宽端窄。表面粗糙，密布小圆窝。残长11.7、宽2.1～3.4、厚1厘米（图三七，7）。

H152　位于ⅠTN02E01中西部。开口于第2层下，距地表深35～45厘米，打破第5层和生土。平面近圆形，直径120～130、深75～80厘米。斜直壁，平底，底径约110厘米，壁面及底面未见加工痕迹。坑内填土为黑灰色黏土，夹杂少量红烧土块、草木灰及石块，结构疏松。出土遗物较丰富，主要有石器、陶器及动物骨骼三类（图三九；图版七，4）。

1）石器

多打制，少量磨制，可辨器形主要有斧、锛、刀等。采集标本6件。

斧　2件。均为打制。H152：13，肩部残失。砂岩，一侧保留石皮。直腰，斜凸尖刃。长9.3、宽7.3、厚1.9厘米，重180克（图三七，10）。H152：15，刃部残失。细砂岩，背面保留少量石皮。凸弧肩，斜直腰。残长14.6、宽6、厚1.8厘米，重150克（图三七，11）。

锛　1件。H152：14，仅存刃部。细砂岩，大部打制，仅对刃部稍磨，单面凸弧刃。残长5.3、残宽2.7、厚0.9厘米，重18克（图三七，9）。

刀　2件。均为零台面石片，一面保留石皮，平面整体呈扇形，凸弧刃，薄锋。H152：10，细砂岩。长7.6、宽4.9、厚0.9厘米，重40克（图三七，13）。H152：12，含砾砂

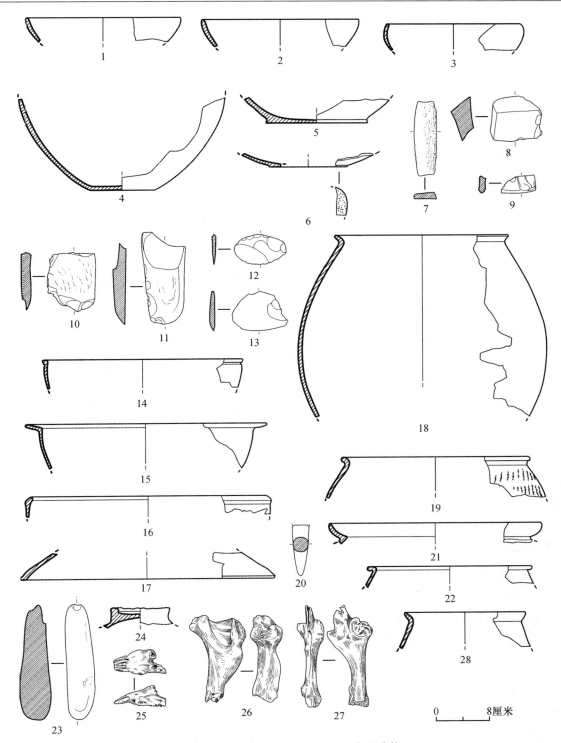

图三七　H66、H116、H152、H169出土遗物

1～3.陶钵（H66：1、H152：5、H152：6）　　4～6.陶器底（H152：4、H66：2、H152：8）　　7.陶锉（H116：1）　　8.石器断块
（H152：11）　　9.石锛（H152：14）　　10、11.石斧（H152：13、H152：15）　　12、13.石刀（H152：12、H152：10）
14～16.陶盆（H152：7、H169：5、H169：6）　　17、24.陶器盖（H169：2、H169：1）　　18、19、21、22、28.陶罐（H152：1、
H152：3、H169：3、H169：4、H152：2）　　20.陶鼎足（H152：9）　　23.石杵（H169：7）　　25.兽牙（H152：17）
26、27.兽骨（H152：16、H152：18）

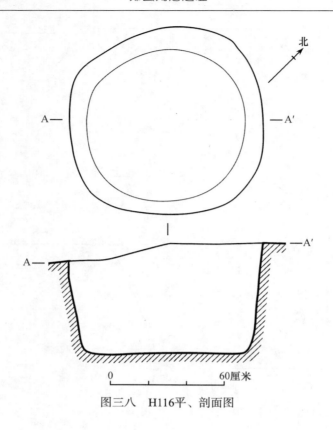

图三八　H116平、剖面图

岩。长8.5、宽6.3、厚1.2厘米，重65克（图三七，12）。

石器断块　1件。H152：11，砂岩，偶成三边薄刃，一面一侧保留石皮。残长7、宽7.6、厚2～3厘米，重70克（图三七，8）。

2）陶器

以泥质黑陶为主，占33.36%，夹砂红褐陶次之，占22.22%；纹饰以素面为主，极少量划纹；可辨器形主要有罐、钵、盆等。采集标本9件。

罐　3件。H152：1，底部残。夹砂红陶。敞口，圆唇，短束颈，溜肩，深弧腹微鼓。素面。复原口径26.4、残高28.8厘米（图三七，18）。H152：2，肩部以下均残。夹砂红陶、灰胎。敞口，圆唇，束颈，斜肩。素面。复原口径18.4、残高5.4厘米（图三七，28）。H152：3，肩部以下均残。夹砂红褐陶。敞口，圆唇，弧肩。肩部饰不规则浅划纹。复原口径28.8、残高6.4厘米（图三七，19）。

钵　2件。均下腹及底部残。H152：5，泥质灰陶。敞口，圆唇，斜弧腹。素面。复原口径24、残高4.4厘米（图三七，2）。H152：6，泥质橙黄陶。敛口，圆唇，微弧曲腹。素面。复原口径20、残高4厘米（图三七，3）。

盆　1件。H152：7，下腹及底部残。泥质黑陶。直口微敛，窄沿，尖圆唇，弧腹。素面磨光。复原口径30.4、残高4.5厘米（图三七，14）。

鼎足　1件。H152：9，夹砂红褐陶。锥状实心足。素面。残高8厘米（图三七，20）。

器底　2件。H152：4，口及上腹部残。泥质红陶。下腹弧收，平底。素面。复原底径10.6、残高14.4厘米（图三七，4）。H152：8，仅存少量底部。泥质黑皮陶、灰胎。浅弧腹，

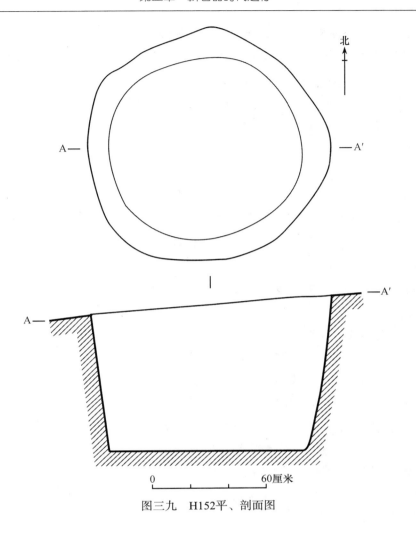

北

A——　　——A'

A——　　——A'

0　　　　　　60厘米

图三九　H152平、剖面图

极低假圈足。素面磨光。复原底径12、残高2厘米（图三七，6）。

3）动物骨骼

采集标本3件，其中H152：16（图三七，26）、H152：18为兽骨（图三七，27），H152：17为兽牙（图三七，25）。

H169　位于ⅡTN03W02西北部。开口于第2层下，距地表深约43厘米，打破第5层和生土。平面近圆形，直径195~215、深约24厘米。弧壁，底近平，壁面及底面未见加工痕迹。坑内填土为黑色黏土，夹杂少量红烧土颗粒及草木灰，结构较致密。出土陶片较少，以泥质红陶为主，占20.86%，泥质灰陶次之，占12.5%；纹饰多为素面；可辨器形有罐、盆、器盖等。采集石器标本1件，陶器标本6件（图四〇）。

石杵　1件。H169：7，砂岩。柱状，两端使用，近端可见棒击所留坎疤。长18.5、宽4.4、厚4厘米，重443克（图三七，23）。

陶罐　2件。H169：3，颈部以下均残。夹砂灰陶。敞口，仰折凹沿，尖圆唇，折颈。素面。复原口径32、残高3.2厘米（图三七，21）。H169：4，肩部以下均残。夹砂红褐陶。敛口，平沿，圆唇，斜肩。素面。复原口径25.2、残高2.8厘米（图三七，22）。

陶盆　2件。H169：5，下腹及底部残。泥质灰陶。敞口，宽沿，圆唇，弧腹。素面。复原口径36.8、残高7.2厘米（图三七，15）。H169：6，口部以下均残。泥质红褐陶。敛口，厚圆唇。素面。复原口径35.2、残高3.2厘米（图三七，16）。

陶器盖　2件。均为夹砂黑陶。H169：1，仅存盖纽，花边形圈纽。素面。纽径4.4、残高1.5厘米（图三七，24）。H169：2，纽残。盖面斜弧微侈，缘端微内收。复原口径38.4、残高4厘米（图三七，17）。

H191　位于ⅠTN06E07东部。开口于第2层下，距地表深约30厘米，打破第5层和生土。平面近圆形，直径60～64、深20～22厘米。斜壁，平底，底径约48厘米，壁面及底面未见加工痕迹。坑内填土为黑褐色黏土，夹杂少量红烧土块、草木灰及石块，结构较致密。出土少量陶片，以泥质红陶为主，夹砂红陶次之。纹饰皆为素面。可辨器形有碗、锉、鼎足等。采集陶器标本2件（图四一）。

陶鼎足　1件。H191：2，足尖残。夹砂红陶。复原应为锥状实足，截面近圆。素面。残高8.6厘米（图四二，9）。

陶锉　1件。H191：1，残半。泥质红陶。扁平棱状，中宽端窄，直边略弧。器表粗糙，密布小圆窝。残长8.3、宽3.9、厚0.65厘米（图四二，2）。

H204　位于ⅠTN09E07西北部。开口于第2层下，距地表深约40厘米，打破第5层和生土，西部被现代扰沟打破。复原平面近圆形，直径约120、深28～34厘米。坑壁上部陡直、下部呈弧形，底近平，壁面及底面未见加工痕迹。坑内填土为灰黑色黏土，夹杂少量红烧土颗粒及石块，结构较致密。出土碎小陶片少量，以泥质灰、黑陶为主，均占33.34%；纹饰皆为素面；可辨器形有罐、钵等。采集陶器标本2件（图四三）。

陶罐　1件。H204：2，肩部以下均残。夹砂灰陶。侈口，圆唇，溜肩。素面。复原口径32、残高7.4厘米（图四二，7）。

陶钵　1件。H204：1，泥质灰陶。敞口，圆唇，弧腹，假圈足，底面微凸。素面。口径24.8、底径6.8、高10.2厘米（图四二，16）。

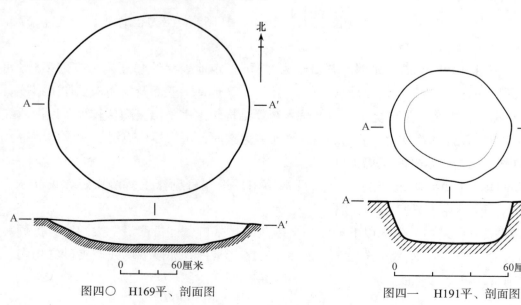

图四〇　H169平、剖面图　　　　　　　图四一　H191平、剖面图

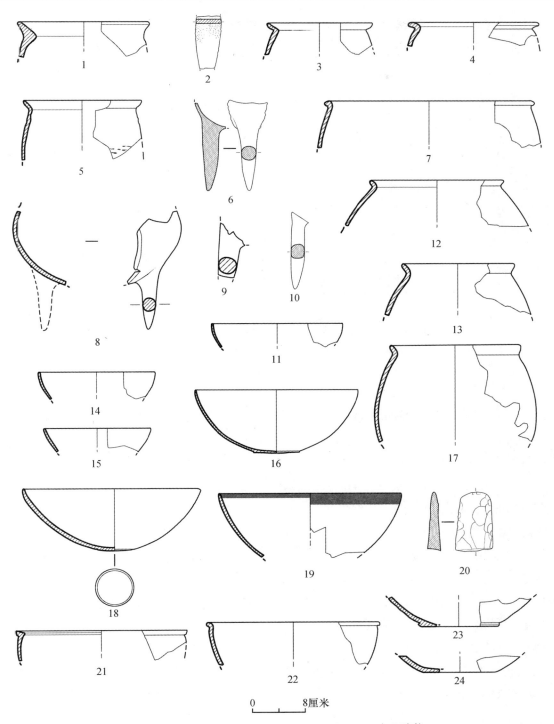

图四二　H191、H204、H208、H7、H46、H92出土遗物

1、5、8.陶鼎（H46：1、H46：2、H92：5）　2.陶锉（H191：1）　3、4、7、12、13、17.陶罐（H208：1、H46：3、

H204：2、H92：3、H92：2、H92：1）　6、9、10.陶鼎足（H92：6、H191：2、H46：6）　11、14～16、18.陶钵（H208：3、

H208：4、H208：2、H204：1、H7：1）　19.陶红顶钵（H46：5）　20.石斧（H46：7）　21、22.陶盆（H46：4、H92：4）

23、24.陶器底（H7：3、H7：2）

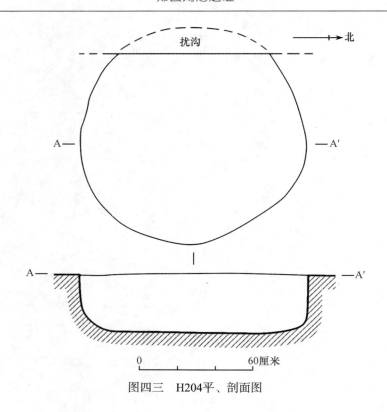

图四三　H204平、剖面图

H208　位于ⅠTN09E08西北部。开口于第2层下，距地表深约38厘米，打破第5层和生土。平面近圆形，直径约102、深约70厘米。坑壁上部陡直、下部略弧，平底，坑底及坑壁下部有人为涂抹黄泥痕迹。坑内填土为灰黑色黏土，夹杂少量红烧土颗粒及卵石，结构疏松。出土少量陶片，以泥质红陶为主，占33.34%，泥质黑陶次之，占27.78%；纹饰皆为素面；可辨器形有罐、钵等。采集陶器标本4件（图四四）。

陶罐　1件。H208：1，肩部以下均残。夹砂红陶。敞口，仰折沿，圆唇，束颈，溜肩。素面。复原口径16、残高5厘米（图四二，3）。

陶钵　3件。均下腹及底部残。H208：2，泥质灰陶。敞口，方唇，斜弧腹。素面。复原口径16.4、残高3.8厘米（图四二，15）。H208：3，泥质黑陶。直口微侈，尖圆唇，弧腹。素面。复原口径20、残高3.7厘米（图四二，11）。H208：4，泥质灰陶。敞口，尖圆唇，斜弧腹。素面。复原口径18、残高4.6厘米（图四二，14）。

H7　位于ⅢTS11W08西南角。开口于第2层下，距地表深约20厘米，打破生土。平面近圆形，直径约114、深12～20厘米。坑南壁较直、北壁呈缓坡状，平底近平、北部微高，壁面及底面未见加工痕迹。坑内填土为灰色黏土，夹杂少量红烧土颗粒及草木灰，结构较疏松。出土极少量陶片，以泥质红陶为主，占50%；纹饰以素面为主，少量篮纹、划纹；可辨器形有罐、钵等。采集陶器标本3件（图四五）。

陶钵　1件。H7：1，泥质红陶。敞口，尖圆唇，弧腹，平底、底腹交界处有一周阴刻凹槽。素面。口径27.6、底径5.6、高10厘米（图四二，18）。

陶器底　2件。均泥质灰陶，残存底部。H7：2，平底。素面。底径11.2、残高2.4厘米（图

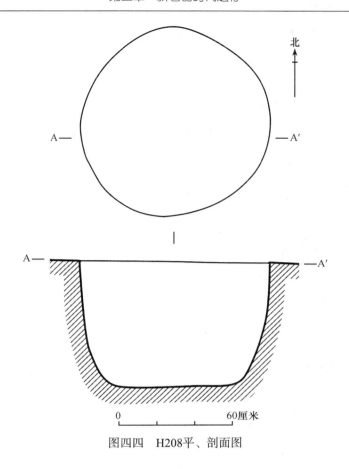

图四四　H208平、剖面图

四二，24）。H7：3，假圈足较低。素面。复原底径12.4、残高4.1厘米（图四二，23）。

（2）近半圆形灰坑

　　H46　位于ⅠTN06E02南部。开口于第3层下，距地表深约65厘米，长90、宽约52、深约60厘米。斜弧壁，圜底，壁面及底面未见加工痕迹。坑内填土为褐色黏土，夹杂少量红烧土颗粒及小石块，结构较疏松。出土少量陶片，以泥质红陶为主，占25%。纹饰多为素面，少量绳纹等。可辨器形有鼎、罐、红顶钵、盆等。采集石器标本1件，陶器标本6件（图四六）。

　　石斧　1件。H46：7，刃部残失。闪长岩。打制，肩、背部保留石皮，凸肩，斜直腰对应加工。残长9.2、宽5.6、厚2厘米（图四二，20）。

　　陶鼎　2件。均为夹砂红褐陶。H46：1，颈部以下均残。厚胎，敞口，圆唇，束颈。素面。复原口径20、残高5.4厘米（图四二，1）。H46：2，底及足部残。敞口，仰折沿，圆唇，束颈，溜肩，弧腹。腹部横行不明显绳纹。复原口径18、残高9.2厘米（图四二，5）。

　　陶鼎足　1件。H46：6，夹砂红褐陶。足体较高，锥状实足，足尖略外撇。素面。残高11.4厘米（图四二，10）。

　　陶罐　1件。H46：3，肩部以下均残。夹砂红陶。侈口，微仰折沿，圆唇，溜肩。素面。复原口径20、残高3.6厘米（图四二，4）。

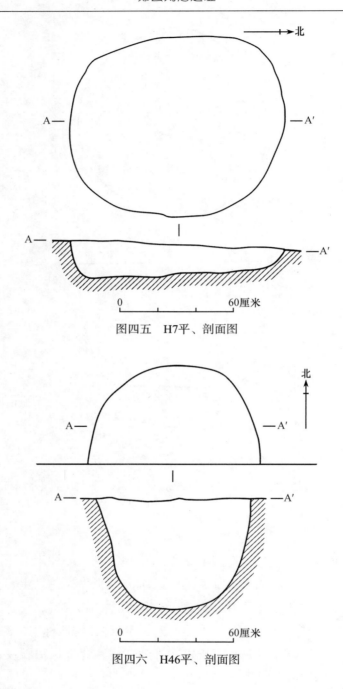

图四五　H7平、剖面图

图四六　H46平、剖面图

　　陶红顶钵　1件。H46：5，底部残。泥质灰陶、红顶。敞口，尖圆唇，斜弧腹。素面。复原口径28、残高19厘米（图四二，19）。

　　陶盆　1件。H46：4，下腹及底部残。泥质橙黄陶。敛口，窄沿，方唇，弧腹。素面。复原口径26、残高4.6厘米（图四二，21）。

　　H92　位于ⅠTN07E04东南角。开口于第3层下，距地表深50～90厘米，打破H93、第4层和生土，并被H82打破。已发掘部分平面近1/4圆形，东、南部伸入探方壁内；残长及残宽均约180、深约160厘米。上壁斜弧、下壁陡直，平底，壁面及底面未见加工痕迹。坑内填土上半部为灰黑黏土、下半部为灰黄沙土，夹杂少量红烧土块及草木灰，结构较疏松。出土少量陶片，以泥质红陶居多，占20%；纹饰皆为素面；可辨器形有鼎、罐、盆等。采集陶器标本6件（图四七）。

陶鼎　1件。H92：5，残存腹片和足部。夹砂红褐陶，鼓腹，锥状实足。素面。残高18.8厘米（图四二，8）。

陶鼎足　1件。H92：6，夹砂红褐陶。足体较高，锥状实足，足尖略外撇。残高14.2厘米（图四二，6）。

陶罐　3件。均侈口，圆唇，束颈。H92：1，底部残。夹砂灰陶。弧肩，鼓腹微垂。素面。复原口径20、残高15.6厘米（图四二，17）。H92：2，肩部以下均残。夹砂橙黄陶。斜弧肩。素面。复原口径17.2、残高8厘米（图四二，13）。H92：3，肩部以下均残。夹砂红陶。鼓肩。素面。复原口径20.4、残高7.6厘米（图四二，12）。

陶盆　1件。H92：4，下腹及底部残。夹砂灰陶。直口微侈，窄沿，方唇，斜弧腹。素面。复原口径26.4、残高6.6厘米（图四二，22）。

H27　位于ⅠTN06E06东部。开口于第2层下，距地表深约70厘米，打破生土。已发掘部分平面近半圆形，东部伸入探方壁内；长约118、宽约90、深约46厘米。斜弧壁，平底，壁面及底面未见加工痕迹。坑内堆积分为二层，第1层为黑色黏土，夹杂较多红烧土颗粒，第2层为青灰沙土，夹杂少量红烧土颗粒，二层堆积均结构疏松。出土少量陶片，以夹砂红褐陶为主，占30.45%，泥质黑陶次之，占21.75%；纹饰皆为素面；可辨器形有罐、钵等。采集陶器标本4件（图四八）。

陶钵　1件。H27：2，下腹及底部残。泥质黑陶。敞口，圆唇，弧腹。素面磨光。复原口

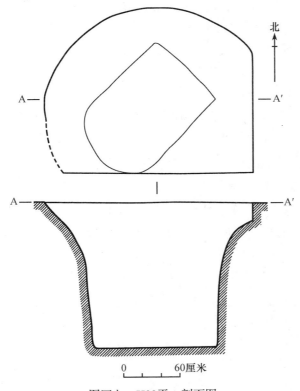

图四七　H92平、剖面图

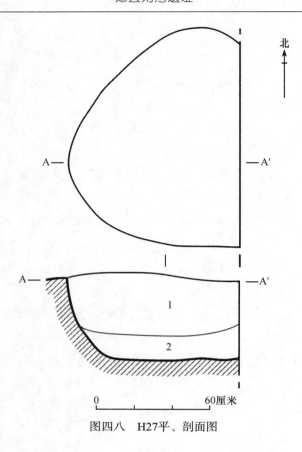

图四八　H27平、剖面图

径24、残高5.6厘米（图四九，1）。

陶红顶钵　1件。H27：1，口部残。泥质灰陶、红顶。弧腹，低假圈足。素面。底径7、残高9.2厘米（图四九，3）。

陶鼎足　2件。均夹砂红褐陶，足体形制较大，锥状实足，足尖略外撇。素面。H27：3，残高10.9厘米（图四九，4）。H27：4，残高16厘米（图四九，5）。

H32　位于ⅠTN06E02南部。开口于第2层下，距地表深约28厘米，打破第5层和生土。已发掘部分平面近半圆形，南部伸入探方壁内。长约150、宽约120、深约85厘米。斜壁，平底，壁面及底面未见加工痕迹。坑内填土为黄褐色细沙土，夹杂少量红烧土颗粒及小石块等，结构疏松。出土少量陶片，以泥质黑陶为主，占31.57%，泥质红陶次之，占26.31%；纹饰多为素面；可辨器形有罐、钵、瓮等。采集陶器标本6件（图五〇）。

陶罐　2件。均肩部以下残，侈口，圆唇，溜肩。素面。H32：2，夹砂灰陶。复原口径24、残高4.4厘米（图四九，7）。H32：3，夹砂红褐陶。复原口径15.2、残高3.6厘米（图四九，13）。

陶钵　1件。H32：4，底部残。泥质黑陶。敞口，方唇，弧腹。素面磨光。复原口径20、残高5.2厘米（图四九，2）。

陶瓮　1件。H32：1，肩部以下均残。夹砂红褐陶。侈口，圆唇，斜肩。素面。复原口径20.4、残高8.6厘米（图四九，14）。

陶器底　1件。H32：5，口及上腹部残。泥质红陶。下弧腹内收，平底。素面。底径

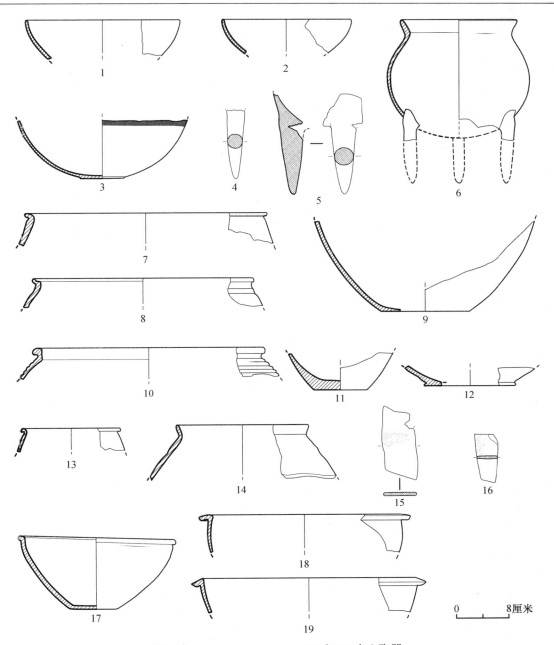

图四九　H27、H32、H44、H62和H82出土陶器

1、2.钵（H27∶2、H32∶4）　3.红顶钵（H27∶1）　4、5.鼎足（H27∶3、H27∶4）　6.鼎（H82∶7）　7、8、10、13.罐（H32∶2、H62∶1、H82∶1、H32∶3）　9、11、12.器底（H32∶5、H82∶5、H82∶4）　14.瓮（H32∶1）　15、16.锉（H32∶6、H82∶6）　17~19.盆（H44∶1、H82∶3、H82∶2）

13.2、残高14.4厘米（图四九，9）。

　　陶锉　1件。H32∶6，两端皆残。泥质红陶。扁平长条状。器表粗糙，密布小圆窝。残长11.8、宽5.1、厚0.5厘米（图四九，15）。

　　H44　位于ⅠTN06E02东北部。开口于第2层下，距地表深约30厘米，打破第5层和生土。已发掘部分平面近半圆形，东部伸入探方壁内；长约130、宽约45、深约48厘米。斜弧壁，平

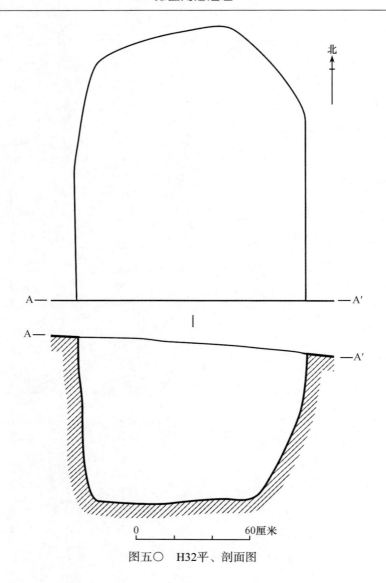

北

0　　　　　　　60厘米

图五〇　H32平、剖面图

底，壁面及底面未见加工痕迹。坑内填土为黑灰色黏土，夹杂少量红烧土块及小石块，结构较致密。出土极少量陶片，以泥质橙黄陶为主，占44.45%；纹饰皆为素面；可辨器形有钵、盆、鼎足等。仅采集陶器标本1件（图五一）。

陶盆　1件。H44：1，夹砂红褐陶，厚胎。灰口红腹，口部倾斜，敞口，斜弧腹，平底。素面。口径24.4、底径7.2、高11.2厘米（图四九，17）。

H62　位于ⅠTN07E03东北部。开口于第2层下，距地表深约25厘米，打破生土，并被W1打破。已发掘部分平面近半圆形，北部伸入探方壁内。长约180、宽约142、深约30厘米。弧壁，平底，壁面及底面未见加工痕迹。坑内填土为灰黑色黏土，夹杂少量红烧土颗粒及小石块，结构疏松。仅出土橙黄色陶片3枚，采集陶器标本1件（图五二）。

陶罐　1件。H62：1，肩部以下均残。夹砂橙黄陶。侈口，微束颈，斜肩。颈下饰一道较宽凹弦纹。复原口径34、残高4.6厘米（图四九，8）。

H82　位于ⅠTN07E04西南部。开口于第2层下，西高东低，距地表深35～55厘米，打破3

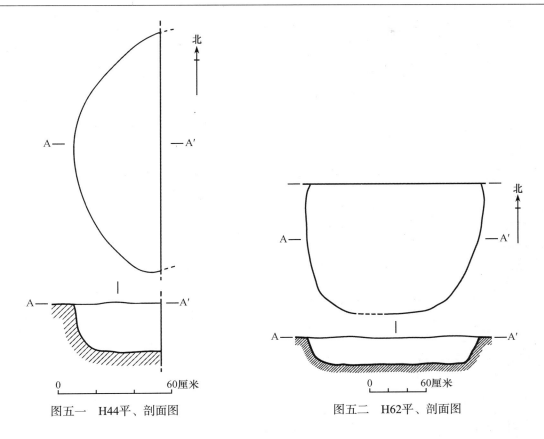

图五一　H44平、剖面图　　　　　图五二　H62平、剖面图

层和H92。已发掘部分平面近半圆形，南部伸入探方壁内。长约180、宽约140、深约70厘米。弧壁，圜底，壁面及底面未见加工痕迹。坑内填土为灰褐色黏土，夹杂少量红烧土颗粒及小石块，结构疏松。出土陶片较少，以泥质红陶为主，占38.89%，泥质橙黄陶次之，占22.22%；纹饰多为素面，少量弦纹等；可辨器形有鼎、罐、盆等。采集陶器标本7件（图五三）。

陶鼎　1件。H82：7，夹砂红陶。侈口，仰折沿，圆唇，束颈，鼓腹，复原为圜底、锥足。素面。口径18、腹径21.8、复原高26厘米（图四九，6）。

陶罐　1件。H82：1，肩部以下均残。夹砂红褐陶。直口，厚圆唇，斜弧肩。肩上饰数道凹弦纹。复原口径35.6、残高4.8厘米（图四九，10）。

陶盆　2件。均泥质红陶。下腹及底部残。H82：2，侈口，折沿外垂，圆唇，斜弧腹。素面。复原口径36、残高5.4厘米（图四九，19）。H82：3，微敛口，宽沿略垂，圆唇，弧腹。素面。复原口径32.4、残高6厘米（图四九，18）。

陶器底　2件。均残存器底，下腹内收。H82：4，泥质黑陶，假圈足。素面。底径14、残高3厘米（图四九，12）。H82：5，泥质红陶。厚平底。素面。底径8、残高5.8厘米（图四九，11）。

陶锉　1件。H82：6，两端皆残。泥质红陶。扁平梭形。器表粗糙，密布小圆窝。残长7.8、宽2.2～3.5、厚0.4厘米（图四九，16）。

H89　位于ⅠTN08E03西部。开口于第2层下，距地表深约25厘米，打破生土。已发掘部分平面近半圆形，西部伸入探方壁内。长约280、宽约164、深约30厘米。弧壁，底近平，壁面及底面未见加工痕迹。坑内填土为黑色黏土，结构疏松。出土陶片较多，以泥质灰陶为主，占24.39%，夹砂红陶次之，占19.51%。纹饰以素面居多，极少量弦纹、绳纹等。可辨器形有罐、红顶钵、瓮等。采集石器标本1件，陶器标本6件（图五四）。

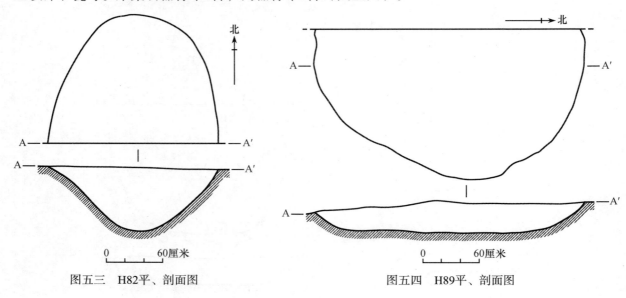

图五三　H82平、剖面图　　　　　　　　　　图五四　H89平、剖面图

石斧　1件。H89：7，肩部残失。泥条粉砂岩，通体磨光，两侧保留修整疤痕，弧直腰，双面凸弧刃。残长9.1、宽7.7、厚3.4厘米，重319克（图五五，4）。

陶罐　1件。H89：3，肩部以下均残。夹砂红陶。侈口，卷沿，圆唇，溜肩。素面。复原口径24.6、残高4.6厘米（图五五，1）。

陶红顶钵　1件。H89：5，下腹及底部残。泥质灰陶、红顶。直口，尖圆唇，弧腹。素面。复原口径38、残高5.2厘米（图五五，6）。

陶瓮　3件。均肩部以下残。侈口，圆唇。H89：1，夹砂红陶。鼓肩。素面。复原口径34、残高3.6厘米（图五五，5）。H89：2，夹砂黑陶。弧肩。素面。复原口径35.6、残高4.4厘米（图五五，7）。H89：4，夹砂红陶。鼓肩。素面。复原口径44、残高3.5厘米（图五五，8）。

陶器底　1件。H89：6，残存底部。泥质红陶。下腹斜收，平底。素面。底径6.4、残高3.2厘米（图五五，19）。

H50　位于ⅠTN07E01西北部。开口于第1层下，距地表深约20厘米，打破第5层和生土。已发掘部分平面近半圆形，西部伸入探方壁内。长约130、宽约40、深约25厘米。弧壁，圜底，壁面及底面未见加工痕迹。坑内填土为灰黑色黏土，夹杂少量红烧土颗粒及草木灰，结构疏松。出土陶片极少，均为夹砂陶，陶色有红、灰及橙黄；纹饰多为素面，少量凹弦纹等；可辨器形有罐、筒形罐、瓮等。采集陶器标本4件（图五六）。

陶罐　1件。H50：2，肩部以下均残。夹砂灰陶。侈口，卷沿，圆唇，斜肩。素面。复原口径34、残高5厘米（图五五，2）。

陶筒形罐　1件。H50：1，夹砂灰陶。直口，方唇，腹部由上到下斜直外侈、中部略收，

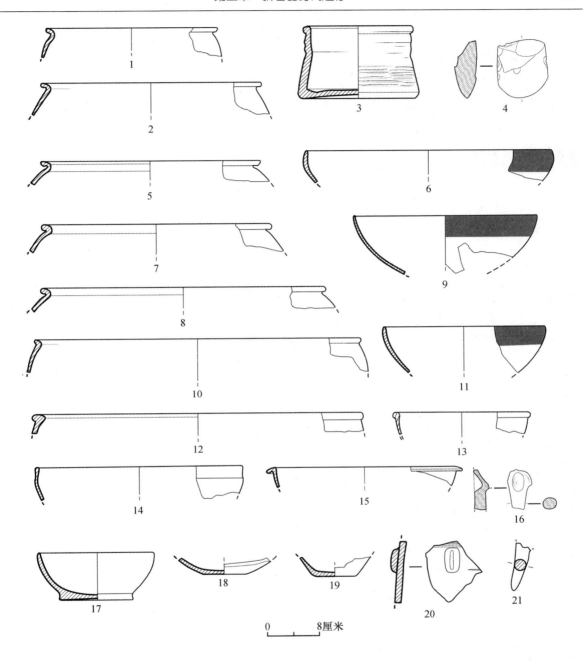

图五五　H89、H50、H6、H210、H60出土遗物

1、2. 陶罐（H89∶3、H50∶2）　3. 陶筒形罐（H50∶1）　4. 石斧（H89∶7）　5、7、8、10. 陶瓮（H89∶1、H89∶2、

H89∶4、H50∶4）　6、9、11. 陶红顶钵（H89∶5、H210∶1、H60∶2）　12～15. 陶盆（H6∶1、H210∶3、H210∶2、H60∶4）

16、21. 陶鼎足（H6∶2、H210∶4）　17. 陶碗（H60∶1）　18、19. 陶器底（H60∶3、H89∶6）　20. 陶器錾腹片（H50∶3）

平底内凹。下腹部饰数道浅凹弦纹。口径17、底径17.6、高11.4厘米（图五五，3）。

　　陶瓮　1件。H50∶4，肩部以下均残。夹砂红陶。侈口，溜肩。素面。复原口径50.4、残高5.4厘米（图五五，10）。

　　陶器錾腹片　1件。H50∶3，夹砂红陶。贴塑近方形器錾粘连少量腹片。錾上饰数道凹弦纹。残高9.8厘米（图五五，20）。

　　H6　位于Ⅲ TS08W09东南角。开口于第2层下，距地表深约25厘米，打破生土。已发掘部分平面近半圆形，南部伸入探方壁内。长约170、宽约60、深约16厘米。弧壁，平底，壁面及底面未见加工痕迹。坑内填土为灰黑色黏土，结构较致密。出土陶片极少，以夹砂红陶占绝大多数，约50%；纹饰多为素面；可辨器形有盆、鼎足等。采集陶器标本2件（图五七）。

　　陶盆　1件。H6：1，口部以下均残。夹砂红陶。敛口，厚圆唇。素面。复原口径51.2、残高4.8厘米（图五五，12）。

　　陶鼎足　1件。H6：2，足尖残。夹砂红陶。复原应为锥状实足，截面近圆，足根部饰一按窝。残高6.4厘米（图五五，16）。

　　（3）椭圆形灰坑

　　H210　位于Ⅰ TN09E07北部。开口于第5层下，距地表深约30厘米，打破生土。平面呈椭圆形。长径约140、短径约110、深约48厘米。西壁不规则、东壁斜弧，平底，壁面及底面未见加工痕迹。坑内填土为灰黑色黏土，夹杂少量红烧土颗粒、碎石块及草木灰，结构疏松。出土少量陶片，以夹砂红褐陶为主，占42.86%，泥质灰陶次之，占23.8%；纹饰皆为素面；可辨器

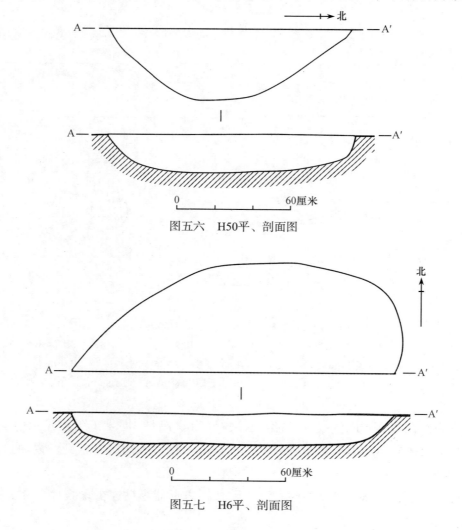

图五六　H50平、剖面图

图五七　H6平、剖面图

形有盆、红顶钵、鼎足等。采集陶器标本4件（图五八）。

陶红顶钵 1件。H210：1，底部残。泥质灰陶、红顶。敞口，方唇，弧腹。素面。复原口径28.4、残高9.8厘米（图五五，9）。

陶盆 2件。直口微侈，圆唇，斜弧腹。素面。H210：2，下腹及底部残。夹砂红褐陶、灰胎。直口，圆唇，口腹连接处微凹，弧腹。素面。复原口径32、残高5.3厘米（图五五，14）。H210：3，下腹及底部残。夹砂红陶。微敛口，圆唇，弧腹。素面。复原口径20、残高3.2厘米（图五五，13）。

陶鼎足 1件。H210：4，夹砂红陶。锥状实足，足尖略外撇。素面。残高7.6厘米（图五五，21）。

H60 位于ⅠTN06E04北部。开口于第4层下，西高东低，距地表深100～120厘米，打破生土，并被H49打破。平面呈椭圆形。长径约270、短径残约180、深约130厘米。大坑内中部收为一近圆形深坑，直径约110厘米。坑壁上部呈缓坡，至深坑成直壁，平底，壁面及底面未见加工痕迹。坑内填土黄褐色，上部略黏、下部偏沙性，夹杂少量红烧土颗粒及小石块，结构疏松。出土少量陶片，以泥质橙黄陶为主，占32.43%，泥质红陶次之，占24.34%；纹饰皆为素面；可辨器形有红顶钵、盆、碗等。采集陶器标本4件（图五九）。

陶红顶钵 1件。H60：2，下腹及底部残。泥质灰陶、红顶。直口微侈，尖圆唇，斜弧腹。素面。复原口径24.8、残高7.6厘米（图五五，11）。

陶盆 1件。H60：4，下腹及底部残。泥质灰陶。侈口，折沿外垂，圆唇，斜弧腹。素面。复原口径30.4、残高3.2厘米（图五五，15）。

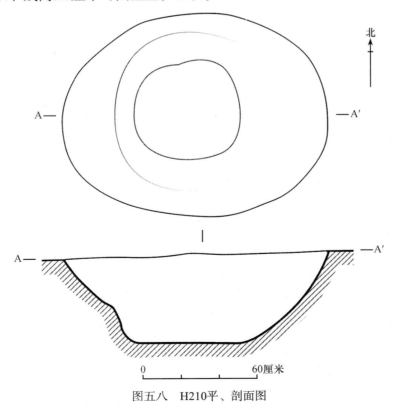

图五八 H210平、剖面图

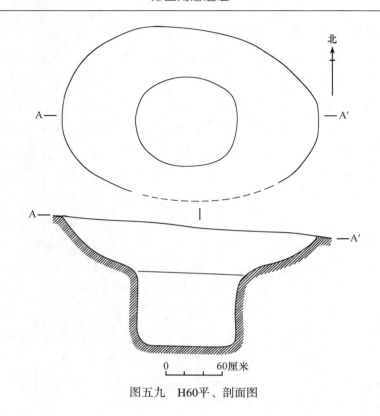

图五九　H60平、剖面图

　　陶碗　1件。H60：1，泥质红陶。敞口，尖圆唇，弧腹，假圈足微凹。素面。口径18.4、底径12.2、高7.6厘米（图五五，17）。

　　陶器底　1件。H60：3，残存底部。泥质红褐陶。平底。素面。底径6.4、残高2.6厘米（图五五，18）。

　　H36　位于ⅠTN06E03北部。开口于第3层下，距地表深约45厘米，打破第5层和生土，并被H29打破。平面呈椭圆形。长径约294、短径约200、深约76厘米。斜弧壁，平底，壁面及底面未见加工痕迹。坑内填土为灰褐色黏土，结构疏松。出土较多陶片，以泥质红陶为主，占38.36%；纹饰以素面为主，少量弦纹、划纹等；可辨器形有罐、钵、红顶钵、盆、器耳等。采集石器标本1件，陶器标本19件（图六〇）。

　　石锛　1件。H36：20，肩部残失。细砂岩。打制、对刃部稍磨，直腰，单面凸弧刃。残长6.6、宽3.6、厚1厘米（图六一，4）。

　　陶罐　6件。H36：2，肩部以下均残。夹砂红褐陶。侈口，方唇、唇面有凹槽，束颈，斜肩。肩部饰几道竖划纹。复原口径30、残高4.8厘米（图六一，1）。H36：3，肩部以下均残。夹砂红褐陶。侈口，方唇、唇面有凹槽，鼓肩。颈部饰五道凹弦纹。复原口径32、残高9.6厘米（图六一，3）。H36：4，肩部以下均残。夹砂红褐陶。侈口，卷沿，圆唇，弧肩。素面。复原口径32.4、残高4.4厘米（图六一，2）。H36：6，肩部以下均残。泥质红陶。敞口，卷沿，圆唇，内弧肩。素面。复原口径28.4、残高4.4厘米（图六一，6）。H36：15，口、底部残。泥质红陶。斜弧肩，鼓腹，腹部有双耳、复原当为桥形。素面。腹径25.6厘米（图六一，7）。H36：19，肩部以下均残。夹砂红陶。敛口，圆唇，斜肩。肩部饰左斜划纹。复原口径

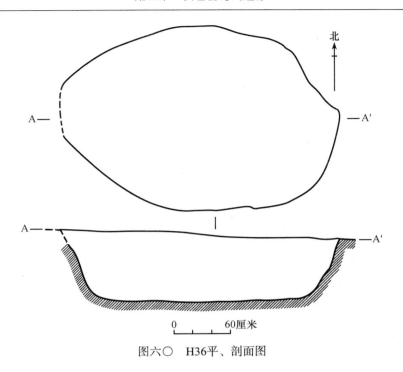

图六〇　H36平、剖面图

24.8、残高5.2厘米（图六一，5）。

　　陶高领罐　2件。均领部以下残。H36：5，夹砂红陶。侈口，圆唇、内缘有浅凹槽，高弧领。素面。复原口径24.8、残高5.6厘米（图六一，10）。H36：10，夹砂红褐陶。直口微侈，圆唇，高直领。素面。复原口径12.8、残高3.6厘米（图六一，9）。

　　陶钵　5件。H36：1，泥质红陶。敞口，尖圆唇，浅弧腹，平底、底腹交界处有一周阴刻凹槽。素面。口径15.6、高6.2厘米（图六一，11）。H36：7，泥质橙黄陶。下腹及底部残。敞口，圆唇，弧腹。素面。复原口径34、残高5.6厘米（图六一，8）。H36：14，下腹及底部残。泥质红陶。敞口，尖圆唇，斜弧腹。素面。复原口径31.6、残高5.6厘米（图六一，12）。H36：16，下腹及底部残。泥质橙黄陶。敞口，尖圆唇，斜弧腹。素面。复原口径26.4、残高4.4厘米（图六一，15）。H36：17，下腹及底部残。泥质红陶。直口，弧腹。素面。复原口径20.6、残高5.6厘米（图六一，16）。

　　陶红顶钵　1件。H36：13，下腹及底部残。泥质红陶、红顶。敞口，尖圆唇，弧腹。素面。复原口径30.6、残高6.8厘米（图六一，18）。

　　陶盆　1件。H36：8，下腹及底部残。泥质橙黄陶。敛口，窄沿外垂，圆唇，弧腹。素面。复原口径36、残高5.2厘米（图六一，19）。

　　陶壶　1件。H36：9，颈部以下均残。泥质红陶。侈口，平沿内伸、沿面略凹，圆唇，束颈。素面。复原口径9.6、残高3厘米（图六一，20）。

　　陶器底　1件。H36：18，残存底部。薄胎，泥质橙黄陶。弧腹，平底。素面。底径10、残高5.6厘米（图六一，17）。

　　陶器耳　2件。均残存器耳贴塑在少量腹片上，夹砂红陶，桥形。H36：11，腹片上饰划纹。长8.2厘米（图六一，13）。H36：12，素面。长5.1厘米（图六一，14）。

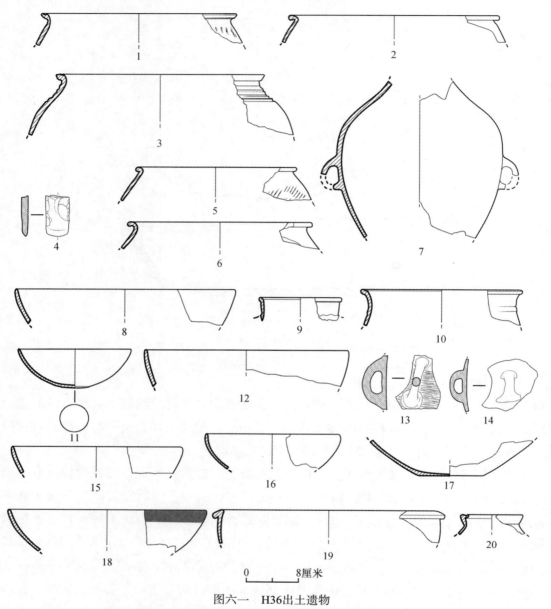

图六一　H36出土遗物

1 ~ 3、5 ~ 7. 陶罐（H36：2、H36：4、H36：3、H36：19、H36：6、H36：15）　4. 石锛（H36：20）

8、11、12、15、16. 陶钵（H36：7、H36：1、H36：14、H36：16、H36：17）　9、10. 陶高领罐（H36：10、H36：5）

13、14. 陶器耳（H36：11、H36：12）　17. 陶器底（H36：18）　18. 陶红顶钵（H36：13）　19. 陶盆（H36：8）

20. 陶壶（H36：9）

　　H49　位于ⅠTN06E04东部。开口于第3层下，西高东低，距地表深35 ~ 70厘米，打破H60、第4层和生土。平面呈椭圆形。长径约350、短径约210、深约145厘米。大坑内西部为一近圆形深坑，直径约130厘米。坑东壁呈缓坡至深坑成直壁、西壁斜直，平底，壁面及底面未见加工痕迹。坑内填土为灰黑色沙土，夹杂少量红烧土颗粒及小石块，结构疏松。出土少量陶片，以泥质红褐陶为主，占27.79%，泥质红陶次之，占19.44%；纹饰多为素面；可辨器形有鼎、罐、钵、红顶钵、鼎足等。采集石器标本1件，陶器标本8件（图六二；图版六，3）。

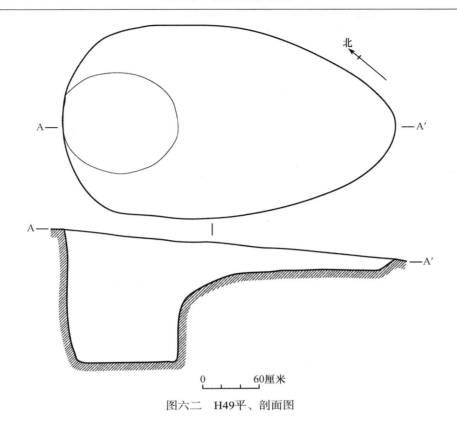

0 ⎯⎯⎯ 60厘米

图六二　H49平、剖面图

石斧　1件。H49：1，粉砂岩。通体凿磨，两侧保留修整疤坎，斜凸肩，双面刃，后期刃部砸击致残。长17.6、宽8.9、厚3.6厘米（图六三，9）。

陶鼎　1件。H49：9，颈部以下均残。夹砂红褐陶。侈口，仰折沿，圆唇，束颈。素面。复原口径20、残高4.2厘米（图六三，3）。

陶鼎足　1件。H49：8，夹砂红褐陶。锥状实足，截面呈圆形，足尖略外撇，足体中部靠下略有大半周浅凹槽。素面。残高10.5厘米（图六三，4）。

陶罐　1件。H49：2，肩部以下均残。夹砂灰陶、内壁泛红。敛口，方唇、唇面有一道浅凹槽，溜肩。素面。复原口径22.4、残高4厘米（图六三，11）。

陶钵　2件。均下腹及底部残，泥质红陶。尖圆唇。素面。H49：3，敞口，斜弧腹。复原口径26.4、残高6.8厘米（图六三，16）。H49：4，胎体相对较厚，直口，弧腹。复原口径28、残高7厘米（图六三，17）。

陶红顶钵　2件。均下腹及底部残。泥质灰陶、红顶。敞口，斜弧腹。素面。H49：5，尖圆唇。复原口径30.4、残高8.8厘米（图六三，23）。H49：6，圆唇。复原口径34、残高11厘米（图六三，25）。

陶器底　1件。H49：7，口及上腹部残。泥质灰陶。下腹弧内收，平底略凸。素面。底径7.2、残高3.6厘米（图六三，10）。

H93　位于ⅠTN07E04北部。开口于第3层下，距地表深约75厘米，打破第4层和生土，其东部被H82、H92打破。平面呈椭圆形。长径残约280、短径残约185、深约110厘米。坑壁上部

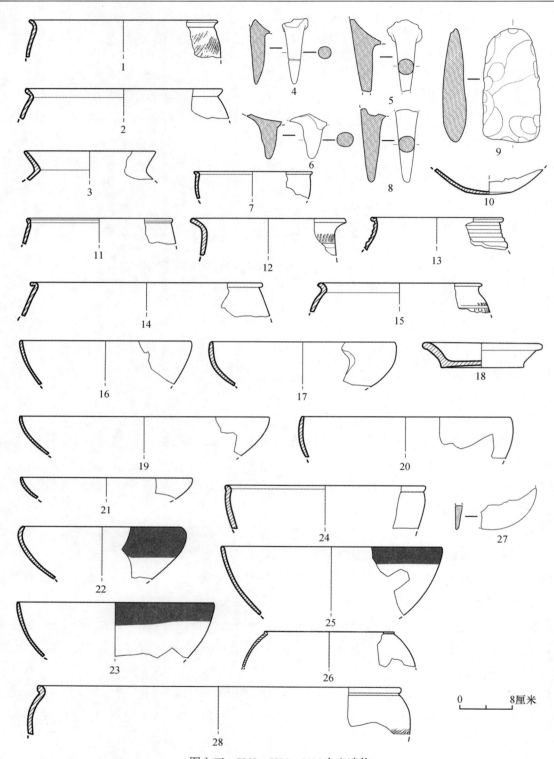

图六三　H49、H93、H28出土遗物

1～3.陶鼎（H93：1、H28：5、H49：9）　4～6、8.陶鼎足（H49：8、H93：9、H93：10、H93：11）　7.陶碗（H93：5）

9.石斧（H49：1）　10.陶器底（H49：7）　11～15.陶罐（H49：2、H93：4、H28：2、H93：2、H28：3）

16、17、19～22.陶钵（H49：3、H49：4、H93：6、H93：7、H93：8、H28：7）　18.陶盘（H28：8）

23、25.陶红顶钵（H49：5、H49：6）　24.陶盆（H28：6）　26、28.陶瓮（H93：3、H28：4）　27.陶饼形器（H28：1）

呈缓坡，弧壁，圜底，壁面及底面未见加工痕迹。坑内填土为灰黑色黏土，夹杂少量红烧土块及石块，结构较致密。出土少量陶片，以泥质红陶为主，占28%，夹砂红褐陶次之，占24%；纹饰多为素面，少量绳纹；可辨器形有鼎、罐、钵、盆等。采集陶器标本11件，纹饰标本1件（图六四）。

陶鼎　1件。H93：1，肩部以下均残。夹砂红褐陶。侈口，圆唇，微束颈，溜肩。肩部饰斜绳纹。复原口径28.8、残高6厘米（图六三，1）。

陶鼎足　3件。H93：9，足尖残。夹砂黄陶。复原应为锥状实足，截面近圆。素面。残高22.8厘米（图六三，5）。H93：10，夹砂红陶。锥形包芯矮足，足尖略外撇。素面。残高7厘米（图六三，6）。H93：11，夹砂红褐陶。锥形包芯高足。素面。残高11.5厘米（图六三，8）。

陶罐　2件。H93：2，肩部以下均残。夹砂灰陶。敛口，卷沿，圆唇，斜肩。素面。复原口径35.6、残高3.2厘米（图六三，14）。H93：4，领部以下均残。夹砂红陶。大口，方唇，弧直领。领部先斜行绳纹，其下饰凹弦纹。复原口径24、残高5.8厘米（图六三，12）。

陶钵　3件。均下腹及底部残。泥质红陶。素面。H93：6，敞口，圆唇，弧腹。复原口径38.4、残高6.2厘米（图六三，19）。H93：7，胎体较厚，敛口，圆唇，微弧曲腹。复原口径32、残高6.6厘米（图六三，20）。H93：8，敞口，尖圆唇，浅弧腹。素面。口沿下有一圆形穿孔，双面对钻而成，疑为修复孔。复原口径26.4、残高3.2厘米（图六三，21）。

陶碗　1件。H93：5，下腹及底部残。泥质灰陶。微敛口，窄卷沿，圆唇，弧腹。素面。残高4.2、口径18厘米（图六三，7）。

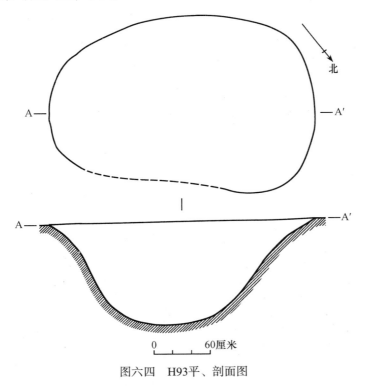

图六四　H93平、剖面图

　　陶瓮　1件。H93：3，肩部以下均残。夹砂灰陶。敛口，圆唇，弧肩。素面。残高11.2、口径40厘米（图六三，26）。

　　H28　位于ⅠTN06E04中南部。开口于第2层下，西北高东南低，距地表深35～45厘米，打破第3、4层和生土。平面呈椭圆形。长径约130、短径约100、深约40厘米。弧壁，圜底，壁面及底面未见加工痕迹。坑内填土为灰褐色黏土，夹杂极少量红烧土颗粒，结构疏松。出土少量陶片，以泥质红陶为主，占30.95%，夹砂橙黄陶次之，占16.66%。纹饰多为素面，少量弦纹、划纹及彩带纹等。可辨器形有鼎、罐、钵、盆、瓮、盘等。采集陶器标本8件（图六五）。

　　陶鼎　1件。H28：5，肩部以下均残。夹砂红褐陶。侈口，圆唇，束颈，斜弧肩。素面。复原口径30.4、残高4.8厘米（图六三，2）。

　　陶罐　2件。均为夹砂灰陶。H28：2，颈部以下均残。直口微侈，窄沿平折、沿面有一道浅凹槽，圆唇。颈部饰数道凸弦纹。复原口径20.4、残高5.2厘米（图六三，13）。H28：3，肩部以下均残。侈口，厚圆唇，束颈，微鼓肩。肩部饰弦断划纹。复原口径25.2、残高4.4厘米（图六三，15）。

　　陶钵　1件。H28：7，底部残。泥质橙黄陶。敛口，尖圆唇，弧曲腹。口下饰一周枣红彩宽带纹，彩衣脱落明显。复原口径24、残高8.4厘米（图六三，22）。

　　陶盆　1件。H28：6，下腹及底部残。夹砂灰陶。微敛口，圆唇，弧腹。素面。复原口径30.8、残高6.8厘米（图六三，24）。

　　陶瓮　1件。H28：4，肩部以下均残。夹砂灰陶。侈口，圆唇，弧肩微鼓。口下饰二道浅凹弦纹，肩下饰斜划纹。复原口径56、残高7.8厘米（图六三，28）。

　　陶盘　1件。H28：8，夹砂红褐陶、厚胎。敞口，圆唇，浅腹，平底略凹。素面。口径14.4、底径12.6、高4厘米（图六三，18）。

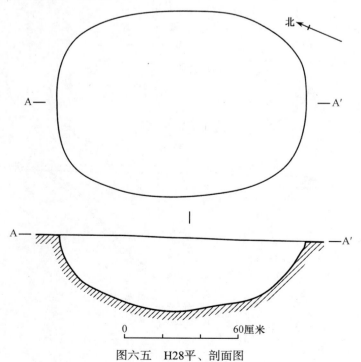

图六五　H28平、剖面图

陶饼形器　1件。H28∶1，近3/4残。夹砂灰陶。复原应为饼状，中心厚，边缘薄，器表粗糙。素面。厚0.35～1.06厘米（图六三，27）。

H29　位于ⅠTN06E03中东部。开口于第2层下，西高东低，距地表深约45厘米，打破H36、第5层和生土。平面呈椭圆形。长径约110、短径约70、深约66厘米。坑东壁斜弧、西壁较直，平底，壁面及底面未见加工痕迹。坑内填土为灰褐色黏土，夹杂微量炭粒，结构疏松。出土极少量陶片，以泥质红陶为主，占23.1%；纹饰多为素面，少量施彩衣等；可辨器形有鼎、钵、盆等。采集陶器标本和动物骨骼标本各2件（图六六）。

陶盆　1件。H29∶1，下腹及底部残。泥质红陶。敛口，窄沿，尖圆唇，弧腹。器表施枣红色衣，脱落严重。复原口径26.4、残高4.8厘米（图六七，3）。

陶鼎足　1件。H29∶2，夹砂红陶。锥状实心足，足体较高。素面。残高12.8厘米（图六七，6）。

动物骨骼　2件。均为兽骨，H29∶3（图六七，11）、H29∶4（图六七，10）。

H53　位于ⅠTN07E01西北部。开口于第2层下，距地表深约30厘米，打破第5层和生土。平面呈椭圆形。长径约45、短径约40、深约24厘米。直壁微弧，平底，壁面及底面有较明显加工痕迹。坑内填土为灰黑色褐色黏土，夹杂少量红烧土颗粒及草木灰等，结构较为致密。仅出土夹砂陶片3块，采集陶器标本1件（图六八）。

陶罐　1件。H53∶1，下腹及底部残。夹砂红褐陶。敛口，卷沿微垂，圆唇，溜肩，弧腹微鼓。肩、腹部斜行绳纹。复原口径30、残高11.2厘米（图六七，4）。

H55　位于ⅠTN07E02东北部。开口于第2层下，距地表深约36厘米，打破M21、第5层和生土。平面呈椭圆形。长径约68、短径约48、深约28厘米。弧壁，圜底，壁面及底面未见明显加工痕迹。坑内填土为黑褐色黏土，夹杂少量红烧土颗粒，结构较致密。出土极少量陶

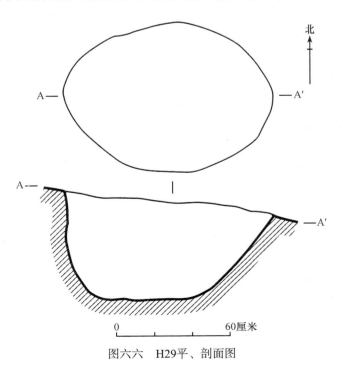

图六六　H29平、剖面图

片，以泥质红陶为主，泥质灰陶次之；纹饰皆为素面；无可辨器形。仅采集石器标本1件（图六九）。

石刀　1件。H55∶1，细砂岩。利用石片打制，背面保留石皮，从背面修整疤观察应为一长刃缘石刀或多边刃石刀。长13.8、宽7.8、厚1.6厘米（图六七，7）。

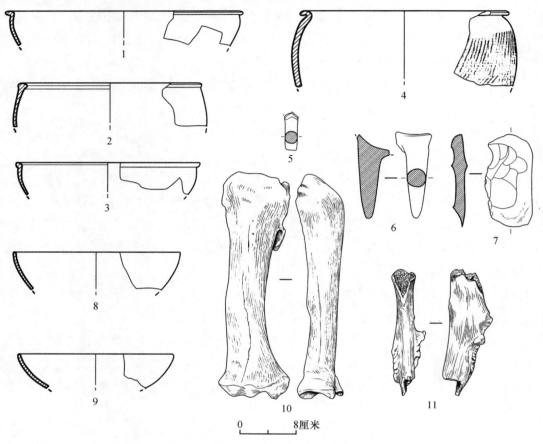

图六七　H29、H53、H55、H78、H80出土遗物

1～3.陶盆（H80∶1、H78∶1、H29∶1）　4.陶罐（H53∶1）　5、6.陶鼎足（H80∶3、H29∶2）

7.石刀（H55∶1）　8、9.陶钵（H78∶2、H80∶2）　10、11.兽骨（H29∶4、H29∶3）

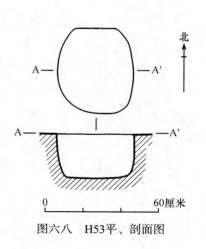

图六八　H53平、剖面图

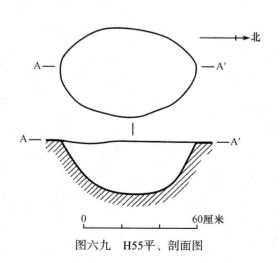

图六九　H55平、剖面图

　　H78　位于ⅠTN08E06东南部，部分伸入东隔梁内未掘。开口于第2层下，距地表深约15厘米，打破第5层和生土。平面近椭圆形、东部为直边。长径约300、短径约180、深约154厘米。斜壁，平底，壁面及底面较规整，疑经人为加工。坑内填土为黑褐色黏土，夹杂较多红烧土颗粒及炭粒，结构疏松。出土极少量陶片，泥质红陶占绝大多数，约70.58%；纹饰皆为素面；可辨器形有钵、盆等。仅采集陶器标本2件（图七〇）。

　　陶钵　1件。H78：2，下腹及底部残。泥质黑陶。敞口，方唇，斜弧腹。素面抹光。复原口径24、残高5.6厘米（图六七，8）。

　　陶盆　1件。H78：1，下腹及底部残。泥质红陶。敛口，厚圆唇略内钩，弧腹。素面。复原口径26.4、残高6.4厘米（图六七，2）。

　　H80　位于ⅠTN08E06南部，部分伸入南壁内未掘。开口于第2层下，距地表深约25厘米，打破第5层和生土。平面近椭圆形、南部为直边，长径约162、短径约120、深约36厘米。斜壁，平底，壁面及底面未见加工痕迹。坑内填土为灰黑色黏土，夹杂较多红烧土颗粒，结构疏松。出土极少量陶片，多为泥质红陶，约占55.55%；纹饰皆为素面，可辨器形有钵、盆等。采集陶器标本3件（图七一）。

　　陶钵　1件。H80：2，底部残。泥质黑陶。敞口，尖圆唇，弧腹。素面。复原口径22.4、残高5.2厘米（图六七，9）。

　　陶盆　1件。H80：1，下腹及底部残。泥质红陶。直口微敛，平折沿，圆唇，弧腹。素面。复原口径34、残高5厘米（图六七，1）。

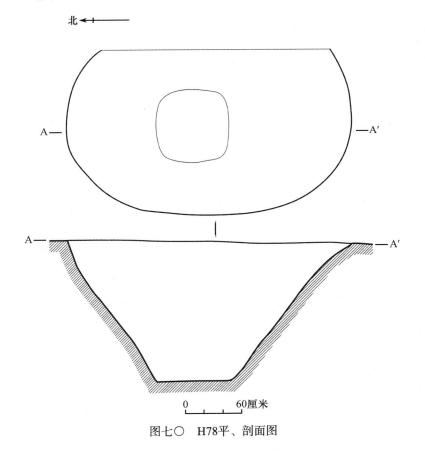

图七〇　H78平、剖面图

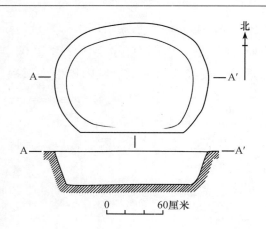

图七一　H80平、剖面图

陶鼎足　1件。H80：3，夹砂灰陶。柱状实心平足。素面。残高5.6厘米（图六七，5）。

H100　位于ⅠTN08E04东南部。开口于第2层下，距地表深约25厘米，打破第3层和生土。平面近不规则椭圆形。长径约370、短径约310、深约30厘米。弧壁，底近平，壁面及底面未见加工痕迹。坑内填土为灰黑色黏土，夹杂少量红烧土块及石块，结构较致密。出土较多陶片，以夹砂红褐陶为主，占32.09%，夹砂橙黄陶次之，占25.93%；纹饰以素面为主，少量弦纹、划纹等；可辨器形有罐、红顶钵、盆、瓮、鼎足等。采集石器标本1件，陶器标本20件（图七二）。

石斧　1件。H100：1，泥条粉砂岩，利用扁平河砾打制，对刃部稍加工，刃口微残。圆顶，弧边，单面刃。长15、宽7.4、厚2.4厘米（图七三，1）。

陶罐　5件。H100：2，底部残。夹砂橙黄陶。侈口，厚圆唇，束颈，溜肩，弧腹。素面。复原口径19.2、残高8.8厘米（图七三，4）。H100：5，肩部以下均残。夹砂灰陶。侈口，卷沿，圆唇，斜肩。素面。复原口径15.6、残高6.4厘米（图七三，7）。H100：6，肩部以下均残。夹砂橙黄陶。侈口，卷沿，圆唇，鼓肩。肩部饰斜划纹。复原口径28、残高6.8厘米（图七三，5）。H100：12，肩部以下均残。夹砂橙黄陶。侈口，卷沿，圆唇，鼓肩。肩部饰斜划纹。复原口径37.2、残高9厘米（图七三，6）。H100：21，颈部以下均残。夹砂红陶。侈口，厚圆唇，折颈。素面。复原口径38.4、残高5.2厘米（图七三，8）。

陶筒形罐　1件。H100：11，下腹及底部残。夹砂灰陶。直口，平折沿，圆唇，深直腹。素面。复原口径15.2、残高5.2厘米（图七三，9）。

陶红顶钵　2件。均下腹及底部残。泥质灰陶、红顶。尖圆唇，弧腹。素面。H100：13，直口。复原口径32、残高8厘米（图七三，11）。H100：14，直口微敛。复原口径34、残高8厘米（图七三，13）。

陶盆　3件。均下腹及底部残。弧腹。素面。H100：7，夹砂灰陶，敛口，卷沿略垂，圆唇。复原口径44、残高6.4厘米（图七三，10）。H100：8，夹砂红褐陶。敛口，卷沿略垂，尖圆唇。复原口径50.4、残高4.8厘米（图七三，14）。H100：10，夹砂褐陶。敞口，厚圆唇。复原口径38.4、残高5.2厘米（图七三，12）。

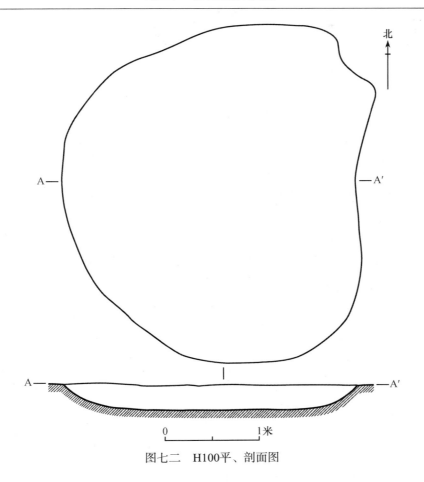

图七二　H100平、剖面图

陶瓮　3件。均肩部以下残。敛口，厚圆唇，鼓肩。素面。H100：3，夹砂红褐陶。复原口径35.2、残高5.6厘米（图七三，16）。H100：4，夹砂红褐陶。复原口径38.8、残高4厘米（图七三，18）。H100：9，夹砂灰陶。复原口径27、残高3.6厘米（图七三，19）。

陶锉　2件。均两端残，扁平梭形，器表粗糙，密布小圆窝纹。H100：19，夹砂红陶。残长8.35、宽4.1、厚0.8厘米（图七三，3）。H100：20，泥质红褐陶。残长9.2、宽4.1、厚0.55厘米（图七三，2）。

陶鼎足　2件。均为夹砂红褐陶，锥状实足。H100：15，足尖残。素面。残长10.5厘米（图七三，20）。H100：16，足根部饰两个按窝纹。残高3.9厘米（图七三，21）。

陶器底　2件。均为夹砂红褐陶。残存底部。下腹斜收，平底。素面。H100：17，底径16.8、残高3.4厘米（图七三，15）。H100：18，底径20.4、残高4厘米（图七三，17）。

H123　位于ⅡTN07W02西南部。开口于第2层下，北高南低，距地表深约40厘米，打破第5层和生土。平面呈椭圆形。长径约200、短径约175、深46～76厘米。直壁微弧，平底，壁面及底面未见加工痕迹。坑内填土为灰黑色黏土，夹杂大量红烧土颗粒及草木灰，结构疏松。出土较多陶片，以泥质红陶为主，占21.05%，泥质橙黄陶及夹砂红陶次之，均占15.79%。纹饰多为素面。可辨器形有罐、钵、盆等。采集石器标本1件，陶器标本9件，动物骨骼标本2件（图七四；图版七，1）。

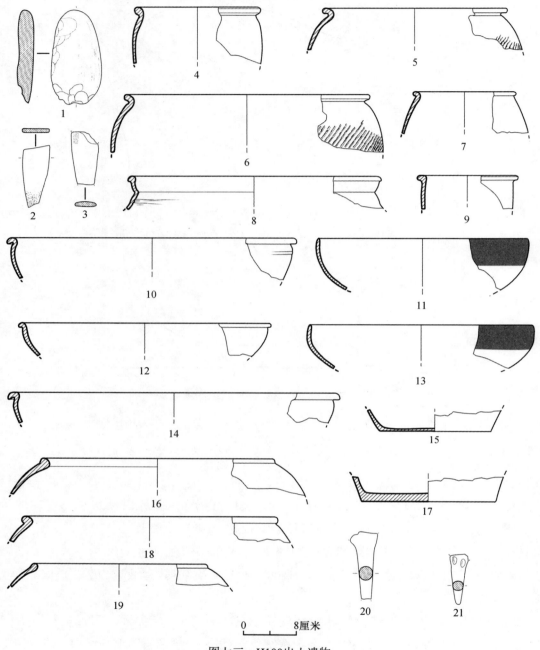

0   8厘米

图七三　H100出土遗物

1. 石斧（H100∶1）　2、3. 陶锉（H100∶20、H100∶19）　4～8. 陶罐（H100∶2、H100∶6、H100∶12、H100∶5、
H100∶21）　9. 陶筒形罐（H100∶11）　10、12、14. 陶盆（H100∶7、H100∶10、H100∶8）　11、13. 陶红顶钵（H100∶13、
H100∶14）　15、17. 陶器底（H100∶17、H100∶18）　16、18、19. 陶瓮（H100∶3、H100∶4、H100∶9）
20、21. 陶鼎足（H100∶15、H100∶16）

石盘状器　1件。H123∶10，闪长岩，利用石片对应剥片一周，且背面未见石皮，底面为台面，保留石皮，边刃较锋利。直径12.4、厚5.6厘米，重951克（图七五，3；图版二三，3）。

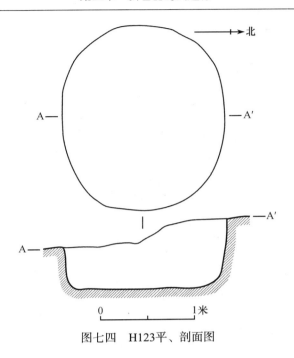

图七四 H123平、剖面图

陶罐 4件。H123：5，颈部以下均残。夹砂红褐陶。侈口，圆唇，束颈。素面。复原口径21.2、残高4.2厘米（图七五，1）。H123：6，口部以下均残。夹砂灰陶。侈口，圆唇。素面。复原口径19.8、残高2.5厘米（图七五，2）。H123：7，口部以下均残。夹砂红褐陶。敞口，圆唇。素面。复原口径20.4、残高4.2厘米（图七五，8）。H123：9，肩部以下均残。夹砂红褐陶。侈口，圆唇，微束颈，斜肩。素面。复原口径18.8、残高12.8厘米（图七五，5）。

陶钵 2件。均下腹及底部残。泥质黑陶。敞口，弧腹。H123：2，圆唇。素面磨光。复原口径26.4、残高6.2厘米（图七五，9）。H123：3，尖圆唇。素面。复原口径26.4、残高5.2厘米（图七五，14）。

陶盆 2件。H123：1，泥质红陶。直口微敛，窄沿，圆唇，弧腹，平底略凹。素面。口径28.4、底径8.8、复原高12.4厘米（图七五，10）。H123：8，下腹及底部残。泥质红褐陶。直口微敛，厚圆唇，弧腹。素面。复原口径28.4、残高6.2厘米（图七五，11）。

陶器底 1件。H123：4，残存底部。泥质黑陶。平底。素面磨光。底径7厘米（图七五，18）。

动物骨骼 2件。均为兽牙，H123：11（图七五，19）、H123：12（图七五，20）。

H124 位于ⅡTN07W02西北部。开口于第2层下，距地表深约30厘米，打破H127、第5层和生土。平面近不规则椭圆形。长径约200、短径约150、深120厘米。斜壁，"V"形底略圜，壁面及底面未见加工痕迹。坑内填土为灰黑色黏土，夹杂大量红烧土颗粒及草木灰，结构疏松。出土极少量陶片，以泥质红陶为主，少量泥质灰陶、夹砂褐陶等；纹饰多为素面，少量附加堆纹、划纹等；可辨器形有罐、鼎足、锉等。采集陶器标本4件（图七六）。

陶罐 1件。H124：1，肩部以下均残。夹砂褐陶。侈口，圆唇，溜肩。素面。复原口径24、残高5.2厘米（图七五，4）。

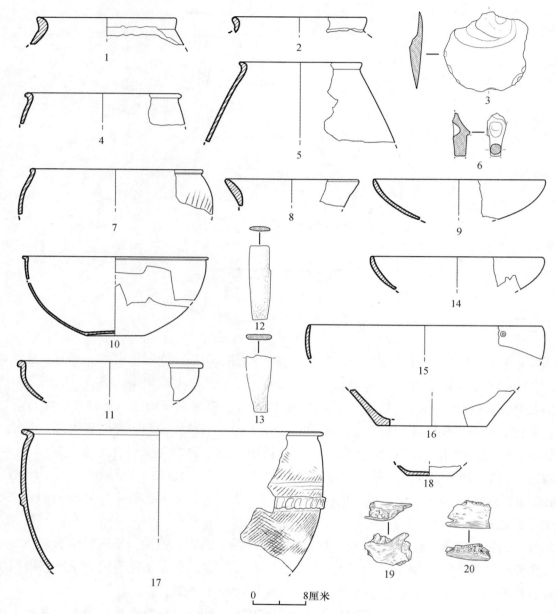

图七五　H123、H124、H127出土遗物

1、2、4、5、7、8.陶罐（H123：5、H123：6、H124：1、H123：9、H127：4、H123：7）　3.石盘状器（H123：10）
6.陶鼎足（H124：2）　9、14、15.陶钵（H123：2、H123：3、H127：2）　10、11、17.陶盆（H123：1、H123：8、H127：1）
12、13.陶锉（H124：3、H124：4）　16、18.陶器底（H127：3、H123：4）　19、20.兽牙（H123：11、H123：12）

　　陶鼎足　1件。H124：2，足尖残。夹砂红褐陶。复原应为锥状实足，截面近圆。足根部饰一深按窝。残高6.8厘米（图七五，6）。

　　陶锉　2件。H124：3，泥质灰陶。残部呈扁平长条状。器表粗糙，密布小圆窝纹。残长11.8、宽2.2～3.3、厚0.3～0.7厘米（图七五，12）。H124：4，泥质红陶。残部呈扁平梯形状，器表粗糙，密布小圆窝纹。残长8.9、宽2～3.9、厚0.8厘米（图七五，13）。

　　H127　位于ⅡTN07W02西北部。开口于第2层下，距地表深约25厘米，打破第5层和生土，并被H124打破。平面呈椭圆形。长径约180、短径约150、深约50厘米。斜弧壁，平底，壁面及底面未见加工痕迹。坑内填土为灰褐色黏土，夹杂少量红烧土颗粒及草木灰，结构疏松。出土少量陶片，以泥质红陶为主，占41.69%，夹砂橙黄陶次之，占16.66%；纹饰多为素面，少量划纹、附加堆纹等；可辨器形有罐、钵等。采集陶器标本4件（图七七）。

陶罐 1件。H127：4，肩部以下均残。夹砂灰陶。直口，圆唇，弧肩微鼓。肩部饰斜划纹。复原口径26.4、残高7.2厘米（图七五，7）。

陶钵 1件。H127：2，下腹及底部残。泥质红陶。直口微敛，尖圆唇，口沿下对钻一圆形穿孔，弧腹。素面。复原口径15.6、残高5.2厘米（图七五，15）。

陶盆 1件。H127：1，底部残。夹砂红褐陶。敛口，折沿，圆唇，弧腹。上腹饰不规则划纹，中腹贴塑附加堆纹，下腹饰交错划纹。复原口径46、残高22.4厘米（图七五，17）。

陶器底 1件。H127：3，残存器底。夹砂橙黄陶。下腹斜收，平底。素面。复原底径16.8、残高5.6厘米（图七五，16）。

H131 位于ⅡTN07W01西部。开口于第2层下，距地表深约20厘米，打破第5层和生土，并被M47打破。平面呈椭圆形。长径约196、短径残约135、深约106厘米。斜直壁，平底，壁面及底面未见加工痕迹。坑内填土为灰褐色黏土，夹杂少量红烧土颗粒及炭粒，结构较致密。出土少量陶片，以夹砂红褐陶为主，占31.25%；纹饰多为素面，少量按窝纹等；可辨器形有罐、盆、鼎足等。采集陶器标本4件（图七八）。

陶罐 1件。H131：1，肩部以下均残。夹砂红褐陶。敛口，卷沿微垂，圆唇，溜肩。素面。复原口径18.4、残高3.6厘米（图七九，1）。

陶盆 1件。H131：2，下腹及底部残。夹砂灰陶。直口微敛，圆唇，弧腹。素面。复原口径19.2、残高4.4厘米（图七九，6）。

陶鼎足 2件。均为夹砂红褐陶。H131：3，足尖残。复原应为锥状实足，截面近圆，足根处饰三个按窝。残高6.6厘米（图七九，15）。H131：4，锥状实心足。素面。残高7.4厘米（图

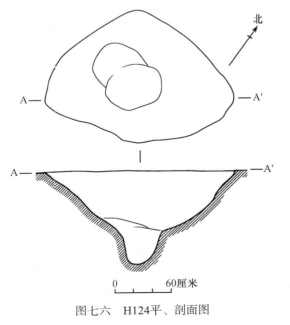

图七六 H124平、剖面图

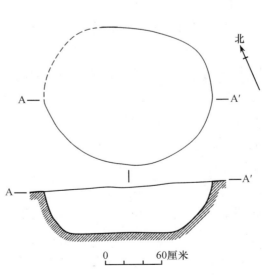

图七七 H127平、剖面图

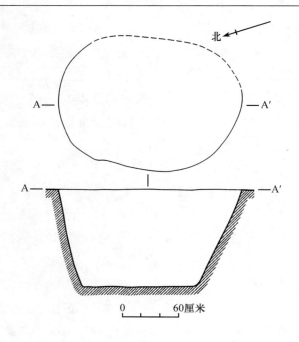

图七八　H131平、剖面图

七九，16）。

　　H133　位于ⅡTN07W01西部。开口于第2层下，距地表深约20厘米，打破第5层和生土。平面呈椭圆形。长径约84、短径约60、深约34厘米。斜直壁，平底，壁面及底面较规整，疑经人为加工。坑内填土为灰褐色黏土，夹杂少量红烧土颗粒及草木灰，结构较致密。出土极少量陶片，以泥质红陶为主，夹砂红陶次之；纹饰以素面为主，少量凹弦纹；可辨器形有鼎、罐等。采集陶器标本2件（图八〇）。

　　陶罐　2件。均肩部以下残。H133：1，夹砂红褐陶。敛口，宽折沿，圆唇，矮领，广肩。肩部饰几道凹弦纹。复原口径17.2、残高3.6厘米（图七九，3）。H133：2，夹砂红陶。侈口，卷沿，圆唇，斜肩。素面。复原口径26.4、残高5.2厘米（图七九，2）。

　　H135　位于ⅡTN06W01中部。开口于第2层下，距地表深约45厘米，打破第5层和生土。平面呈椭圆形，长径约180、短径约150、深10～18厘米。斜壁，底近平，壁面及底面未见加工痕迹。坑内填土为灰黑色黏土，夹杂少量红烧土颗粒及小石块，结构较致密。出土少量陶片，以泥质红陶为主，占40%，夹砂红褐陶次之，占20%；纹饰皆为素面；可辨器形有罐、钵、盆等。仅采集陶器标本1件（图八一）。

　　陶盆　1件。H135：1，下腹及底部残。泥质红陶。敛口，折沿微垂，圆唇，弧腹。素面。复原口径32.4、残高4.6厘米（图七九，9）。

　　H136　位于ⅡTN06W01东部。开口于第2层下，距地表深约40厘米，打破第5层和生土。平面呈椭圆形，长径约160、短径残132、深约30厘米。斜壁，圜底，壁面及底面未见加工痕迹。坑内填土为灰黑色黏土，夹杂少量红烧土颗粒及小石块，结构较致密。出土极少量陶片，以泥质红陶为主，夹砂红陶、灰陶次之；纹饰皆为素面；可辨器形有钵、盆、瓮等。采集陶器标本4件（图八二）。

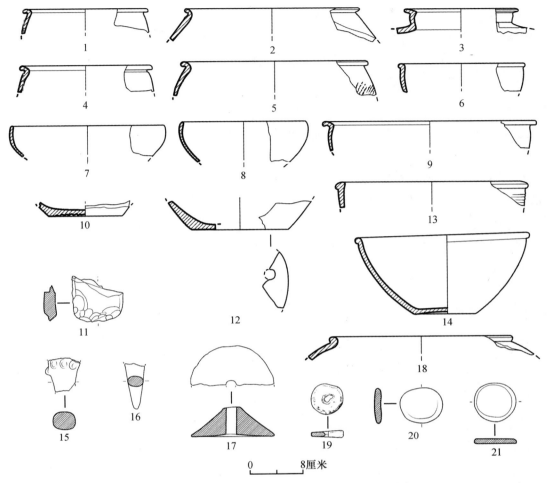

图七九　H131、H133、H135、H136、H142出土遗物

1～5.陶罐（H131：1、H133：2、H133：1、H142：2、H142：3）　6、9、13、14.陶盆（H131：2、H135：1、H136：2、
H142：10）　7、8.陶钵（H136：3、H142：1）　10.陶器底（H142：5）　11.石斧（H142：7）　12.陶甑（H142：4）
15、16.陶鼎足（H131：3、H131：4）　17、19.陶纺轮（H142：6、H136：1）　18.陶瓮（H136：4）
20、21.石圆饼（H142：8、H142：9）

陶钵　1件。H136：3，下腹及底部残。泥质红陶。直口微敛，圆唇，弧腹。素面。复原口径23.2、残高4.8厘米（图七九，7）。

陶盆　1件。H136：2，下腹及底部残。泥质红陶。直口微敛，厚圆唇，上腹较直。素面。复原口径29.2、残高4厘米（图七九，13）。

陶瓮　1件。H136：4，肩部以下均残。夹砂褐陶。敛口，圆唇，广肩。素面。复原口径28、残高3.6厘米（图七九，18）。

陶纺轮　1件。H136：1，夹砂红陶。形制不规整，略呈扁平圆形，弧边，中心对钻一孔。素面。直径4.9、厚0.7～0.9厘米（图七九，19）。

H142　位于ⅡTN08W01中北部。开口于第2层下，距地表深约20厘米，打破第5层和生土。平面近椭圆形，长径约300、短径残146、深约20厘米。斜弧壁，平底，壁面及底面未见加工痕迹。坑内填土为灰褐色黏土，夹杂少量红烧土颗粒，结构较致密。出土较多陶片，以泥质红褐陶为主，占18.19%，夹砂红陶、红褐陶次之，均占15.15%；纹饰以素面为主，少量划纹等；可辨器形有罐、钵、盆等。采集石器标本3件，陶器标本7件（图八三）。

石斧　1件。H142：7，砂岩。利用石片打制，保留大量石皮，两侧对应加工，腰肩残失，双面凸弧刃。残长6.5、宽7.7、厚2.1厘米，重131克（图七九，11）。

石圆饼　2件。均为细砂岩，利用扁平河砾对边缘稍作打磨，呈圆饼状。H142：8，长6.4、宽5.6、厚1.2厘米，重79克（图七九，20）。H142：9，长6.3、宽6、厚1.2厘米，重83克（图七九，21）。

陶罐　2件。均肩部以下残，侈口，圆唇。H142：2，夹砂灰陶。侈口，仰折沿，溜肩。素面。复原口径20、残高4厘米（图七九，4）。H142：3，夹砂红褐陶。侈口，卷沿，弧肩。肩部饰斜划纹。复原口径28.4、残高5.2厘米（图七九，5）。

陶钵　1件。H142：1，底部残。泥质红陶。敛口，尖圆唇，弧腹。素面。复原口径18.8、残高6.4厘米（图七九，8）。

陶盆　1件。H142：10，夹砂灰陶，胎较厚。敞口，厚圆唇，深斜弧腹，平底略凹。素面。口径27.2、底径9.2、高12厘米（图七九，14）。

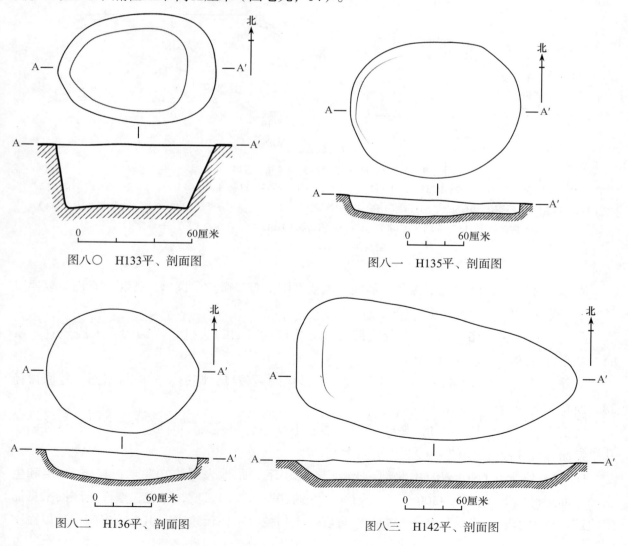

图八〇　H133平、剖面图

图八一　H135平、剖面图

图八二　H136平、剖面图

图八三　H142平、剖面图

陶甑　1件。H142：4，残存底部。夹砂灰陶。下腹斜收，平底残见一圆孔。素面。底径14.4、残高4.4厘米（图七九，12）。

陶器底　1件。H142：5，残存底部。夹砂红陶。平底，底面饰数周重环纹。底径11.2厘米（图七九，10）。

陶纺轮　1件。H142：6，半残。夹砂红陶。近圆形锥状，中心管钻一圆孔。直径6.3、厚2.3厘米（图七九，17）。

H149　位于ⅡTN03W01东北部。开口于第2层下，距地表深约28厘米，打破第5层和生土。平面近椭圆形，长径约130、短径64～90、深30～50厘米。直壁，圜底，壁面及底面未见加工痕迹。坑内填土为黑灰色黏土，夹杂大量红烧土颗粒，结构较致密。出土极少量陶片，以泥质黑陶为主，占30%；纹饰多为素面，少量划纹；可辨器形有鼎、钵、盆等。采集石器标本和陶器标本各2件（图八四）。

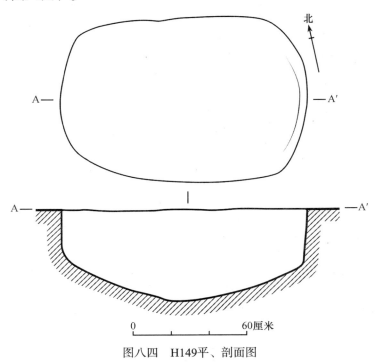

图八四　H149平、剖面图

石刀　1件。H149：4，闪长岩。利用石块打制而成，刃缘稍磨，薄凸弧刃、缘锋利。残长7、残宽8.6、厚2厘米，重144克（图八五，8）。

石刮削器　1件。H149：3，细砂岩。利用石片磨制而成，一面保留石皮，凸弧刃缘长且薄，较锋利。长6.5、宽3.1、厚0.8厘米，重18克（图八五，7）。

陶钵　1件。H149：2，下腹及底部残。泥质红陶。敞口，圆唇，弧腹。素面。复原口径20、残高5.2厘米（图八五，14）。

陶盆　1件。H149：1，下腹及底部残。泥质红褐陶。敛口，厚圆唇，弧腹。素面。复原口径35.6、残高4.4厘米（图八五，13）。

H155　位于ⅡTN03W01东北部。开口于第2层下，距地表深约24厘米，打破第5层和生

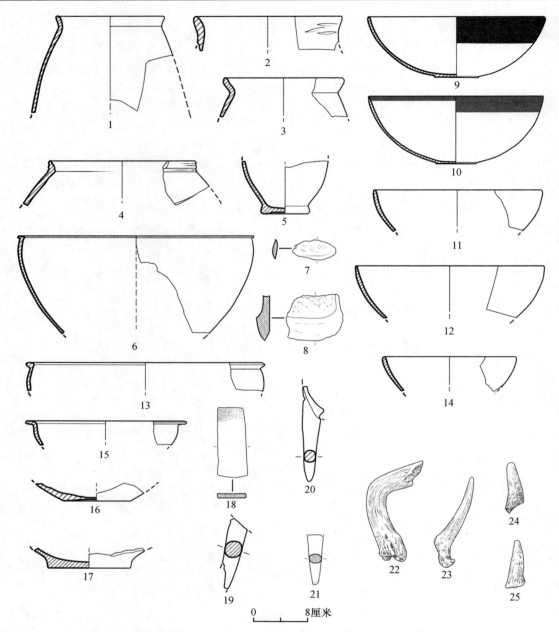

图八五　H149、H155、H167、H168、H171、H195、H200、H203出土遗物

1～5.陶罐（H168：2、H195：1、H171：6、H203：3、H171：5）　6、13、15.陶盆（H203：1、H149：1、H167：1）
7.石刮削器（H149：3）　8.石刀（H149：4）　9、10.陶红顶钵（H155：1、H200：1）　11、12、14.陶钵（H168：1、
H203：2、H149：2）　16、17.陶器底（H195：2、H167：2）　18.陶锉（H167：4）　19～21.陶鼎足（H203：4、H195：3、
H167：3）　22.骨簪（H171：4）　23～25.鹿角（H171：1、H171：2、H171：3）

土。平面呈椭圆形，长径约84、短径约65、深20～25厘米。斜弧壁，平底，壁面及底面未见加
工痕迹。坑内填土为黑灰色黏土，夹杂大量红烧土颗粒及少量草木灰，结构较致密。出土陶片
极少，以泥质红陶居多；纹饰皆为素面。仅采集1件陶器标本（图八六）。

陶红顶钵　1件。H155：1，泥质灰陶、红顶。敞口，尖圆唇，弧腹，低假圈足。素面。口
径26.4、底径6.6、高9.2厘米（图八五，9）。

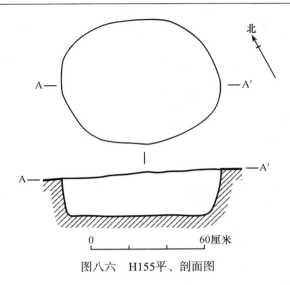

图八六　H155平、剖面图

H167　位于ⅡTN02W01东南部。开口于第2层下，距地表深约30厘米，打破第5层和生土。开口平面呈椭圆形，长径约240、短径约168厘米；至开口深30～45厘米处收为一近圆角长方形深坑，长约100、宽约60厘米，总坑深约64厘米。斜弧壁，平底，壁面及底面未见加工痕迹。坑内填土为灰褐色黏土，夹杂少量红烧土颗粒，结构较致密。出土陶片较少，以泥质红、灰陶居多，均占25%；纹饰多为素面；可辨器形有盆、鼎足等。采集陶器标本4件（图八七）。

陶盆　1件。H167∶1，下腹及底部残。泥质红陶。敞口，宽沿，圆唇，弧腹。素面。复原口径24、残高3.6厘米（图八五，15）。

陶鼎足　1件。H167∶3，夹砂红褐陶。锥状实心足。素面。残高7.8厘米（图八五，21）。

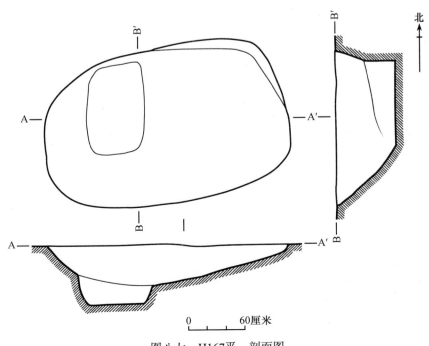

图八七　H167平、剖面图

陶器底　1件。H167：2，残存底部。泥质灰陶。平底。素面。底径12.2、残高3.2厘米（图八五，17）。

陶锉　1件。H167：4，泥质红陶。残部呈扁平长条形，器表粗糙，密布小圆窝纹。残长10.9厘米（图八五，18）。

H168　位于ⅡTN02W01西北部。开口于第2层下，距地表深约30厘米，打破第5层和生土。平面呈椭圆形，长径约80、短径约70、深20～30厘米。直壁，底近平，壁面及底面未见加工痕迹。坑内填土为灰褐色黏土，夹杂少量红烧土颗粒，结构较致密。出土陶片极少，以泥质红陶居多；纹饰皆为素面；可辨器形有罐、钵等。采集陶器标本2件（图八八）。

陶罐　1件。H168：2，下腹及底部残。夹砂红褐陶。侈口，圆唇，束颈，斜肩，复原应为弧腹微鼓。素面。复原口径16、残高14.6厘米（图八五，1）。

陶钵　1件。H168：1，下腹及底部残。泥质灰陶。敞口，尖圆唇，弧腹。素面。复原口径25.2、残高6厘米（图八五，11）。

H171　位于ⅡTN02W01东南角。开口于第2层下，距地表深约25厘米，打破第5层和生土。平面近椭圆形，长径约110、短径约100、深约84厘米。直壁微斜，平底，壁面及底面未见加工痕迹。坑内填土为灰褐色黏土，夹杂少量红烧土颗粒，结构较致密。出土陶片较少，以夹砂红陶为主，占54.19%，泥质红陶次之，占16.66%；纹饰皆为素面，可辨器形有罐、钵等。采集陶器标本2件，骨器标本1件，动物骨骼标本3件（图八九）。

陶罐　2件。均为夹砂红陶。H171：5，口及上腹残。弧腹下收，平底略凹。素面。底径7.2、残高8厘米（图八五，5）。H171：6，肩部以下均残。侈口，尖圆唇，束颈，斜肩。素面。复原口径16、残高6厘米（图八五，3）。

骨簪　1件。H171：4（图八五，22）。

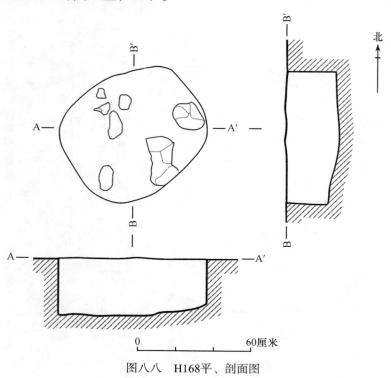

北

0　　　　　　60厘米

图八八　H168平、剖面图

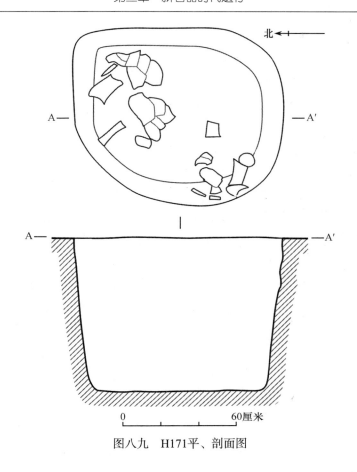

图八九　H171平、剖面图

动物骨骼　3件。H171 : 1 ~ H171 : 3，均为鹿角（图八五，23 ~ 25）。

H195　位于 I TN05E06中北部。开口于第2层下，距地表深约33厘米，打破第5层和生土。平面近椭圆形，长径约350、短径约120、深约32厘米。弧壁，近圜底，壁面及底面未见明显加工痕迹。坑内填土为黑色黏土，包含较多碎石块及少量红烧土颗粒和炭粒，结构较致密。出土零星碎陶片，以泥质红陶居多，泥质灰陶、夹砂红陶次之；纹饰皆为素面；可辨器形有罐、鼎足等。采集陶器标本3件（图九〇）。

陶罐　1件。H195 : 1，领部以下均残。夹砂红褐陶。侈口，圆唇，高领。素面。复原口径26、残高5.2厘米（图八五，2）。

陶鼎足　1件。H195 : 3，夹砂红陶。长锥状实足，足尖略外撇。素面。残高14.8厘米（图八五，20）。

陶器底　1件。H195 : 2，残存底部。泥质红陶。下腹斜收，平底微凹。素面。底径10、残高2.6厘米（图八五，16）。

H200　位于 I TN08E07东部。开口于第2层下，距地表深约65厘米，打破第5层和生土。平面近椭圆形，长径约125、短径约102、深约80厘米。直壁，平底，壁面及底面未见明显加工痕迹。坑内填土为黄褐色黏土，结构较致密。出土少量陶片，以泥质灰陶为主，占40%，泥质黑陶次之，占30%。纹饰皆为素面。可辨器形有红顶钵等。坑底出土一节动物骨骼，保存较差，未辨种属。仅采集陶器标本1件（图九一）。

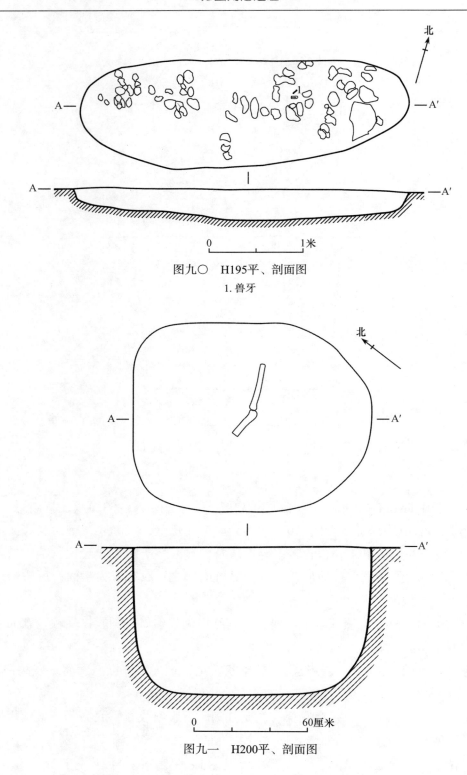

图九〇　H195平、剖面图
1. 兽牙

图九一　H200平、剖面图

　　陶红顶钵　1件。H200：1，泥质灰陶、红顶，敞口，尖圆唇，弧腹，低假圈足。素面。口径26、底径6、高10.4厘米（图八五，10）。

　　H203　位于ⅠTN07E07西南部。开口于第2层下，距地表深约82厘米，打破H205和生土。平面近椭圆形，西部残，长径残约136、短径约122、深14～16厘米。弧壁，底近平，壁面及底面未见加工痕迹。坑内填土为灰黑色黏土，夹杂少量红烧土颗粒，结构疏松。出土少量陶片，以泥质红、灰陶居多，均占26.67%，夹砂红陶次之，占23.32%；纹饰皆为素面；可辨器形有罐、钵、盆等。采集陶器标本4件（图九二）。

陶罐　1件。H203：3，肩部以下均残。夹砂红褐陶。侈口，圆唇，斜弧肩。素面。复原口径22、残高6.6厘米（图八五，4）。

陶钵　1件。H203：2，下腹及底部残。泥质红陶。敞口，尖圆唇，弧腹。素面。复原口径28、残高8厘米（图八五，12）。

陶盆　1件。H203：1，底部残。泥质红陶。敛口，窄折沿，圆唇，斜弧腹。素面。复原口径35.2、残高15厘米（图八五，6）。

陶鼎足　1件。H203：4，足尖残。夹砂红陶。复原应为锥状实足，截面近圆。素面。残高10.8厘米（图八五，19）。

H21　位于ⅢTS06W07中部。开口于第5层下，东高西低，距地表深55~70厘米，打破生土，并被H20打破。平面近椭圆形，长径残约240、短径约195、深15~30厘米。弧壁，圜底，壁面及底面未见加工痕迹。坑内填土为灰黄色黏土，夹杂石块，结构较致密。出土极少量陶片，以夹砂陶占绝大多数，约90%；纹饰皆为素面。可辨器形有高领罐、红顶钵等。采集陶器标本2件（图九三）。

陶高领罐　1件。H21：1，肩部以下均残。夹砂灰陶。侈口，尖圆唇，斜直领，广肩。素面。复原口径12.8、残高8厘米（图九四，3）。

陶红顶钵　1件。H21：2，下腹及底部残。泥质灰陶，红胎。敛口，圆唇，口下内有一周浅槽，其下有一穿孔，弧腹。素面。复原口径25.2、残高4.6厘米（图九四，12）。

H19　位于ⅢTS06W08、ⅢTS05W08、ⅢTS06W07和ⅢTS05W07内。开口于第4层下，距地表深30~40厘米，打破生土。平面近椭圆形，长径约560、短径约370、深约40厘米。弧壁，

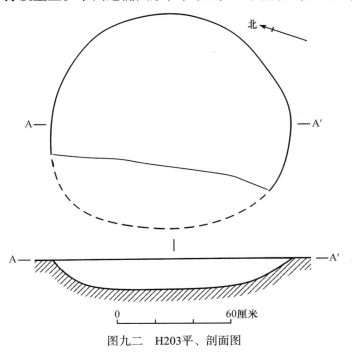

图九二　H203平、剖面图

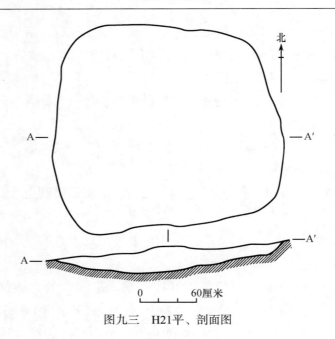

北

A —　　　　　　　　　　　　　　　　— A'

—— A'

A ——

0　　　　60厘米

图九三　H21平、剖面图

底近平，壁面及底面未见加工痕迹。坑内填土为灰黑色黏土，夹杂少量红烧土块及石块，结构较致密。出土较多陶片，以夹砂红陶为主，占35.71%，夹砂灰陶次之，占17.85%；纹饰多为素面，少量弦纹及按窝纹；可辨器形有罐、高领罐、盆、鼎足等。采集陶器标本10件（图九五）。

陶罐　3件。均肩部以下残。H19：1，夹砂灰陶。侈口，仰折沿微凹，方唇，束颈，斜肩。素面。复原口径22.8、残高4.8厘米（图九四，1）。H19：2，夹砂灰陶。侈口，仰折凹沿，方唇，束颈，斜肩。素面。复原口径25.6、残高6.4厘米（图九四，7）。H19：5，夹砂红陶。直口，圆唇微内钩，矮领，广肩。素面。复原口径25.6、残高3.6厘米（图九四，11）。

陶高领罐　1件。H19：3，肩部以下均残。夹砂灰陶，红胎。侈口，圆唇，弧领，广肩。素面。复原口径16.8、残高6厘米（图九四，6）。

陶盆　2件。H19：6，下腹及底部残。夹砂红陶。敛口，圆唇，弧腹微鼓。素面。复原口径42、残高7厘米（图九四，19）。H19：7，口部以下均残。泥质红陶。侈口，厚圆唇。素面。复原口径29.2、残高4.2厘米（图九四，20）。

陶缸　1件。H19：8，口部以下均残。夹砂红陶，厚胎。敞口，圆唇。口沿以下饰数道凹弦纹。复原口径30.8、残高5厘米（图九四，21）。

陶鼎足　3件。均为夹砂红陶。H19：4，扁平鸭嘴形足，从足根到足面饰一深一浅两按窝。残高7.5厘米（图九四，16）。H19：9，足尖残。复原应为锥状实足，截面近圆。素面。残高5.7厘米（图九四，17）。H19：10，锥状实足。素面。残高6.9厘米（图九四，18）。

H20　位于ⅢTS06W07东部和ⅢTS06W06西部。开口于第4层下，距地表深约55厘米，打破第5层和生土。平面近椭圆形，长径约370、短径约270、深58～60厘米。弧壁，平底，壁面及底面未见加工痕迹。坑内填土为灰褐色黏土，夹杂少量红烧土颗粒及草木灰，结构较疏松。出土陶片较少，以夹砂灰陶为主，占37.5%，夹砂褐陶次之，占31.25%；纹饰多为素面，少量

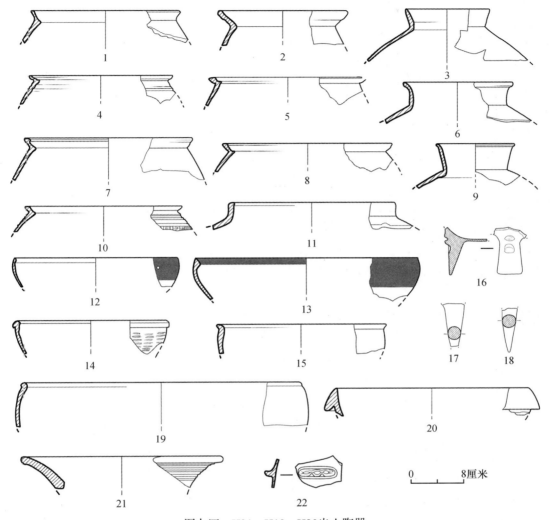

图九四　H21、H19、H20出土陶器

1、2、4、5、7、8、10、11.罐（H19：1、H20：3、H20：6、H20：2、H19：2、H20：4、H20：5、H19：5）　3、6、9.高领罐
（H21：1、H19：3、H20：1）　12.红顶钵（H21：2）　13.钵（H20：9）　14、15、19、20.盆（H20：7、H20：8、H19：6、
H19：7）　16~18.鼎足（H19：4、H19：9、H19：10）　21.缸（H19：8）　22.器盖（H20：10）

凹弦纹、划纹等；可辨器形有罐、高领罐、红顶钵、盆等。采集陶器标本10件（图九六）。

陶罐　5件。均肩部以下残。H20：2，夹砂灰陶。侈口，窄仰折凹沿、内缘尖突，方唇，斜肩。素面。复原口径24、残高4.4厘米（图九四，5）。H20：3，夹砂褐陶。敞口，仰折沿，圆唇，束颈，溜肩。素面。复原口径20、残高5.4厘米（图九四，2）。H20：4，夹砂灰陶。侈口，仰折凹沿、内缘尖突，方唇，斜弧肩。素面。复原口径26、残高4.4厘米（图九四，8）。H20：5，夹砂红陶。侈口，仰折沿微凹，方唇，弧肩。肩上饰四道凹弦纹，其下竖行细划纹。复原口径24、残高3.9厘米（图九四，10）。H20：6，夹砂褐陶。敞口，仰折凹沿、内缘尖突，方唇，斜肩。肩上饰二道凹弦纹。复原口径22、残高4.4厘米（图九四，4）。

陶高领罐　1件。H20：1，肩部以下均残。泥质灰陶。侈口，圆唇，高领，弧肩。素面。复原口径12、残高6.6厘米（图九四，9）。

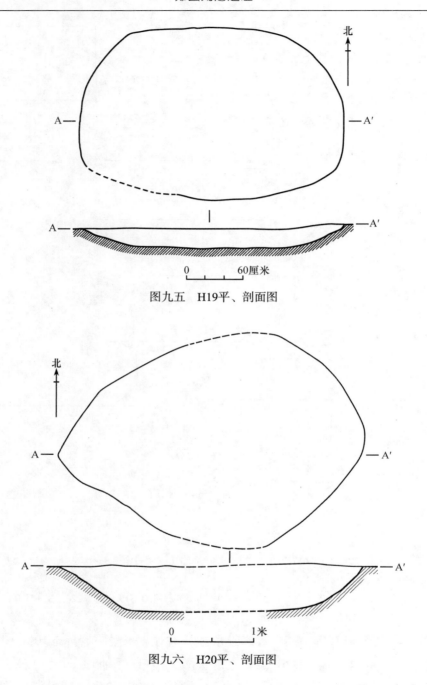

图九五　H19平、剖面图

图九六　H20平、剖面图

　　陶钵　1件。H20：9，下腹及底部残。泥质灰陶、红顶。敛口，方唇，微弧曲腹。素面。复原口径34、残高7厘米（图九四，13）。

　　陶盆　2件。均下腹及底部残。H20：7，夹砂褐陶。敛口，厚圆唇，斜弧腹。腹部横行浅划纹。复原口径24、残高5.2厘米（图九四，14）。H20：8，泥质红陶。侈口，圆唇，上腹较直。素面。复原口径26、残高4.6厘米（图九四，15）。

　　陶器錾　1件。H20：10，仅存器錾连接处腹片。泥质红陶。贴塑鸡冠状錾手。素面。残高4.4厘米（图九四，22）。

H22　位于ⅢTS04W08、ⅢTS05W08、ⅢTS04W07和ⅢTS05W07内。开口于第4层下，距地表深35～40厘米，打破F1和生土。平面近不规则椭圆形，长径约220、短径约200、深约40厘米。斜弧壁，圜底，壁面及底面未见加工痕迹。坑内填土为黑褐色黏土，夹杂少量红烧土块及石块，结构较致密。出土少量陶片，以夹砂褐陶、泥质灰陶居多，各占23.8%；纹饰多为素面，少量弦纹等；可辨器形有高领罐、杯等。采集陶器标本2件（图九七）。

陶高领罐　1件。H22：1，肩部以下均残。夹砂灰陶。侈口，圆唇，高领，弧肩微鼓。领下饰两道凹弦纹。复原口径13.4、残高10厘米（图九八，8）。

陶杯　1件。H22：2，口部略残。夹砂红陶。直口微敛，斜弧腹，厚平底。素面。残高9厘米（图九八，3）。

H14　位于ⅢTS12W08东南部。开口于第3层下，距地表深约50厘米，打破生土。平面近椭圆形，长径约180、短径约90、深18～24厘米。斜壁，近圜底、底面有起伏，壁面及底面未见加工痕迹。坑内填土为黑灰色黏土，夹杂少量红烧土颗粒，结构疏松。出土少量陶片，以夹砂红陶为主，占29.05%，泥质灰陶次之，占25.81%；纹饰皆为素面；可辨器形有鼎、罐、红顶钵等。仅采集陶器标本1件（图九九）。

陶红顶钵　1件。H14：1，底部残。泥质灰陶、红顶。敞口，尖唇，弧腹。素面。复原口径18.4、残高4.2厘米（图九八，9）。

H1　位于ⅢTS09W09西部，部分伸入西壁内未掘。开口于第2层下，距地表深23～28厘米，打破第4层和生土。平面近椭圆形，西部为直边，长径约165、短径约135、深约22厘米。弧壁，底近平，壁面及底面未见加工痕迹。坑内填土为灰黑色黏土，夹杂大量红烧土颗粒，结构疏松。出土极少量陶片，以夹砂红陶为主，占36.36%，泥质红陶次之，占27.27%；纹饰多为素面，可见少量绳纹、弦纹等；可辨器形有鼎、钵等。由于残片细碎，未采集陶器标本，出土遗物仅1件石斧（图一〇〇）。

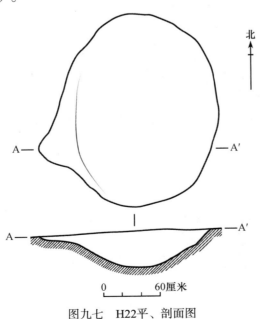

北

A — — A'

A — — A'

0　　　　60厘米

图九七　H22平、剖面图

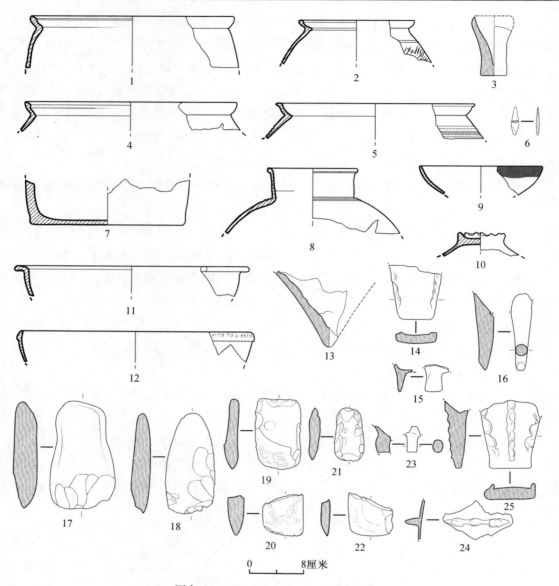

0　　　　　　　8厘米

图九八　H22、H14、H1、H4出土遗物

1、2、4、5. 陶罐（H4：18、H4：20、H4：19、H4：21）　3. 陶杯（H22：2）　6. 石镞（H4：17）　7. 陶筒形罐（H4：14）
8. 陶高领罐（H22：1）　9. 陶红顶钵（H14：1）　10. 陶器盖（H4：12）　11、12. 陶盆（H4：5、H4：6）　13. 陶尖底瓶底
（H4：13）　14～16、23、25. 陶鼎足（H4：10、H4：8、H4：7、H4：11、H4：9）　17～22. 石斧（H4：1、H4：2、H1：1、
　　　　　　　　　　H4：3、H4：16、H4：4）　24. 陶器鋬腹片（H4：15）

　　石斧　1件。H1：1，片岩。通体打制，保留部分石皮；扁平长方形，平顶，直腰，双面凸弧刃。长11、宽6.6、厚1.8厘米，重254克（图九八，19）。

　　H4　位于ⅢTS08W08、ⅢTS08W09及ⅢTS09W08内。开口于第2层下，距地表深约25厘米，打破H13和生土。平面呈椭圆形，长径约430、短径约372、深约42厘米。弧壁，圜底、底面有起伏，壁面及底面未见加工痕迹。坑内填土为灰黑色黏土，夹杂少量红烧土块、石块及炭粒等，结构较致密。出土遗物较为丰富，主要是石器和陶器二类，共采集标本21件（图一〇一）。

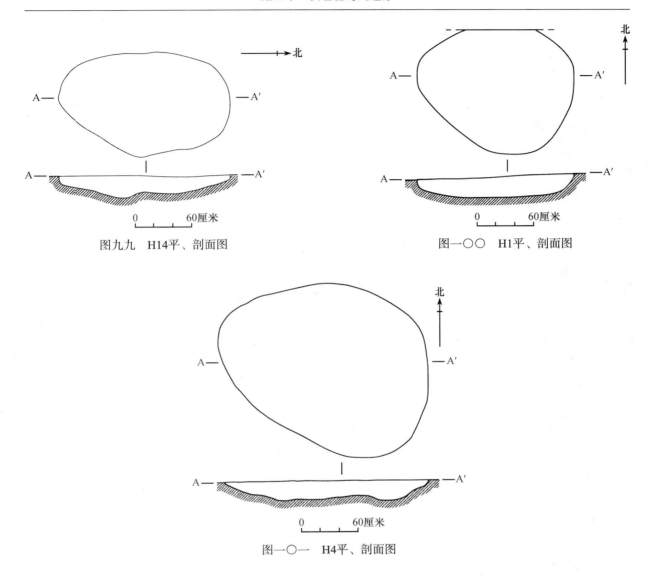

图九九　H14平、剖面图

图一〇〇　H1平、剖面图

图一〇一　H4平、剖面图

1）石器

多为打制，少量磨制，可辨器形有石斧和石镞二类。采集标本6件。

斧　5件。H4∶1，花岗斑岩。仅对刃部单向加工成器，保留大量石皮。斜肩，束腰，平直刃。长16.8、宽9.8、厚3.6厘米，重838克（图九八，17；图版一七，4）。H4∶2，细砂岩。利用偏平长条形砾石打制而成，保留较多石皮。圆肩，弧腰，双面凸弧刃。长15.8、宽7.6、厚2.6厘米，重426克（图九八，18）。H4∶3，细砂岩。利用偏平河砾修整而成，对刃部进行磨制。肩、腰残失，双面凸弧刃。残长6.3、宽6、厚2.5厘米，重137克（图九八，20）。H4∶4，粉砂岩。通体磨光。肩、腰残失，凸弧刃。残长5.9、宽6.6、厚1.4厘米，重86克（图九八，22）。H4∶16，粉砂岩。利用石片打制，仅对刃部稍磨，背面保留石皮。圆肩，直腰，双面凸弧刃。长8.4、宽4.4、厚1.6厘米，重75克（图九八，21）。

镞　1件。H4∶17，云母片岩。通体磨制。铤残失，整体呈棱形，两翼对称成尖。长4.35、宽1.15、厚0.3厘米，重2克（图九八，6；图版一八，4）。

2）陶器

出土陶片以夹砂红陶为主，占35.59%，泥质红陶次之，占23.73%；纹饰以素面为主，少量划纹、弦纹等；可辨器形有罐、盆、鼎足、器盖等。采集标本15件。

罐　4件。H4：18，肩部以下均残。夹砂灰陶。侈口，仰折凹沿，方唇，束颈，溜肩、下残。素面。复原口径30.4、残高8厘米（图九八，1）。H4：19，颈部以下均残。夹砂红陶。侈口，仰折沿，方唇内勾，折颈。素面。复原口径31.6、残高4.2厘米（图九八，4）。H4：20，肩部以下均残。夹砂褐陶。敞口，仰折凹沿、内缘尖突，圆唇，折颈，弧肩。肩上饰二道凹弦纹，其下饰交错划纹。复原口径17.2、残高6.6厘米（图九八，2）。H4：21，肩部以下均残。夹砂褐陶。敞口，仰折凹沿，圆唇，折颈，斜肩。肩上饰数道凹弦纹。复原口径29.6、残高5.2厘米（图九八，5）。

筒形罐　1件。H4：14，口及上腹部残。夹砂红陶，厚胎。直壁微弧，平底。素面。底径22.8、残高6.8厘米（图九八，7）。

盆　2件。均下腹及底部残。泥质灰陶。斜弧腹。H4：5，侈口，宽沿微垂，圆唇。素面。复原口径34.8、残高4.6厘米（图九八，11）。H4：6，敛口，厚圆唇。口下饰一周按窝纹。复原口径33.6、残高4.6厘米（图九八，12）。

鼎足　5件。均为夹砂红陶。H4：7，锥状实足，足尖略外撇。素面。残高11.6厘米（图九八，16）。H4：8，扁平鸭嘴形矮足，足尖外撇。素面。残高4.1厘米（图九八，15）。H4：9，扁平反梯形足。足两侧内卷饰按窝纹，足面中部贴塑泥条饰附加堆按窝纹。残高10.6厘米（图九八，25）。H4：10，扁平反梯形凹面足。足两侧内卷饰按窝纹。残高8.2厘米（图九八，14）。H4：11，足尖残。柱状蹄形足，截面近圆。素面。残高4厘米（图九八，23）。

器盖　1件。H4：12，下盖面残。夹砂褐陶。器表较粗糙，花边形圈纽，斜弧盖面。纽径7.1、残高3.2厘米（图九八，10）。

器鋬腹片　1件。H4：15，残存器鋬连接处腹片。夹砂灰陶。贴塑鸡冠状鋬手。素面。宽10.4、残高6厘米（图九八，24）。

尖底瓶底　1件。H4：13，口及上腹部残。夹砂红陶、厚胎。下腹弧内收，尖圜底。素面。残高11.3厘米（图九八，13）。

H5　位于ⅢTS10W08东南部，部分伸入东隔梁和南壁内未掘。开口于第2层下，距地表深18～25厘米，打破生土。平面近椭圆形，东、南部为直边；长径约340、短径约180、深约23厘米。斜弧壁，底近平略有起伏，壁面及底面未见加工痕迹。坑内填土为灰黑色黏土，夹杂少量红烧土块、石块及炭粒等，结构较疏松。出土陶片较多，以泥质红陶为主，占35.29%，泥质灰陶次之，占27.47%；纹饰皆为素面；可辨器形有红顶钵、盆等。采集石器标本1件，陶器标本4件（图一〇二）。

石斧　1件。H5：5，粗砂岩。通体凿磨。凸肩，左腰斜弧，右腰平直，双面凸弧刃。长13.2、宽7.4、厚2.2厘米，重325克（图一〇三，19；图版二二，1）。

陶红顶钵　1件。H5：1，泥质灰陶、红顶。敞口，弧腹，大平底。素面。口径31.2、底径12、高10.8厘米（图一〇三，10）。

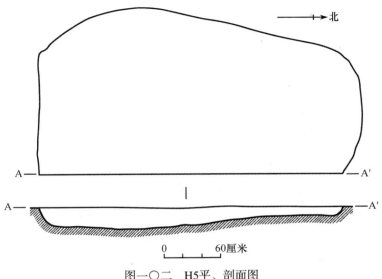

图一〇二　H5平、剖面图

陶盆　1件。H5:2，下腹及底部残。泥质红陶。敛口，窄沿，圆唇，弧腹。素面。复原口径31.6、残高8.8厘米（图一〇三，12）。

陶器底　1件。H5:3，残存底部。泥质红陶。平底微凹。素面。底径8.8厘米（图一〇三，16）。

陶器鋬腹片　1件。H5:4，残存器鋬连接处腹片。泥质红陶。贴塑泥钉做鋬手。残高7.2厘米（图一〇三，18）。

H9　位于ⅢTS11W08中南部。开口于第2层下，距地表深约25厘米，打破第3层和生土。平面近椭圆形，长径约210、短径约184、深约24厘米。坑壁西部较直，东部呈坡状，底近平，壁面及底面无加工痕迹。坑内填土为灰黑色黏土，夹杂少量红烧土颗粒及草木灰，结构较疏松。出土大量陶片，以泥质红陶为主，占26.15%，夹砂红陶次之，占21.54%；纹饰以素面为主，有少量弦纹、划纹、附加堆纹等；可辨器形有罐、钵、盆、瓮、缸等。采集陶器标本15件（图一〇四）。

陶罐　7件。均肩部以下残。H9:1，夹砂灰陶。敞口，仰折凹沿，方唇，溜肩。肩上饰二道凸弦纹。复原口径25.2、残高7厘米（图一〇三，1）。H9:2，夹砂灰陶。侈口，仰折凹沿，方唇内勾，斜肩。肩上饰三道凸弦纹。复原口径35.6、残高9厘米（图一〇三，2）。H9:3，夹砂褐陶。器表较粗糙、密布气孔，侈口，仰折凹沿、内缘尖突，方唇，斜肩。素面。复原口径24.8、残高4.2厘米（图一〇三，4）。H9:4，夹砂褐陶。侈口，仰折沿，方唇，溜肩。素面。复原口径32.6、残高7厘米（图一〇三，3）。H9:5，夹砂灰陶。敞口，仰折凹沿、内缘微突，方唇，斜肩。肩上饰凹弦纹。复原口径27.6、残高4.2厘米（图一〇三，7）。H9:6，夹砂灰陶。内面有烟炱痕迹，侈口，仰折沿，方唇，斜肩。肩上饰浅划纹。复原口径14.4、残高4.4厘米（图一〇三，6）。H9:7，夹砂灰陶。敞口，仰折凹沿、内缘尖突，方唇，弧肩。肩上饰二道凹弦纹。复原口径17.2、残高3.8厘米（图一〇三，5）。

陶高领罐　1件。H9:8，领部以下均残。泥质红陶。侈口，圆唇，高领。素面。复原口径

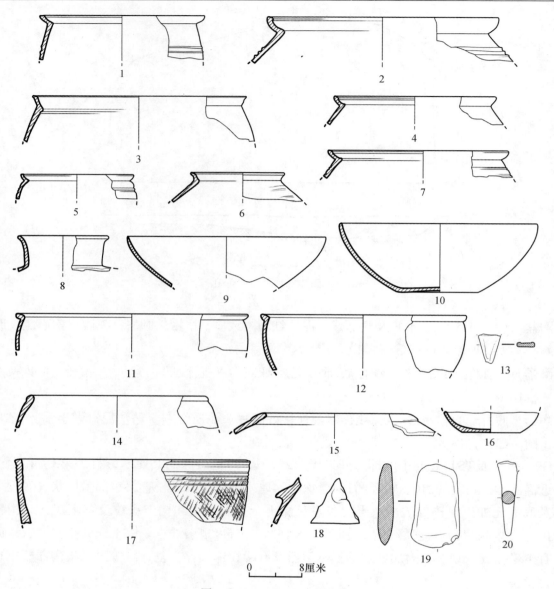

图一〇三　H5、H9出土遗物

1~7.陶罐（H9：1、H9：2、H9：4、H9：3、H9：7、H9：6、H9：5）　8.陶高领罐（H9：8）　9.陶钵（H9：11）　10.陶红顶钵
（H5：1）　11、12.陶盆（H9：10、H5：2）　13.陶锉（H9：14）　14、15.陶瓮（H9：9、H9：12）　16.陶器底（H5：3）
17.陶缸（H9：15）　18.陶器鋬腹片（H5：4）　19.石斧（H5：5）　20.陶鼎足（H9：13）

14、残高5.2厘米（图一〇三，8）。

陶钵　1件。H9：11，下腹及底部残。泥质黑陶。敞口，尖唇，斜弧腹。素面。复原口径30.4、残高8厘米（图一〇三，9）。

陶盆　1件。H9：10，下腹及底部残。泥质红陶。敛口，窄沿，圆唇，弧腹。素面。复原口径35.6、残高5.6厘米（图一〇三，11）。

陶瓮　2件。均肩部以下残。夹砂灰陶。敛口，圆唇。素面。H9：9，表面有烟炱痕迹，溜肩。复原口径26、残高5.2厘米（图一〇三，14）。H9：12，斜肩。复原口径20.8、残高2.8厘米（图一〇三，15）。

陶缸　1件。H9：15，下腹及底部残。夹砂红陶。侈口，方唇，上腹斜直。口下腹部先饰五道凹弦纹，其下饰交错划纹。复原口径36、残高10.4厘米（图一〇三，17）。

陶鼎足　1件。H9：13，夹砂红陶。足体较高，锥状实足。素面。残高11.7厘米（图一〇三，20）。

陶锉　1件。H9：14，泥质红陶。残存尖部，残部呈扁平三角形，两侧边略内卷形成浅凹槽。器表粗糙，密布小圆窝纹。残长3.6厘米（图一〇三，13）。

（4）近圆形袋状灰坑

H126　位于ⅡTN07W01东北部。开口于第2层下，距地表深约20厘米，打破第5层和生土。圆形袋状，坑口直径124～130、底径约190、深约96厘米。斜弧壁，平底，壁面及底面加工规整。坑内填土为灰黑色黏土，夹杂红烧土颗粒、草木灰及小石块等，结构较致密。出土遗物较为丰富，主要有石器和陶器二类，共采集标本16件（图一〇五；图版七，2）。

1）石器

多为打制，少量磨制，可辨器形主要有斧、锛、凿、刀及锄等。采集标本6件。

斧　1件。H126：2，砾岩。除肩较粗糙外，其他通体凿磨光滑。平肩，斜直腰，双面凸弧刃。长17.2、宽7.6、厚3.6厘米，重780克（图一〇六，17）。

锛　1件。H126：4，粉砂岩。利用石片加工，一面保留石皮，左侧修整疤坎保留。平肩，直腰，单面斜直刃。长7、宽3.8、厚1厘米，重49克（图一〇六，25；图版一九，1）。

凿　1件。H126：16，细砂岩。通体凿磨。顶近平，厚腰平直，双面直刃。长15.2、宽3.4、厚2.6厘米，重231克（图一〇六，19）。

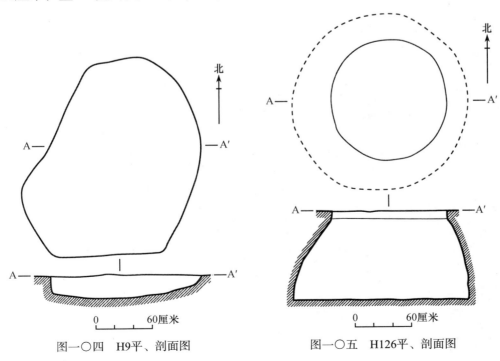

图一〇四　H9平、剖面图　　　　　　　图一〇五　H126平、剖面图

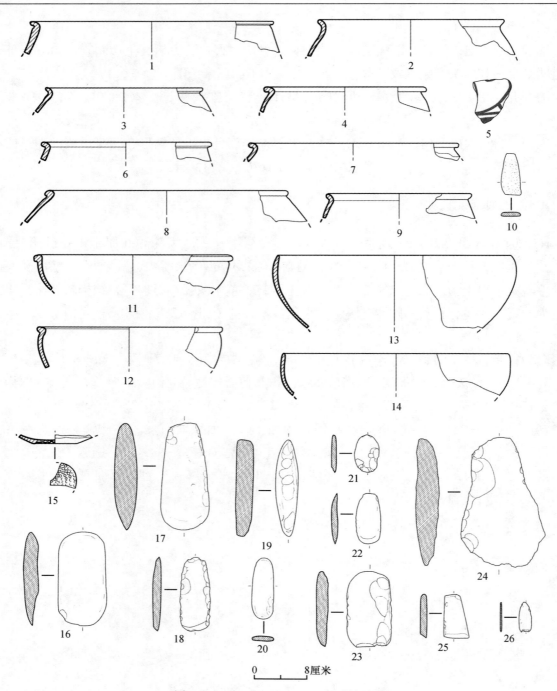

图一〇六　H126、H128、H132出土遗物

1～4、6、7.陶罐（H132：2、H132：1、H126：12、H126：14、H126：11、H126：13）　5.彩陶片（H126：9）

8.陶瓮（H126：7）　9.陶鼎（H126：6）　10.陶锉（H126：10）　11、12.陶盆（H126：15、H132：3）

13、14.陶钵（H126：8、H132：4）　15.陶器底（H128：4）　16～18.石斧（H128：2、H126：2、H128：1）

19.石凿（H126：16）　20.石杵（H132：6）　21、22.石刀（H126：1、H126：3）　23.石铲（H132：5）

24.石锄（H126：5）　25.石锛（H126：4）　26.石镞（H128：3）

刀　2件。H126：1，细砂岩。利用天然河砾打制稍磨形成，保留大量石皮。圆肩，弧腰，二边刃。长6.1、宽3.8、厚0.7厘米，重29克（图一〇六，21）。H126：3，细砂岩。利用石片加工，下端刃部稍磨，保留一面石皮。应为一件条边刃石刀，整体呈长条形，平肩，腰微弧，左下侧刃缘薄锋。长8.1、宽3.9、厚1厘米，重42克（图一〇六，22）。

锄　1件。H126：5，中砂岩。打制，一面保留石皮。斜肩，上腰束，刃部斜凸弧尖。残长20.8、宽12.9、厚3.6厘米，重937克（图一〇六，24）。

2）陶器

出土陶片以泥质红陶为主，占16.36%；纹饰以素面为主，极少量上彩；可辨器形有鼎、罐、钵、盆等。采集标本10件。

鼎　1件。H126：6，肩部以下均残。夹砂红陶。侈口，仰折沿，圆唇，溜肩。素面。复原口径22.4、残高3.8厘米（图一〇六，9）。

罐　4件。H126：11，肩部以下均残。夹砂灰陶。侈口，圆唇，溜肩。素面。复原口径26、残高3厘米（图一〇六，6）。H126：12，肩部以下均残。夹砂红陶。侈口，尖圆唇，斜肩。素面。复原口径24、残高3.6厘米（图一〇六，3）。H126：13，颈部以下均残。夹砂红褐陶。敛口，卷沿，圆唇。素面。复原口径32、残高2.8厘米（图一〇六，7）。H126：14，肩部以下均残。夹砂红褐陶。敛口，卷沿，圆唇，弧肩。素面。复原口径24.8、残高4厘米（图一〇六，4）。

钵　1件。H126：8，底部残。泥质灰陶。直口微敛，尖圆唇，弧腹。素面。复原口径35.6、残高11.4厘米（图一〇六，13）。

盆　1件。H126：15，下腹及底部残。夹砂灰褐陶。直口，窄沿，圆唇，弧腹。素面。复原口径30.4、残高5.6厘米（图一〇六，11）。

瓮　1件。H126：7，肩部以下均残。夹砂红陶。敛口，厚圆唇，斜肩。素面。复原口径37.2、残高5.2厘米（图一〇六，8）。

铿　1件。H126：10，半残。泥质灰陶。扁平梭状，器表粗糙，密布小圆窝。残长6.7、宽1.3~2.9、厚0.6厘米（图一〇六，10）。

彩陶片　1件。H126：9，残片。泥质红陶。饰黑彩弧边三角纹。残长7.1、残宽5.9厘米（图一〇六，5）。

H128　位于ⅡTN07W01西部。开口于第2层下，距地表深约20厘米，打破第5层和生土。圆形袋状，束腰，坑口直径120~126、腰部直径约109、底径约156、深约124厘米。斜壁，平底，壁面及底面加工规整。坑内填土为灰褐色黏土，包含红烧土颗粒、草木灰及碎石块等，结构较致密。出土极少量残碎陶片，以泥质陶为主，夹砂陶次之。陶色以红陶为主，灰陶次之。纹饰多为素面，基本无可辨器形。采集石器标本3件，陶器标本1件（图一〇七）。

石斧　2件。均为细砂岩，利用石片修整打制，一面保留石皮。圆肩，直腰，双面凸弧薄刃。H128：1，刃部稍磨。长11.8、宽4.2、厚1.3厘米（图一〇六，18）。H128：2，长15、宽7.4、厚2.2厘米（图一〇六，16）。

石镞　1件。H128：3，细砂岩。利用石片打制而成，一面保留石皮。铤残失。整体平薄呈叶形，两翼对称成尖。残长4.8、宽1.9、厚0.2厘米（图一〇六，26）。

陶器底　1件。H128：4，残存底部。泥质灰陶。平底略凹。底面饰凸圆点纹。底径7.6、残高1.2厘米（图一〇六，15）。

H132　位于ⅡTN07W01西南部。开口于第2层下，距地表深约20厘米，打破第5层和生土，并被M47打破。圆形袋状，坑口直径92、底径约210、深约150厘米。斜弧壁，平底，壁面及底面加工规整。坑内填土为灰褐色黏土，包含红烧土颗粒、木炭及石块等，结构较致密。出土陶片以泥质红陶为主，占28.12%，夹砂红褐陶次之，占15.6%；纹饰多为素面，极少量篮纹，划纹等；可辨器形有罐、钵、盆等。采集石器标本2件，陶器标本4件（图一〇八）。

石铲　1件。H132：5，细砂岩。利用石片打制，背面保存石皮。凸弧肩，两侧对称平直，双面直刃。长11.8、宽7、厚1.8厘米，重233克（图一〇六，23）。

石杵　1件。H132：6，细砂岩。基本利用原始砾石，稍作加工。整体呈柱状，上端稍细，下端略粗，作锤击用。长9.8、宽3.4、厚0.9厘米，重50克（图一〇六，20）。

陶罐　2件。均肩部以下残。卷沿。素面。H132：1，夹砂红褐陶。侈口，圆唇，束颈，斜弧肩。复原口径28.4、残高5.6厘米（图一〇六，2）。H132：2，夹砂红陶。敛口，尖圆唇，溜肩。复原口径37.2、残高4.8厘米（图一〇六，1）。

陶钵　1件。H132：4，下腹及底部残。泥质红陶。直口微敛，尖圆唇，弧腹。素面。复原口径34.4、残高6.8厘米（图一〇六，14）。

陶盆　1件。H132：3，下腹及底部残。泥质红陶。敛口，窄沿，圆唇，弧腹。素面。复原

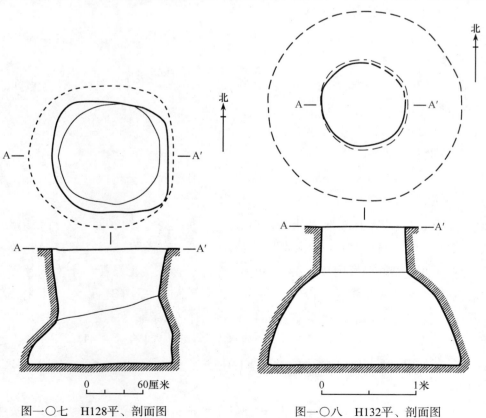

图一〇七　H128平、剖面图　　　　　图一〇八　H132平、剖面图

口径28.4、残高6.8厘米（图一〇六，12）。

　　H140　位于ⅡTN08W01中部。开口于第2层下，距地表深约20厘米，打破第5层和生土。椭圆形袋状，坑口长径约150、短径约110、底径124～130、深约52厘米，坑内东部距开口约22厘米处有一小台阶，宽约26厘米。斜壁，平底，壁面及底面未见加工痕迹。坑内填土为黑灰色黏土，夹杂少量红烧土颗粒，结构疏松。出土陶片以夹砂灰陶为主，占31.03%，夹砂红褐陶次之，占13.79%；纹饰多为素面，极少量划纹等；可辨器形有鼎、罐、钵、盆等。采集石器标本3件，陶器标本12件（图一〇九；图版七，3）。

　　石斧　1件。H140：14，细砂岩。大部打制，一面保留石皮，两侧修整，刃部稍磨。肩残失，直腰，双面凸弧刃。残长7.5、宽5.4、厚2.1厘米，重145克（图一一〇，23）。

　　石凿　1件。H140：15，细砂岩。利用扁平河砾打制，保留大量石皮，刃缘微修整。圆肩，弧腰，单面直刃。长8.7、宽3.6、厚0.8厘米（图一一〇，27）。

　　石铲　1件。H140：13，花岗岩。基本利用原始扁平砾石，稍作加工，疑为半成品。肩、顶残失，腰微弧，凸弧刃、刃缘不明显。残长8.4、宽8、厚2.9厘米，重302克（图一一〇，28）。

　　陶鼎　1件。H140：10，残存少量腹片。夹砂橙黄陶。折腹。腹部先饰数道凹弦纹，其下饰浅划纹。残宽6.6、残高4.4厘米（图一一〇，17）。

　　陶罐　4件。均肩部以下残。素面。H140：3，泥质黑陶。敛口，卷沿，尖圆唇，弧肩。

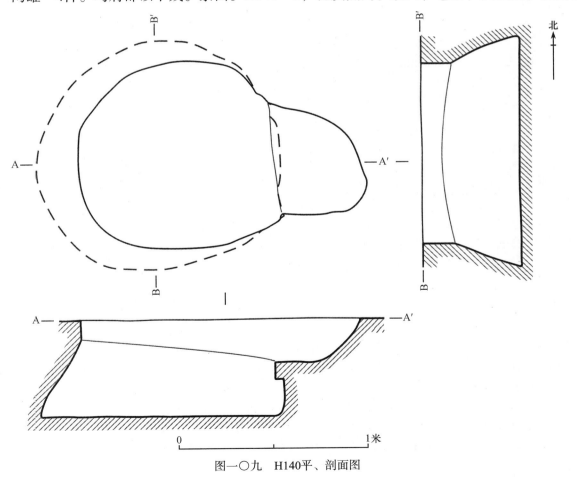

图一〇九　H140平、剖面图

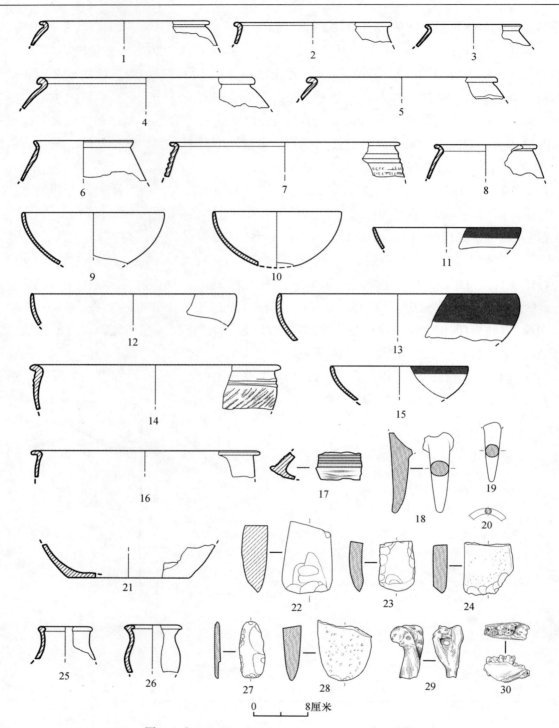

图一一○　H140、H156、H76、H69、H70出土遗物

1~8.陶罐（H140：3、H76：2、H140：6、H140：4、H76：1、H156：1、H76：3、H140：5）　9、10、12.陶钵（H156：2、
H69：1、H140：9）　11、13、15.陶红顶钵（H69：2、H76：4、H70：1）　14、16.陶盆（H140：1、H140：2）
17.陶鼎（H140：10）　18、19.陶鼎足（H76：5、H76：6）　20.陶环（H140：12）　21.陶器底（H140：11）
22~24.石斧（H70：2、H140：14、H69：3）　25、26.陶瓶（H140：7、H140：8）　27.石凿（H140：15）
28.石铲（H140：13）　29.兽骨（H76：7）　30.兽牙（H69：4）

复原口径25.2、残高3.6厘米（图一一〇，1）。H140：4，夹砂灰陶。侈口，圆唇，弧肩。复原口径32.4、残高4.8厘米（图一一〇，4）。H140：5，器形小。夹砂灰陶。侈口，仰折沿，圆唇，斜肩。复原口径14.4、残高5厘米（图一一〇，8）。H140：6，夹砂灰陶。侈口，卷沿，圆唇，束颈，斜肩。复原口径13.6、残高3.5厘米（图一一〇，3）。

陶钵　1件。H140：9，下腹及底部残。泥质红褐陶。直口微侈，尖圆唇，弧腹。素面。复原口径30、残高4.8厘米（图一一〇，12）。

陶盆　2件。均下腹及底部残。夹砂灰陶。敛口，上腹较直。H140：1，胎稍厚。窄卷沿，圆唇。腹部先饰二道凹弦纹，其下斜行绳纹。复原口径37、残高7厘米（图一一〇，14）。H140：2，平沿，圆唇。素面。复原口径34、残高4.4厘米（图一一〇，16）。

陶瓶　2件。均仅存口、颈部。素面。H140：7，泥质红陶。直口，圆唇，微束颈。复原口径8、残高4.8厘米（图一一〇，25）。H140：8，夹砂红陶。葫芦形口，圆唇、缘内伸。复原口径8.4、残高7.2厘米（图一一〇，26）。

陶器底　1件。H140：11，残存少量下腹及底部。夹砂红陶。下腹斜收，平底。素面。底径18、残高5厘米（图一一〇，21）。

陶环　1件。H140：12，残存近1/4圆。泥质灰陶。弧形，截面近圆。素面。复原直径9厘米（图一一〇，20）。

H156　位于 I TN03E01中西部。开口于第2层下，距地表深约28厘米，打破第5层和生土。椭圆形袋状，坑口长径约82、短径约70、底径74～86、深约34厘米。上壁较直，下壁内弧，平底，壁面及底面未见加工痕迹。坑内填土为黑灰色黏土，包含大量红烧土颗粒，结构较致密，坑底垒砌较多石块，较成规律。出土陶片以泥质陶为主，夹砂陶次之；纹饰皆为素面，少量磨光；可辨器形有罐、钵。采集陶器标本2件（图一一一）。

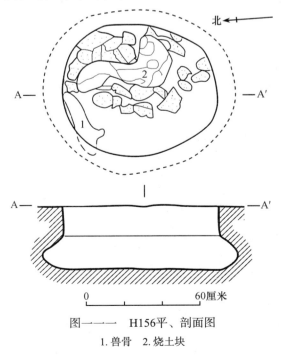

图一一一　H156平、剖面图
1. 兽骨　2. 烧土块

陶罐　1件。H156：1，肩部以下均残。器形较小，泥质黑陶。侈口，圆唇，斜肩。素面。复原口径14.8、残高6.1厘米（图一一〇，6）。

陶钵　1件。H156：2，底部残。泥质黑陶。直口，尖圆唇，弧腹。素面磨光。复原口径21.2、残高7.8厘米（图一一〇，9）。

2. 近方形灰坑

共52座。其中近正方形灰坑23座，近长方形灰坑27座，近长方形袋状灰坑2座。按单位介绍如下。

（1）近正方形灰坑

H76　位于ⅠTN07E02东部。开口于第3层下，距地表深约36厘米，打破第5层和生土。平面近圆角方形，边长约70、深约40厘米。斜直壁，平底，壁面及底面未见加工痕迹。坑内填土为灰褐色黏土，杂有少量红烧土颗粒，小石块及碎骨等，结构较致密。出土陶片以夹砂红褐陶为主，占50%；纹饰多为素面，少量凸弦纹等；可辨器形有罐、钵等。采集陶器标本6件，动物骨骼标本1件（图一一二）。

陶罐　3件。均肩部以下残，敛口，圆唇。H76：1，夹砂褐陶。弧肩。素面。复原口径24.4、残高3.6厘米（图一一〇，5）。H76：2，夹砂灰陶。窄卷沿，溜肩。素面。复原口径23.6、残高3.2厘米（图一一〇，2）。H76：3，夹砂红褐陶。窄卷沿，溜肩。肩部饰数道凸弦纹。复原口径34.4、残高5.4厘米（图一一〇，7）。

陶红顶钵　1件。H76：4，下腹及底部残。泥质灰陶、红顶。直口微敛，尖圆唇，弧腹。素面。复原口径35.2、残高7.2厘米（图一一〇，13）。

陶鼎足　2件。均为夹砂红褐陶。锥状实足。素面。H76：5，足尖外撇。残高12.4厘米（图一一〇，18）。H76：6，残高9.1厘米（图一一〇，19）。

动物骨骼　1件。H76：7，兽骨（图一一〇，29）。

H69　位于ⅠTN07E03西南部。开口于第2层下，距地表深约25厘米，打破第5层和生土。平面呈方形，边长约70、深约50厘米。直壁，平底，壁面及底面未见加工痕迹。坑内填土为灰黑色黏土，结构疏松。出土陶片以泥质红陶占绝大多数，约61.54%；纹饰皆为素面；可辨器形有罐、钵等。采集石器标本1件，陶器标本2件，动物骨骼标本1件（图一一三）。

石斧　1件。H69：3，闪长岩。原应通体凿光，后期肩残失，刃砍击疤重叠，无法确定刃特征。长7.9、宽7.2、厚2.3厘米，重222克（图一一〇，24）。

陶钵　1件。H69：1，底部残。泥质黑陶。直口，尖圆唇，弧腹。素面。复原口径19.2、残高8.2厘米（图一一〇，10）。

陶红顶钵　1件。H69：2，下腹及底部残。泥质灰陶、红顶。敞口，圆唇，斜弧腹。素面。复原口径21.6、残高3.2厘米（图一一〇，11）。

动物骨骼　1件。H69：4，兽牙（图一一〇，30）。

H70　位于ⅠTN07E03西北部。开口于第2层下，距地表深约25厘米，打破生土。平面呈

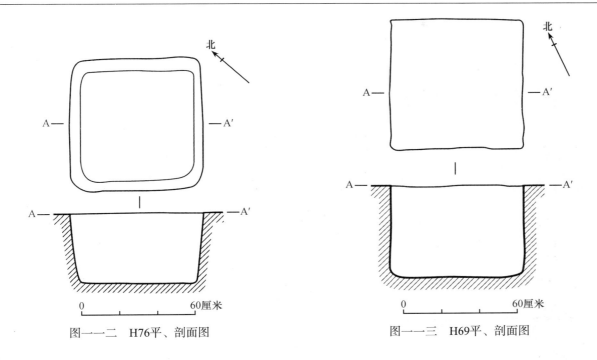

图一一二　H76平、剖面图　　　　　　　　　　图一一三　H69平、剖面图

方形，边长约100、深约56厘米。直壁，平底，壁面及底面未见加工痕迹。坑内填土为灰色黏土，夹杂极少量红烧土颗粒，结构较致密。出土陶片以泥质灰陶和夹砂红褐陶为主，均占37.5%；纹饰皆为素面；可辨器形有罐、钵等。采集石器标本和陶器标本各1件（图一一四）。

石斧　1件。H70：2，闪长岩。原应通体凿磨，后期肩残失，刃砍击疤重叠，无法确定刃特征。长10.3、宽7.3、厚3.6厘米，重128克（图一一○，22）。

陶红顶钵　1件。H70：1，下腹及底部残。泥质灰陶、红顶。敞口，尖圆唇，弧腹。素面。复原口径20.4、残高5厘米（图一一○，15）。

H81　位于ⅠTN08E06东部。开口于第2层下，距地表深约25厘米，打破第5层和生土。平面呈方形，边长约80、深约140厘米。直壁，平底，壁面及底面未见加工痕迹。坑内填土上半部为灰黑色黏土，夹杂较多红烧土颗粒，结构较致密；下半部为灰黄色沙土，包含较多石块，结构疏松。出土陶片以泥质灰陶为主，占25.8%，夹砂红褐陶次之，占16.12%；纹饰皆为素面；可辨器形有鼎、罐等。采集陶器标本7件（图一一五）。

陶鼎　4件。H81：1，肩部以下均残。夹砂红陶。侈口，圆唇，溜肩。素面。复原口径24.8、残高5.2厘米（图一一六，27）。H81：2，颈部以下均残。夹砂灰陶。侈口，尖圆唇，束颈。素面。复原口径20、残高4.6厘米（图一一六，26）。H81：4，肩部以下均残。夹砂灰陶。侈口，圆唇，束颈，溜肩。素面。复原口径16、残高4.8厘米（图一一六，25）。H81：7，肩部以下均残。夹砂红陶。胎较薄。侈口，圆唇，弧肩。素面。复原口径14.4、残高8.6厘米（图一一六，24）。

陶鼎足　1件。H81：6，夹砂红褐陶。锥状实足，足尖略外撇。素面。残高10.6厘米（图一一六，18）。

陶小口罐　1件。H81：3，肩部以下均残。泥质红陶。直口，方唇，矮领，广肩。素面。

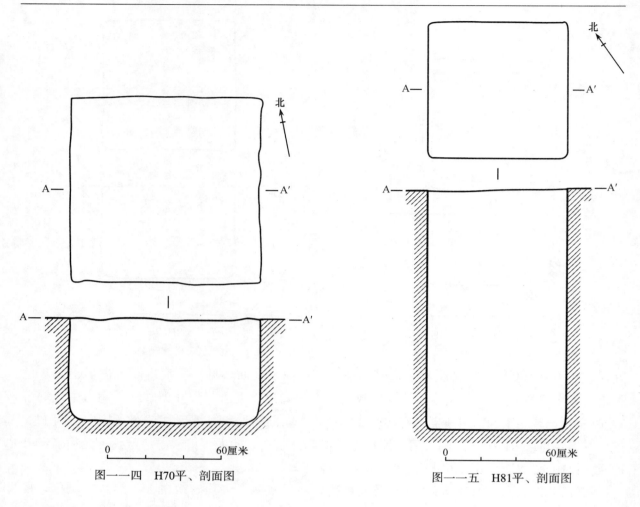

北

A — — A'

|

0   60厘米

图一一四 H70平、剖面图

北

A — — A'

|

A — — A'

|

0   60厘米

图一一五 H81平、剖面图

口径6、残高3.2厘米（图一一六，13）。

陶器底   1件。H81：5，残存少量下腹及底部。泥质灰陶。下腹内收，低假圈足。素面。底径9.2、残高2.8厘米（图一一六，11）。

H88   位于ⅠTN08E01东部。开口于第2层下，距地表深约35厘米，打破第5层和生土。平面近圆角方形，边长190～192、深约134厘米。斜弧壁，平底，壁面有明显人为加工痕迹。坑内填土为灰黑色黏土，夹杂大量红烧土颗粒、草木灰及石块等，结构疏松。出土陶片以泥质及夹砂红陶为主，均占17.39%；纹饰以素面为主，少量划纹、压印纹等；可辨器形有罐、红顶钵、盆、瓮等。采集石器标本1件，陶器标本7件（图一一七；图版六，4）。

石斧   1件。H88：8，细砂岩。利用砾石打磨修整，一面保留石皮。肩、顶残失，双面凸弧刃。长9.5、宽7厚、1.5厘米，重176克（图一一六，14）。

陶罐   3件。H88：1，肩部以下均残。夹砂红陶。侈口，卷沿，圆唇，溜肩。肩上饰斜划纹。复原口径35.6、残高5厘米（图一一六，2）。H88：2，肩部以下均残。夹砂灰陶。侈口，窄折沿，圆唇，弧肩。肩上饰斜划纹。复原口径40、残高5厘米（图一一六，1）。H88：5，口部以下均残。夹砂红陶。敛口，卷沿，圆唇。素面。复原口径24.4、残高2.6厘米（图一一六，4）。

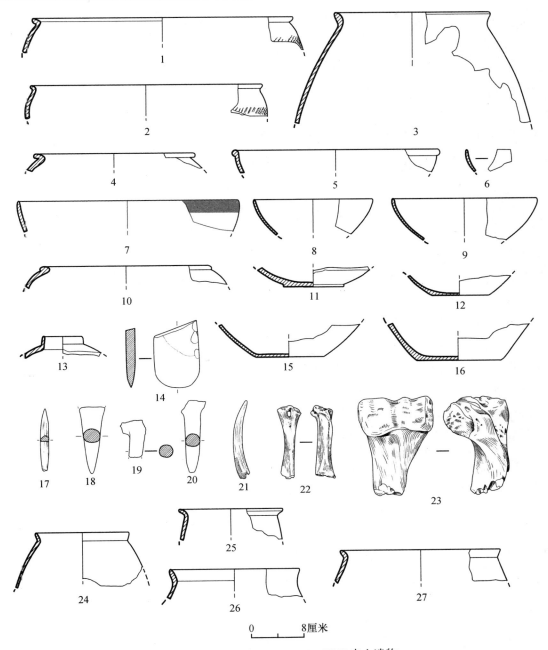

图一一六　H81、H88、H137、H139出土遗物

1~4. 陶罐（H88：2、H88：1、H137：1、H88：5）　5. 陶盆（H88：3）　6. 陶钵（H137：2）　7~9. 陶红顶钵（H88：6、
H139：5、H139：6）　10. 陶瓮（H88：4）　11、12、15、16. 陶器底（H81：5、H139：3、H137：4、H88：7）
13. 陶小口罐（H81：3）　14. 石斧（H88：8）　17. 骨簪（H139：1）　18~20. 陶鼎足（H81：6、H137：3、H139：4）
21. 鹿角（H139：2）　22、23. 兽骨（H139：8、H139：7）　24~27. 陶鼎（H81：7、H81：4、H81：2、H81：1）

　　陶红顶钵　1件。H88：6，下腹及底部残。泥质灰陶、红顶。侈口，尖圆唇，斜弧腹。素
面。复原口径34、残高4.8厘米（图一一六，7）。
　　陶盆　1件。H88：3，下腹及底部残。夹砂灰陶。侈口，厚圆唇，弧腹。素面。复原口径
32、残高3.6厘米（图一一六，5）。

陶瓮　1件。H88：4，肩部以下均残。夹砂红褐陶。敛口，厚圆唇，鼓肩。素面。复原口径26.4、残高3厘米（图一一六，10）。

陶器底　1件。H88：7，残存下腹及底部。夹砂红褐陶。下腹斜收，平底。素面。底径13.2、残高5.6厘米（图一一六，16）。

H137　位于ⅡTN06W01西南部。开口于第2层下，距地表深约40厘米，打破第5层和生土。平面近圆角方形，边长82～92、深约24厘米。斜直壁，平底，壁面及底面未见加工痕迹。坑内填土为黑色灰烬土，夹杂较多红烧土颗粒及石块等，结构疏松。出土陶片以泥质黑陶为主，占40%；纹饰皆为素面；可辨器形有罐、钵等。采集陶器标本4件（图一一八；图版八，3）。

陶罐　1件。H137：1，下腹及底部残。夹蚌红褐陶。侈口，圆唇，束颈，斜肩，鼓腹。素面。复原口径24、残高17.6厘米（图一一六，3）。

陶钵　1件。H137：2，仅存少量残片，未能恢复原貌。泥质黑陶。敞口，圆唇，弧腹。素面。残高3.6厘米（图一一六，6）。

陶鼎足　1件。H137：3，足尖残。夹砂红褐陶。复原应为锥状包芯足，截面近圆。素面。残高7.8厘米（图一一六，19）。

陶器底　1件。H137：4，残存下腹及底部。泥质红陶。下腹斜收，平底。素面。底径10、残高5厘米（图一一六，15）。

H139　位于ⅠTN04E01东南部。开口于第2层下，距地表深约20厘米，打破第5层和生土。平面近圆角方形，边长90～120、深约50厘米。斜弧壁，平底，壁面及底面未见加工痕迹。坑

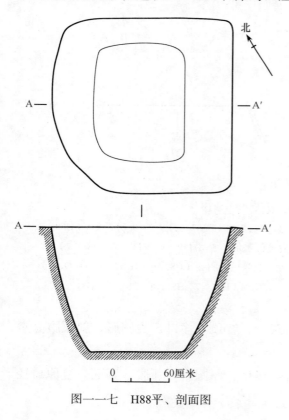

图一一七　H88平、剖面图

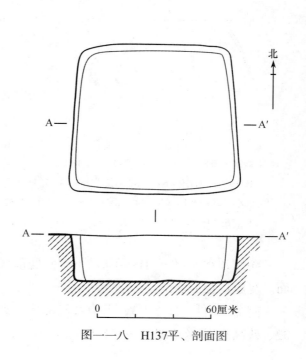

图一一八　H137平、剖面图

内填土为灰褐色黏土，夹杂较多红烧土颗粒、草木灰及石块等，结构疏松。出土陶片以泥质红陶为主，占28.58%；纹饰皆为素面，少量磨光；可辨器形有罐、钵、盆等。采集陶器标本4件，骨器标本1件，动物骨骼标本3件（图一一九；图版八，4）。

陶钵　2件。均底部残。敞口，尖圆唇，弧腹。H139：5，泥质红陶。素面。复原口径18.4、残高5.6厘米（图一一六，8）。H139：6，泥质黑陶。素面磨光。复原口径22.4、残高6.8厘米（图一一六，9）。

陶鼎足　1件。H139：4，夹砂红褐陶。足体较纤高，锥状实足，足尖略外撇。素面。残高11.5厘米（图一一六，20）。

陶器底　1件。H139：3，残存少量下腹及底部。泥质红陶。下腹弧内收，平底。素面。底径9、残高3厘米（图一一六，12）。

骨簪　1件。H139：1，骨质。磨制，锥状，截面近三角形。长10厘米（图一一六，17）。

动物骨骼　3件。其中鹿角1件，H139：2（图一一六，21）；兽骨2件，H139：7（图一一六，23）、H139：8（图一一六，22）。

H145　位于ⅠTN03E01西南部。开口于第2层下，距地表深约25厘米，打破生土。平面近圆角方形，边长约70、深约30厘米。直壁，平底，壁面及底面加工较为规整。坑内填土为灰黑色黏土，夹杂较多炭粒及少量红烧土颗粒、石块等，结构疏松。坑底西北角置放一堆石块，似有规律，其间还发现一骨片。出土极少量陶片，以泥质红陶为主；纹饰皆为素面；可辨器形有钵、陶饼等。采集石器标本3件，陶器标本2件，动物骨骼标本1件（图一二〇）。

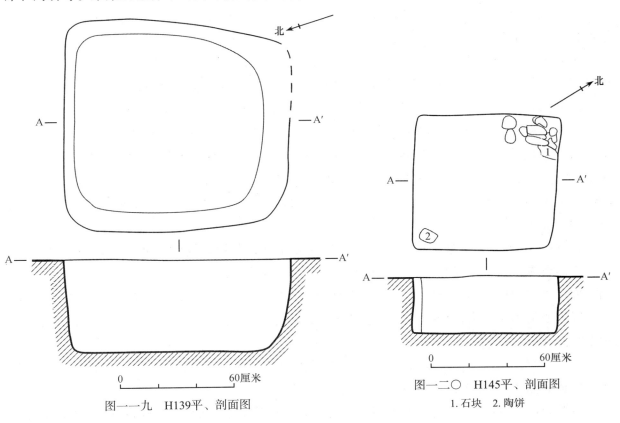

图一一九　H139平、剖面图

图一二〇　H145平、剖面图
1. 石块　2. 陶饼

石斧　1件。H145：6，花岗岩。利用扁平砾石打制而成，部分经凿、磨加工。肩、顶残失，略呈斜直腰，双面凸弧刃。长10、宽9.1、厚2.9厘米，重374克（图一二一，15）。

石杵　1件。H145：4，细砂岩。柱状，两端见砸击疤痕。长16.2、宽6、厚2.7厘米，重437克（图一二一，17）。

石球　1件。H145：5，花岗岩。石皮上见打击疤痕，卵形。长7.1、宽5.8、厚3.6厘米，重224克（图一二一，16）。

陶钵　1件。H145：1，下腹及底部残。泥质黑陶。敞口，尖圆唇，斜腹。素面。复原口径24、残高5厘米（图一二一，1）。

陶饼　1件。H145：2，夹砂红陶。圆形饼状，弧边。素面。直径2.6～2.7、厚0.5厘米（图一二一，25）。

动物骨骼　1件。H145：3，兽骨（图一二一，6）。

H148　位于ⅡTN03W01东部。开口于第2层下，距地表深约30厘米，打破第5层和生土。平面近弧边方形，最宽处约85、深约20厘米。斜弧壁，平底，壁面及底面未见加工痕迹。坑内填土为黑灰色黏土，夹杂较多红烧土颗粒及少量石块等，结构较致密。出土陶片较少，以夹砂陶为主，泥质陶次之；陶色以红陶为主，灰陶次之；纹饰皆为素面；可辨器形有鼎、钵等。仅采集陶器标本1件（图一二二）。

陶鼎　1件。H148：1，器形较小。肩部以下均残。夹砂红陶。侈口，仰折沿，圆唇，束颈，溜肩。素面。复原口径16、残高7.4厘米（图一二一，3）。

H157　位于ⅡTN03W01西部。开口于第2层下，距地表深约30厘米，打破第5层和生土。平面近方形，边长70～80、深约22厘米。直壁，平底，壁面及底面未见加工痕迹。坑内填土为黑灰色黏土，夹杂少量红烧土颗粒及石块等，结构较致密。出土零碎陶片，以泥质陶为主，夹砂陶次之；陶色以红陶居多，褐陶少量；纹饰皆为素面。采集石器标本4件（图一二三）。

石斧　1件。H157：2，细砂岩。打制，一面保留石皮，双侧对应加工。平顶，斜肩，直腰，双面凸弧刃。长16.3、宽7.5、厚2.4厘米，重450克（图一二一，14）。

石器断块　3件。均为细砂岩，从形制及加工方式上推测可能都为打制石斧肩部残段。H157：1，残长8、宽2.4、厚0.9厘米，重20克（图一二一，19）。H157：3，残长5.8、宽5.8、厚0.8～1.2厘米（图一二一，20）。H157：4，残长6.5、宽5.9、厚2.3厘米，重97克（图一二一，26）。

H158　位于ⅡTN03W01西南部。开口于第2层下，距地表深约30厘米，打破第5层和生土。平面近方形，坑口北高南低，边长76～90、深20～32厘米。直壁，平底，壁面及底面未见加工痕迹。坑内填土为褐黄色黏土，夹杂少量红烧土颗粒及石块等，结构较致密。出土零碎陶片，以泥质陶为主，夹砂陶次之；陶色以红、灰陶居多，褐陶少量；纹饰皆为素面。采集石器标本3件（图一二四）。

石斧　1件。H158：1，闪长岩。原石斧通体磨光，后期纵向残失一半，双面凸弧刃。长19、残宽6.8、厚3.1厘米，重473克（图一二一，13）。

石器断块　2件。平面均呈不规则形，边缘稍经加工成薄锋刃缘，可做刮削器。H158：2，闪长岩，长6.8、宽4.2、厚1.1厘米，重32克（图一二一，27）。H158：3，细砂岩，长9、宽

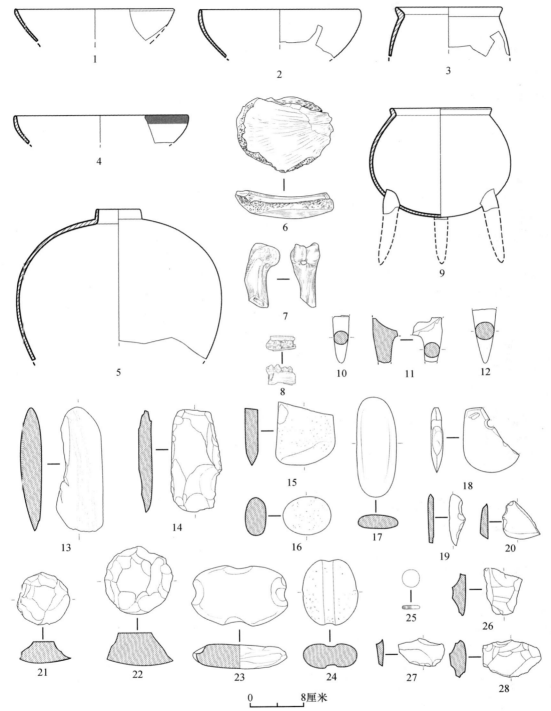

图一二一　H145、H148、H157、H158、H159、H160、H166、H161、H164出土遗物

1、2.陶钵（H145∶1、H160∶1）　3、9.陶鼎（H148∶1、H159∶1）　4.陶红顶钵（H166∶1）　5.陶小口罐（H160∶2）

6、7.兽骨（H145∶3、H160∶5）　8.兽牙（H160∶6）　10～12.陶鼎足（H164∶1、H160∶7、H160∶3）

13～15.石斧（H158∶1、H157∶2、H145∶6）　16.石球（H145∶5）　17.石杵（H145∶4）　18.石钺（H160∶4）

19、20、26～28.石器断块（H157∶1、H157∶3、H157∶4、H158∶2、H158∶3）　21、22.石盘状器（H166∶4、H166∶2）

23、24.石网坠（H166∶3、H161∶1）　25.陶饼（H145∶2）

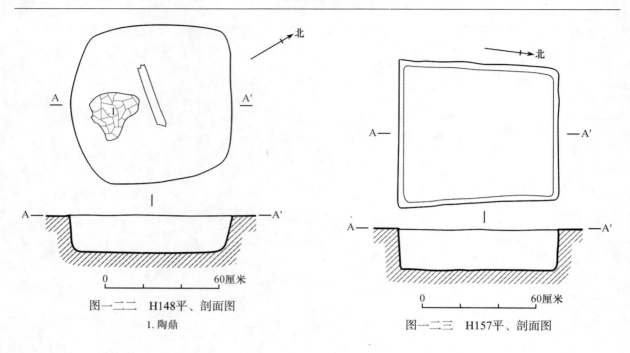

图一二二　H148平、剖面图
1.陶鼎

图一二三　H157平、剖面图

5.8、厚2.1厘米，重134克（图一二一，28）。

　　H159　位于ⅡTN03W01北部。开口于第2层下，距地表深约26厘米，打破第5层和生土。平面近圆角方形，边长60～84、深约52厘米。直壁，平底，壁面及底面未见加工痕迹。坑内填土为黑灰色黏土，夹杂较多红烧土颗粒及少量草木灰、石块等，结构较致密。出土少量陶片，以泥质红陶和夹砂红褐陶为主，均占41.18%；纹饰皆为素面；器形有鼎、罐、钵、盆等。仅采集陶器标本1件（图一二五；图版九，3）。

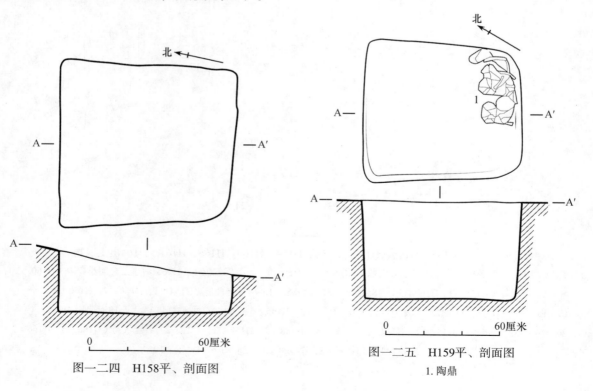

图一二四　H158平、剖面图

图一二五　H159平、剖面图
1.陶鼎

陶鼎 1件。H159：1，夹砂红褐陶。侈口，圆唇，弧肩，鼓腹、腹最大径在器中部，圜底，锥足。素面。口径15.2、腹径21.2、复原高24.2厘米（图一二一，9）。

H160 位于ⅠTN02E01东南部。开口于第2层下，距地表深约60厘米，打破第5层和生土。平面近弧边方形，坑口东高西低，边长110～120、深75～85厘米。斜直壁，平底，壁面及底面未见加工痕迹。坑内填土为灰黑色黏土，夹杂大量红烧土颗粒、草木灰及石块等，结构疏松。出土少量陶片，以泥质红陶和夹砂红褐陶为主，均占23.82%；纹饰多为素面，少量弦纹、绳纹等；可辨器形有鼎、罐、钵、盆等。采集石器标本1件，陶器标本4件，动物骨骼标本2件（图一二六）。

石钺 1件。H160：4，蛇纹岩。通体磨光。肩腰残半，复原应为平肩，双腰对称平滑，双面凸弧刃，器中肩下对钻一穿孔。长10.2、残宽8.2、厚1.8、孔径1.1厘米，重190克（图一二一，18）。

陶钵 1件。H160：1，底部残。泥质黑陶。直口微敛，方唇，弧腹。素面磨光。复原口径24、残高7.6厘米（图一二一，2）。

陶小口罐 1件。H160：2，下腹及底部残。泥质红陶。直口，圆唇，矮领，鼓肩，弧腹。素面。口径6.5、腹径30.8、残高23.3厘米（图一二一，5）。

陶鼎足 2件。均为夹砂红褐陶。锥状实足。素面。H160：3，残高8.5厘米（图一二一，12）。H160：7，足尖残，截面近圆。残高7厘米（图一二一，11）。

动物骨骼 2件。兽骨1件，H160：5（图一二一，7）。兽牙1件，H160：6（图一二一，8）。

H161 位于ⅡTN04W01东北部。开口于第2层下，距地表深约65厘米，打破第5层和生土。平面近圆角方形，边长76～96、深约17厘米。斜弧壁，平底，壁面及底面未见加工痕迹。坑内填土为灰褐色黏土，夹杂少量红烧土颗粒、炭粒等，结构较致密。出土零碎陶片，以泥质红陶为主，泥质灰陶次之；纹饰皆为素面。仅采集石器标本1件（图一二七）。

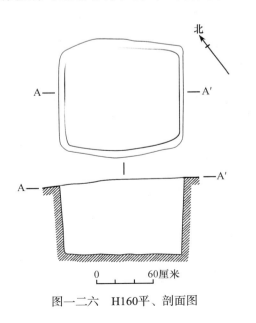

图一二六 H160平、剖面图

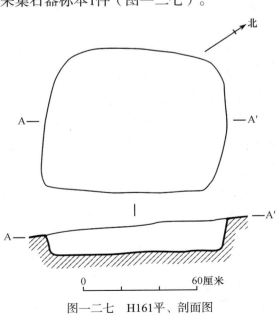

图一二七 H161平、剖面图

　　石网坠　1件。H161：1，花岗岩。利用扁形卵石，沿长轴加工一周凹槽，便于系缚。长9.9、宽8、厚4厘米，重441克（图一二一，24；图版二〇，3）。

　　H164　位于ⅡTN01W01西北部。开口于第2层下，距地表深约40厘米，打破第5层和生土。平面近方形，坑口北高南低，边长80～100、深26～41厘米。直壁，平底，壁面及底面未见加工痕迹。坑内填土为灰黑色黏土，夹杂少量红烧土颗粒、草木灰及石块等，结构较致密。出土零碎陶片，以夹砂红陶为主，泥质灰陶次之；纹饰皆为素面；可辨器形有鼎、罐等。仅采集陶器标本1件（图一二八）。

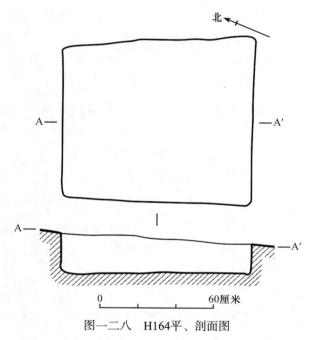

图一二八　H164平、剖面图

　　陶鼎足　1件。H164：1，夹砂红褐陶。锥状实足，足尖略外撇。素面。残高7.5厘米（图一二一，10）。

　　H166　位于ⅡTN01W01东南部。开口于第2层下，距地表深50～60厘米，打破第5层和生土。平面近方形，坑口略呈东高西低，边长100～120、深26～30厘米。直壁，平底，壁面及底面未见加工痕迹。坑内填土为黄色细沙土，夹杂少量红烧土颗粒、草木灰及石块等，结构疏松。出土零碎陶片，多为泥质红陶；纹饰皆为素面；可辨器形仅有红顶钵。采集石器标本3件，陶器标本1件（图一二九）。

　　石盘状器　2件。均利用圆扁形砾石，沿边缘正向加工一周，对应剥片形成盘状，顶、底双面保留部分原始石皮。H166：2，粗砂岩。直径10.5、厚5厘米，重266克（图一二一，22；图版二〇，5）。H166：4，脉石英。直径长7.6～7.9、厚4.2厘米，重306克（图一二一，21；图版二三，4）。

　　石网坠　1件。H166：3，花岗岩。整体呈扁平长条形，两端、两腰对应加工呈缺口，便于系缚。长14.3、宽9.1、厚3.8厘米，重653克（图一二一，23；图版二〇，6）。

　　陶红顶钵　1件。H166：1，下腹及底部残。泥质灰陶、红顶。敞口，圆唇，弧腹。素面。复原口径26、残高4.4厘米（图一二一，4）。

H172　位于ⅡTN02W02西南部。开口于第2层下，距地表深50～55厘米，打破第5层和生土。平面近圆角方形，坑口北高南低，边长60～80、深10～16厘米。斜弧壁，平底，壁面及底面未见加工痕迹。坑内填土为灰黑色黏土，夹杂少量红烧土颗粒、草木灰及石块等，结构较疏松。出土极少量陶片，以泥质红陶为主，占51.74%；纹饰皆为素面；可辨器形有罐、钵、盆等。采集石器标本3件，陶器标本4件（图一三〇）。

石器残块　2件。均为细砂岩。H172：5，打制石斧肩部残片，保留一面石皮，后腰刃残失。残长8.6、宽4.1、厚1.8厘米，重114克（图一三一，11）。H172：6，打制石斧刃部残段，一面保留石皮，修整疤重叠。腰以上及刃缘残失，近双面凸弧刃。残长7.2、宽4.4、厚2厘米，重67克（图一三一，14）。

石刮削器　1件。H172：7，利用薄平石片进行修整，背面保留石皮。整体略呈扇形，边缘微残，刃薄锋。长9.4、宽6.2、厚0.8厘米，重63克（图一三一，18）。

陶罐　1件。H172：1，下腹及底部残。夹砂黑陶。敛口，卷沿，圆唇，溜肩，弧腹。素面。复原口径18.4、残高9厘米（图一三一，6）。

陶钵　1件。H172：3，下腹及底部残。泥质红陶。敛口，圆唇，弧腹。素面。复原口径36、残高4.4厘米（图一三一，5）。

陶盆　1件。H172：2，口部以下均残。泥质红陶。敞口，宽仰折沿，圆唇。素面。复原口径56、残高4.4厘米（图一三一，7）。

陶器底　1件。H172：4，残存底部。夹砂褐陶。平底。素面。底径12厘米（图一三一，13）。

H174　位于ⅡTN01W02东北部。开口于第2层下，距地表深约56厘米，打破第5层和生土。平面呈圆角方形，边长约84、深约26厘米。直壁，平底，壁面及底面未见加工痕迹。坑内

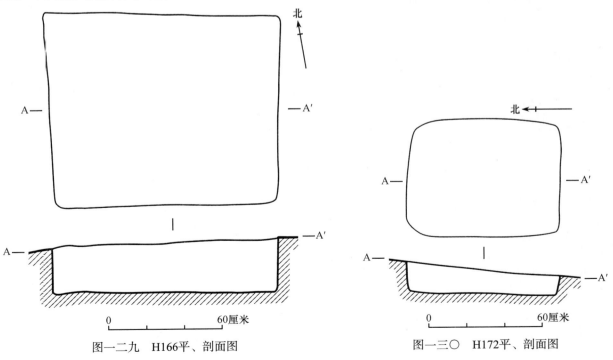

图一二九　H166平、剖面图　　　　　　　图一三〇　H172平、剖面图

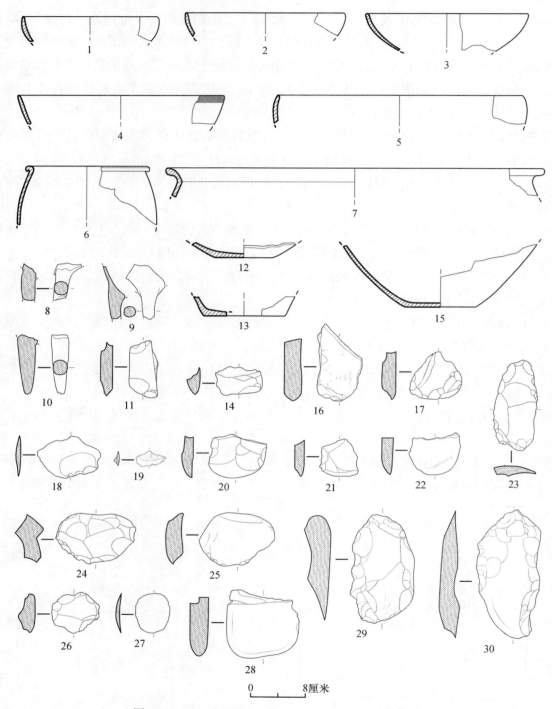

图一三一　H172、H174、H175、H181、H190出土遗物

1～3、5.陶钵（H190：2、H181：2、H174：1、H172：3）　4.陶红顶钵（H190：1）　6.陶罐（H172：1）　7.陶盆
（H172：2）　8～10.陶鼎足（H174：3、H181：3、H175：1）　11、14.石器残块（H172：5、H172：6）　12、13、15.陶器底
（H174：2、H172：4、H181：1）　16、17.石器断块（H174：4、H174：5）　18、19.石刮削器（H172：7、H181：12）
20～22.石斧（H181：5、H181：7、H181：10）　23.石刀（H181：9）　24、25、29、30.石砍砸器（H181：4、H181：13、
H190：3、H190：4）　26.石盘状器（H181：8）　27.石片（H181：6）　28.砺石（H181：11）

填土为灰黑色黏土，夹杂少量红烧土颗粒、草木灰及较多卵石等，结构较致密。出土零碎陶片，以泥质黑陶为主，泥质及夹砂红陶次之；纹饰皆为素面；可辨器形有鼎、罐、钵等。采集石器标本2件，陶器标本3件（图一三二）。

石器断块　2件。H174：4，中粗砂岩。扁形河砾，保留大部分石皮。推测为打制石斧半成品残块，肩部残失，刃部略呈双面凸弧。残长11.3、宽6.5、厚2.8厘米，重324克（图一三一，16）。H174：5，闪长岩。边缘打制加工疤重叠，保留一面石皮。整体残呈不规则三角形，不辨器形。残长7.1、残宽7.8、厚2.1厘米，重128克（图一三一，17）。

陶钵　1件。H174：1，底部残。泥质黑陶。敞口，圆唇，弧腹。素面。复原口径24、残高5.6厘米（图一三一，3）。

陶鼎足　1件。H174：3，足尖残。夹砂褐陶。复原应为锥状实足，截面近圆。素面。残高5.6厘米（图一三一，8）。

陶器底　1件。H174：2，残存底部。泥质橙黄陶，灰胎。平底。素面。底径8.8厘米（图一三一，12）。

H175　位于ⅡTN01W01西北部。开口于第2层下，距地表深30～60厘米，打破5层和生土。平面近方形，边长100～110、深45～60厘米。直壁，平底，壁面及底面未见加工痕迹。坑内填土为灰黑色黏土，夹杂少量红烧土颗粒、草木灰及石块等，结构疏松。出土少量陶片，以泥质红陶为主，占28.57%，夹砂红陶次之，占21.42%；纹饰皆为素面；可辨器形有鼎、罐、钵等。采集石器和陶器标本各1件（图一三三）。

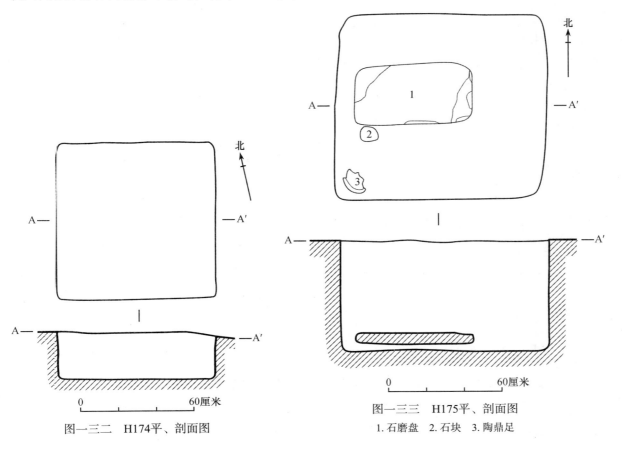

图一三二　H174平、剖面图

图一三三　H175平、剖面图
1.石磨盘　2.石块　3.陶鼎足

　　石磨盘　1件。H175：2，片岩。整体呈扁平长方形，顶面中部微凹，作研磨之用。长58.9、宽35.4、厚5.6厘米，重16164克（图一三四，1）。

　　陶鼎足　1件。H175：1，足尖微残。夹砂红陶。复原应为锥状实足，截面近圆。素面。残高9厘米（图一三一，10）。

　　H181　位于ⅡTN02W03东部。开口于第2层下，距地表深约25厘米，打破生土。平面近方形，边长约80、深约40厘米。直壁，平底，壁面及底面未见加工痕迹。坑内填土为灰黑色黏土，夹杂较多草木灰、炭粒及少量红烧土颗粒等，结构疏松。出土遗物以石器为主，少量陶器，共采集标本13件（图一三五）。

　　1）石器

　　多为残块，可辨器形有石斧、石刀、砍砸器、刮削器及盘状器等，并出土石片及原砾石。采集标本10件。

　　斧　3件。均为打制石斧刃部残块。H181：5，细砂岩。一面刃残失，保留少量石皮。复原应为双面凸弧刃。残长6.8、宽8.2、厚1.4～1.6厘米，重129克（图一三一，20）。H181：7，闪长岩。对刃部磨光，双面刃。残长5.8、宽4.8～5.4、厚1.4厘米，重124克（图一三一，21）。H181：10，细砂岩。凸弧刃，一面微弧，一面较直。残长6、宽6.4、厚1.8厘米，重41克（图一三一，22）。

　　刀　1件。H181：9，花岗斑岩。利用石片打制，一面保留石皮，破裂面加工疤重叠。器宽大于器高，刃缘薄锋。宽14.3、高6.4、厚1.4厘米，重195克（图一三一，23）。

　　砍砸器　2件。H181：4，硅质岩。利用石核石片打制，保留少量石皮，刃缘凸弧，疤痕重叠。长11.8、宽6.4～7.6、厚2.6～3厘米，重291克（图一三一，24）。H181：13，闪长岩。利用石片打制，一面保留石皮，刃缘使用砍击疤痕重叠。长11.2、宽8.2、厚2～2.6厘米，重293克（图一三一，25）。

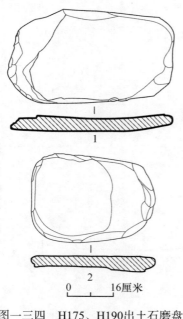

图一三四　H175、H190出土石磨盘
1. H175：2　2. H190：5

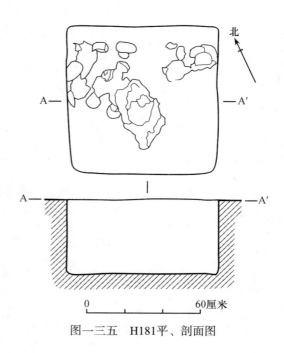

图一三五　H181平、剖面图

刮削器　1件。H181∶12，花岗斑岩。石片呈不规则倒"△"形，背面有一凸椎背，刃缘微残。长8.8、高4.8、厚1.6厘米，重6克（图一三一，19）。

盘状器　1件。H181∶8，细砂岩。利用石片单向加工一周，一面保留石皮，四周薄刃。长6.9、宽6.1、厚1.4~2.4厘米，重125克（图一三一，26）。

石片　1件。H181∶6，含砾砂岩。零台面石片，整体近圆，一面保留石皮，四周薄锋。直径5~5.8、厚0~0.6厘米，重27克（图一三一，27）。

砾石　1件。H181∶11，细砂岩。应为加工原料，后中部断裂，废弃。残长10.6、宽9.6~10.6、厚1.2~2.8厘米，重409克（图一三一，28）。

2）陶器

陶片出土量极少，以泥质红陶为主，泥质黑陶次之；纹饰皆为素面；可辨器形有鼎、钵等，采集标本3件。

钵　1件。H181∶2，下腹及底部残。泥质黑陶。敞口，尖圆唇，弧腹。素面。复原口径2.6、残高3.6厘米（图一三一，2）。

鼎足　1件。H181∶3，足尖残。夹砂红褐陶。复原应为锥状实足，截面近圆。素面。残高8.2厘米（图一三一，9）。

器底　1件。H181∶1，残存下腹及底部。泥质红陶，灰胎。下腹斜弧收，平底。素面。底径10.4、残高9厘米（图一三一，15）。

H190　位于ⅠTN05E02中西部。开口于第2层下，距地表深约35厘米，打破生土。平面近方形，边长约70、深约26厘米。直壁，平底，壁面及底面加工较为规整。坑内填土为灰黑色黏土，夹杂较多草木灰、炭粒及少量红烧土颗粒、石块等，结构较致密。仅出土4块陶片，均为泥质陶，其中3块为红陶，1块为黑陶；纹饰皆为素面；可辨器形仅有钵。采集石器标本3件，陶器标本2件（图一三六）。

石砍砸器　2件。H190∶3，细砂岩。利用石片打制，一面保留石皮。立握可用尖刃，横握可做石刀，刃部不规整，加工疤重叠。长15.8、宽9.2、厚4厘米，重687克（图一三一，29）。H190∶4，闪长岩。利用石核石片修整，一面保留石皮。用法同H190∶3，但此器刃部不甚明显。长19.2、宽8.7、厚3.4厘米，重707克（图一三一，30）。

石磨盘　1件。H190∶5，砂岩。近圆角方形，周边修整，正面略凹，留有使用痕迹。长43.6、宽32、厚5.6厘米（图一三四，2）。

陶钵　1件。H190∶2，下腹及底部残。泥质黑皮陶，灰胎。敞口，圆唇，弧腹。素面磨光。复原口径20、残高3.6厘米（图一三一，1）。

陶红顶钵　1件。H190∶1，下腹及底部残。泥质灰陶、红顶。敞口，尖圆唇，斜弧腹。素面。复原口径30.4、残高4厘米（图一三一，4）。

H97　位于ⅠTN09E05西部。开口于第1层下，距地表深约15厘米，打破生土。平面近半方形，西部伸进探方壁内未发掘；边长约70、深约58厘米。斜直壁，平底，壁面及底面未见明显加工痕迹。坑内堆积分为2层：上层填土为黑色黏土，结构较致密，包含物只有鹅卵石，无陶片；下层填土为黄褐色黏土，土质较上层更致密，出土陶片均为火候很低的夹砂红陶，保存极差。仅采集陶器标本1件（图一三七）。

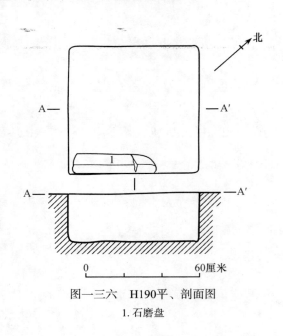

图一三六　H190平、剖面图
1. 石磨盘

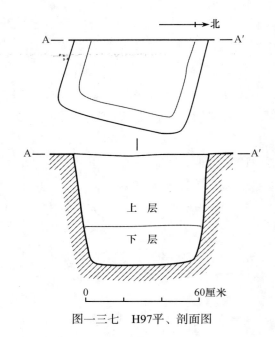

图一三七　H97平、剖面图

陶罐　1件。H97：1，下腹及底部残。夹砂红陶。侈口，仰折沿，圆唇，束颈，斜肩，鼓腹。素面。复原口径16、残高9.2厘米（图一三八，1）。

H104　位于ⅠTN09E05中部。开口于第1层下，距地表深约15厘米，打破生土。平面近方形，边长约100、深约50厘米。斜直壁，平底，壁面及底面未见明显加工痕迹。坑内填土为黑褐色黏土，结构较致密。出土少量陶片，以泥质红陶为主，占50%，泥质黑陶次之，占31.5%；纹饰皆为素面；可辨器形有罐、钵、盆等。采集陶器标本5件（图一三九）。

陶罐　1件。H104：2，肩部以下均残。夹砂红褐陶。敛口，卷沿，圆唇，斜肩。素面。复原口径32.4、残高6.8厘米（图一三八，5）。

陶小口罐　1件。H104：1，肩部以下均残。泥质红陶。直口微敛，方唇，矮领，广肩。素面。口径7、残高4厘米（图一三八，12）。

陶钵　1件。H104：5，泥质黑陶。敞口，尖圆唇，弧腹，低假圈足。素面。口径25.6、底径6.4、高10厘米（图一三八，14）。

陶盆　1件。H104：3，下腹及底部残。泥质红陶。敛口，窄沿，圆唇，弧腹。素面。残复原口径40.4、残高4.4厘米（图一三八，24）。

陶器底　1件。H104：4，残存底部。泥质黑陶。平底，边缘微突。素面。底径12.8、残高3厘米（图一三八，13）。

（2）近长方形灰坑

H59　位于ⅠTN06E04南部。开口于第4层下，距地表深约65厘米，打破生土。平面近圆角长方形，长约100、宽约90、深约130厘米。直壁，平底，壁面及底面未见明显加工痕迹。坑内

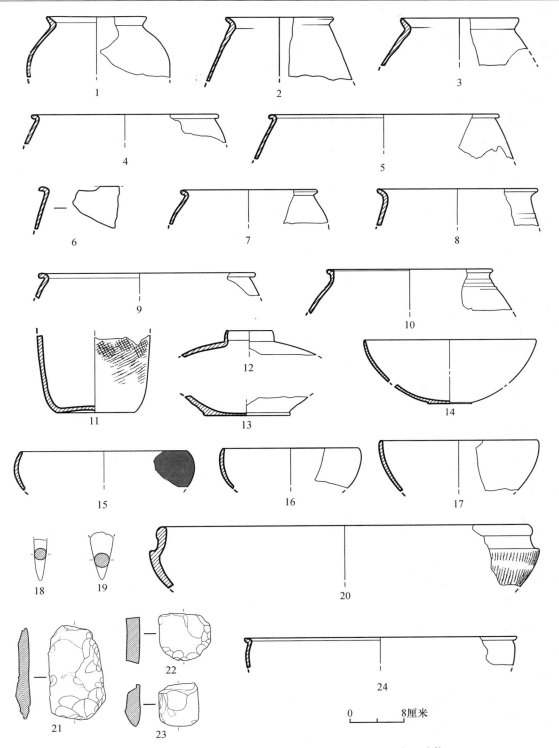

图一三八　H97、H104、H59、H77、H34、H41、H51出土遗物

1~10.陶罐（H97：1、H59：1、H59：2、H34：1、H104：2、H77：1、H51：2、H51：1、H41：1、H41：2）

11.陶筒形罐（H51：7）　12.陶小口罐（H104：1）　13.陶器底（H104：4）　14~17.陶钵（H104：5、H51：5、H51：4、

H51：3）　18、19.陶鼎足（H77：2、H51：8）　20、24.陶盆（H51：6、H104：3）　21、23.石斧（H51：9、H51：10）

22.石器断块（H51：11）

填土为黄褐色粉沙土，夹杂少量红烧土颗粒及草木灰，结构疏松。仅出土4块陶片，其中2块为夹砂灰陶，余2块分别为泥质红、灰陶；纹饰皆为素面；可辨器形有鼎、钵等。采集陶器标本2件（图一四〇）。

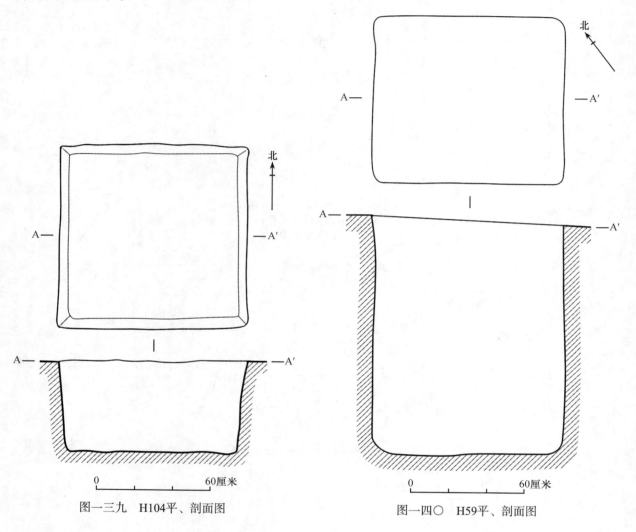

图一三九　H104平、剖面图　　　　　　　　图一四〇　H59平、剖面图

陶罐　2件。均肩部以下残。夹砂红陶。侈口，仰折沿，圆唇，束颈，斜肩。素面。H59：1，复原口径16、残高9.8厘米（图一三八，2）。H59：2，复原口径17.6、残高7.2厘米（图一三八，3）。

H77　位于ⅠTN07E02东部。开口于第3层下，距地表深约35厘米，打破第5层和生土。平面近圆角长方形，长约100、宽约80、深约25厘米。斜直壁，平底，壁面及底面未见明显加工痕迹。坑内填土为灰褐色黏土，夹杂少量红烧土颗粒及石块，结构较致密。出土零碎陶片，以泥质红陶占绝大多数，约66.68%；纹饰皆为素面；可辨器形有罐、钵、鼎足等。仅采集陶器标本2件（图一四一）。

陶罐　1件。H77：1，残存少量腹片，未能恢复原貌。夹砂灰陶。侈口，圆唇，溜肩。素面。残高6.4厘米（图一三八，6）。

陶鼎足　1件。H77：2，夹砂红褐陶。锥状实足，足尖略外撇。素面。残高6.4厘米（图一三八，18）。

H34　位于ⅠTN06E01中部。开口于第2层下，距地表深约35厘米，打破第5层和生土。平面近圆角长方形，长约85、宽约65、深32～36厘米。直壁，底部略呈西高东低，壁面及底面未见明显加工痕迹。坑内填土为灰黑色黏土，夹杂零星红烧土颗粒及少量草木灰、石块等，结构较致密。出土极零碎夹砂陶片，纹饰皆为素面，可辨器形仅罐。采集陶器标本1件（图一四二）。

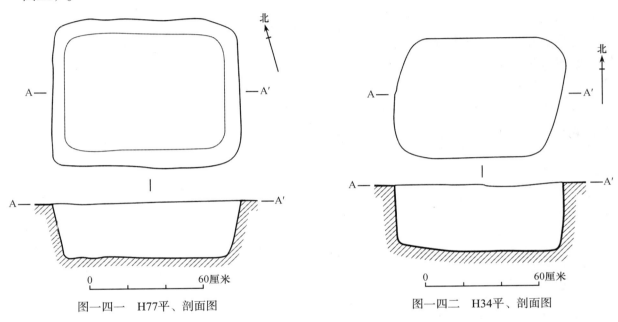

图一四一　H77平、剖面图　　　　　　图一四二　H34平、剖面图

陶罐　1件。H34：1，肩部以下均残。夹砂灰陶。敛口，卷沿，圆唇，斜肩。素面。复原口径28、残高4.4厘米（图一三八，4）。

H41　位于ⅠTN06E04东南部。开口于第2层下，距地表深约35厘米，打破G2，第3、4层和生土。平面近圆角长方形，东、南伸入探方壁内呈直边；长约470、宽约120、深约70厘米。斜弧壁，底部略呈西高东低，壁面及底面未见明显加工痕迹。坑内填土为灰褐色黏土，夹杂少量红烧土颗粒及石块等，结构较疏松。出土少量陶片，以泥质红陶占绝大多数，约70%；纹饰多为素面，少量弦纹等；可辨器形有罐、钵等。采集陶器标本2件（图一四三）。

陶罐　2件。H41：1，肩部以下均残。夹砂红陶。敛口，卷沿，圆唇，斜肩。器表黑衣现已大部脱落。复原口径32.4、残高3.6厘米（图一三八，9）。H41：2，肩部以下均残。夹砂橙黄陶。直口，平沿、沿面有较深凹槽，圆唇，矮直领略弧，斜弧肩。肩上饰二道浅凹弦纹。复原口径24.8、残高6.6厘米（图一三八，10）。

H51　位于ⅠTN07E01西南部。开口于第2层下，距地表深30～35厘米，打破G2，第3、4层和生土。平面近弧边长方形，东、南呈直边；长约163、宽约126、深约30厘米。斜弧壁，底部略呈东高西低，壁面及底面未见明显加工痕迹。坑内填土为灰黑色夹灰黄色花土，夹杂大量红烧土颗粒、草木灰及石块等，结构疏松。出土少量陶片，以泥质红、橙黄和夹砂红、灰陶居多，均占18.75%；纹饰多为素面，少量弦纹、划纹等；可辨器形有罐、钵、盆等。采集石器标本3件，陶器标本8件（图一四四）。

　　石斧　2件。H51：9，细砂岩。利用石片打制修整，背面保留少量石皮。圆肩，直腰，凸斜尖刃。长14.6、宽8.4、厚2.2厘米（图一三八，21）。H51：10，粉砂岩。通体磨光，左侧保留疤坎。顶、肩残失，直腰，双面凸弧刃。残长6.5、宽5.8、厚2.2厘米，重130克（图一三八，23）。

　　石器残块　1件。H51：11，细砂岩。利用扁平河砾打制修整。周边加工成刃，疑为盘状器半成品。长7.2、宽7.6、厚2厘米，重164克（图一三八，22）。

　　陶罐　2件。均肩部以下残，夹砂灰陶。H51：1，敞口，卷沿，圆唇，束颈，溜肩。肩上饰二道凹弦纹。复原口径24、残高5.6厘米（图一三八，8）。H51：2，侈口，卷沿，圆唇，弧肩。素面。复原口径20.4、残高5.2厘米（图一三八，7）。

　　陶筒形罐　1件。H51：7，口部残。夹砂红褐陶，灰胎。斜直腹较深，平底略凹，上腹部饰交错划纹。底径12、残高12厘米（图一三八，11）。

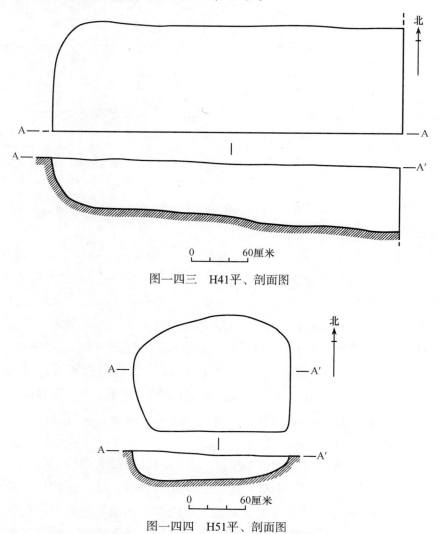

图一四三　H41平、剖面图

图一四四　H51平、剖面图

陶钵　3件。均底部残。素面。H51：3，夹砂灰陶。直口微侈，圆唇，弧腹。复原口径23.6、残高7.6厘米（图一三八，17）。H51：4，泥质红陶。直口微敛，尖圆唇，弧腹。复原口径20.4、残高6.2厘米（图一三八，16）。H51：5，泥质橙黄陶，灰胎。敛口，尖圆唇，弧曲腹。复原口径24.4、残高6厘米（图一三八，15）。

陶盆　1件。H51：6，下腹及底部残。夹砂红陶。直口，厚圆唇，宽束颈，弧腹。腹部竖行细绳纹。复原口径56、残高9.4厘米（图一三八，20）。

陶鼎足　1件。H51：8，夹砂红陶。足体较矮胖，锥状实足。素面。残高7.4厘米（图一三八，19）。

H52　位于ⅠTN06E04东南部。开口于第2层下，距地表深约80厘米，打破生土，并被H25打破。平面呈圆角长方形，长约130、宽约110、深约110厘米。直壁，平底，壁面及底面未见明显加工痕迹。坑内填土为黄褐色黏土，夹杂少量红烧土颗粒、草木灰及石块等，结构疏松。出土极少量陶片，以夹砂黑陶为主，占33.34%，泥质红陶次之，占22.22%；纹饰多为素面，有零星彩陶；可辨器形有罐、钵、壶等。采集陶器标本4件（图一四五）。

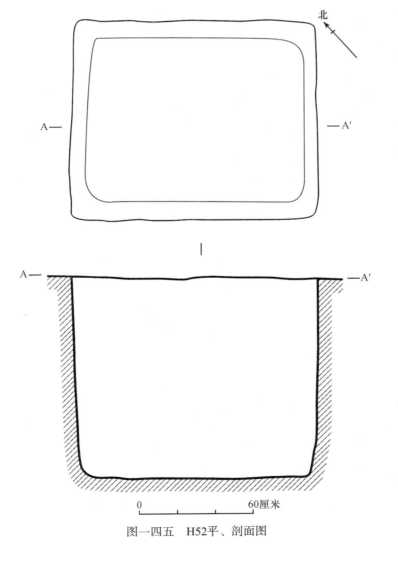

0　　　　　　　　60厘米

图一四五　H52平、剖面图

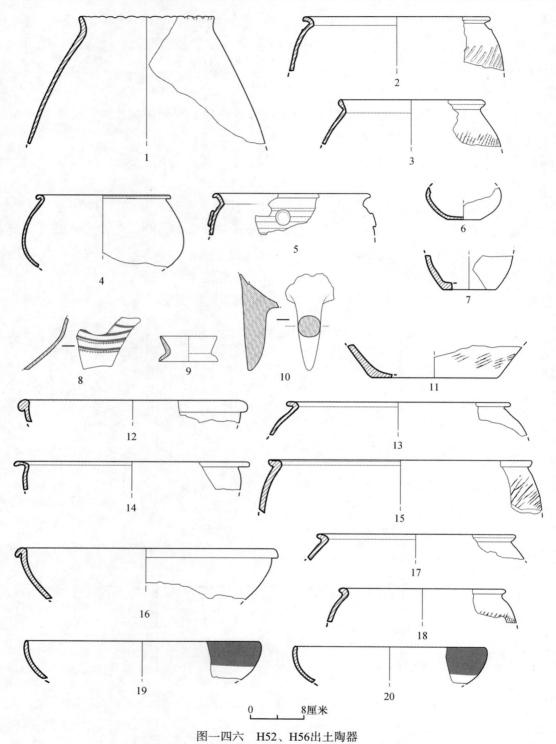

图一四六　H52、H56出土陶器

1~5.罐（H52：1、H56：5、H56：4、H56：6、H56：7）　6.壶（H52：2）　7、11.器底（H56：15、H56：14）

8.彩陶片（H52：4）　9.器座（H56：16）　10.鼎足（H52：3）　12、14、16.盆（H56：2、H56：13、H56：12）

13、15、17、18.瓮（H56：1、H56：3、H56：9、H56：8）　19、20.红顶钵（H56：11、H56：10）

陶罐 1件。H52：1，下腹及底部残。夹蚌灰陶。侈口，圆唇，斜肩，鼓腹。素面。复原口径20.4、残高20厘米（图一四六，1）。

陶壶 1件。H52：2，残存腹、底部。泥质灰陶。鼓腹，平底。素面。底径5.2、残高5厘米（图一四六，6）。

陶鼎足 1件。H52：3，夹砂红褐陶。足体较粗壮，锥状实足，足尖略外撇。素面。残高15.3厘米（图一四六，10）。

彩陶片 1件。H52：4，上下皆残腹片。泥质灰陶。上饰四道姜黄色彩绘宽带纹，后两道下还饰长线段纹。残宽9.6、残高8.4厘米（图一四六，8）。

H56 位于ⅠTN07E03南部。开口于第2层下，距地表深约30厘米，打破第5层和生土。平面近弧边长方形，长约340、宽约132、深约40厘米。弧壁，圜底，壁面及底面未见明显加工痕迹。坑内填土为灰黑色黏土，夹杂少量红烧土颗粒，结构疏松。出土陶片较多，以夹砂红陶为主，占18.3%，夹砂红褐陶次之，占14.08%；纹饰多为素面，少量绳纹、划纹、弦纹等；可辨器形有罐、钵、盆、瓮、器座等。采集陶器标本16件（图一四七）。

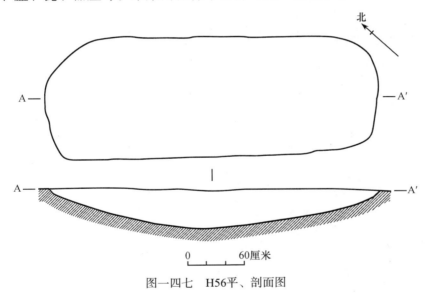

图一四七 H56平、剖面图

陶罐 4件。H56：4，肩部以下均残。夹砂红褐陶。侈口，仰折沿，圆唇，斜肩。肩上斜行细绳纹。复原口径22.4、残高7.2厘米（图一四六，3）。H56：5，肩部以下均残。夹砂红褐陶。侈口，卷沿，方唇，溜肩。口下饰一道凸棱，肩上饰较规整斜划纹。复原口径28.4、残高8.4厘米（图一四六，2）。H56：6，底部残。夹砂黑陶。敛口，卷沿，圆唇，扁鼓腹。素面磨光成黑皮。复原口径20.4、残高11.4厘米（图一四六，4）。H56：7，肩部以下均残。夹砂灰陶。侈口，仰折沿，方唇，弧肩。肩部贴塑按窝小圆饼且饰数道凹弦纹。复原口径24、残高6.4厘米（图一四六，5）。

陶红顶钵 2件。均底部残。泥质灰陶、红顶。弧腹。素面。H56：10，直口微敛，圆唇。复原口径28.8、残高5.6厘米（图一四六，20）。H56：11，直口，尖圆唇。复原口径35.6、残高6厘米（图一四六，19）。

　　陶盆　3件。均下腹及底部残。H56：2，夹砂红陶。直口微敛，厚圆唇，弧腹。素面。复原口径34.8、残高3.6厘米（图一四六，12）。H56：12，夹砂红陶。直口微敛，卷沿外垂，圆唇，弧腹。素面。复原口径40、残高8厘米（图一四六，16）。H56：13，泥质红陶。敛口，宽沿，圆唇，上腹较直。素面。复原口径35.6、残高4.8厘米（图一四六，14）。

　　陶瓮　4件。均肩部以下残。H56：1，夹砂红褐陶。敛口，平沿，圆唇，鼓肩。素面。复原口径34、残高5.3厘米（图一四六，13）。H56：3，夹砂红褐陶。敛口，平沿、沿面微凹，弧肩。肩上饰不规整斜划纹。复原口径40、残高8.4厘米（图一四六，15）。H56：8，夹砂红褐陶。微侈口，圆唇，弧肩。肩上斜行细绳纹。复原口径25.2、残高5.2厘米（图一四六，18）。H56：9，夹砂灰陶。侈口，圆唇，斜肩。素面。复原口径30、残高3.6厘米（图一四六，17）。

　　陶器座　1件。H56：16，泥质橙黄陶。上下缘均外侈，束腰偏下。素面。口径8.6、底径9、高4厘米（图一四六，9）。

　　陶器底　2件。均残存下腹及底部。H56：14，夹砂红褐陶。下腹斜收，平底。腹上饰不规整斜划纹。底径19.2、残高5.2厘米（图一四六，11）。H56：15，泥质灰陶。下腹弧收，平底。素面。复底径8、残高5.2厘米（图一四六，7）。

　　H67　位于ⅠTN07E03东部。开口于第2层下，距地表深约25厘米，打破第5层和生土，并被H57打破。平面近圆角长方形，残长约70、宽约34、深约50厘米。直壁，平底，壁面及底面未见明显加工痕迹。坑内填土为灰黑色黏土，夹杂少量红烧土颗粒，结构疏松。出土极少量陶片，以夹砂陶为主，占60%，泥质陶次之，占40%；陶色以红陶为主，占40%，红褐、黑、灰陶各占20%；纹饰皆为素面；可辨器形有罐、钵、鼎足等。采集石器和陶器标本各2件（图一四八）。

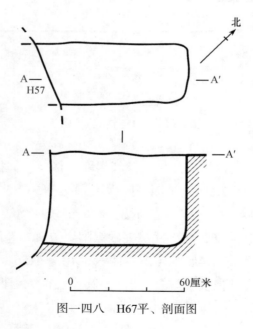

图一四八　H67平、剖面图

　　石斧　1件。H67：3，辉长岩。通体凿制修整，仅对刃部磨制。圆顶，斜直腰微束，双面凸弧刃。长11.4、宽8、厚2.1厘米，重329克（图一四九，19；图版二一，6）。

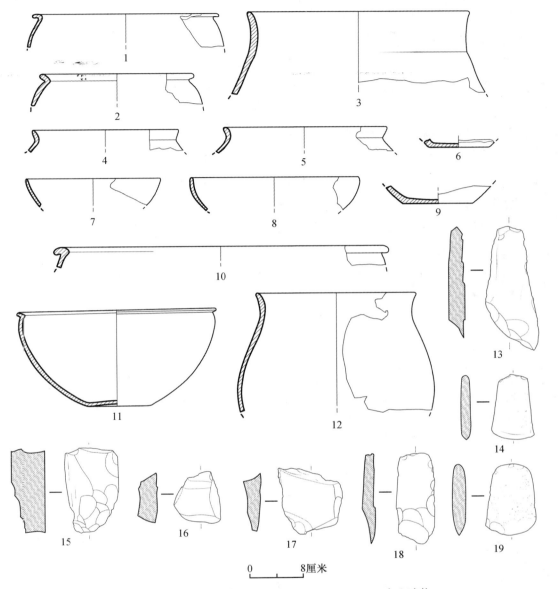

图一四九　H67、H85、H91、H125、H151、H153出土遗物

1～5.陶罐（H85：1、H91：1、H153：1、H67：1、H151：1）　6、9.陶器底（H151：3、H85：2）　7、8.陶钵（H67：2、
H151：2）　10、11.陶盆（H151：5、H91：2）　12.陶鼎（H153：2）　13、14.石铲（H125：1、H67：4）
15.石尖状器（H151：6）　16、17.石器断块（H151：4、H151：8）　18.石刀（H151：7）　19.石斧（H67：3）

石铲　1件。H67：4，辉长岩。通体凿磨。顶、肩部略残。整体呈扇形，两腰曲弧，双面凸弧刃。残长10.6、宽6.4、厚1.5厘米，重289克（图一四九，14）。

陶罐　1件。H67：1，下腹及底部残。夹砂红褐陶。侈口，尖圆唇，束颈。素面。复原口径22.4、残高3.2厘米（图一四九，4）。

陶钵　1件。H67：2，下腹及底部残。泥质黑陶。敞口，尖圆唇，弧腹。素面。复原口径20.8、残高4.4厘米（图一四九，7）。

H85　位于ⅠTN08E03西南部。开口于第2层下，距地表深约25厘米，打破生土。平面近圆角长方形，长约92、宽约66、深约60厘米。斜直壁，平底，壁面及底面未见明显加工痕迹。坑内填土为灰黑色黏土，夹杂较多小石块，结构疏松。出土极少量陶片，以泥质红陶为主，占42.88%；纹饰皆为素面；可辨器形有罐、钵、盆、鼎足等。仅采集标本2件（图一五〇）。

陶罐　1件。H85∶1，下腹及底部残。泥质红陶。敛口，卷沿、沿面略弧，圆唇，溜肩。素面。复原口径28.4、残高5.2厘米（图一四九，1）。

陶器底　1件。H85∶2，仅存底部。泥质红陶。平底。素面。底径10.8、残高2.8厘米（图一四九，9）。

H91　位于ⅠTN08E02西南部，部分伸进探方西壁内。开口于第2层下，距地表深约25厘米，打破第5层和生土。平面近圆角长方形，残长约70、宽约70、深约15厘米。直壁，平底，壁面及底面未见明显加工痕迹。坑内填土为灰褐色黏土，夹杂少量红烧土颗粒及石块，结构较致密。出土极少量陶片，以泥质陶为主，占57.14%；陶色以灰陶为主，占42.86%；纹饰多为素面，有少量绳纹；可辨器形有罐、盆等。采集陶器标本2件（图一五一）。

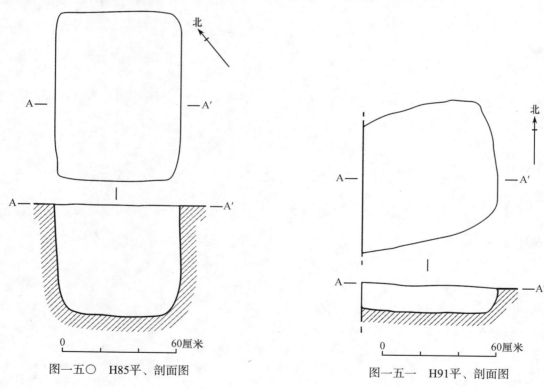

图一五〇　H85平、剖面图　　　　　图一五一　H91平、剖面图

陶罐　1件。H91∶1，下腹及底部残。夹砂黑陶。侈口，仰折沿，圆唇，弧肩。素面。复原口径23.6、残高4.8厘米（图一四九，2）。

陶盆　1件。H91∶2，口以下均残。夹砂灰陶。敛口，沿微弧外翻、内缘微突，圆唇。素面。复原口径51.2、残高3.2厘米（图一四九，11）。

H125　位于ⅡTN05W03东北部。开口于第2层下，距地表深约30厘米，打破生土，东北角被一扰坑打破。平面近圆角长方形，中部略宽，两端显窄，长约250、宽60～95、深48～50厘米。直壁，平底，壁面及底面加工规整，但未见明显加工痕迹。坑内填土为灰褐色黏土，夹杂少量红烧土颗粒及炭粒，结构较致密。出土极少量陶片，以泥质红陶为主，泥质灰陶次之；纹饰多为素面；可辨器形有罐、钵等。仅采集石器标本1件（图一五二）。

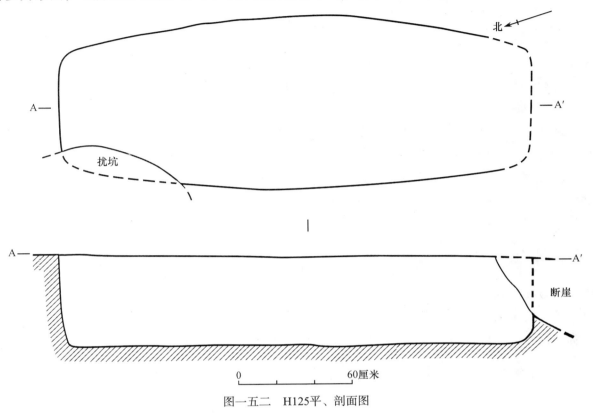

图一五二　H125平、剖面图

石铲　1件。H125：1，闪长岩。利用长条石块打制呈扇形，保留二面石皮。左下腰及刃部残失，弧顶，斜直腰。长18.6、宽7.3、厚3.6厘米，重431克（图一四九，13）。

H151　位于ⅠTN03E01中西部。开口于第2层下，距地表深约30厘米，打破生土。平面呈长方形，长约85、宽约70、深约40厘米。直壁，平底，壁面及底面加工规整，但未见明显加工痕迹。坑内填土为灰褐色黏土，夹杂少量红烧土颗粒、炭粒及较多卵石，结构较疏松。出土少量陶片，以泥质红陶为主，占40%，夹砂红褐陶及夹蚌灰陶次之，均占20%；纹饰皆为素面；可辨器形有罐、钵、盆等。采集石器和陶器标本各4件（图一五三；图版九，2）。

石刀　1件。H151：7，中粗砂岩。利用偏长河砾打制，保留部分石皮。方平肩，近直腰，斜尖刃。长14.2、宽5.9、厚2厘米，重202克（图一四九，18）。

石尖状器　1件。H151：6，中粗砂岩，利用

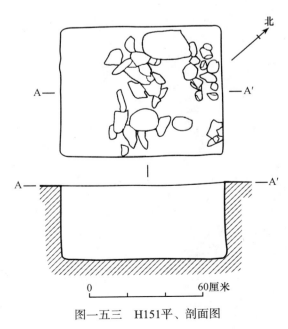

图一五三　H151平、剖面图

原始柱状砾石打制，保留石皮。两端残失，上大下小呈尖状。残长13、宽8、厚5.9厘米，重793克（图一四九，15）。

　　石器断块　2件。H151：4，粗砂岩。打制。两侧保留石皮。平面呈不规则多边形。长8.2、宽7、厚2.8厘米，重167克（图一四九，16）。H151：8，花岗岩。打制。一面保留石皮。平面近梯形。长12.4、宽10.2、厚24厘米，重296克（图一四九，17）。

　　陶罐　1件。H151：1，口以下均残。夹砂红褐陶。侈口，圆唇，束颈。素面。复原口径25、残高4厘米（图一四九，5）。

　　陶钵　1件。H151：2，下腹及底部残。泥质黑陶。直口微侈，圆唇，弧腹。素面。复原口径26、残高5.2厘米（图一四九，8）。

　　陶盆　1件。H151：5，泥质红陶。敛口，窄沿内斜，圆唇，斜弧腹较深，底部略凹。素面。口径31.2、底径10.4、高15.6厘米（图一四九，10）。

　　陶器底　1件。H151：3，泥质红陶，灰胎。仅存底部，平底。素面。底径9.4厘米（图一四九，6）。

　　H153　位于 I TN03E01东北部。开口于第2层下，距地表深约30厘米，打破生土。平面呈圆角长方形，长约145、宽约140、深约60厘米。直壁，平底，壁面及底面未见明显加工痕迹。坑内填土为黄褐色黏土，夹杂少量卵石，结构较致密。出土极少量陶片，以夹砂红褐陶为主，纹饰皆为素面，可辨器形有鼎、罐等。采集陶器标本2件（图一五四）。

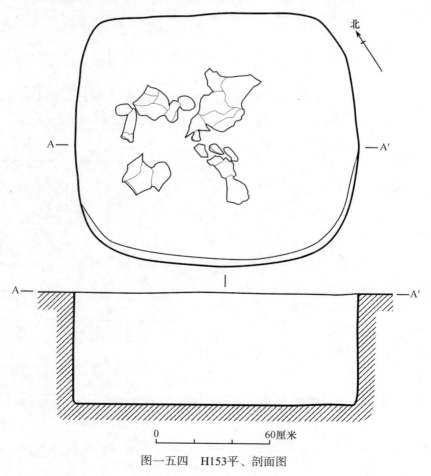

图一五四　H153平、剖面图

陶鼎　1件。H153：2，下腹及底部残。夹砂红褐陶。侈口，圆唇，溜肩，鼓腹略垂。素面。复原口径24.4、残高18厘米（图一四九，12）。

陶罐　1件。H153：1，器形较大，腹部及底残。夹砂红褐陶。侈口，圆唇，微束颈，溜肩。素面。复原口径34、残高13厘米（图一四九，3）。

H163　位于ⅡTN01W01东北部。开口于第2层下，距地表深35～40厘米，打破第5层和生土。平面近长方形，北端略宽于南端，长约120、宽80～90、深10～40厘米。直壁，平底，壁面及底面未见明显加工痕迹。坑内填土为灰黑色黏土，夹杂少量红烧土颗粒、草木灰及小石块，结构较疏松。出土少量陶片，以泥质红陶居多，占38.48%；纹饰皆为素面；可辨器形有鼎、罐、钵等。采集石器标本3件，陶器标本4件（图一五五）。

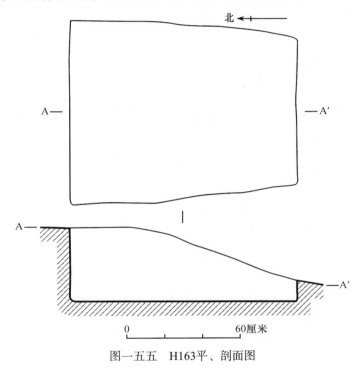

图一五五　H163平、剖面图

石磨盘　1件。H163：7，砂岩。面平微凹，中部密布小麻点状使用痕迹。长31.5、宽30.5、厚7.8厘米（图一五六，1）。

石器断块　2件。细砂岩。扇形石片断块，保留一面石皮。亦可作为石片刀，刃缘薄锋。H163：5，长5.1、宽3.2、厚1.2厘米，重21克（图一五六，4）。H163：6，长8.5、宽6.2、厚1.6厘米，重108克（图一五六，6）。

陶小口罐　1件。H163：1，肩部以下均残。泥质红陶。敛口，方唇，矮领，广肩。素面。复原口径5.8、残高4.8厘米（图一五六，2）。

陶红顶钵　1件。H163：2，下腹及底部残。泥质灰陶、红顶。敞口，圆唇，弧腹。素面。复原口径17.2、残高4.4厘米（图一五六，3）。

陶鼎足　1件。H163：4，残存底足。夹砂红褐陶。截面近圆。素面。残长7、残高2.1厘米（图一五六，5）。

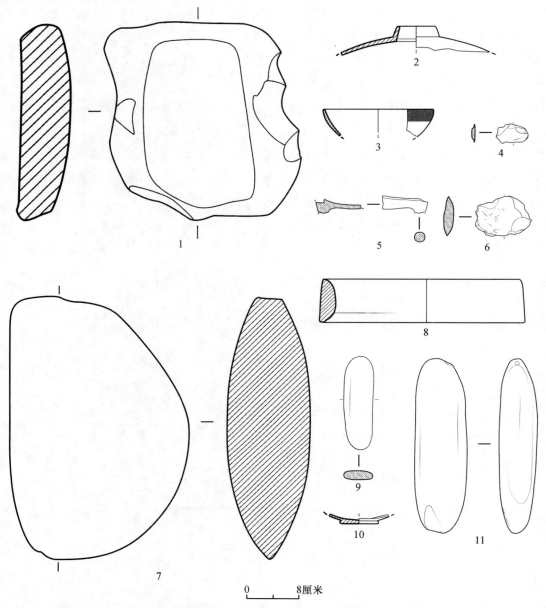

图一五六　H163、H165、H173出土遗物

1. 石磨盘（H163：7）　2. 陶小口罐（H163：1）　3. 陶红顶钵（H163：2）　4、6. 石器断块（H163：5、H163：6）　5. 陶鼎足（H163：4）　7. 石砧（H165：1）　8. 陶器座（H173：1）　9、11. 石杵（H173：2、H173：3）　10. 陶器底（H163：3）

陶器底　1件。H163：3，残存底部。泥质灰陶。低假圈足。素面。底径6厘米（图一五六，10）。

H165　位于ⅡTN01W01中西部。开口于第2层下，距地表深30～50厘米，打破第5层和生土。平面近长方形，四边不甚规整，长90～100、宽60～80、深18～25厘米。直壁，平底，壁面及底面未见明显加工痕迹。坑内填土为黄色细沙土，夹杂少量红烧土颗粒及小石块，结构较疏松，出土极少量碎陶片。仅采集石器标本1件（图一五七）。

石砧　1件。H165：1，砂岩。平面近三角形，直接在原始砾面上使用，背面留下较多的疤痕。长45、宽28.8、厚12.8厘米，重22230克（图一五六，7）。

H173 位于ⅡTN01W03东北部。开口于第2层下，距地表深30～60厘米，打破第5层和生土，并被M85打破。平面近长方形，四边不甚规整，残长约106、宽54～62、深32～34厘米。斜直壁，平底，壁面及底面未见明显加工痕迹。坑内填土为灰黑色黏土，夹杂少量红烧土颗粒、草木灰及小石块，结构较疏松，出土少量陶片，以泥质红陶占绝大多数，约46.17%；纹饰皆为素面；可辨器形有罐、钵、器座等。采集石器标本2件，陶器标本1件（图一五八）。

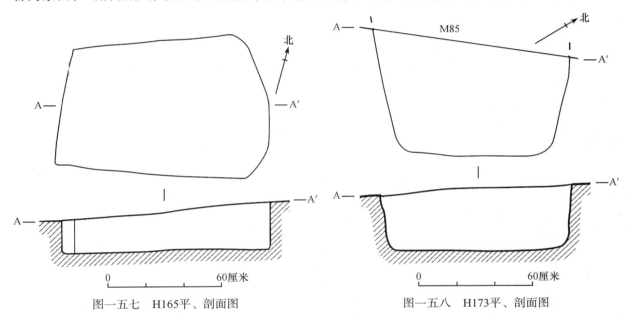

图一五七 H165平、剖面图　　　　图一五八 H173平、剖面图

石杵 2件。均利用原始棒形砺石，两端使用留有凿打疤痕。H173：2，砂岩。长15.8、宽4.9、厚1.9厘米，重231克（图一五六，9）。H173：3，中粗砂岩。长28.4、宽7.8、厚5.7厘米，重2078克（图一五六，11）。

陶器座 1件。H173：1，泥质灰陶。上口微敛、下口微侈，矮斜直腰。素面。口径15.4、底径16、高15厘米（图一五六，8）。

H178 位于ⅡTN01W02东北角。开口于第2层下，距地表深约50厘米，打破第5层和生土。平面呈圆角长方形，长约82、宽约66、深约24厘米。直壁，平底，壁面及底面未见明显加工痕迹。坑内填土为灰黑色黏土，夹杂少量红烧土颗粒、炭粒及大量卵石，结构较致密，出土较多陶片，以泥质红陶为主，夹砂红陶次之；纹饰皆为素面；可辨器形有鼎、罐、红顶钵等。采集石器标本2件，陶器标本4件（图一五九；图版九，4）。

石刀 1件。H178：5，砂岩。零台面石片，一面保留石皮。扇形，刃缘凸弧，刃宽大于高。高

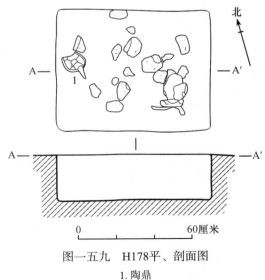

图一五九 H178平、剖面图
1. 陶鼎

7.1、宽7.8、厚2.1厘米，重128克（图一六〇，26）。

石盘状器　1件。H178：4，粗砂岩。利用扁平河砾单向连续打片，形成盘状器，两面留石皮，刃缘较锋利。长11.3、宽6.5、厚2.8厘米，重324克（图一六〇，22）。

陶鼎　1件。H178：6，夹砂红陶。整体器形较小。侈口，圆唇，束颈，弧腹微鼓，圜底，锥状实足。素面。口径9.6、腹径10.8、高13厘米（图一六〇，14）。

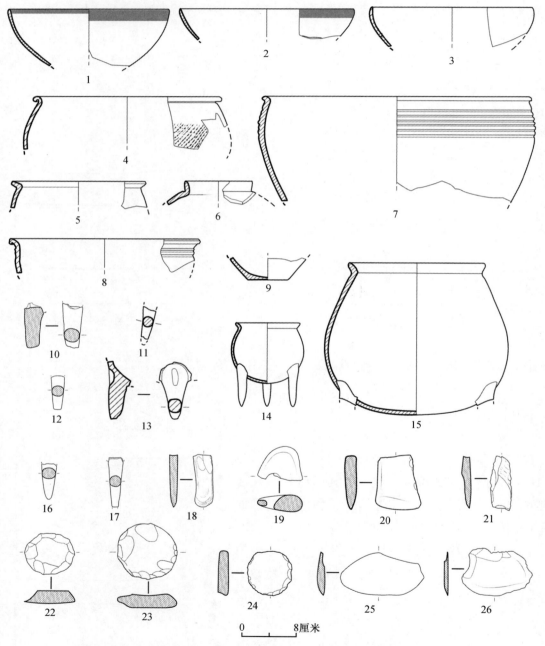

图一六〇　H178、H183、H184、H188、H197、H199、H209、H99出土遗物

1、2. 陶红顶钵（H178：3、H199：1）　3. 陶钵（H197：3）　4~7. 陶罐（H197：1、H184：1、H178：1、H188：1）

8. 陶盆（H197：2）　9. 陶器底（H178：2）　10~13、16、17. 陶鼎足（H188：2、H199：2、H188：3、H197：4、H99：1、H99：2）　14、15. 陶鼎（H178：6、H209：2）　18. 石凿（H99：3）　19. 石网坠（H183：1）　20. 石斧（H209：1）

21. 石器断块（H183：2）　22~24. 石盘状器（H178：4、H184：2、H197：5）　25、26. 石刀（H184：3、H178：5）

陶罐　1件。H178∶1，肩部以下均残。泥质红陶。微侈口，圆唇，矮斜领，圆肩。素面。复原口径10、残高3.2厘米（图一六〇，6）。

陶红顶钵　1件。H178∶3，底部残。泥质灰陶、红顶。敞口，尖圆唇，弧腹下收。素面。复原口径24、残高8.6厘米（图一六〇，1）。

陶器底　1件。H178∶2，口及上腹部残。泥质红陶。下腹斜收，平底。素面。底径6、残高3.2厘米（图一六〇，9）。

H183　位于ⅡTN02W03西北部。开口于第2层下，距地表深约30厘米，打破生土。平面呈圆角长方形，长约70、宽约55、深约20厘米。直壁，平底，壁面及底面加工规整，但未见明显工具痕迹。坑内填土为灰褐色黏土，夹杂少量红烧土颗粒及炭粒，结构较致密，仅出土2块泥质灰陶片。采集石器标本2件（图一六一）。

石网坠　1件。H183∶1，残半。细砂岩。原为带孔砾石，表面较光滑，中孔系缚作网坠用。残长5、宽6.6、厚1～2.6厘米，重120克（图一六〇，19）。

石器断块　1件。H183∶2，细砂岩。打制石器残片，两侧加工，保留一面石皮，推测后期依一侧薄刃使用。残长7.8、宽3.1、厚1.4厘米，重39克（图一六〇，21）。

H184　位于ⅡTN02W03南部。开口于第2层下，距地表深约20厘米，打破生土。平面呈圆角长方形，长约80、宽约75、深约10厘米。直壁，平底，壁面及底面未见明显加工痕迹。坑内填土为灰黑色黏土，包含较多草木灰及炭粒，并夹杂少量红烧土颗粒，结构较疏松。出土极少量破碎陶片，多为泥质红、灰陶，纹饰皆为素面。采集石器标本2件，陶器标本1件（图一六二）。

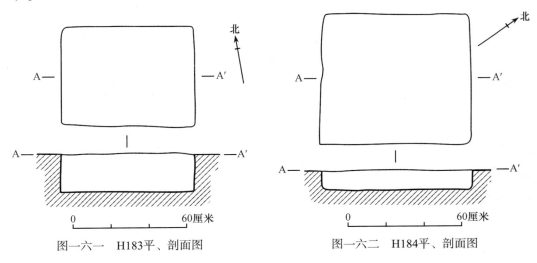

图一六一　H183平、剖面图　　　　　　图一六二　H184平、剖面图

石刀　1件。H184∶3，石英砂岩。零台面石片，一面保留石皮。顶部略残，刃长且锋利。残长12.6、宽6.4、厚0.4～1厘米，重117克（图一六〇，25）。

石盘状器　1件。H184∶2，石英砂岩。利用扁平砾石加工呈圆形，保留正面大部分及背面少许石皮。单向打片疤痕连续，刃缘一周。直径8.8、厚1～2.2厘米，重212克（图一六〇，23）。

陶罐　1件。H184∶1，肩部以下均残。泥质红陶，灰胎。敞口，仰折沿，圆唇，溜肩。素面。复原口径20、残高4厘米（图一六〇，5）。

H188　位于ⅡTN02W03西北部。开口于第2层下，距地表深约20厘米，打破生土。平面呈圆角长方形，长约55、宽约45、深约25厘米。直壁，平底，壁面及底面加工规整，但未见明显工具痕迹。坑内填土为黑灰色黏土，包含较多草木灰及炭粒，并夹杂少量红烧土颗粒，结构较疏松。出土极少量破碎陶片，多为泥质红陶，少量夹砂红褐、灰褐陶；纹饰多为素面，少量弦纹；可辨器形有罐、鼎足等。采集陶器标本3件（图一六三）。

陶罐　1件。H188：1，底部残。夹砂灰褐陶，胎较厚。敛口，外翻沿，圆唇，弧腹微鼓下内收。上腹饰七道凹弦纹。复原口径40、残高16厘米（图一六〇，7）。

陶鼎足　2件。夹砂红褐陶。柱状实足，截面近圆。素面。H188：2，足尖残。残高7厘米（图一六〇，10）。H188：3，平跟足。残高5.2厘米（图一六〇，12）。

H197　位于ⅠTN04E02西南角。开口于第2层下，距地表深30～40厘米，打破第5层和生土。平面呈圆角长方形，长约110、宽约70、深约40厘米。斜直壁，平底，壁面及底面未见明显加工痕迹。坑内填土为黑灰色黏土，夹杂少量红烧土颗粒、草木灰及小石块，结构较致密。出土少量陶片，以泥质红陶为主，夹砂褐陶次之；纹饰多为素面，少量绳纹、弦纹等；可辨器形有罐、钵、盆、鼎足等。采集石器标本1件，陶器标本4件（图一六四）。

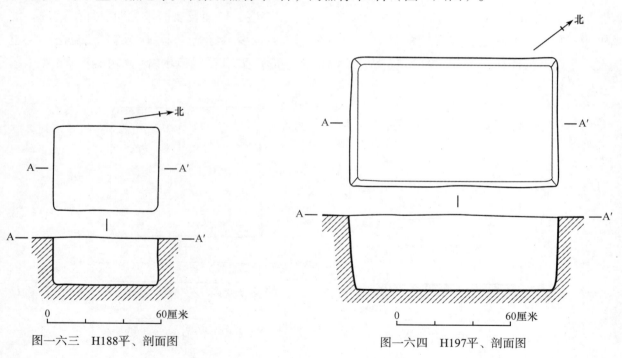

图一六三　H188平、剖面图　　　　　　　　　图一六四　H197平、剖面图

石盘状器　1件。H197：5，利用扁平河砾单向加工一周，两面保留石皮，刃缘较锋利。直径6.6、厚1.6厘米（图一六〇，24）。

陶罐　1件。H197：1，下腹及底部残。夹砂褐陶。侈口，卷沿，圆唇，溜肩，鼓腹。上腹部斜饰绳纹。复原口径28、残高8厘米（图一六〇，4）。

陶钵　1件。H197：3，底部残。泥质灰陶。直口微敛，尖圆唇，弧腹内收。素面。复原口径24、残高6厘米（图一六〇，3）。

陶盆　1件。H197：2，下腹及底部残。泥质红陶。侈口，方唇，弧腹。口下饰二道凹弦纹。复原口径28、残高5.2厘米（图一六〇，8）。

陶鼎足　1件。H197：4，夹砂红陶。锥状实足，足尖近平，截面近圆，足根处饰一按窝。残高8.8厘米（图一六〇，13）。

H199　位于ⅠTN08E07西北部。开口于第2层下，距地表深约30厘米，打破第5层和生土。平面呈圆角长方形，长约85、宽约80、深约85厘米。直壁，平底，壁面及底面未见明显加工痕迹。坑内填土上部为黑灰色、下部为黄褐色黏土，结构较致密。出土少量陶片，以泥质黑、灰陶占绝大多数，约66.66%；纹饰皆为素面；可辨器形有红顶钵、鼎足等。另坑内出土较多石块，其中在坑的西北角中部镶嵌有一大石块，功能不明。采集陶器标本2件（图一六五）。

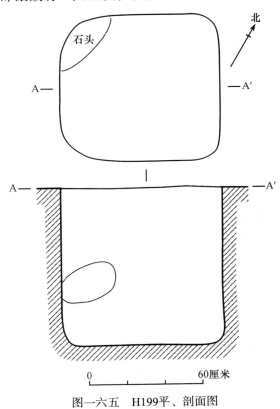

图一六五　H199平、剖面图

陶红顶钵　1件。H199：1，下腹及底部残。泥质灰陶、红顶。敞口，尖圆唇，弧腹内收。素面。复原口径26、残高4.7厘米（图一六〇，2）。

陶鼎足　1件。H199：2，上部及足尖残。夹砂红陶。柱状实心，截面近圆。素面。残高5厘米（图一六〇，11）。

H209　位于ⅠTN09E08东南部。开口于第2层下，距地表深约32厘米，打破第5层和生土。平面呈圆角长方形，长约130、宽约120、深约74厘米。直壁，平底，壁面及底面未见明显加工痕迹。坑内填土为灰黑色黏土，夹杂较多红烧土颗粒，结构较疏松。出土少量陶片，以泥质红陶为主，泥质黑陶次之；纹饰皆为素面；可辨器形有钵、鼎、罐、碗等。另坑内出土较多石块，大部分为未经加工圆卵石，少量有人为加工痕迹。采集石器和陶器标本各1件（图一六六）。

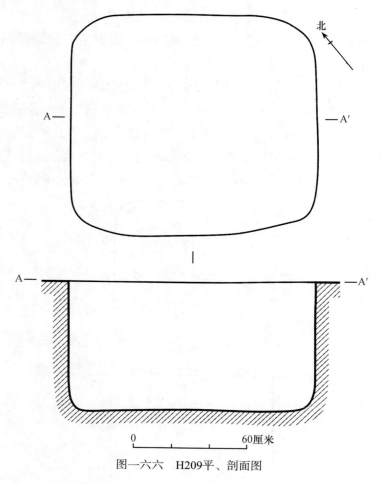

图一六六　H209平、剖面图

石斧　1件。H209：1，细砂岩。通体磨光，保留修整疤坎。肩部残失，腰微束，双面斜凸弧刃。残长8.5、宽5.2~6.8、厚2厘米（图一六〇，20）。

陶鼎　1件。H209：2，三足残。夹砂红陶。侈口，窄仰折沿，圆唇，束颈，鼓腹略垂，圜底。素面。复原口径20.6、腹径27.4、残高23.4厘米（图一六〇，15）。

H99　位于ⅠTN09E06西部。开口于第1层下，距地表深约20厘米，打破生土。平面呈长方形，长约103、宽约90、深约80厘米。直壁，平底，壁面及底面未见明显加工痕迹。坑内填土为灰褐色黏土，夹杂较多红烧土颗粒及炭粒，结构较疏松。出土极少量陶片，以泥质红陶为主；纹饰皆为素面；可辨器形有鼎、钵等。采集石器标本1件，陶器标本2件（图一六七）。

石凿　1件。H99：3，泥条粉砂岩。利用偏平条状砾石，刃部稍磨。肩、顶残失，单面凸弧刃。长7.8、宽2.7、厚1.2厘米，重48克（图一六〇，18）。

陶鼎足　2件。夹砂红陶。锥状实心足，截面近圆。素面。H99：1，残高5.4厘米（图一六〇，16）。H99：2，足尖残。残高5.4厘米（图一六〇，17）。

H144　位于ⅠTN03E01西南部。开口于第1层下，距地表深30~40厘米，打破生土。平面呈圆角长方形，长约80、宽约70、深15～35厘米。直壁，平底，壁面及底面加工较规整，但未见明显工具痕迹。坑内填土为灰黑色黏土，夹杂较多红烧土颗粒、炭粒及石块，结构疏松。出土极少量陶片，以泥质红陶为主；纹饰皆为素面；可辨器形有缸等。此外坑底北侧铺有一层鹅卵石。采集石器和陶器标本各2件（图一六八；图版九，1）。

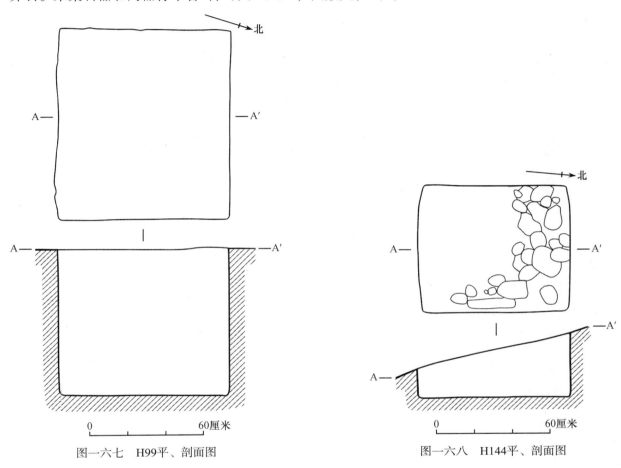

图一六七　H99平、剖面图　　　　　　　　　图一六八　H144平、剖面图

石刀　1件。H144：4，细砂岩。背面保留石皮，刃缘疤痕连续剥落。凸顶，圆肩，弧长刃。长12.1、宽10.3、厚4.5厘米，重586克（图一六九，27）。

石器断块　1件。H144：3，石英片岩，可塑性较差。石片二面为自然剥裂面，保留部分石皮，未见加工痕迹，不辨器形。长8.1、宽6.5、厚2.3厘米，重149克（图一六九，4）。

陶缸　1件。H144：1，口以下均残。夹砂红陶。直口微敛，方唇。腹部饰几道凹弦纹。复原口径50、残高5厘米（图一六九，16）。

陶器底　1件。H144：2，口及上腹部残。泥质黑陶，灰胎。下腹斜弧内收，平底。素面。底径6.4、残高4厘米（图一六九，17）。

H146　位于ⅠTN03E01西北部。开口于第1层下，距地表深约45厘米，打破生土。平面呈圆角长方形，长约120、宽90～100、深约40厘米。斜壁，平底，壁面及底面加工较规整，但未见明显工具痕迹。坑内填土分为2层：上层为黑色黏土，结构疏松，厚约20厘米；下层为灰褐色黏土，夹杂少量红烧土颗粒及炭粒，结构较致密，厚约20厘米。出土极少量陶片，以泥质红

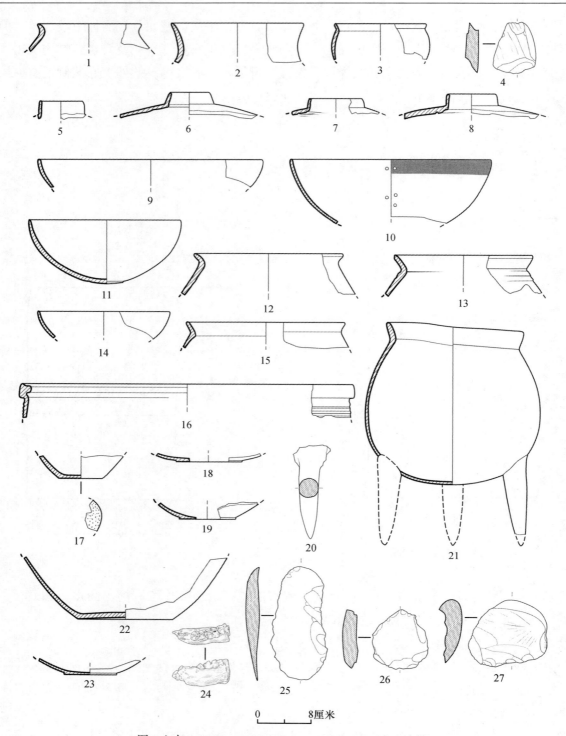

0 ———— 8厘米

图一六九　H144、H146、H147、H138、H162出土遗物

1~3.陶罐（H147：4、H162：2、H162：4）　4.石器断块（H144：3）　5~8.陶小口罐（H138：4、H162：8、
H147：3、H147：2）　9、11、14.陶钵（H162：5、H147：1、H162：3）　10.陶红顶钵（H162：7）
12、13、15、21.陶鼎（H146：1、H138：1、H138：2、H162：1）　16.陶缸（H144：1）
17~19、22、23.陶器底（H144：2、H146：2、H138：5、H162：9、H162：6）　20.陶鼎足（H138：3）
24.兽牙（H138：6）　25.石铲（H147：5）　26.石盘状器（H146：3）　27.石刀（H144：4）

陶为主；纹饰皆为素面；可辨器形有鼎等。采集石器标本1件，陶器标本2件（图一七〇）。

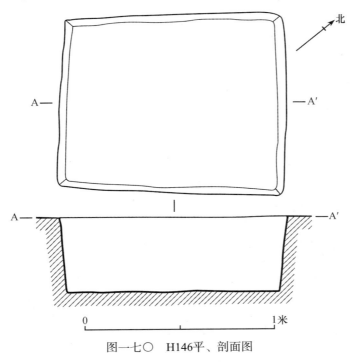

图一七〇　H146平、剖面图

石盘状器　1件。H146：3，闪长岩。一面保留石皮，边缘对应一周加工成刃，利于投掷。直径约8.4、厚约2.2厘米（图一六九，26）。

陶鼎　1件。H146：1，肩部以下均残。夹砂红褐陶。敞口，卷沿，圆唇，束颈，斜肩。素面。复原口径22.4、残高6.2厘米（图一六九，12）。

陶器底　1件。H146：2，残存底部。泥质红陶，灰胎。低假圈足。素面。底径10、残高1.4厘米（图一六九，18）。

H147　位于ⅠTN03E01北部。开口于第1层下，距地表深约20厘米，打破生土。平面呈圆角长方形，长约140、宽约120、深约50厘米。直壁，平底，壁面及底面加工较规整，但未见明显工具痕迹。坑内填土分为2层：上层为黑色黏土，包含大量草木灰及炭粒，结构疏松，厚约20厘米；下层为灰褐色黏土，夹杂少量红烧土颗粒及炭粒，结构较致密，厚约30厘米。出土少量陶片，以泥质灰陶为主，占45.46%，夹砂红褐陶次之，占27.28%；纹饰皆为素面；可辨器形有罐、钵等。采集石器标本1件，陶器标本4件（图一七一）。

石铲　1件。H147：5，闪长岩。利用偏平石片稍对应打制，修整成形，一面保留石皮，腰部打击疤重叠。圆顶，弧腰，薄锋凸弧刃。长17.2、宽8.2、厚1.6厘米，重255克（图一六九，25）。

陶罐　1件。H147：4，肩部以下均残。夹砂红褐陶。侈口，卷沿，尖圆唇，束颈，斜肩。素面。复原口径15.6、残高4厘米（图一六九，1）。

陶小口罐　2件。肩部以下均残。泥质橙黄陶，灰胎。直口，方唇，矮领，广肩。素面。H147：2，复原口径7.4、残高3.6厘米（图一六九，8）。H147：3，复原口径8、残高2.4厘米

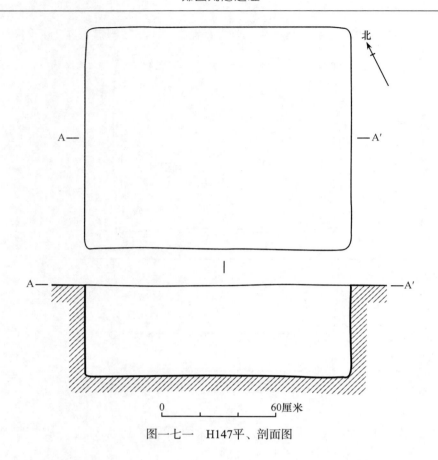

北

图一七一　H147平、剖面图

（图一六九，7）。

陶钵　1件。H147：1，泥质黑陶。敞口，尖圆唇，弧腹，低假圈足。素面。口径23.6、底径4.8、高10厘米（图一六九，11）。

（3）近长方形袋状灰坑

H138　位于ⅠTN05E02东南部。开口于第2层下，距地表深约30厘米，打破生土。平面近圆角长方形，北部弧凸；剖面呈袋状，外斜壁，平底，壁面及底面加工较规整，但未见明显工具痕迹。开口长约90、宽约87厘米；底面长约99、宽约94厘米；深约50厘米。坑内填土分为2层：上层为青灰色黏土，包含零碎兽骨，结构疏松，厚约30厘米；下层为灰黑色黏土，包含较多红烧土颗粒、炭粒及草木灰，结构较致密，厚约20厘米。出土少量陶片，以夹砂红褐陶占绝大多数，约60%；纹饰皆为素面，部分磨光；可辨器形有鼎、罐等。采集陶器标本5件，动物骨骼标本1件（图一七二）。

陶鼎　2件。肩部以下均残。夹砂红褐陶。侈口，仰折沿，束颈，斜肩。素面。H138：1，复原口径20.8、残高6厘米（图一六九，13）。H138：2，复原口径24、残高4厘米（图一六九，15）。

陶鼎足　1件。H138：3，夹砂红褐陶。足体较粗大，锥状实心，足尖外撇。素面。残高15厘米（图一六九，20）。

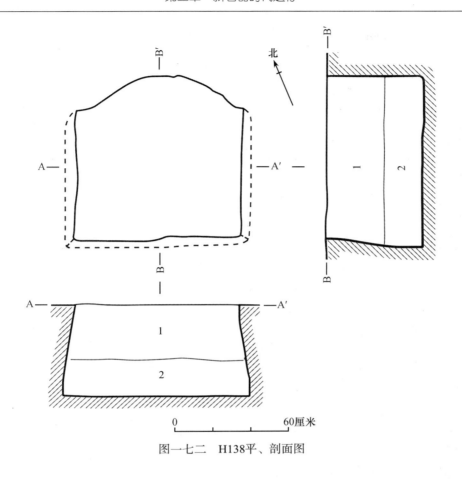

图一七二　H138平、剖面图

　　陶小口罐　1件。H138：4，领以下均残。泥质红陶。直口，方唇，矮直领。素面。复原口径6.4、残高2.8厘米（图一六九，5）。

　　陶器底　1件。H138：5，残存下腹及底部。泥质黑陶。弧腹内收，低假圈足。素面磨光。底径8.4、残高2.8厘米（图一六九，19）。

　　动物骨骼　1件。H138：6，兽牙（图一六九，24）。

　　H162　位于ⅠTN03E01西南角。开口于第1层下，距地表深约20厘米，打破第5层和生土。平面近圆角长方形，东南弧凸；剖面呈袋状，外斜壁，平底，壁面及底面加工较规整，但未见明显工具痕迹。开口长约100、宽80~90厘米；底面长约110、宽约100厘米；深约60厘米。坑内填土分为2层：上层为灰黑色黏土，包含较多红烧土颗粒、炭粒及鹅卵石，结构较疏松，厚约35厘米；下层为灰褐色黏土，夹杂少量红烧土颗粒、炭粒及脉石英，结构较致密，厚约25厘米。出土少量陶片，上层以泥质黑陶为主，约占37.5%；下层以夹砂红陶为主，约占42.86%；纹饰皆为素面；可辨器形有鼎、罐、钵等。采集陶器标本9件（图一七三）。

　　陶鼎　1件。H162：1，夹砂红陶。口部不规整，侈口，仰折沿，圆唇，鼓腹、腹最大径在器中，圜底，锥状足。素面。口径20.6、腹径26.4、高33.4~34.9厘米（图一六九，21）。

　　陶罐　2件。H162：2，颈部以下均残。夹砂红褐陶。侈口，圆唇，束颈。素面。复原口径20、残高6厘米（图一六九，2）。H162：4，下腹及底部残。夹砂黑陶。侈口，仰折沿，圆唇，溜肩，弧腹微鼓。素面。复原口径14.2、残高5.7厘米（图一六九，3）。

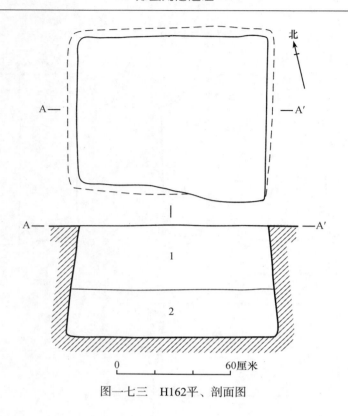

图一七三　H162平、剖面图

陶小口罐　1件。H162：8，肩部以下均残。泥质红陶。敛口，尖唇，矮斜直领，广肩。素面。复原口径6、残高4厘米（图一六九，6）。

陶钵　2件。均下腹及底部残。泥质黑陶。敞口，圆唇，弧腹内收。素面。H162：3，复原口径20、残高4厘米（图一六九，14）。H162：5，复原口径34、残高4.2厘米（图一六九，9）。

陶红顶钵　1件。H162：7，底部残。泥质灰陶、红顶。敞口，圆唇，弧腹。素面。器物中部从口至腹对钻二列穿孔，应作连接修复用。复原口径30.4、残高10厘米（图一六九，10）。

陶器底　2件。H162：6，残存少量下腹及底部。泥质灰陶。下腹弧内收，低假圈足。素面。底径8、残高1.9厘米（图一六九，23）。H162：9，残存下腹及底部。泥质红陶。深弧腹，平底。素面。底径14、残高9.6厘米（图一六九，22）。

3. 不规则形灰坑

共26座，按单位介绍如下。

H194　位于ⅠTN05E05西北部。开口于第3层下，距地表深约70厘米，打破生土，并被M91～M93打破。平面呈不规则形，长约375、宽约186、深约40厘米。弧壁，圜底，壁面及底面未见明显加工痕迹。坑内填土为黑褐色细沙土，夹杂少量红烧土颗粒，结构较致密；坑底铺有一层未经加工的石块，多不规则。出土极少量陶片，以泥质红陶为主，泥质灰陶、夹砂褐陶次之；纹饰皆为素面；可辨器形有罐、鼎足等。仅采集陶器标本2件（图一七四）。

陶罐　1件。H194：1，领部以下均残。夹砂红陶。直口微侈，尖圆唇，矮领。素面。复原口径22、残高4.4厘米（图一七五，12）。

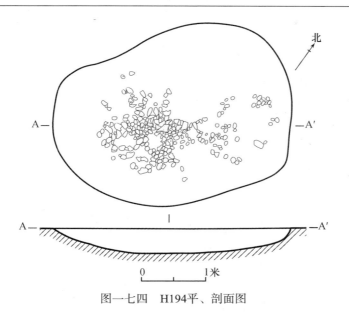

图一七四　H194平、剖面图

陶鼎足　1件。H194：2，足尖残。夹砂红褐陶。复原应为锥状实足，截面近圆。素面。残高10.4厘米（图一七五，20）。

H23　位于ⅠTN06E01西北部。开口于第2层下，距地表深约35厘米，打破M45、H47、第5层和生土。平面呈不规则形，长约250、宽约140、深约50厘米。东壁较直，西壁及西段底部呈斜坡状，东段底部近平，壁面及底面未见明显加工痕迹。坑内填土为灰黑色黏土，包含较多红烧土颗粒、草木灰及石块，结构较疏松。出土陶片较多，以夹砂灰陶为主，占21.27%，泥质红陶次之，占14.89%；纹饰以素面为主，少量绳纹、划纹及弦纹；可辨器形有罐、红顶钵、盆等。采集石器标本2件，陶器标本15件（图一七六）。

石斧　1件。H23：16，细砂岩。打制。两侧加工，刃部保留一面石皮。肩腰残失，双面斜直刃。长6.8、宽8.5、厚2.3厘米，重213克（图一七五，15）。

石锛　1件。H23：17，粉砂岩。通体磨光，背部保留石皮。肩部残失，单面直刃。长4.4、宽3.5、厚0.8厘米，重29克（图一七五，19）。

陶罐　12件。H23：1，下腹及底部残。夹砂红褐陶。敛口，卷沿，圆唇，溜肩，弧腹。腹部饰绳纹。复原口径30.8、残高11.2厘米（图一七五，1）。H23：3，腹部及底残。夹砂红陶。敛口，外翻沿，圆唇，斜肩。肩部竖行绳纹。复原口径24.8、残高6.2厘米（图一七五，8）。H23：4，肩部以下均残。夹砂红褐陶。敛口，卷沿，圆唇，圆肩。肩部竖行绳纹。复原口径30.8、残高4.8厘米（图一七五，3）。H23：5，肩部以下均残。夹砂灰陶。侈口，圆唇，束颈，斜肩。肩上饰左斜浅划纹。复原口径17.6、残高5厘米（图一七五，10）。H23：6，肩部以下均残。夹砂褐陶。敛口，圆唇，斜肩。素面。复原口径22、残高3.6厘米（图一七五，9）。H23：7，肩部以下均残。夹砂褐陶。侈口，外翻沿，圆唇，束颈，溜肩。肩上饰左斜划纹。复原口径18.4、残高5.6厘米（图一七五，7）。H23：8，肩部以下均残。夹砂红褐陶。侈口，圆唇，弧肩。素面。复原口径32.4、残高4.6厘米（图一七五，2）。H23：9，肩部以下均残。夹砂红褐陶。敛口，卷沿，圆唇，溜肩。素面。复原口径18.4、残高4.4厘米（图一七五，

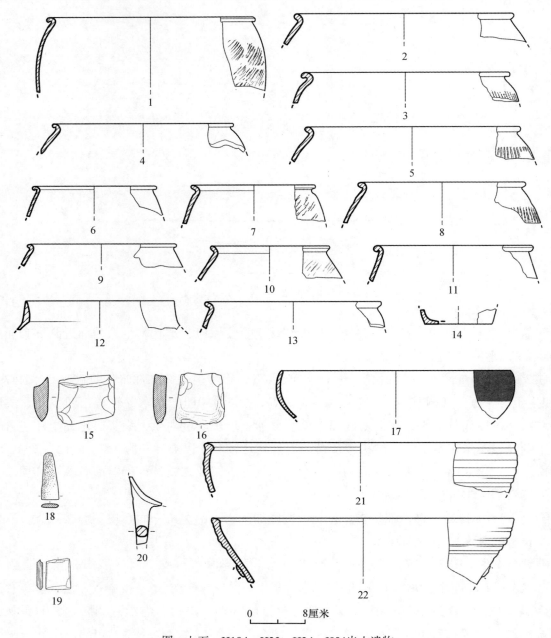

图一七五　H194、H23、H24、H54出土遗物

1~13. 陶罐（H23：1、H23：8、H23：4、H23：11、H23：12、H23：9、H23：7、H23：3、H23：6、H23：5、H23：13、
H194：1、H23：10）　14. 陶器底（H54：1）　15、16. 石斧（H23：16、H24：1）　17. 陶红顶钵（H23：2）　18. 陶锉
（H54：2）　19. 石锛（H23：17）　20. 陶鼎足（H194：2）　21、22. 陶盆（H23：15、H23：14）

6）。H23：10，肩部以下均残。夹砂灰陶。敞口，外翻沿，圆唇，束颈，溜肩。素面。复原口径26、残高6厘米（图一七五，13）。H23：11，肩部以下均残。夹砂红褐陶。侈口，卷沿，圆唇，弧肩。素面。复原口径26.8、残高4.4厘米（图一七五，4）。H23：12，肩部以下均残。夹砂红褐陶。侈口，圆唇，鼓肩。肩上竖行粗绳纹。复原口径32、残高5.2厘米（图一七五，5）。H23：13，肩部以下均残。泥质红陶。侈口，卷沿，溜肩。素面。复原口径22、残高5厘米（图一七五，11）。

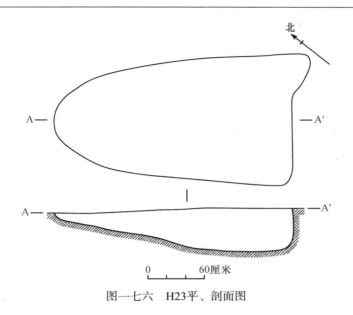

图一七六 H23平、剖面图

陶红顶钵 1件。H23：2，下腹及底部残。泥质灰陶、红顶。敛口，圆唇，弧曲腹。素面。复原口径34、残高7.4厘米（图一七五，17）。

陶盆 2件。H23：14，腹中鋬手、下腹及底部残。夹砂红陶。直口微敛，圆唇，斜弧腹。上腹部饰六道浅凹弦纹。复原口径44.8、残高9.8厘米（图一七五，22）。H23：15，下腹及底部残。夹砂褐陶。敛口，厚圆唇，弧腹。上腹部饰数道浅凹弦纹。复原口径46、残高7.6厘米（图一七五，21）。

H24 位于ⅠTN06E02西北部。开口于第2层下，距地表深约50厘米，打破第5层和生土。平面呈不规则形，残长约186、宽约46、深约30厘米。弧壁，平底，壁面及底面未见明显加工痕迹。坑内填土为灰褐色黏土，夹杂少量红烧土颗粒及石块，结构较致密。出土极少量陶片，以泥质红陶为主，纹饰皆为素面，可辨器形有鼎、钵、盆等。仅采集石器标本1件，未采集陶器标本（图一七七）。

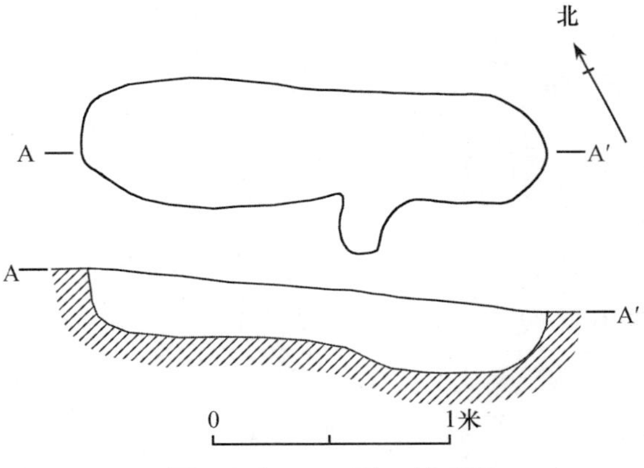

图一七七 H24平、剖面图

石斧 1件。H24：1，霏细岩。利用偏平砾石磨制。肩部残失，刃部砍砸致微残。直腰，完整应为双面凸弧刃。长7.6、宽7、厚1.9厘米，重202克（图一七五，16）。

H54 位于ⅠTN07E02西南部。开口于第2层下，距地表深约35厘米，打破第5层和生土。平面呈不规则形，残长约160、宽约135、深约32厘米。斜弧壁，圜底，壁面及底面未见明显加工痕迹。坑内填土为黑褐色黏土，夹杂少量红烧土颗粒，结构较致密。出土少量陶片，以泥质红、橙黄陶为主，均占25%；纹饰多为素面，少量小圆窝纹；可辨器形有罐、锉等。仅采集陶器标本2件（图一七八）。

　　陶锉　1件。H54：2，两端皆残。泥质红陶。复原应为扁平梭状，器表粗糙，密布小圆窝纹。残长7.2、宽2.5、厚0.6厘米（图一七五，18）。

　　陶器底　1件。H54：1，残存底部。夹砂红褐陶。平底。素面。复原底径10厘米（图一七五，14）。

　　H57　位于ⅠTN07E03西南部。开口于第2层下，距地表深约25厘米，打破H58、H67和生土。平面呈不规则形，长约510、宽约460、深约30厘米。弧壁，平底，壁面及底面未见明显加工痕迹。坑内填土为灰色黏土，结构疏松。出土少量陶片，以泥质红陶为主，占29.62%，夹砂灰陶次之，占18.52%；纹饰多为素面，极少量绳纹；可辨器形有罐、钵、盆等。采集陶器标本6件（图一七九）。

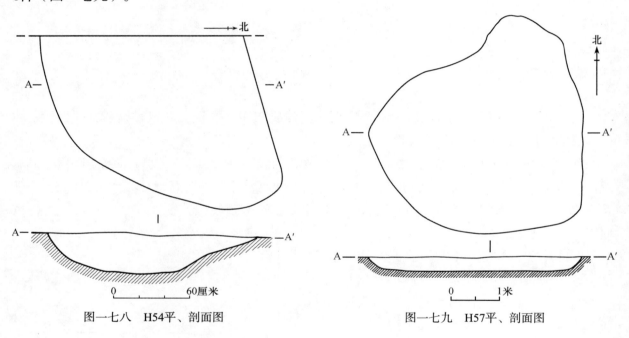

　　图一七八　H54平、剖面图　　　　　　　图一七九　H57平、剖面图

　　陶罐　1件。H57：5，肩部以下均残。夹砂红褐陶。敛口，卷沿，圆唇，弧肩。肩上斜行绳纹。复原口径32.4、残高4厘米（图一八〇，1）。

　　陶钵　2件。H57：6，泥质红陶。敞口，尖圆唇，深弧腹，平底、底腹交界处有一周阴刻凹槽，口沿下管钻一修复用穿孔。素面。口径27.4、底径8.4、高12.6厘米（图一八〇，6）。H57：1，下腹及底部残。泥质橙黄陶。直口微敛，尖圆唇，弧腹。素面。复原口径40、残高9.8厘米（图一八〇，10）。

　　陶盆　1件。H57：2，下腹及底部残。夹砂灰陶。敞口，圆唇，浅弧腹。素面。复原口径32、残高5厘米（图一八〇，12）。

　　陶器底　2件。H57：3，口及上腹部残。泥质红褐陶。下腹内收，平底。素面。底径10.8、残高4.6厘米（图一八〇，14）。H57：4，残存底部。泥质红陶。平底。素面。底径14、残高2.4厘米（图一八〇，15）。

　　H58　位于ⅠTN07E03西南部。开口于第2层下，距地表深约25厘米，打破第5层和生土，

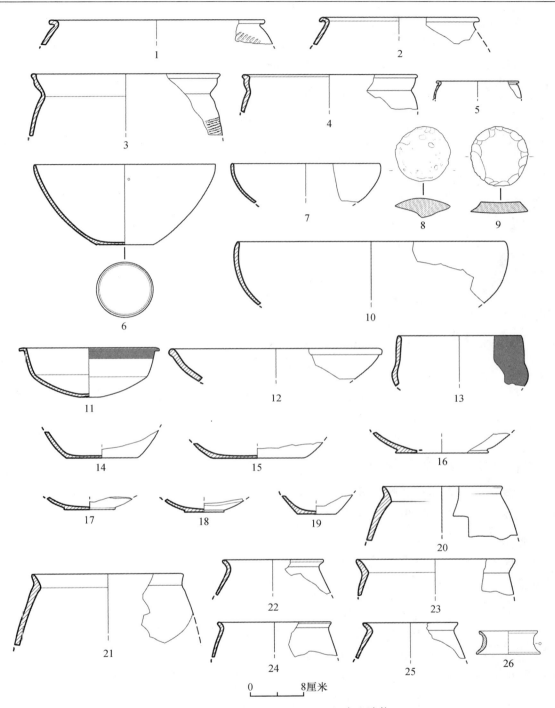

图一八〇　H57、H58、H61、H68出土遗物

1~5.陶罐（H57：5、H58：3、H61：7、H61：2、H61：3）　　6、7、10.陶钵（H57：6、H68：5、H57：1）　　8、9.石盘状器
（H68：9、H68：8）　　11、12.陶盆（H61：1、H57：2）　　13.陶壶（H61：4）　　14~19.陶器底（H57：3、H57：4、H61：5、
H58：4、H68：6、H68：7）　　20~25.陶鼎（H58：2、H58：1、H68：1、H68：3、H68：2、H68：4）　　26.陶器座（H61：6）

并被H56、H57打破。平面呈不规则形，残长约150、残宽约130、深20~66厘米。坑壁上部斜
弧，下部竖直，平底，壁面及底面未见明显加工痕迹。坑内填土为褐色黏土，结构较致密。出
土少量陶片，以泥质黑陶为主，占27.28%；纹饰皆为素面；可辨器形有鼎、罐等。采集陶器标

本4件（图一八一）。

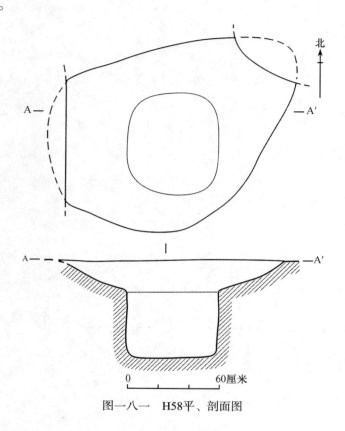

图一八一　H58平、剖面图

陶鼎　2件。肩部以下均残。夹砂褐陶。侈口，仰折沿，圆唇，束颈，溜肩。素面。H58：1，复原口径22.8、残高10.8厘米（图一八〇，21）。H58：2，胎体较厚。复原口径18、残高8.4厘米（图一八〇，20）。

陶罐　1件。H58：3，肩部以下均残。夹砂灰陶。敛口，卷沿，圆唇，斜肩。素面。复原口径24、残高4厘米（图一八〇，2）。

陶器底　1件。H58：4，残存底部。泥质黑陶。低假圈足。素面。底径7.8、残高1.6厘米（图一八〇，17）。

H61　位于ⅠTN07E03东北部。开口于第2层下，距地表深约25厘米，打破生土。平面呈不规则形，残长约200、宽约208、深约30厘米。弧壁，平底，壁面及底面未见明显加工痕迹。坑内填土为灰黑色黏土，夹杂少量红烧土颗粒，结构较致密。出土少量陶片，以泥质红陶为主，占33.33%；纹饰多为素面，少量划纹；可辨器形有罐、盆、壶、器座等。采集陶器标本7件（图一八二）。

陶罐　3件。H61：2，肩部以下均残。夹砂红褐陶。微敛口，圆唇，束颈，溜肩。素面。复原口径26、残高5.4厘米（图一八〇，4）。H61：3，夹砂黑陶。肩部以下均残。侈口，卷沿，圆唇，溜肩。素面。复原口径24.8、残高5.2厘米（图一八〇，5）。H61：7，肩部以下均残。夹砂灰陶。侈口，仰折沿、沿面略凹，方唇，束颈，溜肩。肩上饰斜划纹。复原口径28.4、残高9.6厘米（图一八〇，3）。

　　陶盆　1件。H61：1，泥质灰陶。侈口，平沿微垂，圆唇，浅折腹，平底微凹。口沿下施一周红衣。口径21.2、底径3.2、高8厘米（图一八〇，11）。

　　陶壶　1件。H61：4，下腹及底部残。泥质灰胎红衣陶。直口，尖圆唇，斜直领，鼓腹。器表施枣红色陶衣，现已大部脱落。复原口径18.4、残高8厘米（图一八〇，13）。

　　陶器座　1件。H61：6，泥质红陶。上下缘均外侈，束腰，腰部有一穿孔。素面。口径8.8、底径9.6、高3.6厘米（图一八〇，26）。

　　陶器底　1件。H61：5，残存底部。泥质灰陶。低假圈足。素面。底径14、残高3厘米（图一八〇，16）。

　　H68　位于ⅠTN07E06西北部。开口于第2层下，距地表深约30厘米，打破第4层和生土。平面呈不规则形，上部开口较大，长约276、宽约148、深约20厘米，斜壁，壁面未见明显加工痕迹；下部为一圆柱形坑，直径约98、深约100厘米，直壁，平底，壁面及底面未见明显加工痕迹。坑内填土分为2层，上层为黑褐色黏土，夹杂少量红烧土颗粒及炭粒，结构较疏松；下层为黑色沙土，结构疏松。出土较多陶片，以泥质黑陶为主，占33.33%，夹砂红陶次之，占20%；纹饰皆为素面；可辨器形有鼎、钵等。采集石器标本2件，陶器标本7件（图一八三）。

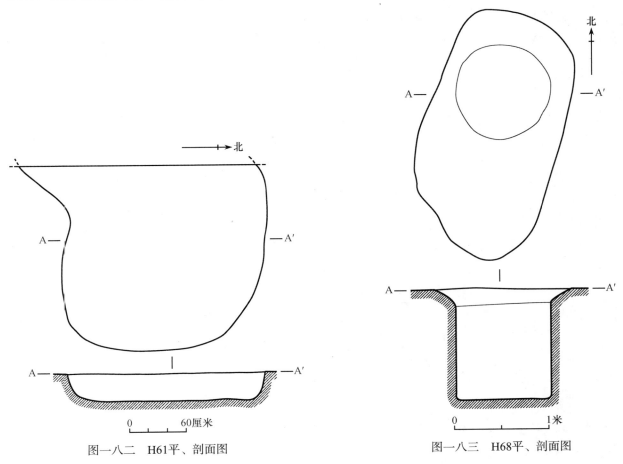

图一八二　H61平、剖面图　　　　　　　　图一八三　H68平、剖面图

　　石盘状器　2件。均利用偏平河砾连续单向打制加工一周形成薄锋，一面或两面保留石皮。H68：8，细砂岩。直径9.7、厚2厘米，重218克（图一八〇，9）。H68：9，花岗岩。直径

8.6、厚3厘米，重223克（图一八〇，8）。

陶鼎　4件。H68：1，肩部以下均残。夹砂红褐陶。侈口，卷沿，圆唇，束颈，斜肩。素面。复原口径15.2、残高3.5厘米（图一八〇，22）。H68：2，肩部以下均残。夹砂红褐陶。侈口，卷沿，圆唇，微束颈，溜肩。素面。复原口径17.6、残高5.4厘米（图一八〇，24）。H68：3，肩部以下均残。夹砂红陶。侈口，宽仰折沿，圆唇，束颈，溜肩。素面。复原口径24、残高5.6厘米（图一八〇，23）。H68：4，肩部以下均残。夹砂红褐陶。侈口，卷沿，尖圆唇，斜肩。素面。复原口径14.4、残高5.6厘米（图一八〇，25）。

陶钵　1件。H68：5，底部残。泥质黑陶。直口微敛，方唇，弧腹。素面。复原口径22.4、残高6厘米（图一八〇，7）。

陶器底　2件。H68：6，残存少量下腹及底部。泥质灰陶。下腹弧内收，假圈足较矮。素面。底径6、残高2厘米（图一八〇，18）。H68：7，残存器底。泥质红陶，下腹斜内收，平底。素面。底径6.2、残高2.8厘米（图一八〇，19）。

H71　位于ⅠTN07E06东部。开口于第2层下，距地表深约35厘米，打破第4层和生土，并被M18、M19打破。平面呈不规则形，残长约360、宽约300、深约22厘米。弧壁，圜底，壁面及底面未见明显加工痕迹。坑内填土为黑灰色黏土，包含较多红烧土颗粒及炭粒，结构较疏松。出土较多陶片，以泥质红陶为主，占38%，泥质橙黄陶次之，占16%；纹饰皆为素面；可辨器形有罐、瓮、盆、鼎足等。采集陶器标本6件（图一八四）。

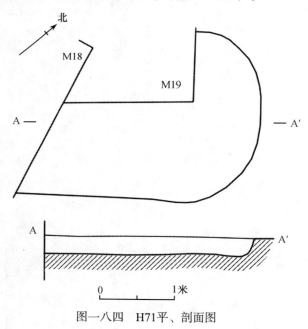

图一八四　H71平、剖面图

陶罐　2件。H71：1，肩部以下均残。夹砂红褐陶。侈口，圆唇，束颈，弧肩。素面。复原口径20、残高3.6厘米（图一八五，19）。H71：2，颈部以下均残。夹蚌灰陶。侈口，圆唇，微折颈。素面。复原口径24、残高3.4厘米（图一八五，22）。

陶盆　2件。均下腹及底部残。敛口，折沿较窄，弧腹。素面。H71：4，泥质红陶。器表施灰衣，现已大部脱落。复原口径32.4、残高5厘米（图一八五，17）。H71：5，泥质灰陶。

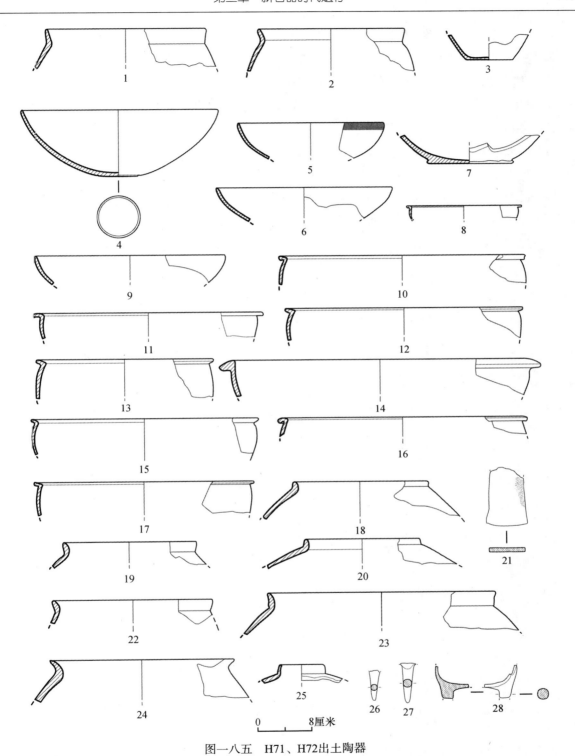

图一八五　H71、H72出土陶器

1、2. 鼎（H72：1、H72：3）　　3、7. 器底（H72：17、H72：21）　　4、6、9. 钵（H72：22、H72：13、H72：15）

5. 红顶钵（H72：14）　8、10~17. 盆（H72：4、H72：5、H72：6、H72：7、H71：5、H72：8、H72：10、H72：9、H71：4）

18、20. 瓮（H72：11、H71：3）　19、22~24. 罐（H71：1、H71：2、H72：2、H72：12）　21. 锉（H72：20）

25. 小口罐（H72：16）　26~28. 鼎足（H72：19、H72：18、H71：6）

复原口径26.4、残高6厘米（图一八五，13）。

陶瓮　1件。H71：3，肩部以下均残。夹砂红褐陶。直口微侈，尖圆唇，矮领，广肩。素面。复原口径17.2、残高4厘米（图一八五，20）。

陶鼎足　1件。H71：6，残存足腹连接处。夹砂红褐陶。复原应为平底，锥状实足。素面。残高4.8厘米（图一八五，28）。

H72　位于ⅠTN07E06中南部。开口于第2层下，距地表深约35厘米，打破第4层和生土，并被M17~M19打破。平面呈不规则形，长约360、南北宽约300、深约26厘米。弧壁，底近平，壁面及底面未见明显加工痕迹。坑内填土为黑色黏土，包含较多红烧土颗粒及炭粒，结构疏松。出土陶片丰富，以泥质灰陶为主，占56.58%，夹砂红褐陶次之，占12.28%；纹饰多为素面；可辨器形有鼎、罐、钵、盆、瓮、锉等。采集陶器标本22件（图一八六）。

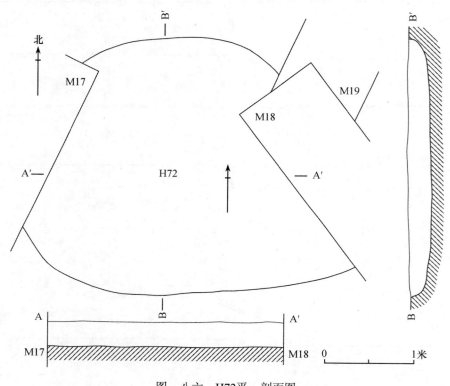

图一八六　H72平、剖面图

陶鼎　2件。肩部以下均残。侈口，圆唇，束颈。素面。H72：1，夹砂红褐陶。斜肩。复原口径24、残高6厘米（图一八五，1）。H72：3，夹砂灰陶。溜肩。复原口径22、残高6.4厘米（图一八五，2）。

陶鼎足　2件。夹砂红褐陶。锥状实足，尖部外撇。素面。H72：18，残高6.1厘米（图一八五，27）。H72：19，残高4.6厘米（图一八五，26）。

陶罐　2件。H72：2，肩部以下均残。夹砂灰陶。侈口，圆唇，弧肩。素面。复原口径34、残高3.6厘米（图一八五，23）。H72：12，肩部以下均残，胎体较厚。夹砂红褐陶。敞口，卷沿，尖圆唇，束颈。素面。复原口径27.6、残高5.6厘米（图一八五，24）。

陶小口罐　1件。H72：16，肩部以下均残。泥质红陶。直口微敛，方唇，矮领，广肩。素面。口径6.8、残高2.9厘米（图一八五，25）。

陶钵　3件。泥质红陶。敞口，尖圆唇，弧腹。素面。H72：22，平底，底腹交界处有一周阴刻凹槽。口径30、底径5.6、高10.4厘米（图一八五，4）。H72：13，底部残。复原口径26.4、残高4.6厘米（图一八五，6）。H72：15，底部残。复原口径28.4、残高4厘米（图一八五，9）。

陶红顶钵　1件。H72：14，底部残。泥质灰陶、红顶。敞口，尖圆唇，弧腹。素面。口沿下有一未穿透钻孔。复原口径22、残高5.6厘米（图一八五，5）。

陶盆　7件。H72：4，下腹及底部残。泥质红陶。敛口，折沿，圆唇，弧腹。素面。复原口径30.4、残高4.8厘米（图一八五，8）。H72：5，下腹及底部残。泥质橙黄陶。敛口，窄沿，圆唇，弧腹。素面。复原口径36.8、残高4厘米（图一八五，10）。H72：6，下腹及底部残。泥质灰陶。微敛口，宽沿，圆唇。素面。复原口径34.4、残高4厘米（图一八五，11）。H72：7，下腹及底部残。泥质灰陶。敛口，折沿，圆唇，弧腹。素面。复原口径35.6、残高4.8厘米（图一八五，12）。H72：8，下腹及底部残。泥质灰陶。直口微侈，宽沿外垂，圆唇，斜弧腹。素面。复原口径48、残高5.6厘米（图一八五，14）。H72：9，口部以下均残。泥质红陶。敛口，卷沿略垂，圆唇。素面。复原口径34.6、残高2.8厘米（图一八五，16）。H72：10，下腹及底部残。泥质红陶。敛口，翻沿，圆唇，弧腹。素面。复原口径32、残高5.6厘米（图一八五，15）。

陶瓮　1件。H72：11，肩部以下均残。夹砂灰陶。直口微侈，圆唇，斜弧肩。素面。复原口径20.4、残高5.6厘米（图一八五，18）。

陶器底　2件。H72：17，残存底部。泥质灰陶。平底。素面。底径7、残高4厘米（图一八五，3）。H72：21，残存少量下腹及底部。泥质红陶。下腹弧内收，假圈足、边缘略突。素面。底径12.8、残高4.5厘米（图一八五，7）。

陶铚　1件。H72：20，仅存一端。泥质红陶。扁平长条形，端部略宽。器表粗糙，密布小圆窝纹。残长9.2、宽5.1～6、厚0.6厘米（图一八五，21）。

H83　位于ⅠTN08E06西南角，部分伸进探方壁内。开口于第2层下，距地表深约35厘米，打破第5层和生土。平面呈不规则形，长约170、宽约160、深约126厘米。斜壁，平底，壁面及底面未见明显加工痕迹。坑内填土分为2层，上层为灰黑色黏土，夹杂较大的红烧土颗粒，结构疏松；下层为灰黄色沙土，结构疏松。出土少量陶片，以泥质黑陶为主，占33.33%，泥质红陶次之，占29.65%；纹饰皆为素面；可辨器形有鼎、罐、钵等。采集陶器标本5件，角器标本1件（图一八七）。

陶鼎　1件。H83：6，夹砂红褐陶。侈口，尖圆唇，束颈，溜肩，鼓腹、最大腹径偏下，圜底，复原锥状实足。素面。口径19.2、腹径24.2、复原高26.8厘米（图一八八，9）。

陶罐　2件。H83：5，泥质黑陶。侈口，仰折沿，尖唇，鼓腹，平底略凹。素面。口径10、底径7.6、高13.6厘米（图一八八，1）。H83：1，肩部以下均残。夹砂红褐陶。侈口，圆唇，束颈，溜肩。素面。复原口径25.2、残高6.2厘米（图一八八，2）。

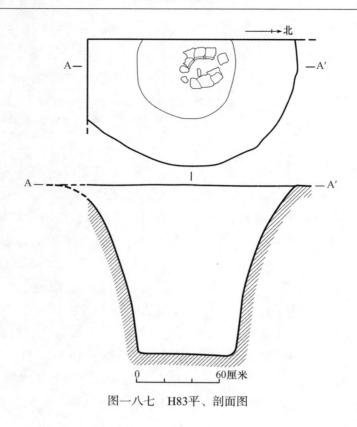

图一八七　H83平、剖面图

陶钵　1件。H83：2，底部残。泥质黑陶。敞口，尖圆唇，弧腹。素面磨光。复原口径24、残高6.6厘米（图一八八，12）。

陶器底　1件。H83：3，残存少量下腹及底部。泥质灰陶。下腹内收，平底。素面。底径12、残高4.2厘米（图一八八，11）。

角器　1件。H83：4，两端皆残，不辨器形。柱状实心，截面呈不规则形。残长6厘米（图一八八，6）。

H109　位于ⅠTN09E03东部，部分伸进探方壁内。开口于第2层下，距地表深约40厘米，打破H111和生土。平面呈不规则形，长约116、宽约110、深约34厘米。弧壁，尖圜底，壁面及底面未见明显加工痕迹。坑内填土为灰黑色黏土，结构疏松。出土少量陶片，以泥质红陶为主，占37.5%，夹砂红褐陶次之，占16.66%；纹饰多为素面，少量小圆窝纹；可辨器形有罐、缸、锉等。采集陶器标本3件（图一八九）。

陶罐　1件。H109：1，肩部以下均残。夹砂红褐陶。侈口，卷沿，圆唇，束颈，斜肩。素面。复原口径17.6、残高6厘米（图一八八，3）。

陶缸　1件。H109：2，下腹及底部残。夹砂红褐陶。侈口，圆唇，上腹斜直。素面。复原口径37.2、残高8厘米（图一八八，17）。

陶锉　1件。H109：3，端部微残。夹砂红陶。扁平长条状。器表粗糙密布小圆窝纹。残长12.5、宽2.6~3.9、厚0.8厘米（图一八八，7）。

H129　位于ⅡTN08W02西北部。开口于第2层下，距地表深约20厘米，打破第5层和生土。平面呈不规则形，长约92、宽70~85、深约60厘米。直壁，平底，壁面及底面未见明显加

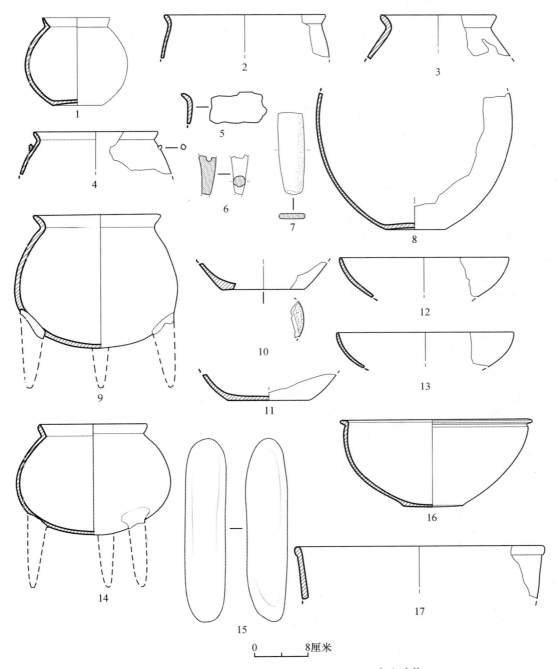

0　　8厘米

图一八八　H83、H109、H129、H143、H170出土遗物

1~5、8.陶罐（H83：5、H83：1、H109：1、H143：1、H129：3、H129：4）　6.角器（H83：4）

7.陶锉（H109：3）　9、14.陶鼎（H83：6、H129：1）　10、11.陶器底（H143：2、H83：3）

12、13.陶钵（H83：2、H129：2）　15.石杵（H143：3）　16.陶盆（H170：1）　17.陶缸（H109：2）

工痕迹。坑内填土为黑灰色黏土，包含较多草木灰、红烧土颗粒及石块，结构疏松。出土极少量陶片，以泥质红、黑、橙黄陶为主，各占25%；纹饰皆为素面；可辨器形有鼎、罐、钵等。采集陶器标本4件（图一九〇；图版八，2）。

陶鼎　1件。H129：1，夹蚌红褐陶。侈口，仰折沿，圆唇，弧肩，鼓腹略扁，圜底近

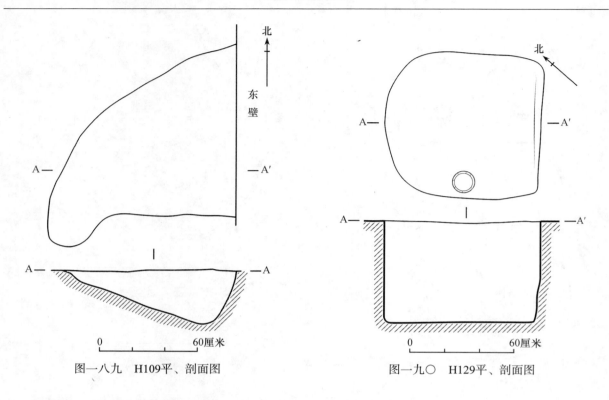

<table>
<tr><td>图一八九　H109平、剖面图</td><td>图一九○　H129平、剖面图</td></tr>
</table>

平，复原为锥状实足。素面。口径16.4、腹径23.2、复原高25.2厘米（图一八八，14）。

陶罐　2件。H129：4，肩部以上均残。泥质橙黄陶，胎质较薄。弧腹微鼓，平底略凹。素面。底径9、腹径29.2、残高21.2厘米（图一八八，8）。H129：3，仅存少量口沿残片，未能辨识原貌。夹砂红褐陶。侈口，尖圆唇。素面。残长8.4、残高4.8厘米（图一八八，5）。

陶钵　1件。H129：2，底部残。泥质黑陶。敞口，尖圆唇，浅弧腹。素面。复原口径26.4、残高7.5厘米（图一八八，13）。

H143　位于ⅠTN05E01西南部。开口于第2层下，距地表深约25厘米，打破第5层和生土。平面呈不规则形，长78～110、宽80～82、深约40厘米。斜壁，平底，壁面及底面未见明显加工痕迹。坑内填土为灰黑色黏土，夹杂少量红烧土颗粒、草木灰及石块，结构较致密。出土零星碎陶片，以泥质红陶为主，纹饰多为素面，可辨器形有罐等。采集石器标本1件，陶器标本2件（图一九一）。

石杵　1件。H143：3，细砂岩。利用原始柱状砾石稍作修整，两端使用。长27.4、宽6、厚5.9厘米，重1703克（图一八八，15）。

陶罐　1件。H143：1，肩部以下均残。夹砂红褐陶。侈口，卷沿，圆唇，束颈，斜肩。肩上对称贴塑二泥钉。复原口径18、残高6.5厘米（图一八八，4）。

陶器底　1件。H143：2，残存下腹及底部。泥质红陶，灰胎。下腹斜收，平底。素面。复原底径12.4、残高4.1厘米（图一八八，10）。

H170　位于ⅡTN06W02东部。开口于第2层下，距地表深约20厘米，打破第5层和生土。平面呈不规则形，长约86、宽约60、深约23厘米。直壁，平底，壁面及底面未见明显加工痕迹。坑内填土为黑灰色黏土，夹杂较多红烧土颗粒及少量草木灰，结构较致密。出土零星陶片，以泥质红陶为主，纹饰皆为素面，可辨器形有盆等。仅采集陶器标本1件（图一九二）。

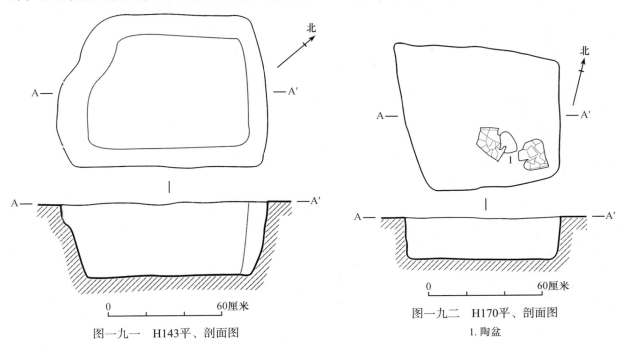

图一九一　H143平、剖面图　　　　　　　　图一九二　H170平、剖面图

　　　　　　　　　　　　　　　　　　　　　　　　　1. 陶盆

　　陶盆　1件。H170：1，整体变形明显。泥质红陶。直口微敛，内斜沿，圆唇，弧腹下收，平底微凸。素面。口径29、底径8.8、高13.6厘米（图一八八，16）。

　　H185　位于ⅡTN04W03南部。开口于第2层下，距地表深约40厘米，打破第5层和生土。平面呈不规则形，长约155、宽约150、深约150厘米。直壁，平底，壁面及底面加工较为规整，但未见工具痕迹。坑内填土分为上下2层，上层为灰黑色黏土，包含较多草木灰、炭粒及少量红烧土颗粒，结构较疏松，厚约30厘米；下层为灰褐色黏土，夹杂少量红烧土颗粒及炭粒，结构较致密，厚约120厘米。出土极少量陶片，以泥质灰陶占大多数，约38.46%；纹饰皆为素面；可辨器形有鼎、罐、红顶钵、盆等。采集石器和陶器标本各5件（图一九三）。

　　石器残块　5件。H185：6，细砂岩。复原应为打制石斧肩部残块，腰以下断失。残长7.8、宽4.4~5.2、厚0.8~2厘米，重406克（图一九四，22）。H185：7，石英片岩，一端断裂，其余周边加工疤连续。长10、残宽6.6~8.4、厚1.4~2厘米，重232克（图一九四，23）。H185：8，细砂岩。复原应为打制石斧刃部残块，肩、腰断失，一面保留石皮，双面凸弧刃，左侧边缘加工呈薄刃。残长5、宽6、厚1.4厘米（图一九四，24）。H185：9，细砂岩。复原应为打制石斧肩部残块，腰、刃断失，一面保留石皮，两侧修整，凸弧顶，肩略残。残长7.6、宽5.6、厚1.6~2.2厘米，重148克（图一九四，25）。H185：10，花岗斑岩。石片断块，整体呈"△"形，一面保留石皮，未见加工疤。长5.5、宽4.6、厚1.5厘米，重42克（图一九四，26）。

　　陶鼎　1件。H185：2，颈部以下均残。夹砂红陶，灰胎。侈口，仰折沿，圆唇，束颈。素面。复原口径18、残高4厘米（图一九四，6）。

　　陶罐　1件。H185：1，仅见口沿残片，未能恢复原貌。夹砂黑陶。窄沿，圆唇。素面。残

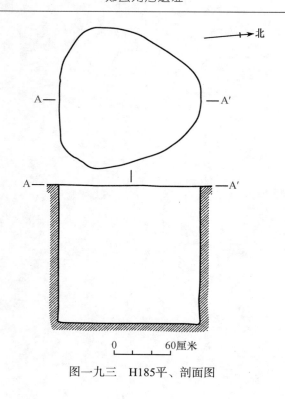

图一九三　H185平、剖面图

高4厘米（图一九四，4）。

　　陶红顶钵　1件。H185：4，仅见口沿残片，未能恢复原貌。泥质灰陶、红顶。敞口，圆唇，斜弧腹。素面。残高6.8厘米（图一九四，7）。

　　陶盆　2件。H185：3，口沿以下均残。泥质灰陶。敞口，折沿外垂，圆唇。素面。复原口径42、残高3.8厘米（图一九四，8）。H185：5，下腹及底部残。夹砂红陶。侈口，圆唇，斜弧腹。素面。复原口径22.4、残高4厘米（图一九四，10）。

　　H196　位于ⅠTN05E06东部及ⅠTN05E07西部。开口于第2层下，距地表深约34厘米，打破第3层和生土，并被M96打破。平面呈不规则形，长约840、宽约510、深约15厘米。直壁，底部由北向南渐低，壁面及底面未见明显加工痕迹。坑内填土为灰黑色沙土，结构较致密。出土陶片丰富，以夹砂红陶居多，占38.09%，泥质灰陶次之，占26.98%；纹饰多为素面，少量施红衣和按窝纹等；可辨器形有盆、瓮、锉等。采集石器标本2件，陶器标本10件（图一九五；图版五，2）。

　　石斧　1件。H196：12，细砂岩。利用扁平长条形砾石加工，肩、腰均修整完毕，刃部初步修整，应为一件石斧初坯。长12.15、宽5.95、厚1.6厘米（图一九四，21）。

　　石锛　1件。H196：11，细砂岩。利用自然条状河砾加工，仅对刃部磨制成单面刃。长5.55、宽2.9、厚1.9厘米（图一九四，27）。

　　陶盆　3件。H196：2，下腹及底部残。夹砂灰陶。敛口，窄沿，弧腹。器表原施红衣，现大部脱落。复原口径28、残高6.2厘米（图一九四，5）。H196：3，下腹及底部残。泥质灰陶。敞口，折沿外垂，尖圆唇，弧腹。素面。复原口径26、残高4.4厘米（图一九四，11）。H196：4，下腹及底部残。夹砂红褐陶。侈口，卷沿，圆唇，弧腹。素面。复原口径20、残高

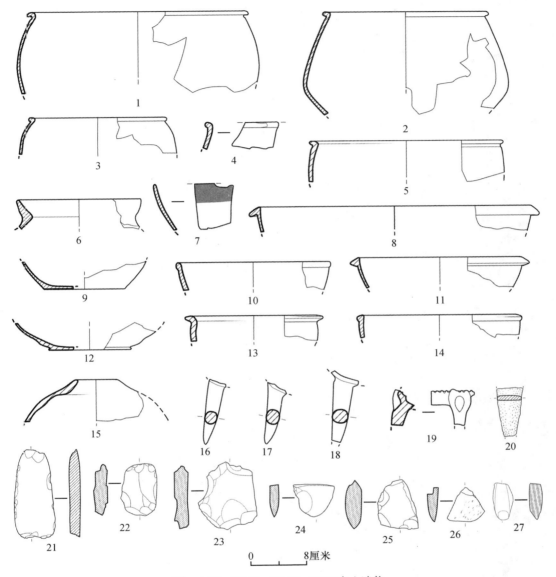

图一九四 H185、H196、H198出土遗物

1~4.陶罐（H198：2、H198：1、H198：3、H185：1） 5、8、10、11、13、14.陶盆（H196：2、H185：3、H185：5、
H196：3、H196：4、H198：4） 6.陶鼎（H185：2） 7.陶红顶钵（H185：4） 9、12.陶器底（H198：5、H196：5）
15.陶瓮（H196：1） 16~19.陶鼎足（H196：6、H196：7、H196：8、H196：9） 20.陶锉（H196：10） 21.石斧
（H196：12） 22~26.石器断块（H185：6、H185：7、H185：8、H185：9、H185：10） 27.石锛（H196：11）

3.8厘米（图一九四，13）。

陶瓮 1件。H196：1，肩部以下均残。夹砂红陶。小口，圆唇，鼓肩。素面。复原口径
6.4、残高6.2厘米（图一九四，15）。

陶鼎足 4件。均为夹砂红陶。锥状实足。H196：6，足尖较尖细。素面。残高9.8厘米
（图一九四，16）。H196：7，足尖外撇。素面。残高9.2厘米（图一九四，17）。H196：8，
足尖残。素面。残高10.6厘米（图一九四，18）。H196：9，足尖残，足根处饰一按窝。残高
5.4厘米（图一九四，19）。

北

0　　　　　1米

图一九五　H196平面图

　　陶器底　1件。H196：5，仅存下腹及底部。泥质红陶。下腹斜弧收，假圈足。素面。底径12、残高4厘米（图一九四，12）。

　　陶锉　1件。H196：10，两端均残。泥质红陶，灰胎。扁平梭状。器表粗糙，密布小圆窝纹。残长7.3、厚0.7厘米（图一九四，20）。

　　H198　位于ⅠTN08E07中北部。开口于第2层下，距地表深约45厘米，打破第5层和生土。平面呈不规则形，长约120、宽约115、深约40厘米。坑壁上部斜弧，下部在坑内东部逐渐收为一筒形小坑，直壁，平底，深约25厘米。小坑壁面及底面显经加工，但未见工具痕迹。坑内填土为黑灰色黏土，结构较致密。出土少量陶片，以泥质红陶居多，占33.34%，夹砂红、灰陶次之，各占15.15%；纹饰皆为素面；可辨器形有罐、盆等。采集陶器标本5件（图一九六）。

　　陶罐　3件。均夹砂灰陶。H198：1，底部残。敛口，窄沿，溜肩，垂折腹。素面。复原口径24、残高15.2厘米（图一九四，2）。H198：2，下腹及底部残。敛口，卷沿，鼓腹。素面。

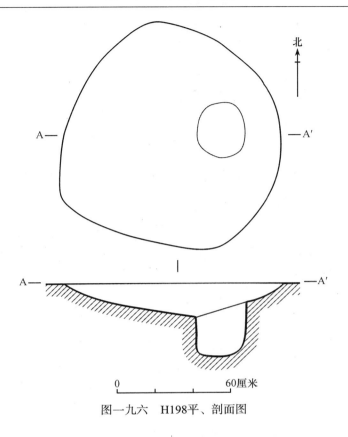

图一九六　H198平、剖面图

复原口径32、残高12厘米（图一九四，1）。H198：3，肩部以下均残。敛口，窄沿，弧肩微鼓。素面。复原口径20、残高5.4厘米（图一九四，3）。

　　陶盆　1件。H198：4，下腹及底部残。夹砂灰陶。直口，圆唇，弧腹。素面。复原口径24、残高3.4厘米（图一九四，14）。

　　陶器底　1件。H198：5，仅存下腹及底部。夹砂红褐陶。下腹斜弧收，平底。素面。底径12、残高4厘米（图一九四，9）。

　　H201　位于ⅠTN08E07西南部。开口于第2层下，距地表深约40厘米，打破第5层和生土。平面呈不规则形，长约135、宽约105、深约42厘米。弧壁，圜底，壁面及底面未见明显加工痕迹。坑内填土为黄褐色黏土，包含较多石块，结构较致密。出土少量陶片，以泥质红陶居多，占39.39%，泥质灰陶次之，占27.28%；纹饰皆为素面；可辨器形有罐、盆等。采集陶器标本3件（图一九七）。

　　陶罐　2件。肩部以下均残。夹砂红陶。侈口，圆唇，微束颈，斜肩。素面。H201：1，复原口径24、残高5厘米（图一九八，1）。H201：2，复原口径18、残高4厘米（图一九八，2）。

　　陶盆　1件。H201：3，下腹及底部残。泥质红褐陶。微敛口，折沿略弧，圆唇，弧腹。素面。复原口径26、残高3.2厘米（图一九八，23）。

　　H206　位于ⅠTN09E07北部。开口于第2层下，距地表深约25厘米，打破第5层和生土。平面呈不规则形，长约125、宽约85、深14～20厘米。斜弧壁，底部由南向北逐渐加深、底面近平，壁面及底面未见明显加工痕迹。坑内填土为灰黑色黏土，杂有少量红烧土颗粒及碎石块，

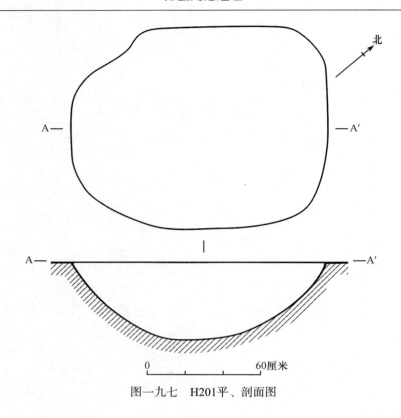

图一九七　H201平、剖面图

结构疏松。出土极少量陶片，以泥质灰陶为主，占40%；纹饰皆为素面；可辨器形有鼎等。仅采集陶器标本1件（图一九九）。

陶鼎　1件。H206：1，颈部以下均残。夹砂红褐陶。侈口，仰折沿，圆唇，束颈。素面。复原口径20、残高3.8厘米（图一九八，7）。

H18　位于ⅢTS11W07西南角，部分伸进探方壁内。开口于第4层下，距地表深约55厘米，打破H13和生土。平面呈不规则形，已发掘部分长约200、宽约70、深约30厘米。弧壁，底部由北向南逐渐加深，壁面及底面未见明显加工痕迹。坑内填土为灰黄色沙土，结构疏松。出土极少量陶片，以泥质灰陶为主，占63.64%，夹砂红陶次之，占27.27%；纹饰以素面为主，少量弦纹等；可辨器形有钵、盆等。采集陶器标本2件（图二〇〇）。

陶钵　1件。H18：2，下腹及底部残。泥质红陶。敞口，尖圆唇，弧腹。素面。复原口径27.6、残高7.6厘米（图一九八，11）。

陶盆　1件。H18：1，底部残。泥质灰陶，胎质较薄。直口微敛，尖圆唇，弧腹。口边外表饰枣红彩宽带纹一周。复原口径41.1、残高11.2厘米（图一九八，16）。

H15　位于ⅢTS04W09中南部，向南延伸至ⅢTS05W09北部。开口于第3层下，距地表深50～75厘米，打破M2和生土。平面呈不规则形，长约520、宽约400、深8～100厘米。弧壁，底部由北向南逐步加深呈圜底状，壁面及底面未见明显加工痕迹。坑内填土为灰黑色黏土，夹杂少量红烧土颗粒、炭粒及石块，结构较疏松。出土较多陶片，以夹砂红陶居多，占26.08%，夹砂褐陶次之，占17.41%；纹饰以素面为主，少量凹弦纹、附加堆纹等；可辨器形有罐、钵、盆等。另有少量石器出土。采集石器标本2件，陶器标本9件（图二〇一）。

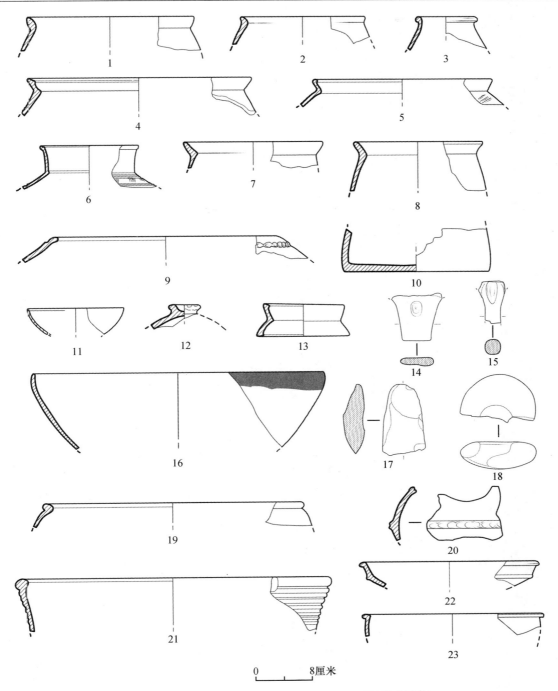

0　　　　8厘米

图一九八　H201、H206、H18、H15、H8、H11出土遗物

1～5. 陶罐（H201：1、H201：2、H11：3、H15：4、H8：1）　6. 陶高领罐（H15：5）　7、8. 陶鼎（H206：1、H11：1）
9. 陶瓮（H8：2）　10. 陶器底（H8：3）　11. 陶钵（H18：2）　12. 陶器盖（H15：9）　13. 陶器座（H15：3）　14、15. 陶鼎足
（H15：10、H15：11）　16、19～23. 陶盆（H18：1、H15：6、H15：8、H15：7、H11：2、H201：3）　17. 石斧（H15：1）
18. 石网坠（H15：2）

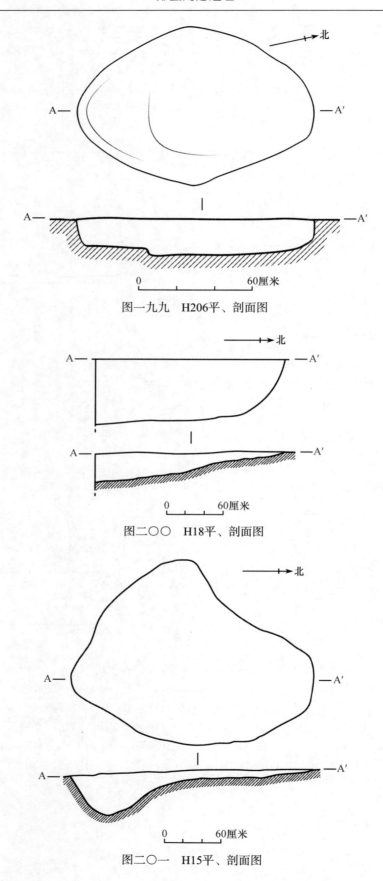

北

A——　　　　　　——A′

图一九九　H206平、剖面图

北

A——　　　　　　——A′

A——　　　　　　——A′

0　　　　　　60厘米

图二〇〇　H18平、剖面图

北

A——　　　　　　——A′

A——　　　　　　——A′

0　　　　　　60厘米

图二〇一　H15平、剖面图

石斧　1件。H15：1，闪长岩（灰黑）。利用较厚的砾石，通体凿磨。圆顶，凸肩，两腰凸弧，背面保留大量修整疤坎，双面斜直刃。长11、宽6、厚3厘米，重324克（图一九八，17）。

石网坠　1件。H15：2，半残。粉砂岩。天然对穿孔，后断裂，可能作石网坠使用。长10.1、宽6.4、厚4厘米，重248克（图一九八，18）。

陶罐　1件。H15：4，颈部以下均残。夹砂褐陶，红胎。侈口，仰折凹沿，方唇、唇面略有浅凹槽，束颈。素面。复原口径32、残高5厘米（图一九八，4）。

陶高领罐　1件。H15：5，肩部以下均残。泥质灰陶。小口，高领，方唇外侈，斜广肩。肩部饰凹弦纹及篦纹组合纹饰。复原口径14、残高6厘米（图一九八，6）。

陶盆　3件。H15：6，口部以下均残。泥质红陶。敛口，厚圆唇。素面。复原口径37.2、残高3.2厘米（图一九八，19）。H15：7，下腹及底部残。夹砂红陶。敞口，厚圆唇，上腹斜直内收。腹部饰数道凹弦纹。复原口径45.2、残高7.6厘米（图一九八，21）。H15：8，仅存少量口沿残片，未能恢复原貌。夹砂红陶。敛口，方唇、唇面内凹，弧腹微鼓。腹部饰附加堆链条纹。残高8厘米（图一九八，20）。

陶鼎足　2件。均夹砂红陶。H15：10，扁平反梯形实心足，足尖较平，足根中部饰一按窝。残高6.6厘米（图一九八，14）。H15：11，足尖残，现存柱状实心，截面近圆，足根处饰一深按窝。残高6.2厘米（图一九八，15）。

陶器座　1件。H15：3，泥质灰陶。上、下缘外侈，方唇内勾，束腰。素面。口径7.2、底径13.6、高4.8厘米（图一九八，13）。

陶器盖　1件。H15：9，盖缘残。夹砂褐陶。圈纽、中部内凹较深，弧壁。素面。纽径4.6、残高2.8厘米（图一九八，12）。

H8　位于ⅢTS07W08南部，向南延伸至ⅢTS08W08北部。开口于第2层下，距地表深约30厘米，打破生土。平面呈不规则形，长约310、宽约220、深10～30厘米。弧壁，平底，壁面及底面未见明显加工痕迹。坑内填土为灰黑色黏土，夹杂少量红烧土颗粒及石块，结构疏松。出土少量陶片，以夹砂红、褐陶为主，各占33.33%；纹饰以素面为主，少量划纹、附加堆纹等；可辨器形有罐、瓮等。采集陶器标本3件（图二〇二）。

陶罐　1件。H8：1，颈部以下均残。夹砂褐陶。侈口，圆唇内勾，束颈。颈部以下饰左斜划纹。复原口径25.6、残高3.6厘米（图一九八，5）。

陶瓮　1件。H8：2，口沿以下均残。夹砂灰陶。敛口，圆唇。口下饰附加堆链条纹。复原口径30.6、残高3.4厘米（图一九八，9）。

陶器底　1件。H8：3，残存下腹及底部。夹砂褐陶，胎质较厚。下腹外斜，平底。素面。底径20.8、残高6.4厘米（图一九八，10）。

H11　位于ⅢTS12W08西部，部分伸进探方壁内。开口于第2层下，距地表深约33厘米，打破第3层和生土。平面呈不规则形，长约208、宽约170、深10～20厘米。弧壁，圜底，壁面及底面未见明显加工痕迹。坑内填土为黑灰色黏土，夹杂少量红烧土颗粒及草木灰，结构疏松。出土少量陶片，以泥质灰陶居多，占29.63%，夹砂红陶次之，占25.92%；纹饰以素面为主，少量弦纹、篮纹、凸棱及附加堆纹等；可辨器形有鼎、罐、盘等。采集陶器标本3件（图二〇三）。

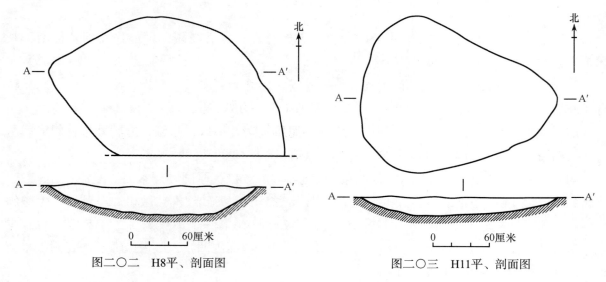

图二〇二　H8平、剖面图　　　　　　　　　　图二〇三　H11平、剖面图

陶鼎　1件。H11：1，肩部以下均残。夹砂褐陶。敞口，仰折沿，圆唇，束颈，溜肩。素面。复原口径18.4、残高7.2厘米（图一九八，8）。

陶罐　1件。H11：3，肩部以下均残。泥质灰陶。直口微侈，厚圆唇，斜弧肩。素面。复原口径8.8、残高4.8厘米（图一九八，3）。

陶盘　1件。H11：2，底部残。泥质灰陶。敞口，窄沿，圆唇，浅弧腹。腹部饰一凹棱。复原口径25.6、残高3.6厘米（图一九八，22）。

H13　位于ⅢTS08W07西部、ⅢTS08W08东部、ⅢTS09W08北部及ⅢTS09W07西北部。开口于第2层下，打破生土，并被H4、H12、H16、H17打破。平面呈不规则形，残长约490、残宽约480、深约30厘米。弧壁，平底，壁面及底面未见明显加工痕迹。坑内填土为灰黑色黏土，夹杂较多红烧土块，结构致密。出土遗物较丰富，主要分为石器和陶器两类（图二〇四）。

1）石器

多为打制，少量磨制，可辨器形有斧、锛、凿、铲等。采集标本12件。

斧　5件。H13：1，泥质粗砂岩。利用河砾打制。圆肩，直腰，一面加工呈斜直刃，另一面保留原始石皮。长12.2、宽6.9、厚2.2厘米（图二〇五，15）。H13：2，细砂岩。打制。背面保留少量石皮，肩部略残，一腰斜直，一腰微束，双面刃微凸斜。长10.8、宽5.9、厚1.7厘米（图二〇五，16）。H13：3，粉砂岩。磨制。刃部残失，凸弧肩，两腰对称平直。残长17.8、宽6.2、厚3.9厘米（图二〇五，17）。H13：6，细砂岩。磨制。背面保留石皮，肩微凸弧，双腰微弧，双面凸弧刃。长7.9、宽4.9、厚1.7厘米，重98克（图二〇五，20；图版二四，1）。H13：11，细砂岩。打制。一面保留石皮，肩、刃均部分残失，两腰对应加工。长10.8、宽4.8、厚1.2厘米，重88克（图二〇五，19）。

锛　2件。H13：5，细砂岩。磨制。背面保留石皮，肩部略残，直腰，单面斜直刃。残长

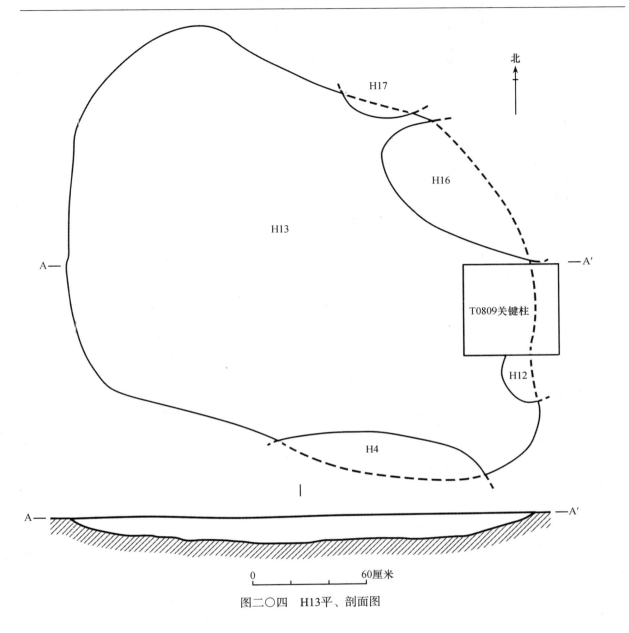

图二〇四 H13平、剖面图

6.4、宽3.6、厚0.8厘米，重38克（图二〇五，24；图版一八，6）。H13：12，细砂岩。磨制。一面保留石皮，圆肩，弧腰，单面斜直刃。长4、宽2.7、厚0.5厘米（图二〇五，25）。

凿 1件。H13：4，片岩。磨制。肩部残失，两翼对称成尖，双面短直刃。残长4.2、宽2.9、厚0.9厘米，重20克（图二〇五，26；图版一九，5）。

铲 2件。H13：7，砂岩。打制。背面保留石皮，平肩，束腰，凸弧刃。长17.4、宽9.4、厚1厘米（图二〇五，21；图版二四，2、3）。H13：8，片岩。打制。保留大量石皮，平肩，微束腰，凸弧刃。长15.2、宽9.3、厚3.4厘米，重551克（图二〇五，22）。

盘状器 1件。H13：9，粗砂岩。打制。两面保留石皮，利用偏平河砾单向连续加工一周形成盘状，刃缘薄锋。长7.8、宽6.8、厚1.8厘米，重90克（图二〇五，3）。

石器原料 1件。H13：10，细砂岩。扁平砾石，应准备制作一件石斧，两侧对应修整，

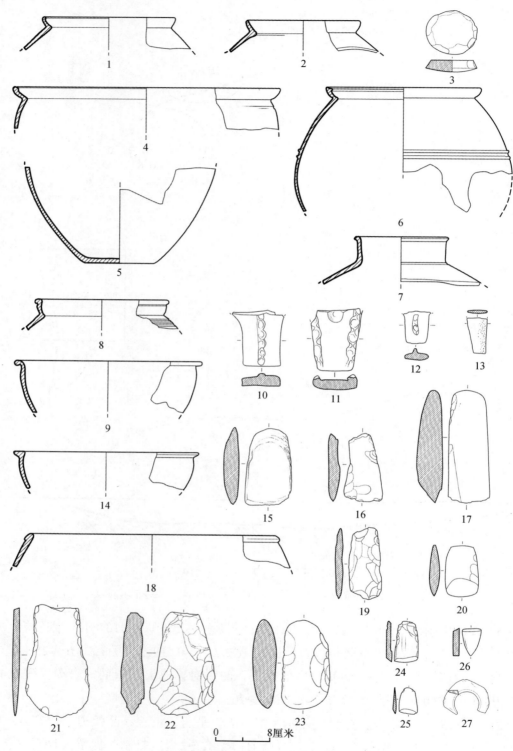

图二〇五　H13、H16出土遗物

1、2、4~6、8.陶罐（H13：13、H13：14、H16：2、H16：3、H13：17、H13：16）　3.陶盘状器（H13：9）　　7.陶高领罐
（H13：15）　　9、14.陶盆（H13：18、H13：19）　　10~12.陶鼎足（H13：22、H13：23、H13：24）　13.陶锉（H13：21）
15~17、19、20.石斧（H13：1、H13：2、H13：3、H13：11、H13：6）　18.陶瓮（H13：20）　21、22.石铲（H13：7、
　　H13：8）　23.石器原料（H13：10）　24、25.石锛（H13：5、H13：12）　26.石凿（H13：4）　27.石环（H16：1）

平面保留大量石皮，可见零星钻疤。推测临时作石砧用。长13.6、宽7.3、厚3.5厘米，重500克（图二〇五，23）。

2）陶器

以夹砂红陶居多，占33.82%，泥质灰陶次之，占22.08%；纹饰以素面为主，少量弦纹、按窝纹等；可辨器形有罐、高领罐、盆、瓮、鼎足、锉等。采集标本12件。

罐　4件。H13：13，肩部以下均残。夹砂灰陶。侈口，仰折凹沿，方唇内勾，斜肩。素面。复原口径20、残高4.8厘米（图二〇五，1）。H13：14，肩部以下均残。夹砂灰陶。侈口，仰折沿微凹，圆唇，束颈，斜肩。素面。复原口径16.8、残高4.6厘米（图二〇五，2）。H13：16，颈部以下均残。夹砂灰陶。直口微敛，圆唇，矮领，束颈。颈下饰数道深凹弦纹。复原口径20、残高4.4厘米（图二〇五，8）。H13：17，肩部以下均残。夹砂红陶。敞口，仰折凹沿，方唇内勾，束颈，溜肩。素面。复原口径40、残高6.4厘米（图二〇五，6）。

高领罐　1件。H13：15，肩部以下均残。夹砂灰陶。小口，方唇，高领，广肩。领、肩结合处饰二道凸弦纹。口径14、残高6.8厘米（图二〇五，7）。

盆　2件。H13：18，下腹及底部残。泥质红陶。侈口，卷沿微垂，圆唇，深弧腹。素面。复原口径28、残高8厘米（图二〇五，9）。H13：19，下腹及底部残。泥质灰陶。敛口，平折沿，尖圆唇，弧腹。素面。复原口径27.6、残高5.6厘米（图二〇五，14）。

瓮　1件。H13：20，口部以下均残。泥质红陶。敛口，厚圆唇。素面。复原口径38、残高5厘米（图二〇五，18）。

鼎足　3件。均夹砂褐陶，扁平反梯形实心足。H13：22，足尖较平，足面中部贴塑附加堆链条纹。残高8.6厘米（图二〇五，10）。H13：23，两侧边内卷捏塑波形纹，足根部饰一浅按窝。残高9.6厘米（图二〇五，11）。H13：24，足面中部贴塑附加堆纹。残高5厘米（图二〇五，12）。

锉　1件。H13：21，半残。泥质红陶。扁平梯形，中部略凸。器表粗糙密布小圆窝纹。残长11、厚0.5厘米（图二〇五，13）。

H16　位于ⅢTS09W07西北部和ⅢTS08W07西南部。开口于第2层下，距地表深20~25厘米，打破H13和生土。平面呈不规则形，长约314、宽135、深约20厘米。弧壁，平底，壁面及底面未见明显加工痕迹。坑内填土为灰黑色黏土，包含大量红烧土颗粒、草木灰及少量石块，结构疏松。出土少量陶片，以夹砂灰陶居多，占35.73%，泥质红陶次之，占28.57%；纹饰以素面为主，少量凸弦纹、绳纹等；可辨器形有罐、钵等。另有极少量石器出土。采集石器标本1件，陶器标本2件（图二〇六）。

石环　1件。H16：1，1/3残。细砂岩。整体磨光，复原应近圆形，中部穿孔截面近等腰三角形。残长6.6、宽5.7、厚0.8厘米，重26克（图二〇五，27）。

陶罐　2件。均夹砂灰陶。H16：2，口及上腹部残。下腹弧内收，平底。素面。底径10.4、残高14.8厘米（图二〇五，4）。H16：3，肩部以下均残。敞口，仰折凹沿，方唇斜侈内凹，弧肩，鼓腹。肩下饰二道凸弦纹。复原口径23.2、腹径32.4、残高19.2厘米（图二〇五，5）。

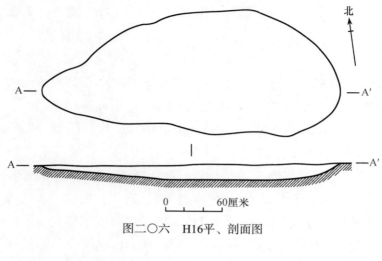

图二〇六　H16平、剖面图

三、灰　沟

发现3条。平面形状有长条形和"Z"字形两种。以下按单位介绍遗迹及遗物基本情况。

G1　位于ⅠTN07E05西部，部分延伸至ⅠTN06E05西北部。开口于第3层下，距地表深约55厘米，打破G2。平面呈长条形，长约11.35、宽1.4~1.6、深0.05~0.25米。直壁微斜，沟底由北向南倾斜，壁面及底面未见明显加工痕迹。沟内填土为灰黑色黏土，包含较多红烧土块及石块，结构疏松。出土遗物以陶器为主，并有少量石器（图二〇七）。

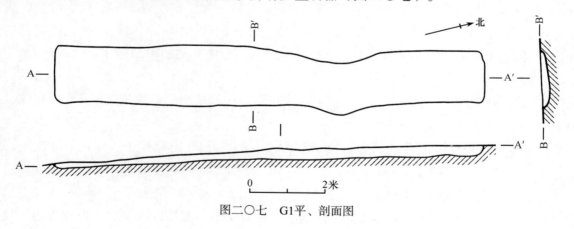

图二〇七　G1平、剖面图

1）石器

多为残块，仅采集2件石斧标本。制法以打凿为主，刃部稍磨。肩残失，直腰，双面凸弧刃。

斧　2件。G1：1，闪长岩。长9.2、宽7、厚3.9厘米，重397克（图二〇八-A，18）。G1：42，细砂岩。保留一面石皮，刃部使用疤痕重叠。长8.5、宽7、厚2厘米，重166克（图二〇八-A，15）。

2）陶器

多陶器碎片，以泥质红陶居多，占27.88%，夹砂红陶次之，占15.93%；纹饰以素面为主，

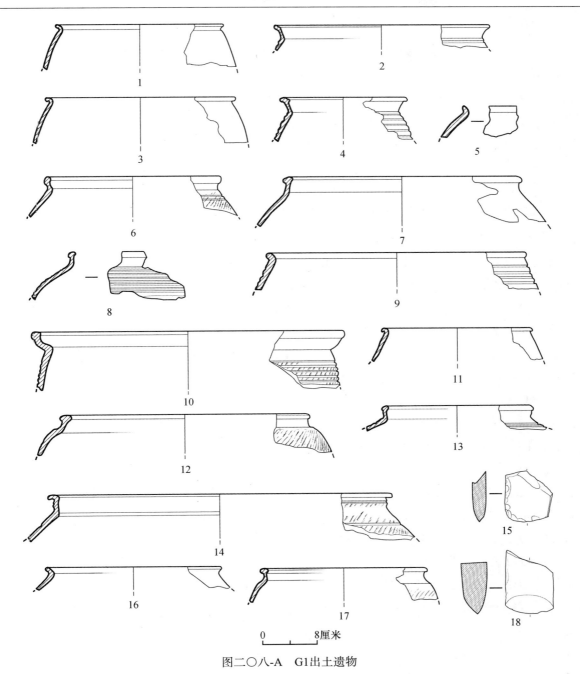

图二〇八-A　G1出土遗物

1~14、16、17. 陶罐（G1：5、G1：4、G1：6、G1：7、G1：3、G1：12、G1：13、G1：14、G1：27、G1：31、G1：30、
G1：33、G1：15、G1：32、G1：10、G1：16）　15、18. 石斧（G1：42、G1：1）

少量弦纹、划纹、绳纹等；可辨器形有罐、盆、杯、器座、锉等。采集标本40件。

　　罐　　16件。G1：3，残存少量口沿片，未能恢复原貌。夹砂红褐陶。侈口，尖圆唇，弧
肩。素面。残高4.8厘米（图二〇八-A，5）。G1：4，颈部以下均残。夹砂红陶。侈口，仰
折沿，圆唇，束颈。颈部饰二道凹弦纹。复原口径32、残高3.8厘米（图二〇八-A，2）。
G1：5，肩部以下均残。夹砂灰陶。侈口，窄沿，圆唇，溜肩。素面。复原口径24.8、残高
6.8厘米（图二〇八-A，1）。G1：6，肩部以下均残。夹砂灰陶。敛口，卷沿，圆唇，溜肩。

素面。复原口径28、残高7厘米（图二〇八-A，3）。G1：7，肩部以下均残。夹砂灰陶。侈口，仰折沿，厚圆唇、内缘突起，斜肩。肩部饰数道凸弦纹。复原口径18.8、残高6.6厘米（图二〇八-A，4）。G1：10，颈部以下均残。夹砂红褐陶。侈口，仰折沿，圆唇，束颈。素面。复原口径26、残高3.5厘米（图二〇八-A，16）。G1：12，肩部以下均残。夹砂灰陶。敛口，厚圆唇，斜肩。肩部先饰不规则斜划纹，其上再行二道凹弦纹。复原口径26.4、残高6厘米（图二〇八-A，6）。G1：13，肩部以下均残。夹砂红陶。敛口，厚圆唇，斜弧肩。素面。复原口径35.6、残高7.6厘米（图二〇八-A，7）。G1：14，残存少量口沿片，未能恢复原貌。夹砂红褐陶。直口，厚圆唇，圆肩。肩上饰数道凹弦纹（图二〇八-A，8）。G1：15，肩部以下均残。夹砂红褐陶。敛口，厚圆唇，广肩。肩部饰二道浅凹弦纹。复原口径22.4、残高5.7厘米（图二〇八-A，13）。G1：16，肩部以下均残。夹砂橙黄陶。敛口，厚圆唇，束颈，弧肩。肩部饰浅划纹。复原口径24.8、残高5.2厘米（图二〇八-A，17）。G1：27，肩部以下均残。夹砂红陶。侈口，窄沿，圆唇，斜肩。肩部饰数道浅凹弦纹。复原口径38.8、残高5.6厘米（图二〇八-A，9）。G1：30，肩部以下均残。夹砂灰陶。敛口，卷沿，尖圆唇，斜肩。素面。复原口径22.4、残高7厘米（图二〇八-A，11）。G1：31，肩部以下均残。夹砂红陶。盘口，方唇，溜肩。肩部饰弦断绳纹。复原口径46.4、残高9厘米（图二〇八-A，10）。G1：32，肩部以下均残。夹砂红陶。直口，宽沿微垂，圆唇，矮领，斜肩。领、肩部饰弦断划纹。复原口径51.2、残高7.2厘米（图二〇八-A，14）。G1：33，肩部以下均残。夹砂红陶。敛口，厚圆唇，微束颈，圆肩。肩部饰左斜划纹。复原口径37.2、残高6厘米（图二〇八-A，12）。

盆　13件。以泥质陶为主，少量夹砂陶。G1：8，下腹及底部残。泥质灰陶。直口，宽沿，圆唇，弧腹。素面。复原口径32、残高4.4厘米（图二〇八-B，14）。G1：9，下腹及底部残。泥质红陶。敞口，卷沿，圆唇，弧腹。素面。复原口径30.4、残高6.6厘米（图二〇八-B，16）。G1：11，腹部及底部均残。泥质灰陶。侈口，折沿外垂，尖圆唇。素面。复原口径28、残高2.4厘米（图二〇八-B，18）。G1：17，下腹及底部残。夹砂红褐陶。微敛口，卷沿，圆唇，弧腹。素面。复原口径37.2、残高5.4厘米（图二〇八-B，15）。G1：18，底部残。泥质橙黄陶。敛口，圆唇，上腹略鼓、下腹弧收。素面。残高6.4厘米（图二〇八-B，24）。G1：19，下腹及底部残。泥质橙黄陶。直口，厚圆唇，弧直腹。上腹饰四道宽窄不一凸弦纹。复原口径23.6、残高6.6厘米（图二〇八-B，20）。G1：20，下腹及底部残。泥质红陶。侈口，窄沿，圆唇，弧腹。素面。复原口径37.2、残高5.4厘米（图二〇八-B，17）。G1：21，下腹及底部残。夹砂灰陶、黑皮。敛口，厚圆唇，弧腹。素面磨光。复原口径30.4、残高6厘米（图二〇八-B，23）。G1：22，下腹及底部残。泥质橙黄陶。敛口，厚圆唇，弧腹微鼓。素面。复原口径28.8、残高6厘米（图二〇八-B，22）。G1：23，底部残。泥质红陶。敛口，卷沿，圆唇，垂腹。素面。复原口径34、残高11.6厘米（图二〇八-B，21）。G1：26，腹部及底部均残。夹砂灰陶。直口，圆唇、唇面有一道浅凹槽。素面。复原口径36、残高3.6厘米（图二〇八-B，19）。G1：28，下腹及底部残。泥质红陶。敛口，平折沿，圆唇。素面。复原口径49.6、残高5.4厘米（图二〇八-B，12）。G1：29，残存少量口沿片，未能恢复原貌。泥质橙黄陶。敛口，卷沿，圆唇，鼓腹。素面。残高8厘米（图二〇八-B，13）。

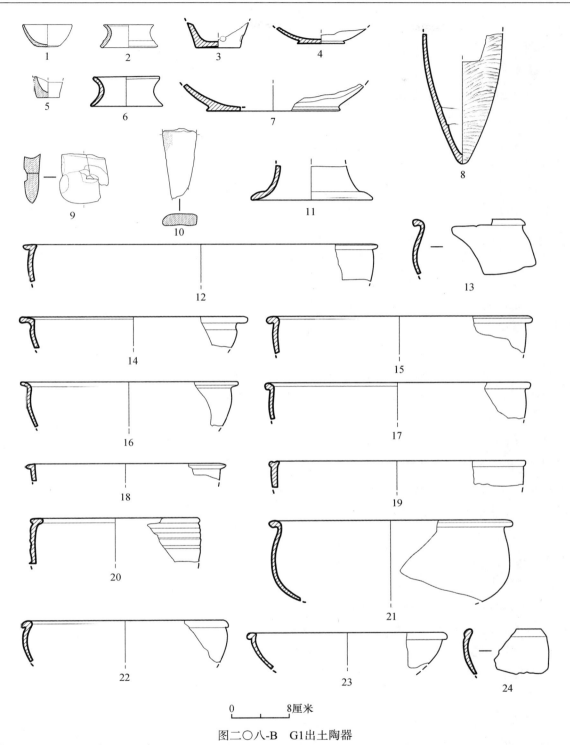

图二〇八-B　G1出土陶器

1、5.杯（G1：2、G1：40）　　2、6.器座（G1：24、G1：25）　　3、4、7.器底（G1：36、G1：38、G1：37）　　8.尖底瓶
（G1：39）　　9.斧形器（G1：34）　　10.锉（G1：41）　　11.圈足（G1：35）　　12～24.盆（G1：28、G1：29、G1：8、
G1：17、G1：9、G1：20、G1：11、G1：26、G1：19、G1：23、G1：22、G1：21、G1：18）

杯　2件。G1：2，泥质红陶。敞口，圆唇，浅弧腹，平底、底腹交界处有一周阴刻凹槽。素面。口径7、底径3.4、高3.2厘米（图二〇八-B，1）。G1：40，口及上腹部残。泥质红陶。下腹斜直，厚平底。底部饰不规则浅划纹。底径3.2、残高3厘米（图二〇八-B，5）。

器座　2件。均泥质橙黄陶，上、下缘外侈，束腰。G1：24，方唇，近下口处起一道凸棱。直径7~8、高3.3厘米（图二〇八-B，2）。G1：25，圆唇。素面。直径9.4~10.2、高4.2厘米（图二〇八-B，6）。

器底　3件。均口及上腹部残。G1：36，泥质红褐陶。下腹斜直，近底部有几个圆形穿孔，平底较厚。素面。底径6.2、残高3.6厘米（图二〇八-B，3）。G1：37，泥质红陶。下腹弧收，低假圈足、边缘略突。素面。复原底径18.8、残高3.8厘米（图二〇八-B，7）。G1：38，下腹弧收，低假圈足、边缘略突。素面。底径6.6、残高2.4厘米（图二〇八-B，4）。

圈足　1件。G1：35，泥质灰陶。弧形足面，边缘略突。素面。圈足径17.2、残高5厘米（图二〇八-B，11）。

尖底瓶　1件。G1：39，口部残。泥质红陶、灰胎。弧腹下斜收，尖底。腹、底部饰不规则划纹。残高10.8厘米（图二〇八-B，8）。

锉　1件。G1：41，两端皆残。夹砂红陶。复原推测为扁平梭状，截面略呈弧角长方形。器表粗糙，密布小圆窝纹。残长10.5、宽4.8、厚1.7厘米（图二〇八-B，10）。

斧形器　1件。G1：34，碎裂成3块，似经火烧。泥质红褐陶。整体呈斧形，用途不详。素面。长7.2、宽6.2、厚2.2厘米（图二〇八-B，9）。

G3　位于ⅠTN09E05南部，向南延伸至ⅠTN098E05东北部，向西延伸进西壁内。开口于第2层下，距地表深约30厘米，打破第5层和生土。平面呈"Z"字形，斜壁，平底，口部宽100~200、底部宽45~110、深60~90厘米，已发掘长度约11米。沟内填土为黑褐色黏土，夹杂少量卵石，结构较致密。出土遗物以陶器为主，并有少量石器（图二〇九）。

1）石器

多为残块，采集3件标本。

斧　2件。G3：1，砂岩。打制，仅对刃部稍磨。肩部残失，直腰，双面凸弧刃。残长7.8、宽5.6、厚1.2厘米，重85克（图二一〇，13）。G3：18，泥条粉砂岩。石斧肩部残片，原石斧应通体磨光。残长7、宽6.6、厚1厘米，重75克（图二一〇，14）。

杵　1件。G3：17，砂岩。利用原始柱状砾石，两端砸击疤明显。长16.8、宽2~3、厚2.2厘米，重164克（图二一〇，17）。

2）陶器

多陶器碎片，以泥质红陶居多，占37.39%，泥质橙黄陶次之，占13.18%；纹饰以素面为主，少量绳纹；可辨器形有鼎、罐、盆、带流盆、瓮、器座等。采集器物标本14件，纹饰拓片标本1件。

鼎　1件。G3：11，夹砂红陶。肩部以下均残。敞口，卷沿外侈，微束颈，溜肩。素面。复原口径32、残高6.4厘米（图二一〇，15）。

鼎足　1件。G3：15，夹砂红褐陶。实心矮锥足，剖面近三角形，足面上竖行绳纹。残高

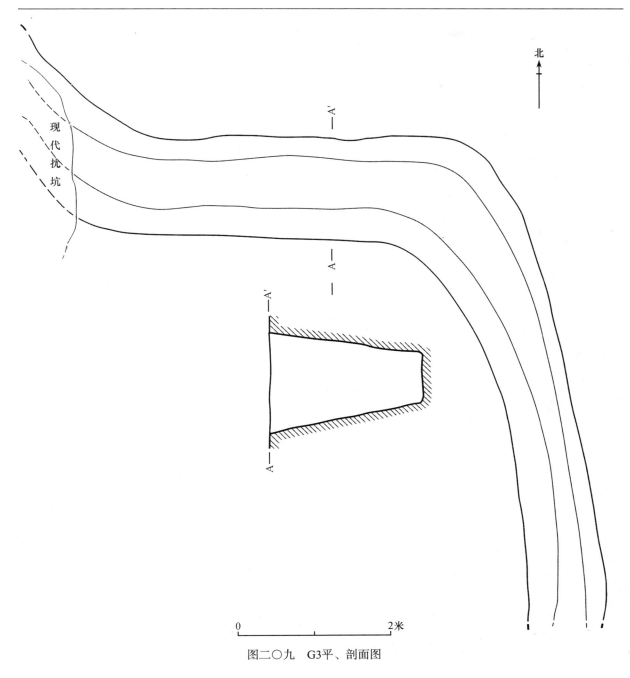

图二〇九　G3平、剖面图

5.4厘米（图二一〇，10）。

　　罐　8件。G3：2，底部残。夹砂灰陶。敛口，卷沿，圆唇，溜肩，鼓腹微垂。素面。复原口径22、腹径24.2、残高13厘米（图二一〇，1）。G3：3，底部残。夹砂灰陶。形制与G3：2基本一致。复原口径18.4、残高9.2厘米（图二一〇，2）。G3：4，肩部以下均残。夹砂红褐陶。敛口，窄翻沿，圆唇，溜肩。肩上斜行绳纹。复原口径18.4、残高5.6厘米（图二一〇，8）。G3：5，肩部以下均残。夹砂红褐陶。敛口，卷沿，圆唇，溜肩。素面。复原口径18.8、残高7.8厘米（图二一〇，3）。G3：6，肩部以下均残。夹砂红褐陶。侈口，窄翻沿，圆唇，斜肩。肩上斜行绳纹。复原口径18.4、残高3.2厘米（图二一〇，6）。G3：7，肩部以下均残。

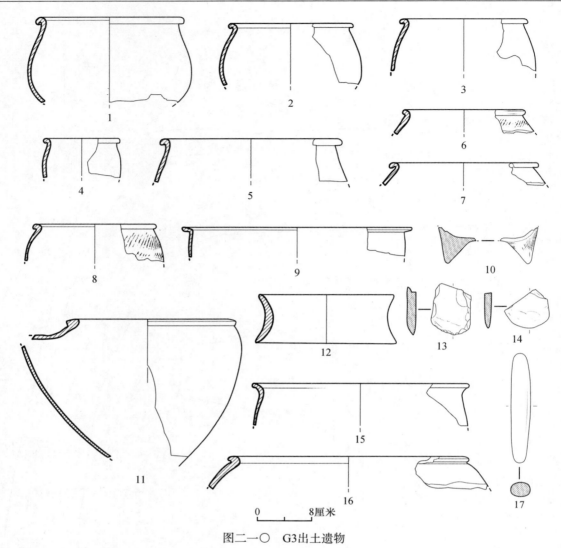

图二一〇　G3出土遗物

1~8.陶罐（G3：2、G3：3、G3：5、G3：10、G3：9、G3：6、G3：7、G3：4）　9.陶盆（G3：12）　10.陶鼎足（G3：15）
11.陶带流盆（G3：13）　12.陶器座（G3：14）　13、14.石斧（G3：1、G3：18）　15.陶鼎（G3：11）　16.陶瓮（G3：8）
17.石杵（G3：17）

夹砂红褐陶。敛口，卷沿，圆唇，斜肩。素面。复原口径22、残高3厘米（图二一〇，7）。G3：9，肩部以下均残。夹砂红褐陶。敛口，卷沿，圆唇，溜肩。素面。复原口径26.8、残高6.6厘米（图二一〇，5）。G3：10，下腹及底部残。夹砂灰陶。敛口，卷沿，圆唇，溜肩，弧腹微鼓。素面。复原口径11.2、残高6厘米（图二一〇，4）。

盆　1件。G3：12，下腹及底部残。泥质红褐陶。直口微敛，宽沿，圆唇，上腹弧直。素面。复原口径33.8、残高4.7厘米（图二一〇，9）。

带流盆　1件。G3：13，流及底部残。泥质红陶。直口，厚圆唇，斜弧腹。素面。复原口径26、残高21.2厘米（图二一〇，11）。

瓮　1件。G3：8，肩部以下均残。夹砂红褐陶。敛口，厚圆唇，圆肩。素面。复原口径35.6、残高4.4厘米（图二一〇，16）。

　　器座　1件。G3：14，泥质红陶。上、下缘外侈，圆唇，束腰。素面。口径5、底径5.4、高3.8厘米（图二一〇，12）。

　　纹饰拓片　1件。G3：16，中粗绳纹（图二一一，4）。

　　G4　位于第Ⅰ发掘区东北部，已发掘部分由西南向东北依次经ⅠTN09E08东南，ⅠTN09E09西北及ⅠTN10E09西部，并继续向东北延伸。开口于第2层下，距地表深26～40厘米，打破第5层和生土。平面呈长条形，西南头端较窄，向东北渐宽。已知长度约15米，宽40～100、深15～105厘米。沟口边缘明显，沟壁较斜，由西南向东北斜度逐渐加大；沟底呈阶梯状，由西南向东北逐渐降低；底面较平，壁面及底面未见加工痕迹。沟内填土为灰黄褐色黏土，夹杂较多红烧土颗粒，结构较疏松。出土遗物以陶器为主，并有零星石器（图二一二；图版一〇）。

　　1）石器

　　坑内出土较多石块，大部为卵石，少量有人为加工痕迹。仅采集1件石镞标本。

　　镞　1件。G4：20，闪长岩，磨制。尾部断失，两翼对称成尖，刃缘锋利。残长3.7、宽2、厚0.2厘米，重85克（图二一三，20）。

　　2）陶器

　　多陶器碎片，以泥质红陶居多，占34%，泥质橙黄陶次之，占20%；纹饰皆为素面；可辨器形有鼎、罐、钵、红顶钵、盆、碗、器座等。采集标本19件。

图二一一　G3、Y2纹饰拓片

1、2、4.中粗绳纹（Y2：27、Y2：25、G3：16）　3.粗绳纹（Y2：26）

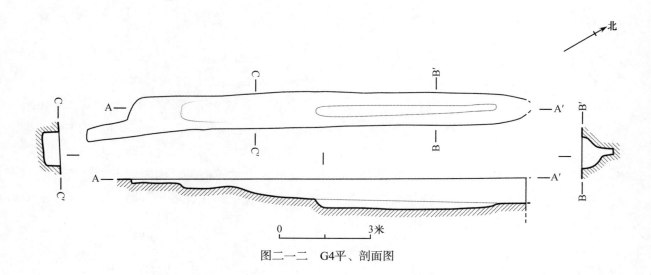

图二一二　G4平、剖面图

鼎　2件。均夹砂红陶。G4：3，颈部以下均残。侈口，宽仰折沿，尖圆唇，微束颈。素面。复原口径20、残高4厘米（图二一三，19）。G4：5，颈部以下均残。侈口，仰折沿，圆唇，溜肩。素面。残高4.2、口径20厘米（图二一三，18）。

鼎足　1件。G4：19，足尖残。夹砂红陶。复原应为锥状实足，足尖外撇。素面。残长10.2厘米（图二一三，10）。

罐　4件。G4：1，肩部以下均残。夹砂红陶。侈口，仰折沿，尖唇，溜肩。素面。复原口径18、残高6.6厘米（图二一三，1）。G4：2，肩部以下均残。夹砂红褐陶。侈口，仰折沿，圆唇，弧肩。素面。复原口径18、残高6.8厘米（图二一三，2）。G4：4，肩部以下均残。夹砂红陶。侈口，仰折沿，圆唇，圆肩。素面。复原口径20、残高3.2厘米（图二一三，5）。G4：6，残存少量口沿片，未能恢复原貌。夹砂灰陶。侈口，仰折沿，尖圆唇，溜肩。素面。残高5.2厘米（图二一三，4）。

钵　4件。均下腹及底部残。G4：9，泥质红陶。直口微侈，尖唇，弧腹。素面。复原口径26、残高4.4厘米（图二一三，3）。G4：10，泥质灰陶。敞口，方唇，斜弧腹。素面。复原口径26、残高5.4厘米（图二一三，6）。G4：11，泥质灰陶。敞口，尖圆唇，弧腹。素面。复原口径26、残高4.8厘米（图二一三，9）。G4：12，泥质灰陶。敞口，尖圆唇，斜弧腹，口沿下有一圆形钻孔，疑为修复之用。素面。复原口径26、残高4.1厘米（图二一三，12）。

红顶钵　2件。G4：7，底部残。泥质灰陶、红顶。敞口，尖圆唇，斜弧腹。素面。复原口径26、残高8.3厘米（图二一三，11）。G4：8，下腹及底部残。泥质灰陶，橙黄顶。敞口，尖圆唇，斜弧腹。素面。复原口径27.8、残高7厘米（图二一三，8）。

盆　4件。G4：13，仅存少量口沿。泥质橙黄陶。直口微敛，窄沿，圆唇，复原应为弧腹。素面。复原口径32、残高2.8厘米（图二一三，16）。G4：14，仅存少量口沿。泥质红陶。直口微敛，窄沿，方唇，复原应为弧腹。素面。复原口径32、残高3.8厘米（图二一三，17）。G4：15，下腹及底部残。泥质橙黄陶。敛口，仰折沿较宽，圆唇，弧腹。素面。复原口径36、残高4.9厘米（图二一三，14）。G4：16，下腹及底部残。泥质红陶。敛口，折沿，尖

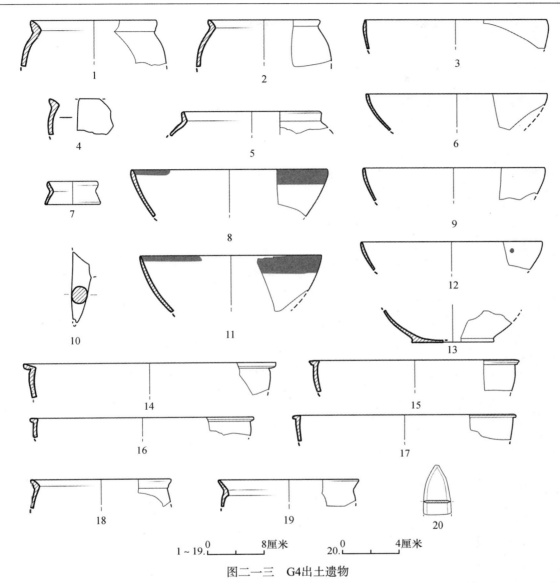

图二一三　G4出土遗物

1、2、4、5.陶罐（G4：1、G4：2、G4：6、G4：4）　3、6、9、12.陶钵（G4：9、G4：10、G4：11、G4：12）　7.陶器座
（G4：18）　8、11.陶红顶钵（G4：8、G4：7）　10.陶鼎足（G4：19）　13.陶器底（G4：17）　14～17.陶盆（G4：15、
G4：16、G4：13、G4：14）　18、19.陶鼎（G4：5、G4：3）　20.石镞（G4：20）

圆唇，弧腹。素面。复原口径30、残高4.6厘米（图二一三，15）。

器底　1件。G4：17，口及上腹残。泥质橙黄陶。斜弧腹，假圈足。素面。复原底径
11.6、残高4.6厘米（图二一三，13）。

器座　1件。G4：18，泥质红陶。上、下缘外侈，圆唇，束腰。素面。直径7.4～8、高3.3
厘米（图二一三，7）。

四、房　　址

仅发现1座，且没有出土遗物。

F1　位于ⅢTS04W08南部及ⅢTS05W08北部，开口于第4层下，距地表深40～50厘米，打破生土。F1为栅栏式木构建筑，平面呈圆形，直径280～290厘米，房基宽20～35、残深5～15厘米。基槽内残存柱洞6个，屋内1个，柱洞直径14～25、残深18～30厘米。房内地面略内凹，中部放置石块12块，无焚烧痕迹，用途不明（图二一四；图版一一，1）。

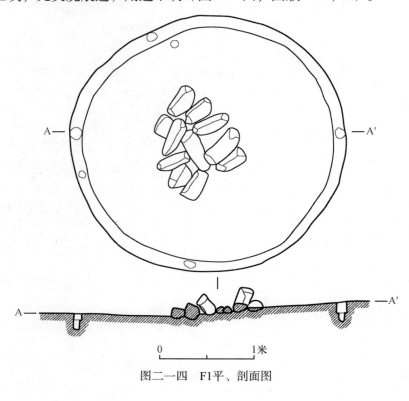

图二一四　F1平、剖面图

五、窑　　址

仅发现1座。

Y2　位于ⅡTN07W01东北部。开口于第2层下，距地表深约20厘米，打破第5层和生土。由窑室及窑前工作面两部分组成。窑室平面呈椭圆形，南北长约106、东西宽约82、残深约8厘米，方向10°。窑壁呈灰红色，壁面抹泥，光滑，厚约4厘米。窑底为灰红色平面，平整，光滑，质坚。火门位于窑室北端，平面呈梯形，长约24、宽30～36、残深12～18厘米。窑内填土为灰褐黏土，夹杂少量红烧土颗粒及小石块，结构较疏松。窑前工作面位于窑室北部，平面呈不规则圆形，东西长约183、南北宽约142、残深约23厘米。弧壁，底近平。近火门处有一块长约78、宽约36厘米烧结面。工作面坑内填土为灰黑黏土，夹杂红烧土颗粒及石块，结构致密。出土遗物以陶器为主，并有零星石器（图二一五；图版一一，2）。

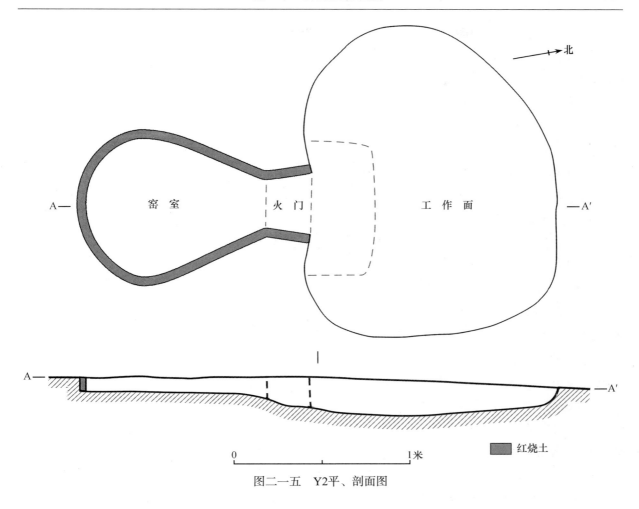

图二一五　Y2平、剖面图

1）石器

多为原始碎块，少量经人为加工，采集标本2件。

条状石器　1件。Y2：24，顶端残。细砂岩。利用原始砾石稍磨，两边较直，刃凸弧、对称成尖。残长11.5、宽4.8、厚1.1厘米（图二一六-A，18）。

盘状器　1件。Y2：28，边缘部分残失。细砂岩。利用圆形砾石单向加工一周，形成薄刃，一面保留石皮。直径8、厚2.1厘米，重146克（图二一六-A，15）。

2）陶器

多陶器碎片，以夹砂灰陶居多，占26.25%，夹砂橙黄陶次之，占22.5%；纹饰多为素面，少量弦纹、划纹等；可辨器形有鼎、罐、瓮等。采集器物标本23件，纹饰拓片标本3件。

鼎　2件。Y2：12，肩部以下均残。夹砂红陶。敞口，卷沿，圆唇，束颈，溜肩。素面。复原口径37.2、残高4.8厘米（图二一六-A，16）。Y2：21，残存腹部及少量足根。夹砂黑陶。弧腹，足根饰几个按窝。残高4.8厘米（图二一六-A，17）。

罐　14件。均夹砂陶。肩部以下残。卷沿。Y2：1，夹砂红陶。敛口，圆唇，弧肩。素面。复原口径48、残高8.4厘米（图二一六-A，1）。Y2：2，夹砂红陶。敛口，尖圆唇，斜肩。肩部饰左斜划纹。复原口径25.2、残高7厘米（图二一六-A，3）。Y2：3，夹砂橙黄陶。

侈口，圆唇，溜肩。素面。复原口径22.4、残高5.6厘米（图二一六-A，4）。Y2：4，夹砂红褐陶。敛口，圆唇，斜肩。肩上饰几道凸弦纹。复原口径18.4、残高4.5厘米（图二一六-A，5）。Y2：5，夹砂红褐陶。侈口，圆唇，斜肩。素面。复原口径15.6、残高5厘米（图二一六-A，2）。Y2：6，夹砂灰陶。侈口，圆唇，弧肩。素面。复原口径32、残高4.4厘米（图二一六-A，8）。Y2：7，夹砂灰陶。敛口，圆唇，斜肩。素面。复原口径45.2、残高5厘米（图二一六-A，6）。Y2：8，夹砂灰陶。敛口，圆唇，弧肩。素面。复原口径32.4、残高5.4厘米（图二一六-A，9）。Y2：9，夹砂灰陶。侈口，圆唇，溜肩。肩部先饰一道凹弦纹，其下饰不规整划纹。复原口径22、残高7.2厘米（图二一六-A，7）。Y2：10，夹砂灰陶。侈口，圆唇，弧肩。素面。复原口径25.2、残高5.4厘米（图二一六-A，10）。Y2：11，夹砂红褐陶。敛口，圆唇，弧肩。素面。复原口径30.4、残高4厘米（图二一六-A，12）。Y2：14，夹砂红褐陶。敛口，圆唇，弧肩。素面。复原口径37.2、残高7.4厘米（图二一六-A，11）。Y2：15，夹砂灰陶。敛口，圆唇，斜弧肩。素面磨光。复原口径30.4、残高4.4厘米（图二一六-A，13）。Y2：16，夹砂灰陶。敛口，方唇，斜肩。素面。复原口径23.6、残高5.2厘米（图二一六-A，14）。

瓮　1件。Y2：17，底部残。夹砂红褐陶。微敛口，圆唇，弧腹，最大腹径偏上。素面。复原口径36、残高27厘米（图二一六-B，1）。

器底　5件。均残存少量腹部及底部。Y2：18，夹砂灰陶。下腹斜收，平底。素面。复原底径22、残高6厘米（图二一六-B，7）。Y2：19，夹砂红陶。下腹斜收，平底。素面。复原底径17.6、残高5.2厘米（图二一六-B，2）。Y2：20，夹砂红褐陶。下腹弧收，平底。素面。复原底径10.4、残高4.4厘米（图二一六-B，6）。Y2：22，泥质灰陶。下腹弧收，低假圈足。素面。复原底径12、残高3.2厘米（图二一六-B，3）。Y2：23，夹砂红褐陶。下腹斜收，平底。腹部饰凹弦纹。复原底径16.8、残高3厘米（图二一六-B，4）。

圈足残片　1件。Y2：13，仅存少量残片，未能恢复原貌。夹砂红陶。斜面，底缘内收。素面。残高6.4厘米（图二一六-B，5）。

纹饰拓片　3件。Y2：25、Y2：27，中粗绳纹（图二一一，2、1）。Y2：26，粗绳纹（图二一一，3）。

六、灶　　坑

发现2座。

Z1　位于ⅠTN06E03中东部。开口于第2层下，距地表深约25厘米，打破第3层和生土。破坏严重，仅残存灶底，平面呈圆形，直径约86、深6～13厘米，方向220°。分为二个火膛，南北对列各为半圆形，中间以长约76、宽约8厘米火道相隔。火门位于西南部，灶壁烧结明显。出土残灶片若干，未采集标本（图二一七；图版一二，1）。

Z2　位于ⅠTN06E03西北部，东南距Z1仅约4米。开口于第2层下，距地表深约25厘米，打破3层。破坏严重，仅残存灶底，平面呈勺形，残长约90、宽40～52、深4～7厘米，方向

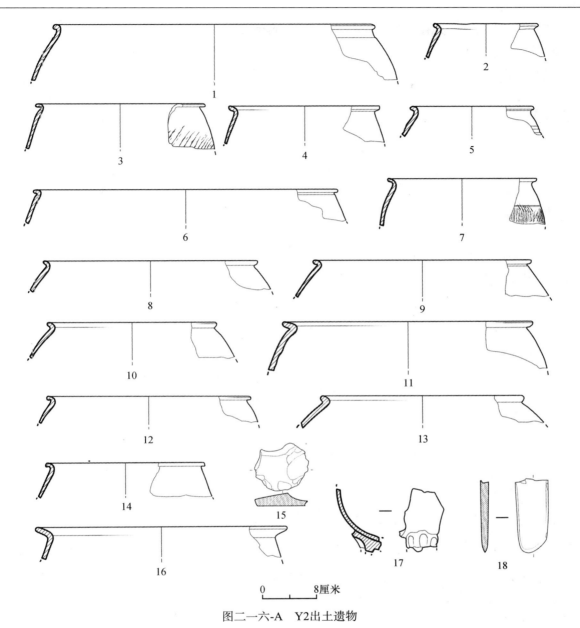

图二一六-A　Y2出土遗物

1～14. 陶罐（Y2：1、Y2：5、Y2：2、Y2：3、Y2：4、Y2：7、Y2：9、Y2：6、Y2：8、Y2：10、Y2：14、Y2：11、Y2：15、
Y2：16）　15. 石盘状器（Y2：28）　16、17. 陶鼎（Y2：12、Y2：21）　18. 条状石器（Y2：24）

270°。近椭圆形火膛位于东部，其西为火门及残存火道，长约60、宽约40厘米。出土零星陶
片，以夹砂红、灰陶为主；纹饰以素面为主，多穿孔，少量绳纹；可辨器形有罐、灶等。另有
极少量兽骨出土。采集陶器标本7件，动物骨骼标本1件（图二一八；图版一二，2）。

陶罐　3件。均肩部以下残。夹砂红陶。敛口，卷沿，圆唇。Z2：5，溜肩。肩部饰细绳
纹。复原口径34、残高12厘米（图二一九，1）。Z2：6，斜肩。素面。复原口径28.4、残高4.6
厘米（图二一九，2）。Z2：7，斜肩。素面。口沿下有一圆形穿孔。复原口径22.4、残高5.6厘
米（图二一九，3）。

陶筒形罐　1件。Z2：1，夹砂灰陶。直口，厚圆唇，直腹，平底。腹中斜行细绳纹。口径

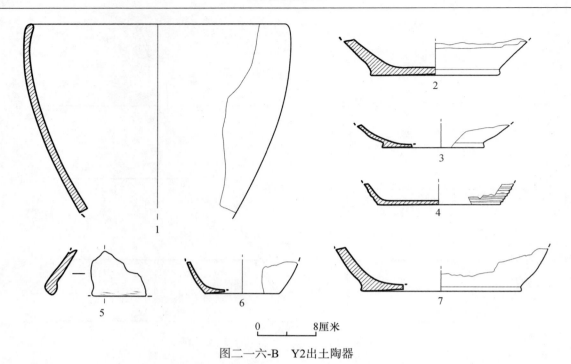

图二一六-B　Y2出土陶器

1. 瓮（Y2：17）　　2~4、6、7. 器底（Y2：19、Y2：22、Y2：23、Y2：20、Y2：18）　　5. 圈足残片（Y2：13）

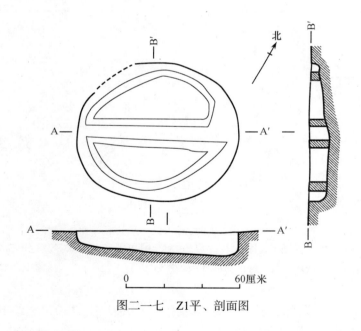

图二一七　Z1平、剖面图

23.6、底径20.8、高18厘米（图二一九，7）。

　　陶灶　3件。均夹砂灰陶。Z2：2，陶胎较厚。口及上腹残。下腹斜直，平底，复原腹部应有两排圆形烟孔。素面。复原底径15.2、残高15厘米（图二一九，5）。Z2：3，敛口，圆唇，复原应为斜弧腹，平底，通体有圆形烟孔。素面。复原口径35.6、底径18、高32厘米（图二一九，4）。Z2：4，口部以下均残。敛口，方唇，复原应为弧腹，口下有一道凹槽，腹部有圆形烟孔。素面。复原口径36、残高6.3厘米（图二一九，6）。

　　动物骨骼　1件。Z2：8，兽骨（图二一九，8）。

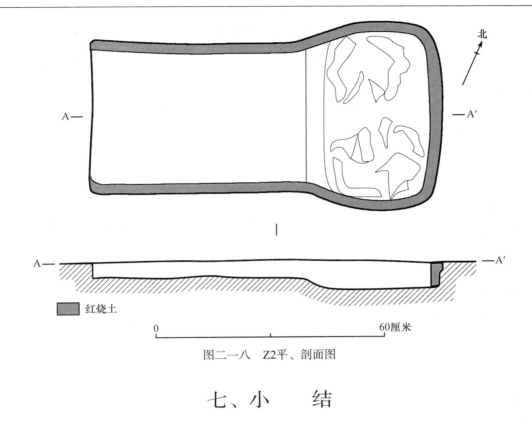

北

A — — A'

A — — A'

红烧土

0　　　　　　　　　　　　　60厘米

图二一八　Z2平、剖面图

七、小　结

（1）刘湾遗址发现的聚落环壕由东南向西北蜿蜒，将整个遗址分为了两部分，环壕内外均有较多遗迹发现，应是典型的双聚落遗址，是鄂西北同时代唯一的发现。沟内出土遗物丰富，可见沿用时间之长，是整个遗址繁荣的见证。

（2）刘湾遗址所见灰坑形制多样，从平面分有圆形、椭圆形、方形、长方形及不规则形几大类，从剖面分还有少量袋状坑。如此众多的灰坑形制除了有年代区分外，应该还有功能上的区分。尤以一些方形和袋状灰坑特殊，形制规整，基本未出土遗物，推测其功能更多的是用来贮存。另外，诸如H195、H196这种大型石料堆积坑的发现，为我们复原当时人类的专业化活动提供了依据，可以推测刘湾遗址环壕内外的两个聚落是存在着分工的。

（3）刘湾遗址仅发现圆形房址1座，灶坑2处，其余区域均不见生活遗迹，这显然是不符合遗址本身较为丰富的内涵。究其原因，一方面是由于遗址常年遭江水冲刷，破坏极大，这从遗址大部并没有发现较丰富文化层堆积也可见一斑。另一方面就如同上述第（2）点中提到的灰坑形制有关。在环壕以内遗址中部核心区域发现了较多没有出土物的方形（含长方形）灰坑，有的灰坑底部置放大型河卵石一枚。能否推测上述灰坑为一般棚式房屋建筑的主柱坑和柱础？如果推测成立的话，这样的建筑形式也是整个史前时代的新发现。

第二节　墓葬及随葬品

刘湾遗址新石器时代墓葬分布于整个遗址，有土坑墓和瓮棺葬两种。遗址由于平整土地改

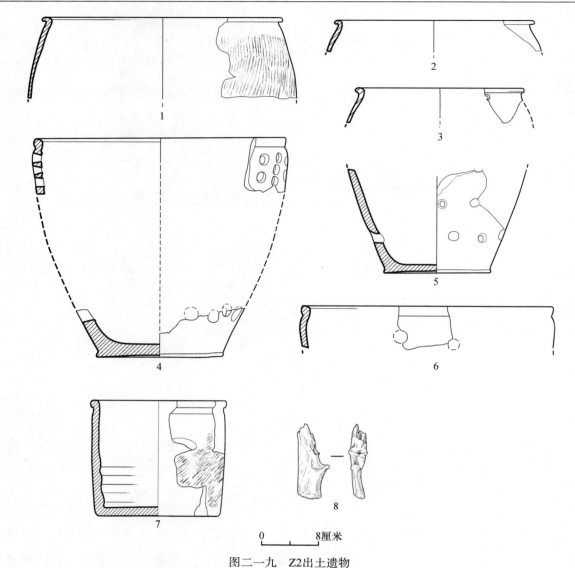

图二一九　Z2出土遗物

1~3. 陶罐（Z2：5、Z2：6、Z2：7）　4~6. 陶灶（Z2：3、Z2：2、Z2：4）　7. 陶筒形罐（Z2：1）　8. 兽骨（Z2：8）

田时破坏严重，所有墓葬均残存底部，大部未发现随葬品。以下按单位介绍刘湾遗址新石器时代墓葬情况（图二二〇）。

一、土　坑　墓

共发现82座。分单人一次葬、单人二次葬及多人二次葬三类。

（一）单人一次葬

79座。其中46座无随葬品出土，33座有随葬品。随葬品以陶器为主，器形有陶鼎、罐、钵、碗、杯等；石器少量，器形有石钺、凿等。均未发现葬具。

1. 无随葬品墓

46座。包括未出土随葬品或因残片较碎、不辨器形而未采集的土坑墓二类（图二二一~图二二六；图版一三，3；图版一四，3）。各墓葬概不详述，具体情况见附表二。

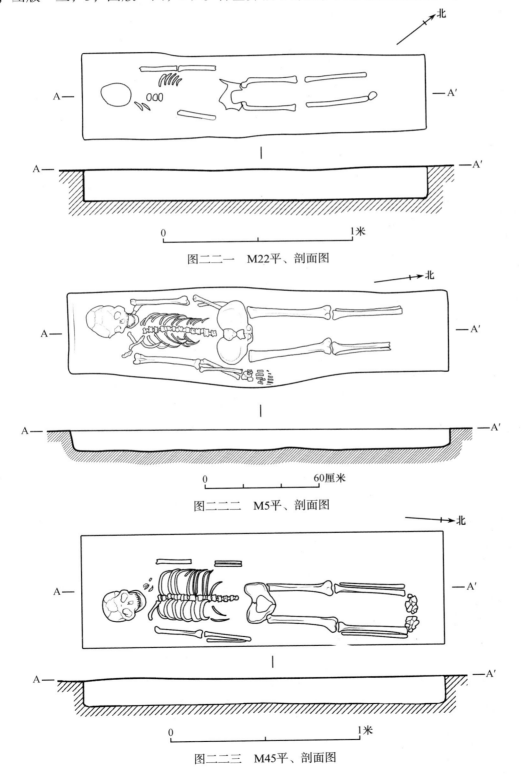

图二二一　M22平、剖面图

图二二二　M5平、剖面图

图二二三　M45平、剖面图

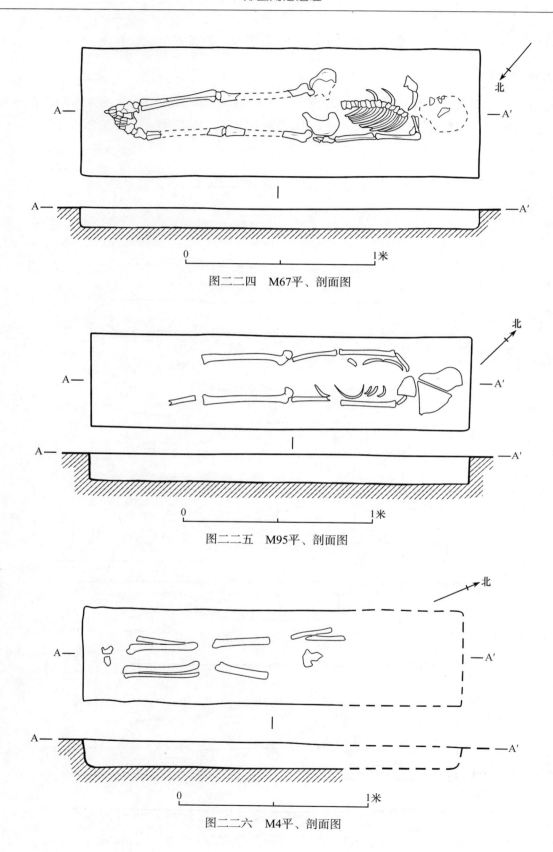

图二二四　M67平、剖面图

图二二五　M95平、剖面图

图二二六　M4平、剖面图

2. 有随葬品墓

33座。

M14　位于ⅠTN06E03西北部。开口于第3层下，距地表深约45厘米，打破第5层和生土。长方形土坑竖穴，直壁，平底，长约210、宽约70、深约57厘米。坑内填黄褐色花土，结构较致密。葬式为仰身直肢葬，人骨保存较差，仅见头骨和下肢骨架。方向220°。脚端右侧发现有1件陶钵〔图二二七；图版一四，2〕。

陶钵　1件。M14：1，泥质灰陶、红顶。敞口，尖圆唇，浅弧腹，平底、底腹交界处有一周阴刻凹槽。素面。口径30、底径6.8、高9.6厘米（图二二八，1）。

M93　位于ⅠTN05E05中西部。开口于第3层下，距地表深约65厘米，打破H194和生土。长方形土坑竖穴，直壁，平底，长约202、宽约62、深约10厘米。填黑褐花土，结构疏松。葬式为仰身直肢葬，人骨保存较好。方向为236°。右足部置放1件陶钵（图二二九）。

陶钵　1件。M93：1，泥质黑陶。敞口，圆唇，弧腹，极低假圈足。素面。口径24.8、底径7.2、高9.2厘米（图二二八，5）。

M7　位于ⅠTN06E02东北部。开口于第2层下，距地表深约30厘米，打破第5层和生土。长方形土坑竖穴，直壁，平底，长约180、宽约70、深约10厘米。填土为灰褐色，结构较疏松。葬式为仰身直肢葬，人骨保存较差，仅见部分骨架。方向195°。随葬陶罐1件，置于左肩处（图二三〇；图版一三，1）。

陶罐　1件。M7：1，整器略显宽扁，泥质黑陶。侈口，仰折沿，弧肩，鼓腹，平底略凹。肩部对称贴有两个圆形小泥钉。口径11.6、腹径18.6、底径6、高14.4厘米（图二二八，15）。

M11　位于ⅠTN06E06东部。开口于第2层下，距地表深约30厘米，打破第5层和生土。长方形土坑竖穴，直壁，平底，长约200、宽58~60、深约20厘米。填土为灰褐色，结构较

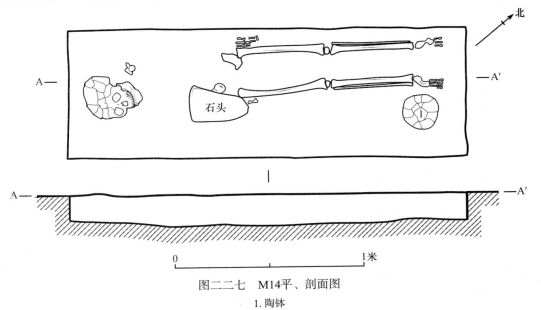

图二二七　M14平、剖面图

1. 陶钵

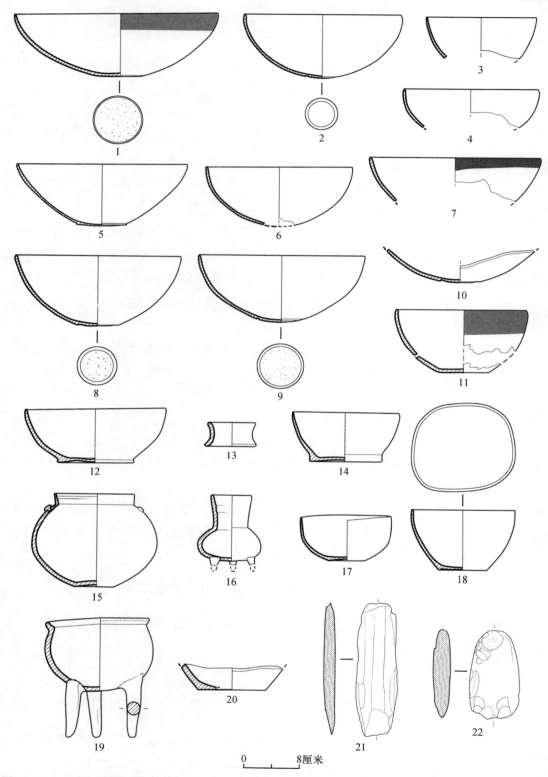

图二二八　M14、M93、M7、M11、M12、M15、M20、M23、M24、M25、M29、M30、M31、M32、

M33、M43出土遗物

1~12.陶钵（M14：1、M12：2、M30：1、M24：1、M93：1、M23：1、M25：1、M32：1、M43：1、M31：1、

M33：1、M33：2）　13.陶器座（M29：1）　14、17、18.陶碗（M43：2、M15：1、M20：1）　15.陶罐（M7：1）

16.陶三足壶（M23：2）　19.陶鼎（M11：1）　20.陶器底（M23：3）　21.石锛（M12：1）　22.石斧（M33：3）

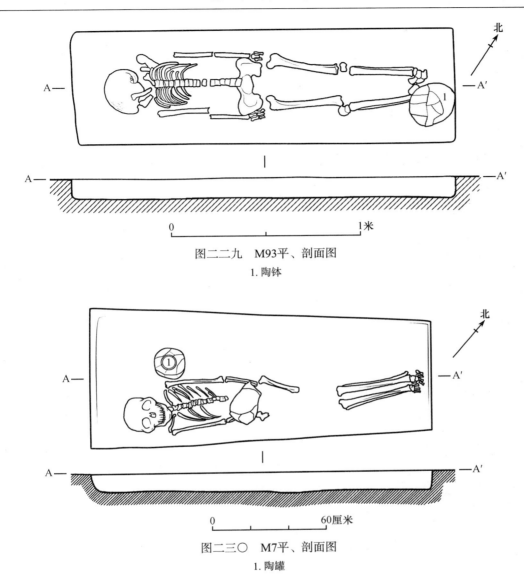

图二二九 M93平、剖面图
1. 陶钵

图二三○ M7平、剖面图
1. 陶罐

疏松。葬式为仰身直肢葬，人骨保存较差，仅见部分骨架。方向227°。脚端随葬陶鼎1件（图
二三一；图版一四，1）。

陶鼎 1件。器形较小。夹砂红褐陶。大口，圆唇，束颈，浅弧腹微鼓，圜底近平，三锥
状实足。素面。口径17.2、腹径16、高25.2厘米（图二二八，19）。

M12 位于ⅠTN06E01南部。开口于第2层下，距地表深约40厘米，打破第5层和生土。长
方形土坑竖穴，直壁，平底，长约210、宽50～60、深约15厘米。坑内填灰褐花土，结构较疏
松。葬式不详，人骨保存极差，仅见零星骨痕迹。方向200°。头部随葬石锛及陶钵各1件（图
二三二）。

石锛 1件。M12：1，片麻岩。利用条状砾石打制而成，仅对刃部稍加工。长9.3、宽
2.8、厚0.8厘米，重31克（图二二八，21）。

陶钵 1件。M12：2，泥质黑陶。直口，方唇，弧腹，平底、底腹交界处有一周阴刻凹

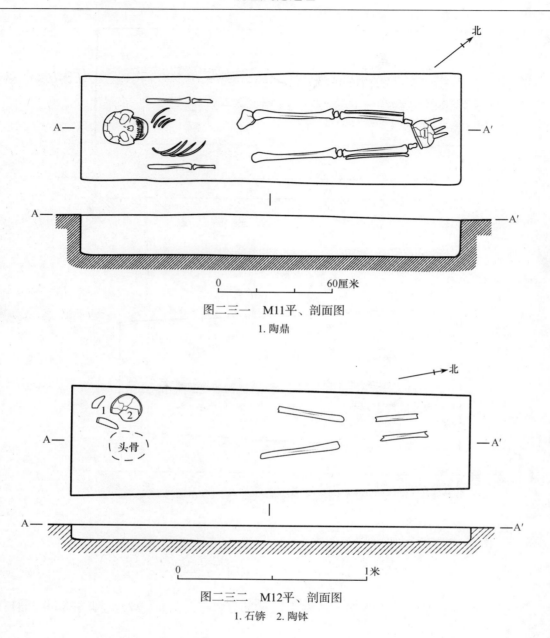

图二三一　M11平、剖面图
1. 陶鼎

图二三二　M12平、剖面图
1. 石锛　2. 陶钵

槽。素面。口径22.8、底径4.8、高9.5厘米（图二二八，2）。

M15　位于ⅠTN06E01东南部。开口于第2层下，距地表深约40厘米，被H23打破，并打破H47、第5层和生土。长方形土坑竖穴，直壁，平底，残长约120、宽40～50、深约8厘米。坑内填灰褐花土，含有少量红烧土颗粒，结构较疏松。葬式不详，人骨保存较差，仅见少量痕迹。方向235°。头部左侧随葬1件陶碗（图二三三）。

陶碗　1件。M15：1，泥质灰陶，薄胎。口部不规整，直口，尖唇，弧腹，平底微凹。素面。口径13.2、底径5.2、高6.8厘米（图二二八，17）。

M20　位于ⅠTN07E02东部。开口于第2层下，距地表深约35厘米，打破第5层和生土。长方形土坑竖穴，直壁，平底，长约180、宽约80、深约10厘米。填土为黄褐色，结构较致密。

葬式为仰身直肢葬，人骨保存较差，仅见部分骨架。方向230°。右上肢边随葬1件陶碗（图二三四）。

陶碗　1件。M20：1，泥质红陶，薄胎。口部不规整、呈扁椭圆形，直口，圆唇，斜弧腹，平底。素面。口径13.2～15、底径5.8～6.2、高9厘米（图二二八，18）。

M23　位于ⅠTN07E01东部。开口于第2层下，距地表深约35厘米，打破第5层和生土。长方形土坑竖穴，直壁，平底，长约200、宽约60～70、深约10厘米。坑内填灰褐花土，含有少量红烧土颗粒，结构较疏松。葬式为仰身直肢葬，人骨保存较差，仅见部分骨架。方向213°。随葬陶钵、三足壶等置于肢骨左侧（图二三五）。

陶钵　1件。M23：1，泥质黑陶。敞口，尖圆唇，弧腹，圜底略残。素面。口径21.2、复原高8.8厘米（图二二八，6）。

陶三足壶　1件。M23：2，夹砂红褐陶。喇叭口，尖唇，高领，鼓腹较扁，圜底近平，三尖足残。口径6、腹径9.2、残高10.4厘米（图二二八，16）。

陶器底　1件。M23：3，口、上腹部残。夹砂红陶。下腹斜直，平底。素面。底径10、残高3.2厘米（图二二八，20）。

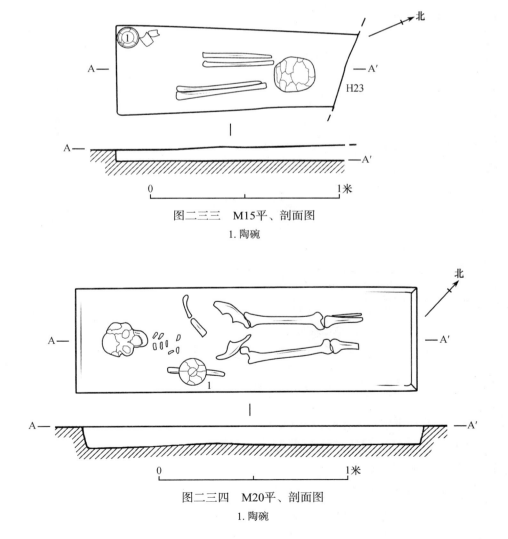

图二三三　M15平、剖面图

1. 陶碗

图二三四　M20平、剖面图

1. 陶碗

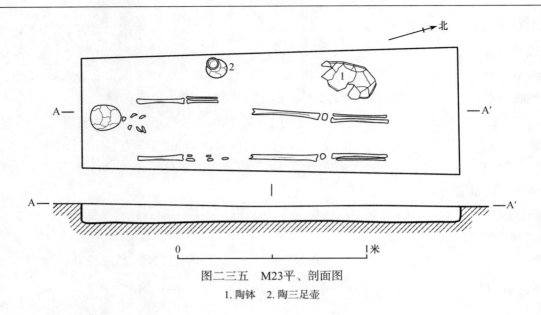

图二三五　M23平、剖面图

1. 陶钵　2. 陶三足壶

　　M24　位于ⅠTN07E01中部。开口于第2层下，距地表35～38厘米，打破第5层和生土。长方形土坑竖穴，直壁，平底，长约210、宽约74～84、深约10厘米。坑内填灰褐花土，含有少量红烧土颗粒，结构较疏松。葬式不详，人骨保存较差，仅见部分骨架。方向198°。头部左侧放置3件陶钵，仅采集1件，余下2件因残碎严重未采集（图二三六）。

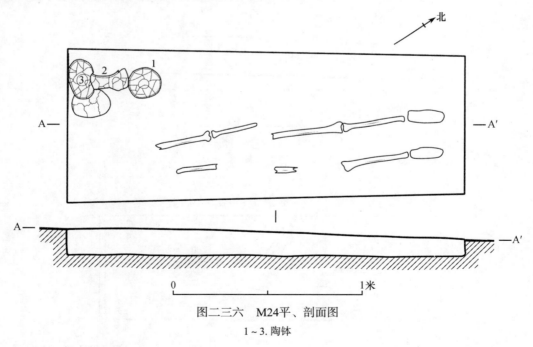

图二三六　M24平、剖面图

1～3. 陶钵

　　陶钵　1件。M24∶1，泥质红陶。器壁较薄，直口，圆唇，弧腹下收，底残。素面。口径9.4、残高5.6厘米（图二二八，4）。

　　M25　位于ⅠTN07E01东部。开口于第2层下，距地表深40厘米，打破第5层和生土。长方形土坑竖穴，直壁，平底，长约200、宽约60、深约10厘米。坑内填灰褐花土，含有少量红烧土颗粒，结构较疏松。葬式为仰身直肢葬，人骨保存较差，仅见部分骨架。方向213°。胸部放置1件陶钵（图二三七）。

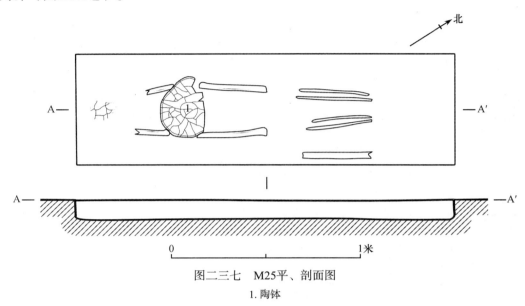

图二三七　M25平、剖面图
1. 陶钵

　　陶钵　1件。M25：1，泥质灰陶、红顶。敞口，圆唇，斜弧腹，底残。素面。口径24.9、残高6.4厘米（图二二八，7）。

　　M29　位于ⅠTN07E02中部。开口于第2层下，距地表深约36厘米，打破第5层和生土。长方形土坑竖穴，直壁，平底，长约190、宽约80、深约17.5厘米。坑内填灰褐花土，结构较疏松。葬式为仰身直肢葬，人骨保存较差，仅见部分骨架。方向220°。左上肢骨旁随葬1件器座（图二三八）。

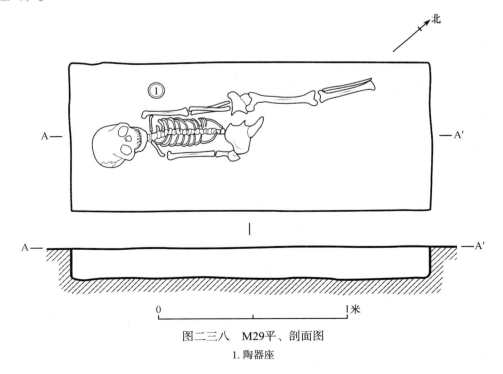

图二三八　M29平、剖面图
1. 陶器座

陶器座　1件。M29：1，泥质红陶。上下缘外侈，圆唇，束腰。素面。口径7.2、底径9.6、高3.6厘米（图二二八，13）。

M30　位于ⅠTN07E02南部。开口于第2层下，距地表深约45厘米，打破第5层和生土。长方形土坑竖穴，直壁，平底，长约130、宽约80、深约15厘米。坑内填灰褐花土，结构较疏松。葬式为仰身直肢葬，人骨保存较差，仅见部分骨架。方向230°。随葬陶钵1件（图二三九）。

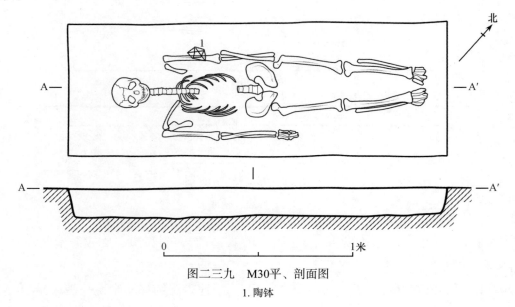

图二三九　M30平、剖面图
1. 陶钵

陶钵　1件。M30：1，泥质红陶。敞口，尖唇，弧腹，底残。素面。口径16、残高7.6厘米（图二二八，3）。

M31　位于ⅠTN07E02东南部，部分延伸ⅠTN06E02北隔梁内。开口于第2层下，距地表深约47厘米，打破第5层和生土。长方形土坑竖穴，直壁，平底，长约180、宽约60、深约10厘米。坑内填灰褐花土，结构较疏松。葬式为侧身屈肢葬，人骨保存较好。方向240°。随葬陶钵1件（图二四〇；图版一三，2）。

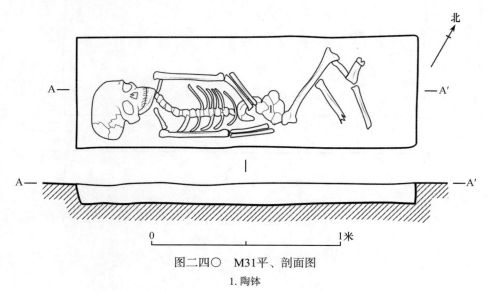

图二四〇　M31平、剖面图
1. 陶钵

　　陶钵　1件。M31：1，泥质灰陶，器壁较薄。口部已残。斜弧腹，假圈足。素面。底径5.8、残高4.8厘米（图二二八，10）。

　　M32　位于ⅠTN07E02东南部。开口于第2层下，距地表深约57厘米，打破第5层和生土。长方形土坑竖穴，直壁，平底，长约200、宽约80、深约20厘米。坑内填灰褐花土，结构较疏松。葬式为侧身屈肢葬，人骨保存较好，仅见部分骨架。方向240°。随葬陶钵1件（图二四一）。

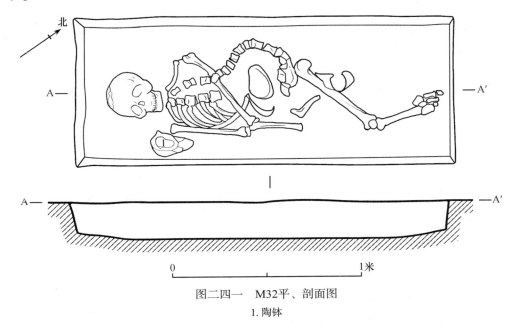

图二四一　M32平、剖面图
1. 陶钵

　　陶钵　1件。M32：1，泥质黑陶。敞口，圆唇，弧腹，平底、底腹交界处有一周阴刻凹槽，底面存留草垫痕迹显粗糙，口沿下有二钻孔疑为修复用。素面。口径24、底径5.6、高10.6厘米（图二二八，8）。

　　M33　位于ⅠTN07E02北部，开口于第2层下，距地表28厘米，打破第5层和生土。长方形土坑竖穴，直壁，平底，长约190、宽60～70、深约12厘米。坑内填灰褐花土，结构较疏松。葬式为仰身直肢葬，人骨保存较好。方向190°。随葬陶钵2件，石斧1件（图二四二）。

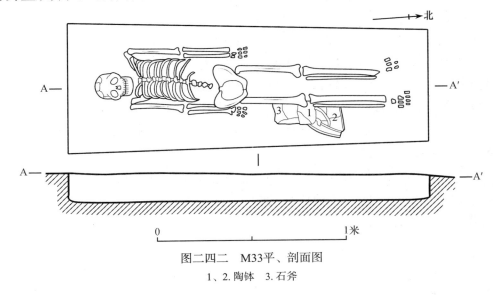

图二四二　M33平、剖面图
1、2. 陶钵　3. 石斧

　　石斧　1件。M33：3，细砂岩。利用石片打磨成石斧，一面保留石皮，磨光后保留部分疤坎，凸弧肩顶，双面凸弧刃，刃部砸击疤重叠（图二二八，22）。

　　陶钵　2件。M33：1，泥质灰陶、红顶。直口，尖圆唇，弧腹，平底。素面。口径15.6、底径7.2、高9.2厘米（图二二八，11）。M33：2，泥质灰陶。侈口，尖圆唇，弧腹，假圈足、底面略凹。口沿下原饰一周黑彩宽带纹，现已大部分脱落。口径20.4、底径11.2、高8.4厘米（图二二八，12）。

　　M43　位于ⅠTN08E01中部，开口于第2层下，距地表深约40厘米，被M40打破，并打破第5层和生土。长方形土坑竖穴，直壁，平底，残长约180、宽约60、深约10厘米。坑内填灰褐花土，含有少量红烧土颗粒，结构较疏松。葬式为仰身直肢葬，人骨保存较好。方向226°。随葬陶钵及陶碗各1件（图二四三）。

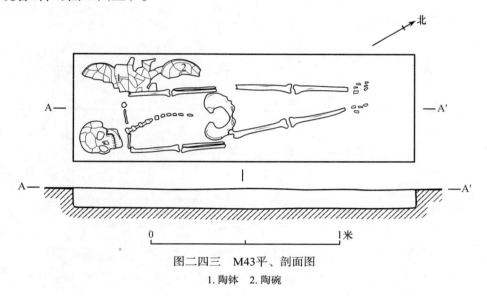

图二四三　M43平、剖面图
1. 陶钵　2. 陶碗

　　陶钵　1件。M43：1，泥质黑陶。敞口，尖圆唇，弧腹，圜底近平、底腹交界处有一周极浅阴刻凹槽。素面。口径24、底径5.6、高10厘米（图二二八，9）。

　　陶碗　1件。M43：2，泥质红陶。侈口，尖圆唇，斜腹较深，假圈足略凹。素面。口径16、底径10.8、高7.6厘米（图二二八，14）。

　　M44　位于ⅠTN08E01南部，部分叠压在ⅠTN07E01北隔梁内。开口于第2层下，距地表深约25厘米，被M39打破，并打破第5层和生土。长方形土坑竖穴，直壁，平底，残长约190、宽约50、深约10厘米。坑内填灰褐花土，含有少量红烧土颗粒，结构较疏松。葬式不详，人骨保存极差，仅见部分骨架痕迹。方向202°。随葬1件陶钵（图二四四）。

　　陶钵　1件。M44：1，泥质红陶，薄胎。直口，尖圆唇，弧腹，底部微凸。素面。口径21.2、底径6、高9厘米（图二四五，12）。

　　M46　位于ⅡTN08W02西南部。开口于第2层下，距地表深约20厘米，打破第5层和生土。长方形土坑竖穴，直壁，平底，长约156、宽44～48、深约10厘米。坑内填褐色花土，含有少量红烧土颗粒，结构较致密。葬式不详，人骨保存较差，仅见头骨痕迹和部分肢骨。方向

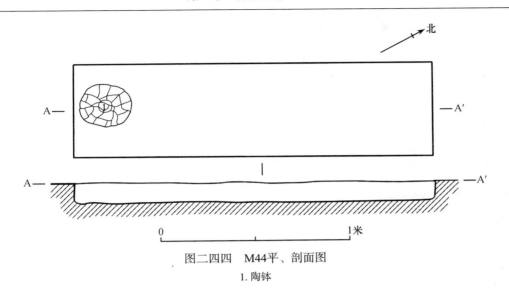

图二四四　M44平、剖面图
1. 陶钵

132°。随葬1件陶钵（图二四六）。

陶钵　1件。M46：1，泥质红陶。直口，尖圆唇，弧腹，平底、底腹交界处有一周阴刻凹槽。素面。口径21.2、底径8.2、高10.2厘米（图二四五，1）。

M49　位于ⅡTN07W02东北部。开口于第2层下，距地表深约20厘米，打破第5层和生土。长方形土坑竖穴，直壁，平底，长约214、宽约68、深约18厘米。坑内填褐色花土，坑内含有少量红烧土颗粒，结构较致密。葬式为仰身直肢葬，人骨保存较好。方向130°。胸部放置2件水晶饰品，1件石珠放置于左手腕骨下（图二四七；图版一三，4）。

水晶饰品　2件。M49：1，原石背面可观察结晶体，五个平面。从石皮剖面观察，周边形成多变刃刮削器，刃口锋利。长4.8、宽3.5、厚2.3厘米，重44克（图二四五，18）。M49：2，台面呈三角形，经人工打制形成多面体三边刃刮削器。长4.2、宽3.6、厚2.6厘米，重43克（图二四五，19）。

石珠　1件。M49：3，砂岩，自然形成，钙结核，圆球状。直径1.5厘米，重44克（图二四五，16）。

M61　位于ⅡTN06W01南部。开口于第2层下，距地表深约25厘米，打破第5层和生土。长方形土坑竖穴，直壁，平底，长约196、宽约50、深约21厘米。坑内填灰黑花土，包含有红烧土粒、碎石等，结构较致密。葬式为仰身直肢葬，人骨保存一般，双手叠放在下腹部。方向110°。左臂内侧放置1件陶杯（图二四八）。

陶杯　1件。M61：1，泥质黑陶。器形不规整，侈口，平折沿，圆唇，斜腹，平底。口下饰一道凹弦纹。口径4.4、底径3.6、高3.7～4.2厘米（图二四五，13）。

M62　位于ⅡTN06W01南部，北邻M61，东邻M63。开口于第2层下，距地表深约25厘米，打破第5层和生土。长方形土坑竖穴，直壁，平底，长约206、宽约54、深10～13厘米。填土为灰黑色，结构较致密。葬式为仰身直肢葬，人骨保存状况较好，双手置于肢体两侧。方向113°。右手旁放置1件陶杯（图二四九）。

陶杯　1件。M62：1，夹砂褐陶。敛口，卷沿外垂，尖圆唇，弧鼓腹，平底。素面。口径6.4、底径3.6、高6.9～7.5厘米（图二四五，14）。

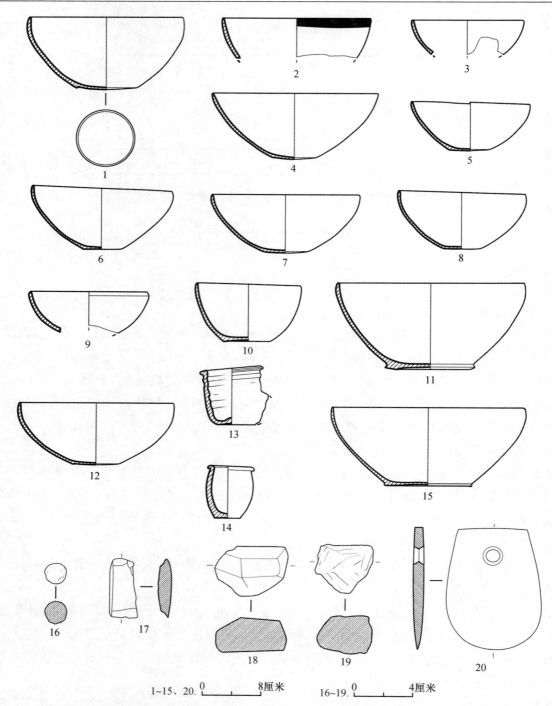

1~15、20. 0 ————— 8厘米　　16~19. 0 ——— 4厘米

图二四五　M44、M46、M49、M61、M62、M63、M64、M65、M66、M68、M70、M80、
M81、M94、M98、M2出土遗物

1~9、12.陶钵（M46：1、M70：1、M70：2、M68：1、M80：1、M81：1、M65：1、M64：1、M63：1、M44：1）

10、11、15.陶碗（M2：1、M66：1、M97：1）　13、14.陶杯（M61：1、M62：1）　16.石珠（M49：3）

17.石凿（M94：1）　18、19.水晶饰品（M49：1、M49：2）　20.石钺（M98：1）

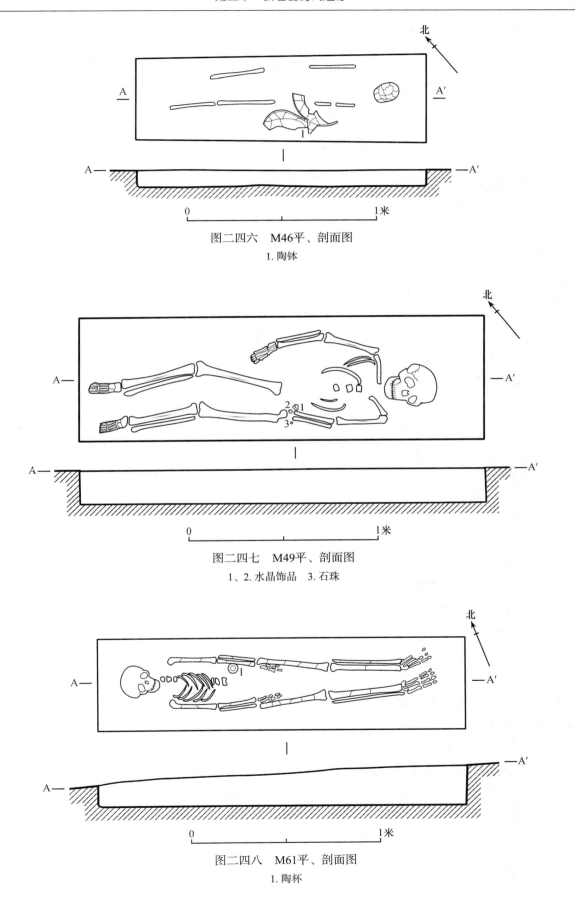

图二四六　M46平、剖面图
1. 陶钵

图二四七　M49平、剖面图
1、2. 水晶饰品　3. 石珠

图二四八　M61平、剖面图
1. 陶杯

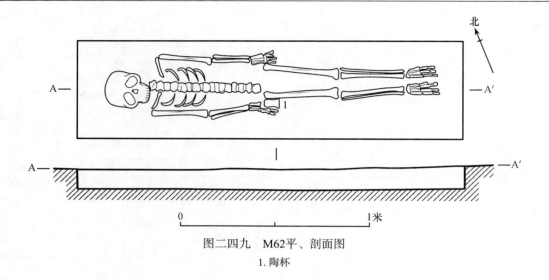

图二四九　M62平、剖面图
1. 陶杯

　　M63　位于Ⅱ TN06W01东南部，西邻M61、M62。开口于第2层下，距地表深20厘米，打破第5层和生土。长方形土坑竖穴，直壁，平底，长约190、宽约54、深约15厘米。坑内填灰黑花土，含少量红烧土颗粒，结构较致密。葬式为仰身直肢葬，人骨架保存状况一般。方向115°。右小腿外侧放置1件陶钵（图二五〇）。

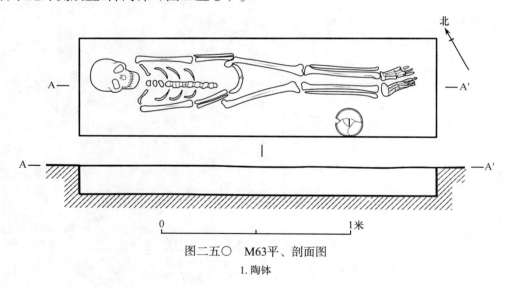

图二五〇　M63平、剖面图
1. 陶钵

　　陶钵　1件。M63：1，泥质红陶。敞口，尖圆唇，斜弧腹，底残。素面。口径16、残高5.8厘米（图二四五，9）。

　　M64　位于Ⅰ TN04E01东部，大部分叠压在探方东隔梁下。开口于第2层下，距地表深约30厘米，打破第5层和生土。长方形土坑竖穴，长约190、宽约60、深约10厘米。填土为灰褐花土，包含红烧土颗粒、草木灰等，结构较疏松。葬式为仰身直肢葬，人骨保存较差。方向32°。右手腕处放置1件陶钵（图二五一）。

　　陶钵　1件。M64：1，泥质黑陶，薄胎。直口，圆唇，弧腹，平底。素面。口径17.4、底

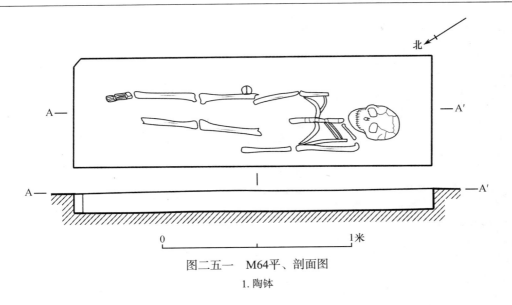

图二五一　M64平、剖面图
1. 陶钵

径5.6、高7.4 ~ 8.3厘米（图二四五，8）。

　　M65　位于ⅠTN05E02西南部。开口于第2层下，距地表深约25厘米，打破生土。长方形土坑竖穴，直壁，平底，长约200、宽67 ~ 70、深约16厘米。填土为红褐色，包含有少量的陶片、红烧土和炭粒，结构致密。葬式为仰身直肢葬，人骨保存情况较好。方向230°。胸骨左侧放置1件陶钵（图二五二）。

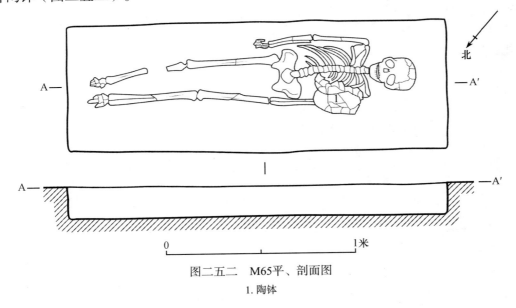

图二五二　M65平、剖面图
1. 陶钵

　　陶钵　1件。M65∶1，泥质灰陶。直口，尖圆唇，弧腹，平底。素面。口径20.2、底径6.4、高8.2厘米（图二四五，7）。

　　M66　位于ⅠTN05E02南部。开口于第2层下，距地表深约30厘米，打破生土。长方形土坑竖穴，南端较北端略宽，直壁，平底，长约205、宽约70 ~ 80、深约10厘米。填土为红褐色，包含零星红烧土、炭粒及少量细碎陶片，结构较为致密。葬式为仰身直肢葬，人骨保存情况较好。方向215°。胸骨左侧放置1件陶碗（图二五三）。

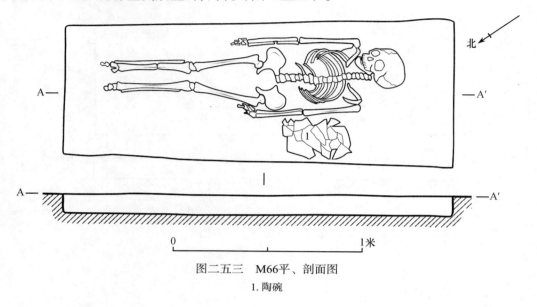

图二五三　M66平、剖面图
1.陶碗

　　陶碗　1件。M66：1，泥质红陶。直口，尖圆唇，斜弧腹，假圈足略凹。素面。口径25.6、底径12.2、高12.2厘米（图二四五，11）。

　　M68　位于ⅠTN05E01西部。开口于第2层下，距地表深约15厘米，打破M71、第5层和生土。长方形土坑竖穴，直壁，平底，长约195、宽约50、深约10厘米。填土为褐色花土，含有零星烧土颗粒，结构较致密。葬式为仰身直肢葬，人骨保存一般。方向201°。左臂处放置1件陶钵（图二五四）。

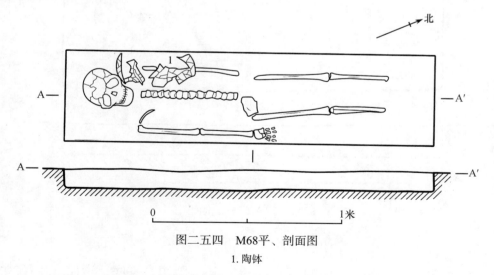

图二五四　M68平、剖面图
1.陶钵

　　陶钵　1件。M68：1，泥质红陶，薄胎。敞口，圆唇，弧腹，底部略凸。素面。口径23、底径6、高9.4厘米（图二四五，4）。

　　M70　位于ⅠTN05E02中部偏西。开口于第2层下，距地表深约25厘米，打破生土。长方形土坑竖穴，西端较东端略宽、略深，直壁，平底，长约200、宽56~66、深12~15厘米。填土为红褐色，包含很少量红烧土、炭粒及细碎陶片，结构较为致密。葬式不详，人骨保存状况极差，只发现少量的细碎人骨。方向220°。随葬陶钵2件（图二五五）。

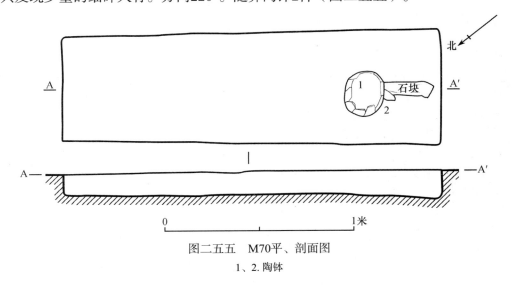

图二五五　M70平、剖面图
1、2. 陶钵

陶钵　2件。均敞口，斜弧腹，底部残。素面。M70：1，泥质灰陶，橙黄口。尖圆唇。口径20.6、残高5.6厘米（图二四五，2）。M70：2，泥质黑陶。圆唇。口径15.6、残高4.8厘米（图二四五，3）。

M80　位于ⅡTN04W02东南部。开口于第2层下，距地表深约25厘米，打破生土。长方形土坑竖穴，直壁，平底，长约185、宽约60、深约10厘米。填红褐色土，结构致密。葬式为仰身直肢葬，人骨保存较差。方向215°。左手处放置有1件陶钵（图二五六）。

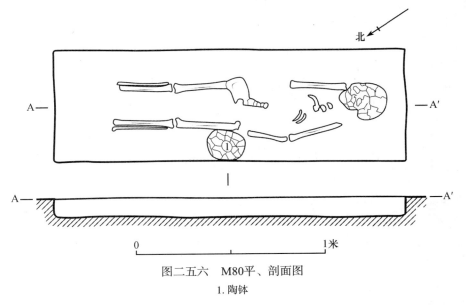

图二五六　M80平、剖面图
1. 陶钵

陶钵　1件。M80：1，泥质灰陶，薄胎。口部不规整，敞口，尖唇，弧腹，平底。素面。

口径16.1、底径5.6、高6.6~7厘米（图二四五，5）。

M81　位于ⅡTN04W02西南部。开口于第2层下，距地表深约30厘米，打破生土。长方形土坑竖穴，直壁，平底，长约180、宽约55、深约10厘米。填红褐色土，结构致密。葬式为仰身直肢葬，人骨保存状况一般。方向215°。右小腿骨处置陶钵1件（图二五七）。

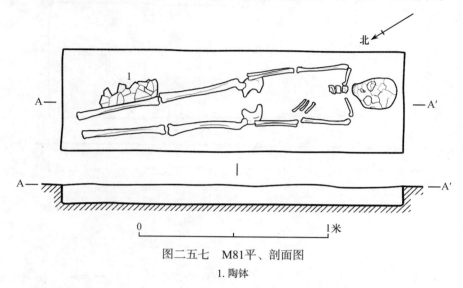

图二五七　M81平、剖面图
1.陶钵

陶钵　1件。M81:1，泥质红陶，薄胎。口部不规整呈斜向，直口，尖圆唇，弧腹，平底。素面。口径19.2、底径5.2、高8.2~9厘米（图二四五，6）。

M94　位于ⅠTN04E02北部。开口于第2层下，距地表深约30厘米，打破第5层和生土。长方形土坑竖穴，直壁，平底，长约210、宽约56、深约16厘米。填土为红褐土夹黑斑，含有少许烧土颗粒和碎小石块，结构较致密。葬式为仰身直肢葬，人骨保存较好。方向70°。左胸之上放置1件石凿（图二五八）。

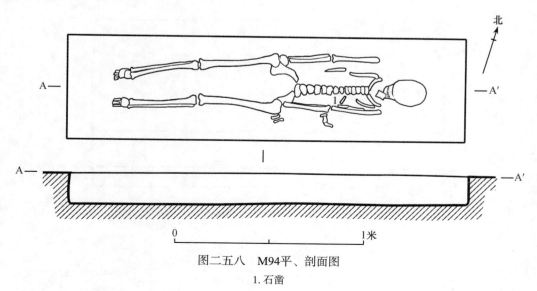

图二五八　M94平、剖面图
1.石凿

石凿　1件。M94：1，利用扁平砾石打磨，两端分别作单面刃。长4.15、宽1.85、厚0.9厘米（图二四五，17）。

M97　位于ⅠTN04E02西北部。开口于第2层下，距地表深约30厘米，打破第5层和生土。长方形土坑竖穴，直壁，平底，长约180、宽约64、深约10厘米。坑内填红褐土，结构较致密。葬式为仰身直肢葬，人骨保存较好。方向230°。右下臂置1件陶碗（图二五九）。

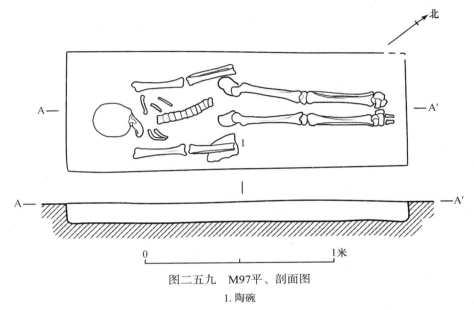

图二五九　M97平、剖面图
1. 陶碗

陶碗　1件。M97：1，泥质红陶。直口，尖圆唇，斜弧腹，假圈足略凹。素面。口径26.6、底径12、高11.2厘米（图二四五，15）。

M98　位于ⅠTN04E02东北部。开口于第2层下，距地表深约35厘米，中部被一洞打破，并打破第5层和生土。长方形土坑竖穴，直壁，平底，长约180、宽约58、深约10厘米。填土为红褐色，结构较致密。葬式为仰身直肢葬，人骨保存较差。方向53°。胸部平置1件石钺（图二六○；图版一四，4）。

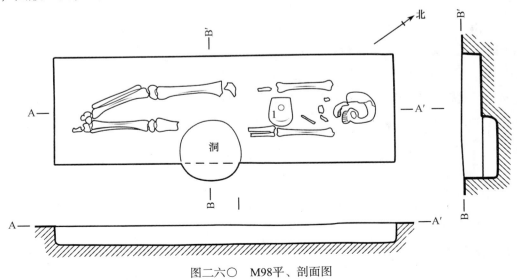

图二六○　M98平、剖面图
1. 石钺

石钺　1件。M98:1，蛇纹岩。通体磨光，平肩，两腰对称平弧，圆弧双面刃，肩中下有一对钻孔，长17.2、宽9.5～13、厚1.1厘米，重620克（图二四五，20）。

M2　位于ⅢTS04W09西南角，大部延伸至西壁内。开口于第4层下，距地表深约85厘米，被H15打破，并打破生土。长方形土坑竖穴，直壁，平底，残长约186、宽48～50、深10～15厘米。填土为灰黑色，包含红烧土块、石块及陶片，结构较疏松。葬式为仰身直肢葬，人骨保存较差，残存头骨及部分肢骨残痕。方向24°。随葬1件陶碗，侧置于左臂处（图二六一）。

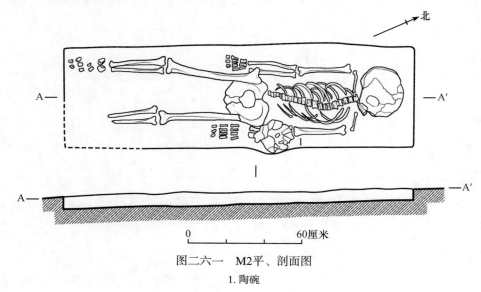

图二六一　M2平、剖面图
1. 陶碗

陶碗　1件。M2:1，泥质红陶，薄胎。侈口，尖唇，斜弧腹，平底微凹。素面。口径14.8、底径6.4、高8厘米（图二四五，10）。

（二）单人二次葬

仅发现1座。

M16　位于ⅠTN06E05中部。开口于第4层下，距地表深约75厘米，被H42打破，并打破第5层和生土。上部破坏严重，仅存底部，平面呈椭圆形，南北长约100、东西宽约46、残深8～14厘米。填土为黄褐色，结构较致密。人骨保存极差，仅存残碎头骨。方向0°。未发现葬具，随葬1件陶罐，置于头骨东南部（图二六二；图版一五，3）。

陶罐　1件。M16:1，泥质红褐陶。侈口，圆唇，束颈，上腹微弧鼓、下腹斜收，小平底。素面。口径23.8、腹径24、底径9、高27.8厘米（图二六三，10）。

（三）多人二次葬

在Ⅲ区汉江边坡地上发现2座。均未发现葬具。骨架只见腐痕，随葬器物小陶杯。

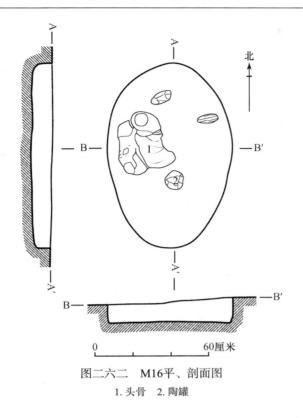

图二六二　M16平、剖面图

1. 头骨　2. 陶罐

M1　位于ⅢTS05W09西南部。开口于第2层下，距地表深15～35厘米，打破生土。平面呈椭圆形，直壁，平底，东西长约100、南北宽约92、深5～8厘米。填土为灰黑色，结构较疏松。人骨保存较好，可辨个体3例，东西竖列，头向东北。方向30°。随葬红陶杯1件，置于墓坑东侧（图二六四；图版一五，1）。

陶杯　1件。M1∶1，夹砂红褐陶。侈口，沿外翻，圆唇，弧腹略鼓，平底内凹。素面。口径4.6、底径3.2、高5.6厘米（图二六三，5；图版三一，2）。

M3　位于ⅢTS08W08、ⅢTS07W08、ⅢTS08W07及ⅢTS07W07四个探方交界处。开口于第2层下，距地表深约25厘米，打破生土。平面呈椭圆形，直壁，平底，东西长约210、南北宽约176、深约10厘米。填土为灰黑色，结构较疏松。人骨保存较好，可辨个体9例，分为3排。其中，北、中部2排8例个体东西竖列，头向东北；南部1排1例个体东西横列，头向西南。方向20°。随葬陶杯5件（图二六五；图版一五，2）。

陶杯　5件。M3∶1，夹砂灰陶。侈口，平沿，圆唇，斜直腹，厚平底。器身饰不规则划纹。口径5.4、底径3.4、高5.6厘米（图二六三，6）。M3∶2，夹砂红陶。口残。器身不规整，斜直腹略鼓，平底。器身饰不规则划纹。底径2.8、残高4厘米（图二六三，1）。M3∶3，夹砂灰陶。口残。弧腹略鼓，平底较厚。器身饰部规则划纹。底径3.4、残高3.2厘米（图二六三，3）。M3∶4，夹砂红陶。口残。斜直腹，平底。素面。底径8.8、残高7.6厘米（图二六三，2）。M3∶5，夹砂褐陶。口残。斜直腹，平底。素面。底径3.2、残高4.4厘米（图二六三，4）。

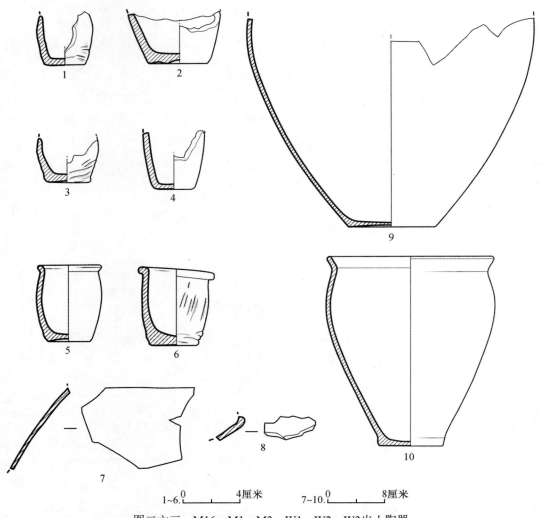

图二六三　　M16、M1、M3、W1、W2、W3出土陶器

1~6.杯（M3：2、M3：4、M3：3、M3：5、M1：1、M3：1）　7、8、10.罐（W3：1、W3：2、M16：1）　9.瓮（W1：1）

二、瓮棺葬

　　瓮棺葬仅在遗址内发现3座。除W3保存较为完整外，其余2座均仅残存底部。

　　W1　位于ⅠTN07E03东北部。开口于第2层下，距地表深约25厘米，打破H62和生土。土坑平面呈圆形，斜壁，平底，直径约62、深约30厘米。坑内填黑色黏土，结构疏松。W1葬具为瓮、钵组合，破损严重。未发现人骨（图二六六；图版一六，1）。

　　陶瓮　1件。W1：1，夹砂褐陶。口残。弧腹略鼓、下收，平底略凹。素面。腹径40.8、底径12.4、残高30.4厘米（图二六三，9）。

　　W2　位于ⅠTN07E03东部。开口于第2层下，距地表深约30厘米，打破生土。土坑平面近圆形，破坏较严重，斜壁，圜底，直径约34、残深20厘米。坑内填灰褐黏土，结构较疏松。W2葬具为陶瓮，口沿残，深腹，平底。未发现人骨（图二六七）。

　　W3　位于ⅡTN08W02东北部，部分延伸进北隔梁内。开口于第2层下，距地表深约23厘

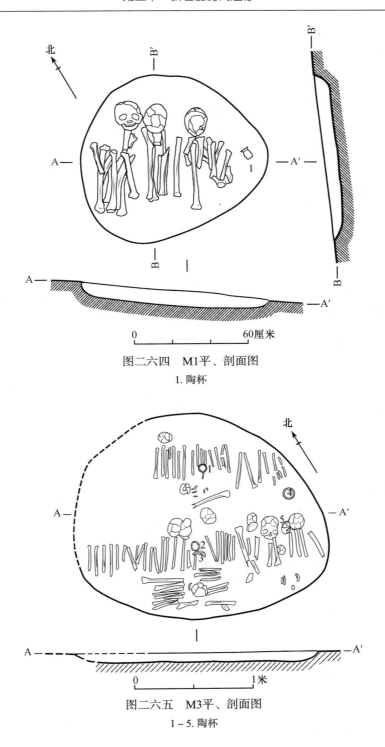

图二六四　M1平、剖面图

1. 陶杯

图二六五　M3平、剖面图

1~5. 陶杯

米，打破第5层和生土。土坑平面呈方形，直壁，平底，边长约85、深约16厘米。坑内填土为黄色，包含少量红烧土颗粒及兽骨，结构疏松。W3葬具为陶罐，置于土坑中部，周边堆有一圈石块。未发现人骨（图二六八；图版一六，2）。

陶罐　2件。W3：1，夹蚌红陶。腹部残片。素面。残高12厘米（图二六三，7）。W3：2，夹砂红陶。口沿残片。素面。残高3.4厘米（图二六三，8）。

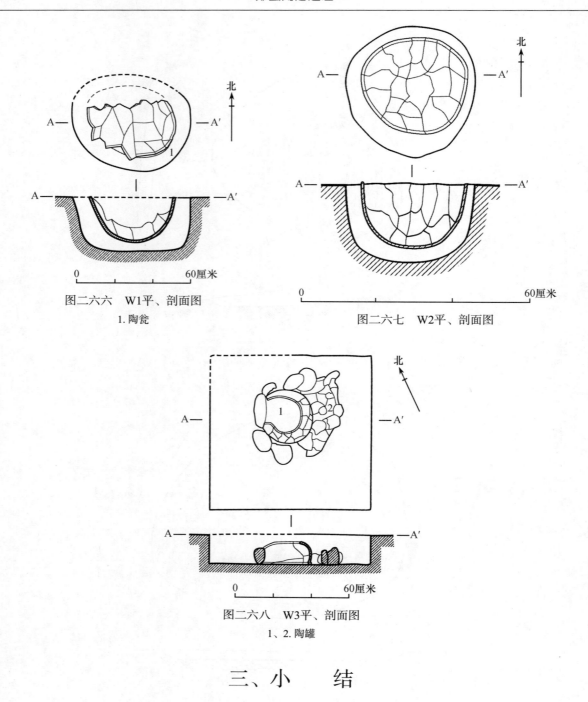

图二六六　W1平、剖面图
1.陶瓮

图二六七　W2平、剖面图

图二六八　W3平、剖面图
1、2.陶罐

三、小　结

刘湾遗址是一处新石器时代小型聚落,同样也是一处小型墓地,二者没有明显的区分和割裂,符合史前人类的丧葬习俗。

墓地主要包含长方形土坑竖穴墓及瓮棺葬两类墓葬。其中,土坑墓以南北向为绝大多数,仅有极少数的墓葬为东西向。葬式多为单人仰身直肢葬,极少量屈肢葬和二次葬。墓葬内出土人骨大部保存状况良好,丰富了这一地区史前人类族群及相关体质人类学研究的实物材料。埋葬头向没有绝对的一致性,随葬品多为少量小件陶器,说明这一墓地等级不高,是一般性的平民墓地，同样表明该聚落的等级也较低。

整个墓地的葬式、葬俗一直没有发生较大变化，说明使用人群没有发生根本转变。其存续年代贯穿遗址始终（即新石器时代晚期），也从侧面证明了刘湾聚落的持续性。

第三节　分期及年代

一、器物类型学观察

（一）石器

刘湾遗址新石器时代出土石器标本290件（不包括扰乱层）。其中，可辨认器形有斧、锛、凿、铲、网坠、杵、刀、盘状器等，另有37件无法辨认器形的石器（残）和3件砺石。由于完整器数量并不多，并且通过分析，发现同一类石器之间的差别可能不具备式的变化。因此，对刘湾遗址新石器时代出土石器的类型学分析以可分型的完整器和少量残器作为主要研究对象，涉及器类有斧、锛、凿、铲、锄、杵、网坠。

石斧　121件。完整器43件，残器78件，仅前者参与分型。按平面整体形状分为四型。

A型　13件。平面呈长方形，两侧边较为对称，刃缘略有弧度。

标本：ⅠTN06E04③：16（图二六九-A，1），ⅠTN08E02③：8（图二六九-A，2），ⅠTN05E02②：3（图二六九-A，3），ⅠTN07E02②：45（图二六九-A，4），ⅠTN08E03②：6（图二六九-A，5），G2②：253（图二六九-A，6），G2②：300（图二六九-A，7），H51：9（图二六九-A，8），H128：1（图二六九-A，9），H157：2（图二六九-A，12），H1：1（图二六九-A，11），H13：6（图二六九-A，13；图版二四，1），H13：11（图二六九-A，10）。

B型　8件。平面近似椭圆形，两侧边较为对称，弧刃。

标本：ⅠTN05E01⑤：2（图二六九-A，15），ⅠTN06E04③：24（图二六九-A，16），ⅡTN04W02②：1（图二六九-A，17），G2②：296（图二六九-A，14），H100：1（图二六九-A，19），H128：2（图二六九-A，20），H4：2（图二六九-A，21），M33：3（图二六九-A，18）。

C型　20件。平面近似梯形，上窄下宽，顶部略突起呈弧形，两侧边较为对称。

标本：ⅠTN06E04③：18（图二六九-B，1；图版一七，2），ⅠTN02E01②：15（图二六九-B，2），ⅠTN06E02②：11（图二六九-B，3），ⅠTN07E02②：44（图二六九-B，4），ⅠTN08E01②：8（图二六九-B，5），ⅠTN09E06②：1（图二六九-B，6），ⅡTN01W02②：6（图二六九-B，7），ⅡTN01W02②：7（图二六九-B，8），G2②：252（图二六九-B，10；图版一九，3），G2②：331（图二六九-B，11），G2②：336（图

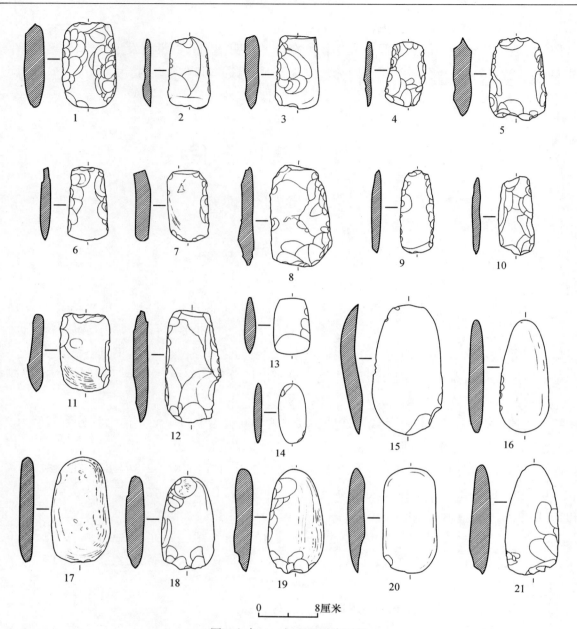

0 ————— 8厘米

图二六九-A　新石器时代石斧

1～13.A型（ⅠTN06E04③：16、ⅠTN08E02③：8、ⅠTN05E02②：3、ⅠTN07E02②：45、ⅠTN08E03②：6、G2②：253、

G2②：300、H51：9、H128：1、H13：11、H1：1、H157：2、H13：6）　14～21.B型（G2②：296、ⅠTN05E01⑤：2、

ⅠTN06E04③：24、ⅡTN04W02②：1、M33：3、H100：1、H128：2、H4：2）

二六九-B，12），H49：1（图二六九-B，13），H67：3（图二六九-B，14；图版一八，1），H126：2（图二六九-B，17；图版一八，2），H4：1（图二六九-B，16；图版一七，4），H4：16（图二六九-B，15），H5：5（图二六九-B，18），H13：1（图二六九-B，19；图版一七，5），H13：3（图二六九-B，20），H15：1（图二六九-B，9）。

　　D型　2件。平面呈梯形，一侧边有一内折。

　　标本：G2②：264（图二六九-B，21），H13：2（图二六九-B，22）。

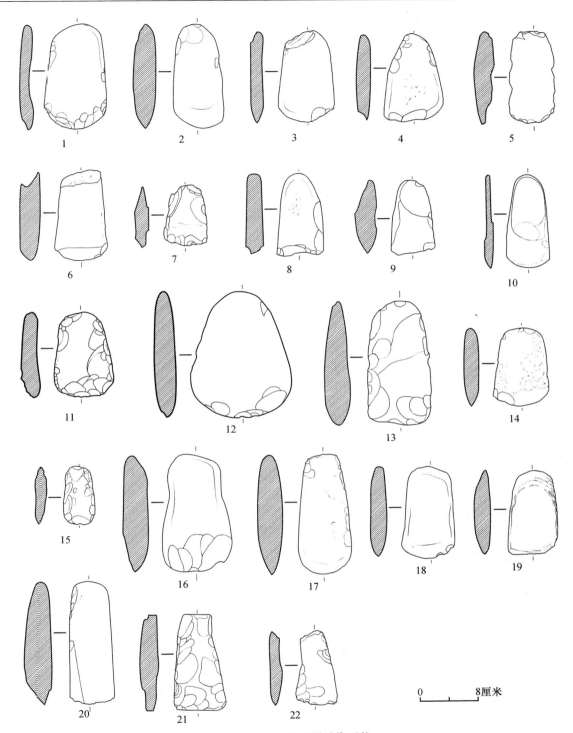

图二六九-B 新石器时代石斧

1~20. C型（ⅠTN06E04③：18、ⅠTN02E01②：15、ⅠTN06E02②：11、ⅠTN07E02②：44、ⅠTN08E01②：8、
ⅠTN09E06②：1、ⅡTN01W02②：6、ⅡTN01W02②：7、H15：1、G2②：252、G2②：331、G2②：336、H49：1、
H67：3、H4：16、H4：1、H126：2、H5：5、H13：1、H13：3） 21、22. D型（G2②：264、H13：2）

石锛　19件。完整器11件，残器8件，前者及后者中的2件可分型。按平面整体形状分为四型。

A型　2件。平面近似长方形，刃部平。

标本：ⅠTN07E04③：28（图二七〇，1），H45：6（图二七〇，2）。

B型　3件。平面近似长方形，整体较窄长，刃微弧，刃宽略小于器身宽。

标本：G2②：251（图二七〇，3；图版一九，2），G2②：304（图二七〇，4），M12：1（图二七〇，5）。

C型　5件。平面近似长方形，整体较B型略宽短，刃微弧，刃宽略大于器身宽。

标本：ⅠTN06E04③：17（图二七〇，6），ⅠTN07E02②：43（图二七〇，7），ⅠTN08E05②：8（图二七〇，8；图版一八，3），H36：20（图二七〇，9），H13：5（图二七〇，10；图版一八，6）。

D型　3件。平面近似梯形。

标本：ⅠTN06E03③：21（图二七〇，11），H126：4（图二七〇，12；图版一九，1），H13：12（图二七〇，13）。

石凿　9件。完整器6件，残器3件，皆可分型。按平面整体形状分为三型。

A型　6件。平面近似圭形，尖刃。

标本：包括ⅠTN07E05④：9（图二七〇，14），ⅠTN06E04③：22（图二七〇，15；图版一九，4），ⅡTN01W01②：8（图二七〇，20），G2②：303（图二七〇，22），H13：4（图二七〇，21；图版一九，5），M94：1（图二七〇，18）。

B型　1件。平面近似梭形。

标本：H126：16（图二七〇，16）。

C型　2件。平面近似长方形，两侧边不对称，弧刃。

标本：H99：3（图二七〇，19），H140：15（图二七〇，17）。

石钺　2件。均为完整器，通体磨光，平肩，双腰对称平滑，双面凸弧刃，肩下对钻一孔。

标本：ⅡTN03W02②：1（图二七一，18；图版二〇，1），M98：1（图二七一，19；图版二〇，2）。

石铲　8件。完整器5件，残器3件，前者及后者中1件可分型。按平面整体形状分为四型。

A型　3件。平面近似梯形，两侧边略对称，弧刃。

标本：H67：4（图二七一，2；图版一七，6），H125：1（图二七一，1），H13：8（图二七一，3）。

B型　1件。平面近似椭圆形，两侧边不对称，弧刃。

标本：H147：5（图二七一，4）。

C型　1件。平面近似长方形，两侧边对称，平刃。

标本：H132：5（图二七一，5）。

D型　1件。有肩，上窄下宽，两侧对称，弧刃。

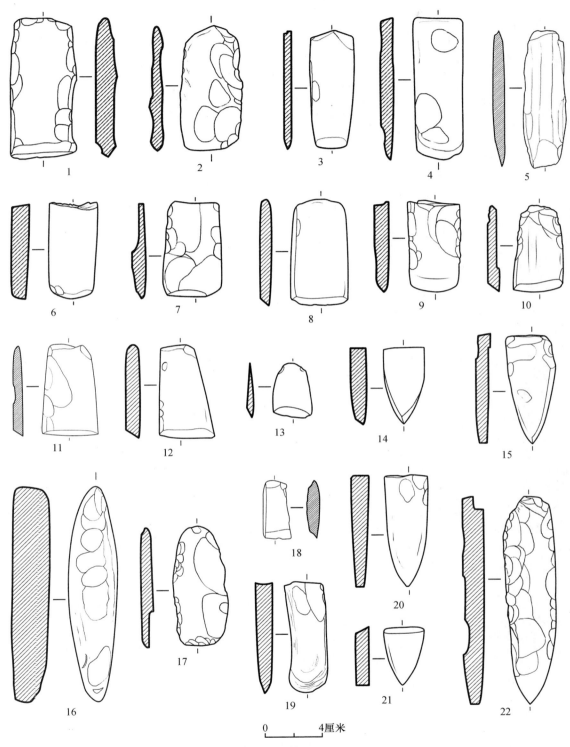

图二七〇　新石器时代石锛、石凿

1、2. A型锛（ⅠTN07E04③：28、H45：6）　3～5. B型锛（G2②：251、G2②：304、M12：1）　6～10. C型锛

（ⅠTN06E04③：17、ⅠTN07E02②：43、ⅠTN08E05②：8、H36：20、H13：5）　11～13. D型锛（ⅠTN06E03③：21、

H126：4、H13：12）　14、15、18、20、21、22. A型凿（ⅠTN07E05④：9、ⅠTN06E04③：22、M94：1、ⅡTN01W01②：8、

H13：4、G2②：303）　16. B型凿（H126：16）　17、19. C型凿（H140：15、H99：3）

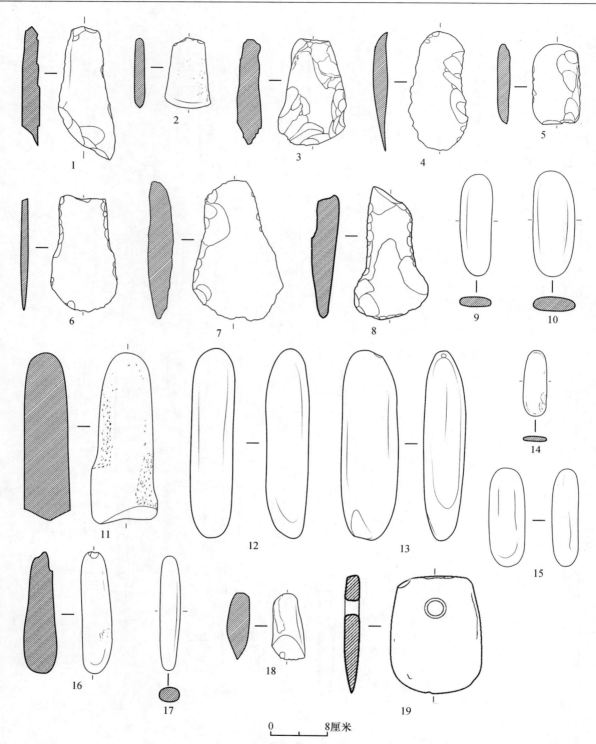

图二七一　新石器时代石铲、石锄、石杵、石钺

1～3. A型铲（H125：1、H67：4、H13：8）　4. B型铲（H147：5）　5. C型铲（H132：5）　6. D型铲（H13：7）
7. A型锄（H126：5）　8. B型锄（G2①：3）　9、10、14. A型杵（H173：2、H145：4、H132：6）　11～13、15～17. B型杵
（H27：5、H143：3、H173：3、G2②：281、H169：7、G3：17）　18、19. 钺（ⅡTN03W02②：1、M98：1）

标本：H13：7（图二七一，6；图版二四，2、3）。

石锄　2件。均完整。按平面整体形状分为二型。

A型　1件。上窄下宽，溜肩。

标本：H126：5（图二七一，7）。

B型　1件。上窄下宽，上部打制出一个明显的柄端。

标本：G2①：3（图二七一，8）。

石杵　共9件，皆是完整器，可分型。按平面整体形状分为二型。

A型　3件。平面呈长条椭圆形，横截面为扁平椭圆形。

标本：H132：6（图二七一，14），H145：4（图二七一，10），H173：2（图二七一，9）。

B型　6件。平面呈长条椭圆形，横截面近似圆形。

标本：G2②：281（图二七一，15），H27：5（图二七一，11），H143：3（图二七一，12），H169：7（图二七一，16），H173：3（图二七一，13），G3：17（图二七一，17）。

石网坠　10件。完整器7件，残器3件，皆可分型。按平面整体形状分为四型。

A型　1件。扁平状，在两侧和两腰对应加工出凹形缺口。

标本：H166：3（图二七二，1；图版二〇，6）。

B型　4件。扁平状，在中轴凿磨一周凹槽。

标本：ⅠTN06E04④：12（图二七二，2），ⅠTN05E07②：2（图二七二，6），ⅡTN02W02②：1（图二七二，3），H161：1（图二七二，7；图版二〇，3）。

C型　4件。扁平状，中心穿孔。

标本：ⅠTN05E07②：3（图二七二，4），ⅠTN07E04②：8（图二七二，5），H183：1（图二七二，8），H15：2（图二七二，9）。

D型　1件。柱状，在近顶端处凿磨一周凹槽。

标本：ⅢTS04W09③：4（图二七二，10；图版二〇，4）。

（二）陶器

刘湾遗址新石器时代出土陶器标本1812件，其中94件修复完整。陶质以泥质为主，夹砂次之。陶色以红陶为主，次为灰陶，黑陶所占比例极小。绝大多数素面，少量绳纹、划纹、弦纹及篮纹。器类主要有鼎、罐、钵、盆、碗、杯、盘、瓮、器座、锉、器盖等（表二～表四）。以下器物分类排序以完整器为主，其余选择特征明显的标本进行。

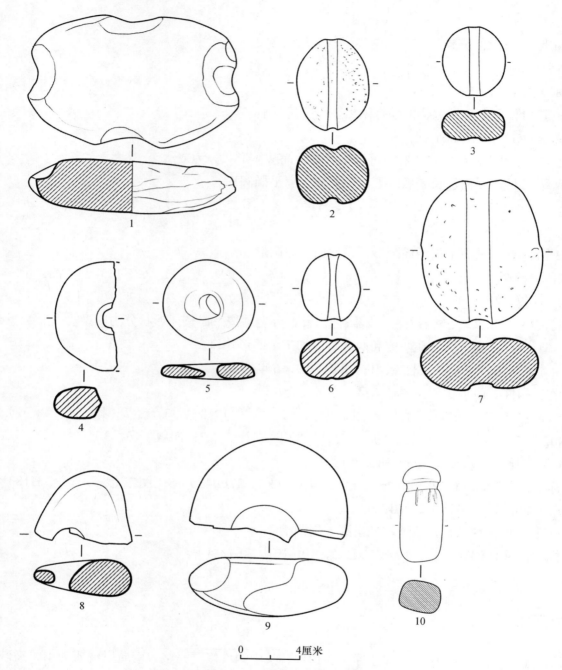

图二七二　新石器时代石网坠

1.A型（H166：3）　2、3、6、7.B型（ⅠTN06E04④：12、ⅡTN02W02②：1、ⅠTN05E07②：2、H161：1）　4、5、8、9.C型
（ⅠTN05E07②：3、ⅠTN07E04②：8、H183：1、H15：2）　10.D型（ⅢTS04W09③：4）

表二　刘湾遗址新石器时代陶片陶质、陶色统计表

陶质	陶色	数量/件	百分比/%
泥质	红	25568	29.1
	红褐	4986	5.67
	灰	9598	10.92
	橙黄	7651	8.73
	黑	3533	4.02
	褐	11	0.01
	小计	**51347**	**58.46**
夹砂	红	12970	14.7
	红褐	8403	9.56
	灰	4715	5.3
	橙黄	4342	4.94
	黑	2239	2.54
	褐	2395	2.76
	小计	**35064**	**39.92**
夹蚌	红	302	0.34
	红褐	232	0.26
	灰	554	0.63
	橙黄	223	0.25
	黑	7	0.04
	褐	104	0.11
	小计	**1422**	**1.62**
合计		87833	100

表三　刘湾遗址新石器时代陶器器形统计表

器名	数量/件	百分比/%
鼎	466	4.25
罐	3670	33.48
钵	3529	32.19
红顶钵	1331	12.14
盆	1318	12.02
瓮	198	1.81
缸	91	0.83
尖底瓶	60	0.55
器盖	68	0.62
器座	21	0.19
锉	152	1.39
甑	5	0.05

器名	数量/件	百分比/%
碗	32	0.29
杯	7	0.06
盘	4	0.04
小口罐	3	0.03
筒形罐	3	0.03
高领罐	3	0.03
壶形器	1	0.01
合计	10962	100

表四　刘湾遗址新石器时代陶器纹饰统计表

纹饰	数量/件	百分比/%
粗绳纹	241	0.274
中绳纹	2354	2.68
细绳纹	515	0.59
乳丁纹	13	0.014
刻划纹	3771	4.29
附加堆纹	128	0.15
网格纹	85	0.1
弦纹	1009	1.15
镂孔	59	0.06
篦点纹	48	0.05
素面	79610	90.64
合计	87833	100

鼎　14件。分为罐形和釜形二类。

罐形鼎　11件。按口部形态分为二型。

A型　8件。侈口。按口沿细部特征分为三亚型。

Aa型　1件。微束颈。

H153：2，夹砂橙黄陶。复原应为深腹略垂。素面。口径24.4、残高18厘米（图二七三，1）。

Ab型　5件。宽仰折沿。按腹部形态分为三式。

Ⅰ式：1件。鼓腹略垂。H162：1，夹砂红陶。口部不规整，圜底近平，三锥状实足。素面。口径20.6、腹径26.4、高33.4～34.9厘米（图二七三，4；图版二四，4）。

Ⅱ式：2件。鼓腹。均夹砂红陶。圜底，三锥状实足。素面。H82：7，口径18、腹径21.8、复原高26厘米（图二七三，2；图版二四，5）。H178：6，器形较小。口径9.6、腹径10.8、高13厘米（图二七三，3；图版二五，5）。

Ⅲ式：2件。扁鼓腹。H83：6，夹砂红褐陶。圜底，复原应为三锥状实足略外撇。素面。口径19.2、腹径24.2、复原高26.8厘米（图二七三，7；图版二四，6）。H129：1，夹蚌红褐陶。圜底近平，三锥状实足。素面。口径16.4、腹径23.2、高25.2厘米（图二七三，6；图版二五，2）。

Ac型　2件。窄仰折沿。按腹部形态分为二式。

Ⅰ式：1件。垂鼓腹，最大径偏腹下。H209：2，三足残。夹砂红陶。圜底近平。素面。口径20.6、腹径27.4、残高23.4厘米（图二七三，9）。

Ⅱ式：1件。鼓腹，最大径在腹中。H159：1，夹砂红褐陶。圜底，复原应为三锥状实足。素面。口径15.2、腹径21.2、复原高24.2厘米（图二七三，8；图版二五，4）。

B型　3件。大口。按腹部形态分为三式。

Ⅰ式：1件。深鼓腹。H42：2，夹砂灰褐陶。圜底，复原应为三锥状实足。素面。口径20.4、腹径25.2、复原高27.2厘米（图二七三，5；图版二五，1）。

Ⅱ式：1件。扁鼓腹。H42：1，夹砂红褐陶。圜底近平，三锥状实足。素面。口径17.6、腹径21.6、高20.4厘米（图二七三，10；图版二五，3）。

Ⅲ式：1件。浅弧腹微鼓。M11：1，夹砂红褐陶。器形较小，圜底近平，三锥状实足。素面。口径17.2、腹径16、高25.2厘米（图二七三，11；图版二五，6）。

釜形鼎　3件。未见完整器，综合口沿、腹部及底足标本可知，该类鼎多直口微侈，圆唇，微束颈，扁折腹，圜底近平，三锥状实足，腹部饰数道凹弦纹，足上多饰按窝。

ⅢTS05W11①：45，夹砂灰陶。复原腹径28、残高12.4厘米（图二七三，12）。G2②：35，夹砂橙黄陶。腹径35.2、残高14厘米（图二七三，14）。G2②：184，夹砂红陶。口径14、腹径22、残高9.8厘米（图二七三，13）。

罐　14件。按口部形态分为三型。

A型　8件。侈口。按器身形态分为五亚型。

Aa型　1件。整器显瘦高，最大径在腹上。M16：1，泥质红褐陶。束颈，上腹微弧鼓、下腹斜收，小平底。素面。口径23.8、腹径24、底径9、高27.8厘米（图二七四，1；图版二六，1）。

Ab型　3件。整器较A型明显宽肥。按肩、腹部形态分为三式。

Ⅰ式：1件。溜肩，弧腹微垂，最大径偏腹下。H92：1，夹砂灰陶。素面。口径20、腹径24.8、残高15.6厘米（图二七四，4）。

Ⅱ式：1件。斜肩，鼓腹，最大径在腹中。H152：1，夹砂红陶。素面。口径26.4、腹径38、残高28.8厘米（图二七四，2）。

Ⅲ式：1件。弧肩，微鼓腹，最大径偏腹上。ⅠTN07E02②：7，夹砂红褐陶。腹部饰细绳纹。口径26.4、腹径29.6、残高18.8厘米（图二七四，3）。

Ac型　2件。整器略显宽扁，泥质黑陶，仰折沿，弧肩，鼓腹，平底略凹。

H83：5，素面。口径10、腹径16、底径7.6、高13.6厘米（图二七四，5；图版二六，2）。M7：1，肩部对称贴有两个圆形小泥钉。口径11.6、腹径18.6、底径6、高14.4厘米（图二七四，8；图版二六，3）。

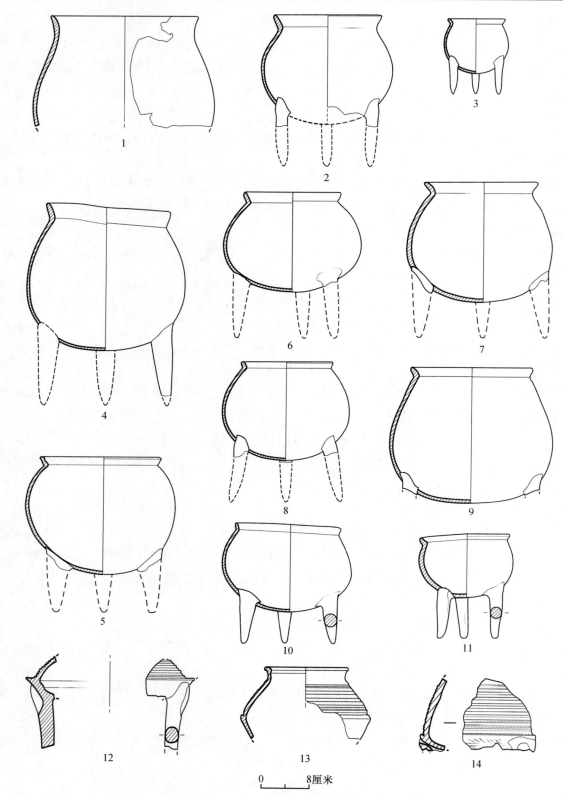

图二七三　新石器时代陶鼎

1. Aa型罐形鼎（H153：2）　　2、3. Ab型Ⅱ式罐形鼎（H82：7、H178：6）　　4. Ab型Ⅰ式罐形鼎（H162：1）　　5. B型Ⅰ式罐形鼎
（H42：2）　　6、7. Ab型Ⅲ式罐形鼎（H129：1、H83：6）　　8. Ac型Ⅱ式罐形鼎（H159：1）　　9. Ac型Ⅰ式罐形鼎（H209：2）
10. B型Ⅱ式罐形鼎（H42：1）　　11. B型Ⅲ式罐形鼎（M11：1）　　12～14. 釜形鼎（ⅢTS05W11①：45、G2②：184、G2②：35）

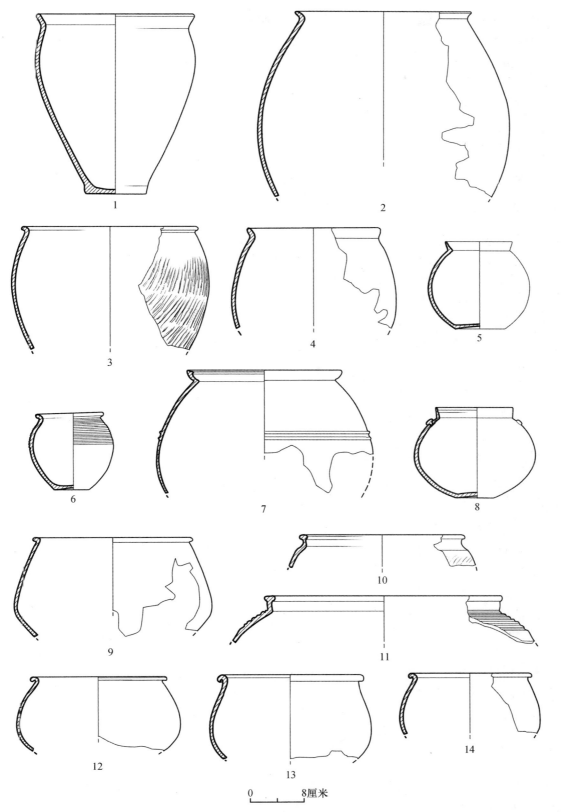

图二七四　新石器时代陶罐

1. Aa型（M16∶1）　　2. Ab型Ⅱ式（H152∶1）　　3. Ab型Ⅲ式（ⅠTN07E02②∶7）　　4. Ab型Ⅰ式（H92∶1）

5、8. Ac型（H83∶5、M7∶1）　6. Ad型（ⅢTS12W07②∶2）　7. Ae型（H16∶3）　9. Ba型（H198∶1）

10、11. C型（G1∶16、G2②∶57）　　12～14. Bb型（H56∶6、G3∶2、G3∶3）

Ad型　1件。器形较小，鼓肩，弧腹，平底微凹。

ⅢTS12W07②：2，夹砂红褐陶。肩上饰数道凹弦纹。口径10.4、腹径12.8、底径5.6、高12厘米（图二七四，6；图版二六，4）。

Ae型　1件。仰折凹沿，方唇内勾，斜肩，鼓腹。

H16：3，夹砂灰陶，肩下饰二道凸弦纹。口径23.2、腹径32.4、残高19.2厘米（图二七四，7）。

B型　4件。敛口。按沿、腹部形态分为二亚型。

Ba型　1件。窄平沿，垂折腹。

H198：1，夹砂灰陶，口径24、腹径29.6、残高15.2厘米（图二七四，9）。

Bb型　3件。卷沿，扁鼓腹。

H56：6，夹细砂磨光黑皮陶。素面。口径20.4、腹径24.8、残高11.4厘米（图二七四，12）。G3：2，夹砂灰陶。素面。口径22、腹径24.2、残高13厘米（图二七四，13）。G3：3，夹砂灰褐陶。素面。口径18.4、腹径21.2、残高9.2厘米（图二七四，14）。

C型　2件。钢轨形口沿，矮颈。

G2②：57，夹砂灰褐陶。直口微敛，圆唇，唇面微凹，鼓肩。肩部饰几道凸棱。口径35.6、残高6.8厘米（图二七四，11）。G1：16，夹砂橙黄陶。直口微敛，圆唇，溜肩。肩部饰浅划纹。口径24.8、残高5.2厘米（图二七四，10）。

高领罐　4件。按领部形态分为二式。

Ⅰ式：1件。领部较矮。H21：1，夹砂灰陶。侈口，尖圆唇，斜直领，斜肩。素面。复原口径12.8、残高8厘米（图二七五，4）。

Ⅱ式：3件。领部较高。H15：5，泥质灰陶。侈口，方唇，直领微弧，斜肩。肩上饰凹弦纹加篦纹组合纹饰。复原口径14、残高6厘米（图二七五，1）。H19：3，夹砂红胎黑皮陶。侈口，圆唇，弧领，斜肩。素面。复原口径16.8、残高6厘米（图二七五，2）。H22：1，夹砂灰陶。侈口，圆唇，斜直领，弧肩。领下饰二道凹弦纹。复原口径13.4、残高10厘米（图二七五，3）。

小口罐　2件。按口部形态分为二式。

Ⅰ式：1件。敛口，方唇，矮领，广肩。H163：1，泥质红陶。素面。口径5.8、残高4.8厘米（图二七五，9）。

Ⅱ式：1件。直口，圆唇，矮领，弧肩，鼓腹。H160：2，泥质橙黄陶。素面。口径6.5、腹径30.8、残高23.3厘米（图二七五，7；图版二六，6）。

筒形罐　3件。按器身形态分为三式。

Ⅰ式：1件。斜直腹，口径大于底径。H51：7，夹蚌红褐陶、灰胎。口残。平底略凹。上腹部饰交错划纹。底径12、残高12厘米（图二七五，5）。

Ⅱ式：1件。直腹，口径接近底径，腹部稍浅，整器较Ⅰ式显宽。Z2：1，夹砂灰陶。直口微侈，平底。腹中饰斜绳纹。复原口径23.6、底径20.8、高18厘米（图二七五，8；图版二六，5）。

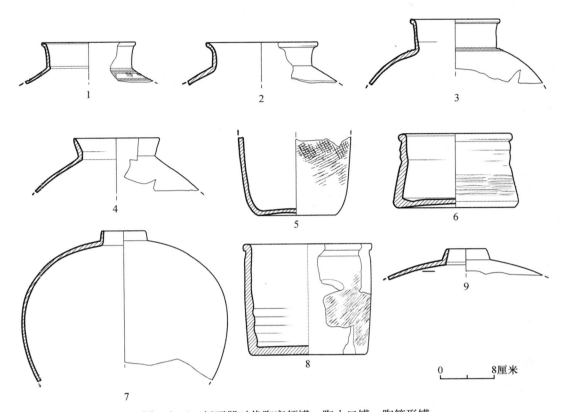

图二七五 新石器时代陶高领罐、陶小口罐、陶筒形罐

1~3.Ⅱ式高领罐（H15∶5、H19∶3、H22∶1） 4.Ⅰ式高领罐（H21∶1） 5.Ⅰ式筒形罐（H51∶7）

6.Ⅲ式筒形罐（H50∶1） 7.Ⅱ式小口罐（H160∶2） 8.Ⅱ式筒形罐（Z2∶1） 9.Ⅰ式小口罐（H163∶1）

Ⅲ式：1件。外折腹，口径小于底径，腹部更浅，整器较Ⅱ式更显宽扁。H50∶1，夹砂灰陶。直口，平底。下腹饰数周浅凹弦纹。口径17、底径17.6、高11.4厘米（图二七五，6）。

红陶钵 11件。均为泥质。按口部形态分为三型。

A型 7件。敞口。按底部形态分为三亚型。

Aa型 1件。底部微凸。

M68∶1，薄胎。弧腹。素面。口径23、底径6、高9.4厘米（图二七六，5；图版二七，1）。

Ab型 5件。平底，底腹交界处有一周阴刻凹槽。按腹部形态分为二式。

Ⅰ式：1件。斜弧腹较深。H57∶6，口沿下有一管钻穿孔。素面。口径27.4、底径8.4、高12.6厘米（图二七六，6；图版二七，2）。

Ⅱ式：4件。浅弧腹。均素面。H7∶1，口径27.6、底径5.6、高10厘米（图二七六，2）。H36∶1，口径15.6、底径4.8、高6.2厘米（图二七六，3；图版二七，3）。H42∶3，口径26、底径5、高9.2厘米（图二七六，4）。H72∶22，口径30、底径5.6、高10.4厘米（图二七六，1）。

Ac型 1件。平底微凹。

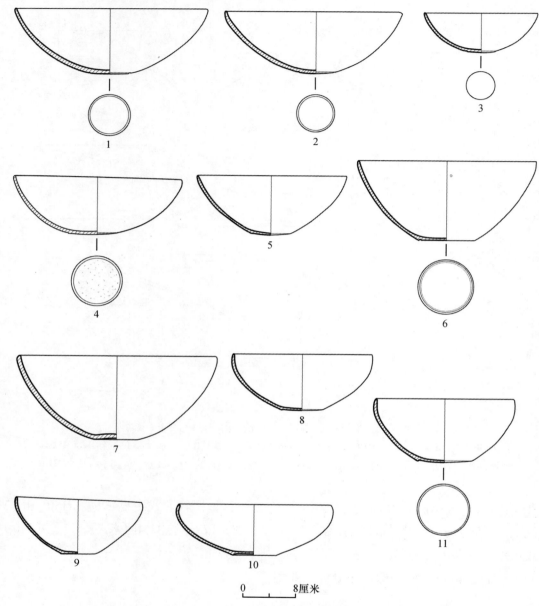

图二七六　新石器时代红陶钵

1~4. Ab型Ⅱ式（H72：22、H7：1、H36：1、H42：3）　5. Aa型（M68：1）　6. Ab型Ⅰ式（H57：6）　7. Ac型
（ⅠTN06E04④：26）　8. Bb型（M44：1）　9. Bc型（M81：1）　10. C型（G2②：9）　11. Ba型（M46：1）

　　ⅠTN06E04④：26，弧腹。素面。口径30.8、底径6.4、高13.2厘米（图二七六，7；图版二七，6）。

　　B型　3件。直口。按底部形态分为三亚型。

　　Ba型　1件。平底，底腹交界处有一周阴刻凹槽。

　　M46：1，弧腹。素面。口径21.2、底径8.2、高10.2厘米（图二七六，11；图版二七，4）。

　　Bb型　1件。底部微凸。

M44：1，薄胎。弧腹。素面。口径21.2、底径6、高9厘米（图二七六，8；图版二七，5）。

Bc型　1件。平底。

M81：1，口部不规整呈斜向，弧腹。素面。口径19.2、底径5.2、高8.2～9厘米（图二七六，9；图版二七，7）。

C型　1件。敛口，底部微凹。

G2②：9，微弧曲腹。器表枣红色陶衣已大部脱落。口径23.6、腹径24、底径6.6、高18厘米（图二七六，10；图版二七，8）。

黑灰陶钵　11件。多为墓葬出土，按口部形态分为二型。

A型　8件。敞口。按底部形态分为四亚型。

Aa型　1件。圜底。

M23：1，泥质黑陶。弧腹。素面。口径21.2、高8.8厘米（图二七七，4）。

Ab型　2件。底腹交界处有一周阴刻凹槽。均泥质黑陶。弧腹，素面。底面存留草垫痕迹，较粗糙。

M32：1，平底。口沿下有2钻孔。口径24、底径5.6、高10.6厘米（图二七七，1；图版二八，1）。M43：1，圜底近平，底部凹槽极浅。口径24、底径5.6、高10厘米（图二七七，2）。

Ac型　1件。平底。

M80：1，泥质灰陶。口部不规整，弧腹。素面。口径16.1、底径5.6、高6.6～7厘米（图二七七，9；图版二八，2）。

Ad型　4件。极低假圈足。均弧腹，素面。

H104：5，泥质黑陶。口径25.6、底径6.4、高10厘米（图二七七，7）。H147：1，泥质黑陶。口径23.6、底径4.8、高10厘米（图二七七，11；图版二八，3）。H204：1，泥质灰陶。口径24.8、底径6.8、高10.2厘米（图二七七，8）。M93：1，泥质黑陶。口径24.8、底径7.2、高9.2厘米（图二七七，10）。

B型　3件。直口。按底部形态分为二亚型。

Ba型　1件。平底，底腹交界处有一周阴刻凹槽。

M12：2，泥质黑陶。弧腹。素面。口径22.8、底径4.8、高9.5厘米（图二七七，3；图版二八，4）。

Bb型　2件。平底。均弧腹，素面。

M64：1，泥质黑陶，薄胎。口径17.4、底径5.6、高7.4～8.3厘米（图二七七，6；图版二八，5）。M65：1，泥质灰陶。口径20.2、底径6.4、高8.2厘米（图二七七，5；图版二八，6）。

红顶钵　12件。均泥质灰陶、口红顶。按口部形态分为三型。

A型　9件。敞口。按底部形态分为三亚型。

Aa型　5件。平底，底腹交界处有一周阴刻凹槽。均浅弧腹，素面。

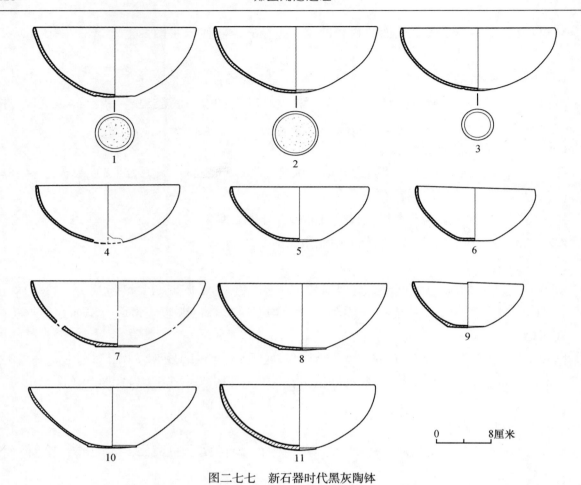

图二七七　新石器时代黑灰陶钵

1、2. Ab型（M32：1、M43：1）　3. Ba型（M12：2）　4. Aa型（M23：1）　5、6. Bb型（M65：1、M64：1）

7、8、10、11. Ad型（H104：5、H204：1、M93：1、H147：1）　9. Ac型（M80：1）

　　Ⅰ TN07E01⑤：4，薄胎。口径32.2、底径6.8、高11.2厘米（图二七八，3）。H42：4，口径26.4、底径6.4、高9.2厘米（图二七八，1；图版二八，7）。H42：5，口径32.4、底径5.6、高11.2厘米（图二七八，2）。H42：11，口径30.6、底径6.4、高11.6厘米（图二七八，4）。M14：1，口径30、底径6.8、高9.6厘米（图二七八，5；图版二八，8）。

　　Ab型　2件。低假圈足。均弧腹，素面。

　　H155：1，口径26.4、底径6.6、高9.2厘米（图二七八，6）。H200：1，口径26、底径6、高10.4厘米（图二七八，8；图版二九，1）。

　　Ac型　2件。大平底。均弧腹，素面。

　　Ⅲ TS12W07②：1，口径30、底径10.4、高10.5厘米（图二七八，7；图版二九，2）。H5：1，口径31.2、底径12、高10.8厘米（图二七八，9）。

　　B型　2件。敛口。均弧曲腹，素面。

　　Ⅰ TN09E01⑤：1，平底。口径26.2、底径6.6、高11.4厘米（图二七八，10；图版二九，3）。Ⅰ TN09E01⑤：2，底残。口径36.8、残高14.4厘米（图二七八，12）。

　　C型　1件。直口。

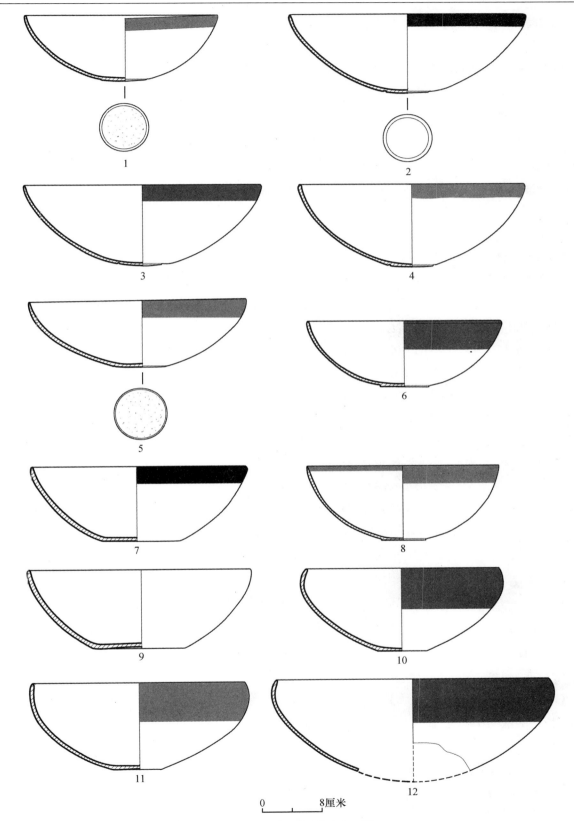

图二七八　新石器时代陶红顶钵

1~5.Aa型（H42：4、H42：5、ⅠTN07E01⑤：4、H42：11、M14：1）　6、8.Ab型（H155：1、H200：1）　7、9.Ac型
（ⅢTS12W07②：1、H5：1）　10、12.B型（ⅠTN09E01⑤：1、ⅠTN09E01⑤：2）　11.C型（ⅠTN08E02③：9）

ⅠTN08E02③：9，弧腹，平底。素面。口径28.8、底径6、高12厘米（图二七八，11；图版二九，4）。

盆　11件。按口部形态分为三型。

A型　4件。敞口。按腹部形态分为三式。

Ⅰ式：2件。深弧腹。均窄卷沿，素面。H44：1，夹砂红褐陶，灰口红腹，厚胎。平底。口径24.4、底径7.2、高11.2厘米（图二七九，1；图版二九，7）。H142：10，夹砂灰陶，厚胎。凹底。口径27.2、底径9.2、高12厘米（图二七九，2）。

Ⅱ式：1件。浅折腹。H61：1，泥质灰陶。口沿下施一圈红衣已脱落，平折沿。平底。口径21.2、底径3.2、高8厘米（图二七九，3；图版二九，6）。

Ⅲ式：1件。斜直腹。ⅢTS04W07③：1，夹砂红陶。厚唇，凹底。口径19.6、底径12、高8厘米（图二七九，12）。

B型　1件。直口。

ⅠTN07E04③：27，泥质灰陶、红顶。窄沿，弧腹，平底。素面。口径29.8、底径8.2、高16.2厘米（图二七九，11；图版二九，5）。

C型　6件。敛口。按沿部形态分为三亚型。

Ca型　4件。窄折沿。按腹部形态分为三式。

Ⅰ式：2件。斜弧腹，最大腹径偏器上。泥质红陶。凹底。素面。ⅢTS11W07④：1，口径38.4、底径8、高20厘米（图二七九，7；图版二九，8）。H151：5，口径31.2、底径10.4、高15.6厘米（图二七九，5）。

Ⅱ式：1件。弧腹，最大腹径在器中。H170：1，整体变形明显，泥质红陶。平底。素面。口径29、底径8.8、高13.6厘米（图二七九，6；图版三〇，1）。

Ⅲ式：1件。弧腹，最大腹径偏器下。H42：9，整体器形较小，泥质橙黄陶。平底。素面，口沿下有1对钻孔。口径13.2、底径6.4、高12.4厘米（图二七九，9；图版三〇，2）。

Cb型　1件。窄卷沿。H188：1，夹砂灰褐陶，厚胎。弧鼓腹。上腹饰七道凹弦纹。口径40、腹径41.6、残高16厘米（图二七九，8）。

Cc型　1件。宽卷沿下垂。

ⅠTN07E03②：6，泥质橙黄陶。下残。圆唇，弧腹。素面。复原口径36、残高8.4厘米（图二七九，4）。

带流盆　1件。

G3：13，底残，流残。泥质红陶。敛口，圆唇，斜弧腹。素面。复原口径26、残高21.2厘米（图二七九，10）。

碗　15件。按底部形态分为四型。

A型　2件。平底。均直口，素面。

M20：1，泥质红陶，薄胎。口部呈不规则椭圆形，斜弧腹。口径13.2～15、底径5.8～6.2、高9厘米（图二八〇，1）。M33：1，泥质灰陶、红顶。弧腹。口径15.6、底径7.2、复原高9.2厘米（图二八〇，2）。

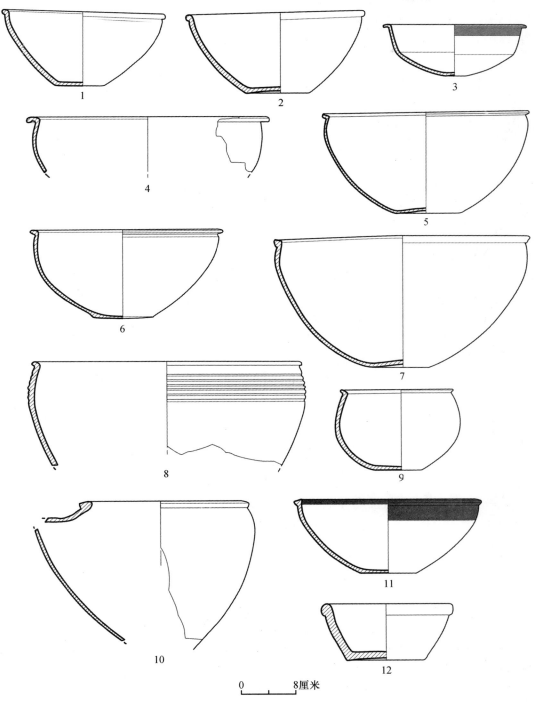

图二七九　新石器时代陶盆

1、2.A型Ⅰ式盆（H44∶1、H142∶10）　3.A型Ⅱ式盆（H61∶1）　4.Cc型盆（ⅠTN07E03②∶6）　5、7.Ca型Ⅰ式盆
（H151∶5、ⅢTS11W07④∶1）　6.Ca型Ⅱ式盆（H170∶1）　8.Cb型盆（H188∶1）　9.Ca型Ⅲ式盆（H42∶9）　10.带流
盆（G3∶13）　11.B型盆（ⅠTN07E04③∶27）　12.A型Ⅲ式盆（ⅢTS04W07③∶1）

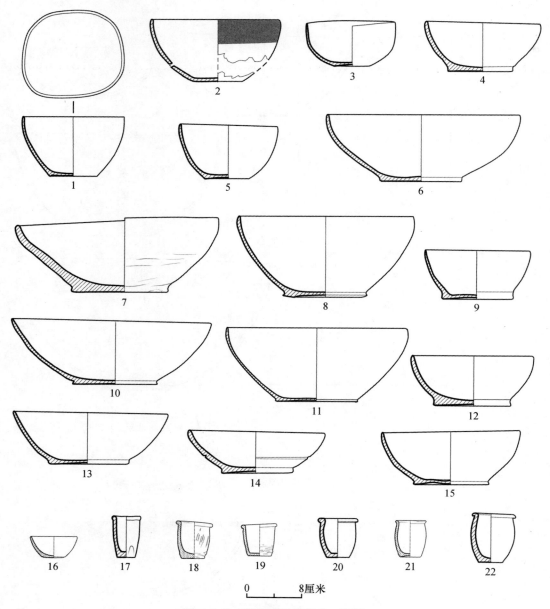

图二八〇 新石器时代陶碗、陶杯

1、2. A型碗（M20：1、M33：1） 3. B型Ⅱ式碗（M15：1） 4、6. Ca型碗（ⅠTN06E04④：25、ⅢTS11W08③：1） 5. B型Ⅰ式碗（M2：1） 7、10. Cb型碗（H42：6、H42：7） 8、11. Da型碗（M66：1、M97：1） 9. Db型Ⅰ式碗（M43：2） 12、15. Db型Ⅱ式碗（H60：1、M33：2） 13、14. Dc型碗（ⅢTS11W08②：8、H42：8） 16. A型杯（G1：2） 17. B型Ⅰ式杯（G2②：335） 18. B型Ⅱ式杯（M3：1） 19. B型Ⅲ式杯（ⅢTS07W08②：1） 20. C型Ⅱ式杯（ⅢTS07W06③：1） 21. C型Ⅲ式杯（M1：1） 22. C型Ⅰ式杯（M62：1）

B型 2件。平底微凹。按腹部形态分为二式。

Ⅰ式：1件。斜弧腹较深。M2：1，泥质红陶，薄胎。侈口。素面。口径14.8、底径6.4、高8厘米（图二八〇，5）。

Ⅱ式：1件。弧腹稍浅。M15：1，泥质灰陶，薄胎。口部不规整，直口。素面。口径13.2、底径5.2、高6.8厘米（图二八〇，3）。

C型　4件。假圈足，底面近平。按口部形态分为二亚型。

Ca型　2件。侈口。均泥质红陶。弧腹。素面。

ⅠTN06E04④：25，口径13.2、底径9.6、高7.6厘米（图二八〇，4）。ⅢTS11W08③：1，口径28.8、底径12、高10厘米（图二八〇，6）。

Cb型　2件。大敞口。均泥质红陶。底部边缘略突出，素面。

H42：6，整体器形不规整。口径30、底径14.4、高11.2厘米（图二八〇，7；图版三〇，3）。H42：7，口径29.6、底径12.6、高9.6厘米（图二八〇，10）。

D型　7件。假圈足，底面略凹。分为三亚型。

Da型　2件。直口。均泥质红陶，斜弧腹，素面。

M66：1，腹较深。口径25.6、底径12.2、高12.2厘米（图二八〇，8；图版三〇，4）。M97：1，口径26.6、底径12、高11.2厘米（图二八〇，11；图版三〇，6）。

Db型　3件。侈口。按腹部形态分为二式。

Ⅰ式：1件。斜腹较深。M43：2，泥质红陶。素面。口径16、底径10.8、高7.6厘米（图二八〇，9；图版三〇，8）。

Ⅱ式：2件。弧腹稍浅。H60：1，泥质红陶。素面。口径18.4、底径12.2、高7.6厘米（图二八〇，12；图版三〇，7）。M33：2，泥质灰陶。口沿下原饰一周宽带黑彩，现已大部分脱落。口径20.4、底径11.2、高8.4厘米（图二八〇，15；图版三〇，5）。

Dc型　2件。敞口。均泥质红陶，弧腹。

ⅢTS11W08②：8，斜弧腹。口径23.2、底径12、高8厘米（图二八〇，13）。H42：8，底部边缘略突出。器物中部偏下饰一道凹弦纹。口径20.4、底径10.8、高6.8厘米（图二八〇，14）。

杯　7件。按腹部形态分为三型。

A型　1件。浅腹。

G1：2，泥质红陶。敞口，圆唇，平底、底腹交界处有一周阴刻凹槽。素面。复原口径7、底径3.4、高3.2厘米（图二八〇，16；图版三一，4）。

B型　3件。斜直腹。按口部形态分为三式。

Ⅰ式：1件。直口微侈。G2②：335，整体瘦长，夹砂红褐陶。平底。素面。口径4.2、底径2.8、高6.2厘米（图二八〇，17）。

Ⅱ式：1件。直口。M3：1，夹砂灰陶。窄平沿，厚平底。器身饰不规则划纹。口径5.4、底径3.4、高5.6厘米（图二八〇，18）。

Ⅲ式：1件。敞口。ⅢTS07W08②：1，夹砂红褐陶。口部不规则，厚圆唇，平底。下腹近底部饰不规则划纹。口径5.4、底径3.6、高5.6厘米（图二八〇，19；图版三一，1）。

C型　3件。弧鼓腹。按口部形态分为三式。

Ⅰ式：1件。敛口，卷沿。M62：1，夹砂褐陶。平底。素面。口径6.4、底径3.6、高6.9～7.5厘米（图二八〇，22）。

Ⅱ式：1件。敛口，厚唇。ⅢTS07W06③：1，夹砂灰陶。平底。素面。口径5.8、底径

3.4、高6厘米（图二八〇，20；图版三一，3）。

Ⅲ式：1件。侈口。M1：1，夹砂红褐陶。平底内凹。素面。口径4.6、底径3.2、高5.6厘米（图二八〇，21；图版三一，2）。

盘　3件。按器形大小分为二型。

A型　1件。大盘。

ⅠTN06E04③：9，泥质红陶。敛口内勾，圆唇，浅腹，大平底内凹。素面。口径31.6、高4.2、底径31.2厘米（图二八一，1；图版三一，5）。

B型　2件。小盘。按腹、底形态分为二式。

Ⅰ式：1件。浅腹，平底略凹。H28：8，夹砂红褐陶，厚胎。敞口，圆唇。素面。口径14.4、底径12.6、高4厘米（图二八一，2；图版三一，6）。

Ⅱ式：1件。浅斜弧腹，低假圈足。G2②：8，泥质红陶。敞口，圆唇。素面。口径13.2、底径9.2、高3.2厘米（图二八一，3；图版三一，7）。

器座　10件。按器身形态分为二型。

A型　7件。整器较瘦高，按腰部装饰分为二亚型。

Aa型　4件。腰部无装饰。均泥质红陶。上下缘外侈，圆唇，束腰。素面。

G1：25，直径9.4~10.2、高4.2厘米（图二八一，4）。M29：1，直径7.2~9.6、高3.6厘米（图二八一，5；图版三一，9）。ⅠTN06E04③：25，直径10.2、高2厘米（图二八一，6；图版三一，8）。ⅠTN06E04④：27，直径7.2~7.6、高3.6厘米（图二八一，7）。

Ab型　3件。腰部有钻孔或捏痕，胎质较Aa型厚。

G2②：1，泥质红陶，胎较厚。圆唇。直径19.2、高5.7厘米（图二八一，8）。G2②：3，泥质红陶。下口略大于上口，尖圆唇，腰部有一钻孔。直径8.2~8.8、高2.6厘米（图二八一，13）。G2②：6，整体器形较扁，泥质红陶。圆唇。腰部有捏痕。直径6.4、高2厘米（图二八一，12）。

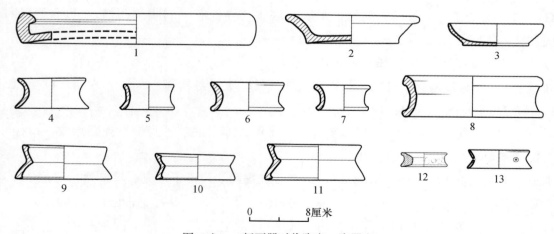

图二八一　新石器时代陶盘、陶器座

1. A型盘（ⅠTN06E04③：9）　2. B型Ⅰ式盘（H28：8）　3. B型Ⅱ式盘（G2②：8）　4~7. Aa型器座（G1：25、M29：1、ⅠTN06E04③：25、ⅠTN06E04④：27）　8、12、13. Ab型器座（G2②：1、G2②：6、G2②：3）

9~11. B型器座（H15：3、ⅢTS11W07④：2、ⅢTS12W08②：1）

B型 3件。整器显宽扁。均泥质灰陶。方唇，上下缘外侈，束腰。素面。

H15：3，直径7.2～13.6、高4.8厘米（图二八一，9）。ⅢTS11W07④：2，直径7.2～10.8、高3.6厘米（图二八一，10）。ⅢTS12W08②：1，直径13.2～14、高5厘米（图二八一，11）。

二、分　期

前文我们按照各类陶器的发展轨迹作了型式的分析，结合层位关系可以归纳出刘湾遗址典型单位主要陶器分期组合表（附表三）。从而按照早晚关系将它们分为五组，各组代表不同的时间段，其中前三段因出土器物形制及组合变化不大，可以合为一期，剩余两段各独立为一期。因此，刘湾遗址新时代时代遗存可以分为三期5段。

一期1段：陶器组合为Aa型、Ac型Ⅰ式罐形鼎，Aa型罐，Aa型、Ba型红陶钵，Aa型、Ab型、Ba型黑灰陶钵，Aa型红顶钵。代表单位有H153、H209、M12、M14、M16、M23、M31、M32、M43、M46、M68等。

一期2段：陶器组合为Bb型、Bc型红陶钵，Ac型、Bb型黑、灰陶钵，A型、B型Ⅰ式、B型Ⅱ式碗。该段遗存均为墓葬，代表单位有M2、M15、M20、M44、M64、M65、M80、M81等。

一期3段：陶器组合为Ab型Ⅰ式、Ab型Ⅱ式、Ab型Ⅲ式、Ac型Ⅱ式、B型Ⅰ式、B型Ⅱ式、B型Ⅲ式罐形鼎，Ab型式Ⅰ式、Ab型Ⅱ式、Ac型罐，Ⅰ式、Ⅱ式小口罐，Ab型Ⅰ式、Ab型Ⅱ式、Ac型红陶钵，Ad型黑灰陶钵，Ab型、B型、C型红顶钵，B型、Ca型Ⅰ式、Ca型Ⅱ式、Ca型Ⅲ式盆，Ca型、Cb型、Da型、Db型Ⅰ式、Db型Ⅱ式、Dc型碗，A型盘，Aa型器座。代表单位有G4、H42、H82、H83、H159、H170、M33、M97等。

二期4段：陶器组合为釜形鼎，Ab型Ⅲ式、Ba型、Bb型、C型罐，Ⅰ式、Ⅱ式、Ⅲ式筒形罐，C型红陶钵，A型Ⅰ式、A型Ⅱ式、Cb型、Cc型盆，带流盆，A型、B型Ⅰ式、B型Ⅱ式、B型Ⅲ式、C型Ⅰ式、C型Ⅱ式、C型Ⅲ式杯，B型Ⅰ式、B型Ⅱ式盘，Ab型器座。代表单位有Ⅰ、Ⅱ区第2、3层，Ⅲ区第5层，ⅢTS05W11第1层，G2、H23、H100、H104、H181、M1、M3等。

三期5段：陶器组合为Ad型、Ae型罐，Ⅰ式、Ⅱ式高领罐，Ac型红顶钵，A型Ⅲ式盆，B型器座。代表单位有Ⅲ区第3、4层，H5、H6、H8、H9、H11、H13、H14、H15、H19、H20、H21、H22等。

需要指出的是，由于刘湾遗址新石器时代各段遗存之间年代差距并不大，加上遗址后期破坏的原因，大部分晚段遗迹及墓葬中都会有早段遗物出现。上列各段陶器组合是每段最具代表性的，没有列入沿用早段器类型式。

刘湾遗址还有部分遗迹单位未出土可供参与排序和分期的陶器，根据层位关系可以将F1、Z1、W1、W2、W3、M4列为第二期遗存。余下灰坑及墓葬可以大致分为：Ⅰ区第2、3、4层下灰坑多列入第一期，Ⅱ区第2层下灰坑多列入第二期；Ⅰ、Ⅱ区第2层下墓葬多列入第一期（图二八二）。

器类																
	罐形鼎					釜形鼎	罐									
型式	A			Ac	B		Aa	Ab	Ac	Ad	Ae	Ba	Bb	C		
	Aa	Ab														
段 期																
1 一	H153：2															
2																
3		H162：1 H82：7 H129：1		H209：2 H159：1	H42：2 H42：1 M11：1		M16：1	H92：1 H152：1	H83：5			H198：1	H56：6	G2②：57		
4 二						G2②：25		ITN07E02 ②：7								
5 三										ⅢTS12 W07 ②：2	H16：3				

图二八二-A　新石器时代陶器分期演变图

器类		高领罐	小口罐	筒形罐	红陶钵						
型式					A			B			C
期	段				Aa	Ab	Ac	Ba	Bb	Bc	
一	1				M68：1			M46：1			
	2								M44：1	M81：1	
	3		H163：1 H160：2			H57：6 H36：1	ITN06E04 ④：26				
二	4			H51：7 Z2：1 H50：1							G2②：9
三	5	H21：1 H15：5									

图二八二-B　新石器时代陶器分期演变图

器类 型式 段	黑 灰 陶 钵							红 顶 钵				
	A				B			A			B	C
	Aa	Ab	Ac	Ad	Ba	Bb	Aa	Ab	Ac		
1	M23：1	M32：1					M14：1					
2			M80：1		M12：2	M64：1						
3				M93：1				H155：1			ⅠTN09E01 ⑤：1	ⅠTN08E02 ③：9
4												
5									ⅢTS12W07 ②：1			

期	
Ⅰ	(段1、2、3)
Ⅱ	(段4)
Ⅲ	(段5)

图二八二-C　新石器时代陶器分期演变图

期	段	碗 A	碗 B	碗 Ca	碗 Cb	碗 Da	碗 Db	碗 Dc	带流盆	盆 A	盆 B	盆 Ca	盆 Cb	盆 Cc
一	1													
一	2	M20:1	M2:1 / M15:1											
一	3			ITN06E04 ④:25	H42:7	M66:1	M43:2 / M33:2	H42:8			ITN07E04 ③:27	H151:5 / H170:1 / H42:9	H188:1	ITN07E03 ②:6
二	4								G3:13	H44:1 / H61:1				
三	5									IIITS04W07 ③:1				

图二八二-D　新石器时代陶器分期演变图

器类	杯			盘		器座		
型式 期　段	A	B	C	A	B	A Aa	Ab	B
一　1								
一　2								
一　3				ⅠTN06E04 ③：9	H28：8 G2②：8	ⅠTN06E04 ③：25		
二　4	G1：2	G2②：335 M3：1 ⅢTS07W08 ②：1	M62：1 ⅢTS07W06 ③：1 M1：1				G2②：6	
三　5								H15：3

图二八二-E　新石器时代陶器分期演变图

三、年　　代

由于刘湾遗址没有可供断代的测年资料，只能根据其自身的特征与周边同时期的研究结果作横向比较得出年代判断。

刘湾遗址新石器时代第一期遗存以罐形鼎、钵、盆、碗及器座为典型器物组合，文化性质属于后岗一期文化，3段年代相隔较近，是该地区仰韶早期发现的遗存之一。同区域内与刘湾遗址大致同时期的后岗一期文化遗址有淅川下王岗[1]、郧县店子河[2]及均县乱石滩[3]等。

一期1段Aa型罐形鼎、Aa型罐与下王岗M285：4鼎和M285：1罐近似，故该段年代当与下王岗"仰韶文化一期"第1组遗存相当。

一期2段Bb型红陶钵与下王岗M473：1钵形制基本一致，故该段年代也与下王岗"仰韶文化一期"第2组遗存相同。

一期3段Ab型Ⅰ式、Ab型Ⅱ式、Ab型Ⅲ式、Ac型Ⅱ式、B型Ⅰ式、B型Ⅱ式、B型Ⅲ式罐形鼎与下王岗M404：1、H368：1鼎类同，也与店子河H98：1、H98：3、H98：4、H96：1、H96：3鼎近似，年代当与下王岗"仰韶文化一期"第3组遗存相同或略早。

刘湾遗址新石器时代第二期遗存陶器胎质普遍较厚，以夹砂红陶为主，纹饰有篮纹、绳纹等，器形组合以釜形鼎、罐、筒形罐、钵、盆、带流盆、盘等为代表，是比较典型的西阴文化遗存。这批材料与淅川下王岗"仰韶文化二期"遗存，郧县大寺"仰韶文化"遗存[4]和郧县三明寺"西阴文化"遗存[5]近似。其中，釜形鼎与大寺T5④：74鼎相同、Ab型Ⅲ式罐与下王岗H298：5罐近似，Ba型罐口、腹部与下王岗H182：8鼎的口、腹部基本一致，C型罐与三明寺F9：2相近。据此，该段年代当与下王岗"仰韶文化二期"遗存相当或略晚。

刘湾遗址新石器时代第三期遗存陶器以泥质红陶为主，纹饰多素面、少量篮纹等，器形组合有仰折沿内凹罐、高领罐、红顶钵、器座等，文化内涵应属于朱家台文化。相似遗存有均县朱家台"晚期仰韶文化"遗存[6]、郧县三明寺"朱家台文化"遗存及郧县青龙泉"仰韶文化"遗存[7]。该段遗存中Ae型罐与朱家台T19④：18罐、三明寺F15：6罐基本一致，Ⅱ式高领罐也与三明寺H69：47高领罐、青龙泉T54HG：176高领罐近似，故该段年代当与之相近，应为朱家台文化晚期。

注　　释

［1］　河南省文物研究所、长江流域规划办公室考古队河南分队：《淅川下王岗》，文物出版社，1989年。

［2］　武汉大学考古系、湖北省文物局南水北调办公室、郧县博物馆：《湖北郧县店子河遗址发掘简报》，《考古》2011年第5期。

［3］　中国社会科学院考古研究所长江工作队：《湖北均县乱石滩遗址发掘报告》，《考古》1986年第7期。

［4］　中国社会科学院考古研究所：《青龙泉与大寺》，科学出版社，1991年。

［5］　武汉大学考古系、湖北省文物局南水北调办公室：《湖北郧县三明寺遗址新石器时代遗存发掘简报》，《江汉考古》2016年第1期。

［6］　中国社会科学院考古研究所长江工作队：《湖北均县朱家台遗址》，《考古学报》1989年第1期。

［7］　中国社会科学院考古研究所：《青龙泉与大寺》，科学出版社，1991年。

第四章　周代遗存

刘湾遗址并无周代文化层堆积，仅发现1个灰坑、6座墓葬（图二八三）。

第一节　遗迹及遗物

H17　位于ⅢTS08W07南部，部分延伸进南壁。开口于第2层下，距地表深30~40厘米，打破H13和生土。平面呈椭圆形，东西长约180、南北宽约148、深约30厘米。弧壁，圜底，壁面及底面无加工痕迹。坑内填土为灰黑黏土，夹杂少量红烧土颗粒及石块，结构较致密。出土陶片较少，以泥质红陶为主，夹砂灰陶次之；纹饰以素面为主，极少量绳纹。出土东周陶鬲（图二八四）。

陶鬲　1件。颈以下残。夹砂灰陶。侈口，微仰折沿，方唇，束颈。颈部饰抹断绳纹。H17：1，口径41.2、残高6.8厘米（图二八五，1）。

陶鬲足　2件。夹砂灰陶。实心平根柱状足。足上饰绳纹。H17：2，残高9.2厘米（图二八五，2）。H17：3，残高6.4厘米（图二八五，3）。

第二节　墓葬及随葬品

该时期墓葬大部位于遗址西部，均为长方形土坑竖穴墓，葬具、葬式不详，随葬品多置于头龛（附表四）。

M8　位于ⅠTN06E01中部。开口于第2层下，距地表深约38厘米，打破第5层和生土。长方形土坑竖穴，斜壁，平底，壁面及底面无加工痕迹。墓口长约252、宽约108厘米，墓底长约230、宽约92厘米，深约148厘米。方向2°。填土为灰褐花土，结构较致密。单人葬，葬式不详，人骨保存极差，仅见残痕。未发现葬具及随葬品（图二八六）。

M9　位于ⅠTN06E01东北部。开口于第2层下，距地表深约35厘米，打破第5层和生土。长方形土坑竖穴，斜壁，平底，壁面及底面无加工痕迹。墓口长约210、宽80~100厘米，墓底长约200、宽76~90厘米，深约96厘米。方向358°。填土为灰褐花土，结构较致密。单人葬，葬式不详，人骨保存极差，仅见残痕。未发现葬具及随葬品（图二八七）。填土内发现石扳指1枚（图二八五，10）。

M10　位于ⅠTN06E01西北部。开口于第2层下，距地表深约40厘米，打破H37、第5层

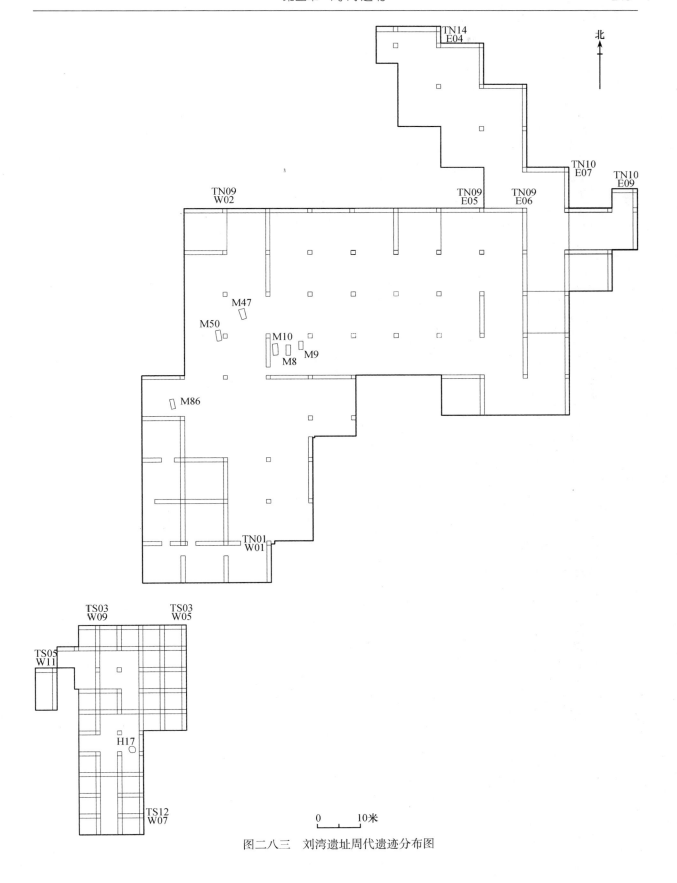

图二八三 刘湾遗址周代遗迹分布图

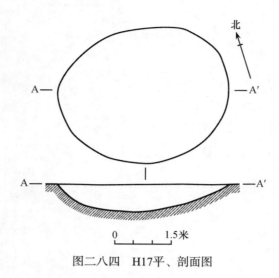

图二八四　H17平、剖面图

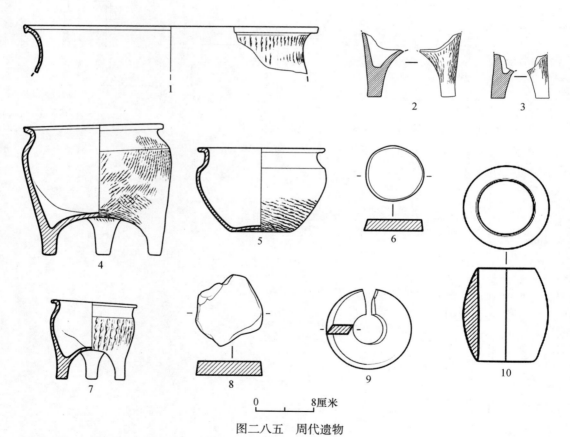

图二八五　周代遗物

1、4、7.陶鬲（H17：1、M47：4、M86：1）　2、3.陶鬲足（H17：2、H17：3）　5.陶盂（M86：2）　6.玉芯（M47：2）
8.绿松石饰品（M47：1）　9.玉玦（M10：1）　10.石扳指（M9：01）

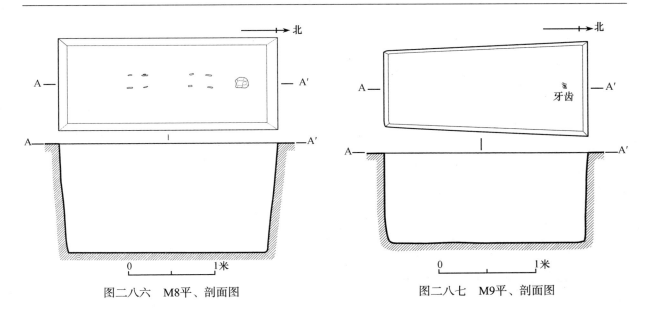

图二八六　M8平、剖面图　　　　　　　　图二八七　M9平、剖面图

和生土。长方形土坑竖穴，斜壁，平底，壁面及底面无加工痕迹。墓口长约269、宽120～140厘米，墓底长约250、宽110～130厘米，深约110厘米。方向350°。填土为灰褐花土，结构较致密。单人葬，葬式不详，人骨保存极差，仅见残痕。未发现葬具（图二八八）。随葬1件玉玦，置于墓主头部右侧（图二八五，9）。

M47　位于ⅡTN07W01中部。开口于第2层下，距地表深约20厘米，打破H130、H131、H132、第5层和生土。长方形土坑竖穴，斜壁，平底，壁面及底面无加工痕迹。墓口长约280、宽116～132厘米，墓底长约234、宽102～104厘米，深约186厘米。墓坑南壁中部距墓口深约136厘米处发现一方形头龛，边长约40、高约36厘米。方向166°。墓坑内填土为灰褐花土，夹杂红烧土颗粒、碎石，结构致密。葬式为单人仰身直肢葬，人骨保存较差，残存头骨及部分肢骨。葬具为单棺，已朽，仅发现少许棺灰及朱红棺漆。墓主口、首附近随葬3件玉、石器，头龛内随葬1件陶鬲（图二八九；图版三二，1）。

绿松石饰品　1件。M47：1，未经加工，不辨器形（图二八五，8）。

玉芯　1件。M47：2，圆形片状，推测为玉器钻孔剩料（图二八五，6）。

石璧　1件。M47：3，滑石质，极破碎，仅存残渣。

陶鬲　1件。夹砂红褐陶。侈口，仰折沿，方唇，束颈，鼓肩，斜腹，实足平根，弧形裆。肩、腹部饰斜绳纹。M47：4，口径19.6、高18.8厘米（图二八五，4；图版三三，1）。

M50　位于ⅡTN06W02东北部及ⅡTN07W02东南部。开口于第2层下，距地表深约22厘米，打破第5层和生土。长方形土坑竖穴，斜壁，平底，壁面及底面无加工痕迹。墓口长约260、宽约110厘米，墓底长约242、宽约80厘米，深145～160厘米。方向172°。填土为黄花土，夹杂红烧土颗粒、碎石及陶片，结构较致密。葬式为单人仰身直肢葬，人骨保存较差，残存头骨及部分肢骨。葬具为单棺，已朽，仅发现少许棺灰及朱红棺漆。未发现随葬品（图二九〇）。

M86　位于ⅡTN05W03东南部。开口于第2层下，距地表深约25厘米，打破第5层和生土。

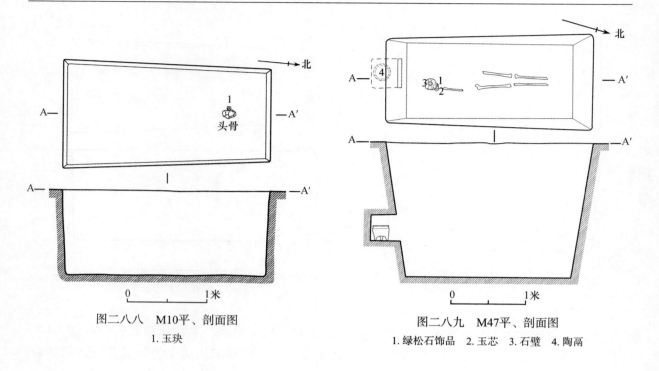

图二八八　M10平、剖面图
1. 玉玦

图二八九　M47平、剖面图
1. 绿松石饰品　2. 玉芯　3. 石璧　4. 陶鬲

长方形土坑竖穴，直壁，平底，壁面及底面加工较规整。长约250、宽约92、深约90厘米。墓坑南壁中部距墓口深约2厘米处发现一半圆形头龛，直径约35、高约25厘米。方向168°。墓坑内填土为灰黑花土，夹杂较多草木灰、木炭颗粒及红烧土颗粒，结构较疏松。葬式不详，未发现人骨及葬具痕迹。头龛内随葬2件陶器（图二九一；图版三二，2）。

陶鬲　1件。夹砂红褐陶。形制不规整，微侈口，平折沿，方唇，束颈，鼓肩，斜腹，弧形裆，平根实足。腹部饰竖绳纹。M86：1，口径11.8、腹径11.6、高10.6～11.2厘米（图

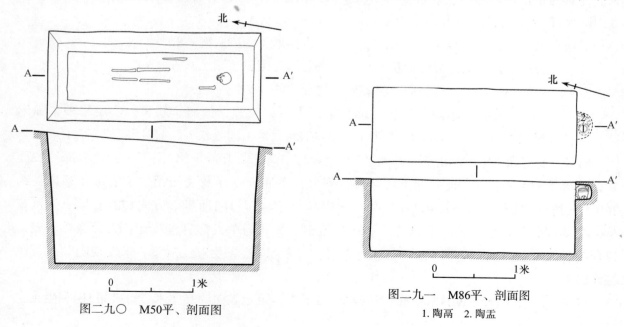

图二九〇　M50平、剖面图

图二九一　M86平、剖面图
1. 陶鬲　2. 陶盂

二八五，7；图版三三，2）。

　　陶盂　1件。泥质黑陶。微侈口，平折沿，方唇，束颈，鼓肩，弧腹下斜收，平底内凹。下腹部至底部饰横绳纹。M86：2，口径17.6、腹径18、底径8、高12厘米（图二八五，5；图版三三，3）。

第三节　分期及年代

一、分　　期

　　由于该期遗存并没有地层叠压关系，出土遗物也较少，故未对该期遗存进行分期。

二、年　　代

　　H17由于出土陶器标本比较残碎，从鬲口沿呈微仰折沿、束颈较高等特征来看，它与纪南城内摩天岭遗址A型Ⅰ式、B型Ⅰ式及B型Ⅱ式鬲（西周时期），襄阳陈坡A型Ⅱ式鬲（西周晚期）类似[1]。由于H17：1鬲残损严重，可能特征保存不甚完整，故将H17年代断为西周晚期到春秋早期（两周之际）比较合适。

　　M47出土陶鬲形制应略早于郧县白鹤观M18：3鬲（春秋晚期），而介于丹江口八腊庙M35：1鬲（春秋中期晚段）和M36：1鬲（春秋晚期早段）之间，与纪南城内陕家湾M1：1鬲（春秋中期）相似[2]。所以M47的年代应在春秋中晚期。

　　M86出土陶鬲形制与白鹤观M9：4鬲（春秋晚期）和八腊庙M40：1鬲（春秋晚期晚段）类似，和纪南城内东岳庙M4：5鬲（春秋中晚期）也基本相同[3]。同时，M86出土陶盂与秭归官庄坪M9：1盂（春秋晚期早段）相近[4]。故而，可以判断M86的年代当在春秋晚期。

　　其余墓葬根据墓葬形制将其纳入东周时期。

第四节　小　　结

　　刘湾遗址东周时期遗存比较零散，时代主要集中在春秋中晚期。

　　6座墓葬均随葬日用陶器，大部分没有发现棺椁痕迹，墓主人身份应都为一般平民。墓葬形制略有区分：竖穴土坑斜壁墓4座（M8、M9、M10、M50），带头龛墓2座（M47、M86）。墓葬方向没有统一规律，东北—西南向1座（M8）、东南—西北向3座（M47、M50、M86）、西北—东南向2座（M9、M10）。

　　刘湾遗址地处鄂豫陕交界地，一直以来都是南北文化交融区域。春秋战国时期楚国北上争霸，此处成为楚国与中原诸国争夺的战略要冲，形成了该地区比较复杂的文化因素，这也是刘湾遗址东周时期墓葬形制产生区别的原因。

注　释

［1］　湖北省博物馆江陵工作站：《江陵县纪南城摩天岭遗址试掘简报》，《江汉考古》1988年第2期；湖北省文物考古研究所等：《襄阳陈坡》，科学出版社，2013年。

［2］　湖北省文物考古研究所：《湖北郧县白鹤观遗址东周墓发掘简报》，《江汉考古》2010年第3期；湖北省文物考古研究所、湖北省文物局南水北调办公室：《湖北丹江口市八腊庙墓群第二次发掘简报》，《江汉考古》2012年第2期；湖北省博物馆：《楚都纪南城的勘察与发掘》，《考古学报》1987年第4期。

［3］　湖北省文物考古研究所：《湖北郧县白鹤观遗址东周墓发掘简报》，《江汉考古》2010年第3期；湖北省文物考古研究所、湖北省文物局南水北调办公室：《湖北丹江口市八腊庙墓群第二次发掘简报》，《江汉考古》2012年第2期；湖北省博物馆：《楚都纪南城的勘察与发掘》，《考古学报》1987年第4期。

［4］　国务院三峡工程建设委员会办公室、国家文物局：《秭归官庄坪》，科学出版社，2005年。

第五章　汉代遗存

刘湾遗址汉代遗存并未见文化层堆积，仅在Ⅰ区和Ⅲ区各发现1座墓葬（图二九二）。

第一节　墓葬及随葬品

M42　位于ⅠTN08E05中部。开口于第2层下，距地表深约25厘米，被Y1打破，并打破G2，第3、4层和生土。土坑竖穴砖室墓，方向90°。平面呈"凸"字形，东端墓道已完全损毁。由土坑和砖室二部分组成。

土坑墓室平面呈长方形，斜壁，平底，壁面及底面无加工痕迹。坑口残长约380、残宽约310厘米，坑底残长约375、残宽约296厘米，残深约60厘米。墓室以东为长方形甬道，斜壁，平底，壁面及底面无加工痕迹。口长约156、宽约150厘米，底长约156、宽约136厘米。

砖制墓室平面近长方形，四壁略有弧度，长约338、宽约254、残高约60厘米。墓室东侧甬道呈长方形，北壁长约122、南壁长约132、宽约92、残高约48厘米。

砖室的建筑方法为先在土坑内"人"字形平铺地砖，然后在其上用单砖错缝平砌墓室，四角交互叠压。墓顶已坍塌，情况不明。封门砖为错缝平砌，尚存8层。墓砖规格不一，大多为长37、宽16、厚5厘米，长侧面饰二组菱形纹。

人骨保存较差，仅存头骨，位于墓室东南角，疑受扰动。单人葬，葬式不详。葬具基本无存，仅见棺漆痕迹。随葬陶器、铜器、铁器等（图二九三）。

陶盆　1件。泥质灰陶。敞口，方唇，宽平折沿，斜弧腹，平底略凹。器身大部饰瓦棱纹，中部开始饰间断绳纹。M42：1，口径42.2、底径19.2、高20.4厘米（图二九四，1；图版三四，1）。

陶瓮　1件。泥质灰陶。直口，方唇内伸，矮颈，圆肩，鼓腹下收，平底略凹。器身大部饰布纹，中部偏下饰三道瓦棱纹。M42：2，口径16.4、腹径27.6、底径12.4、高27.2厘米（图二九四，2；图版三四，2）。

铁剑　1件。长条状，剑前端残断，剑身锈蚀严重。M42：3，残长34.8、宽3.2、厚0.6厘米。

铜削刀　1件。刀身残。青铜错金。刀首近椭圆环状，刀柄为扁平长条形，伸入环首端呈冠状，另一端嵌有矮铜柱。M42：4，残长26.8、宽1～10.8、厚0.1～1厘米（图二九四，3）。

铜钱　8枚。五铢钱，圆形，方孔，内郭较突出，外郭不明显。M42：5～M42：12，保存

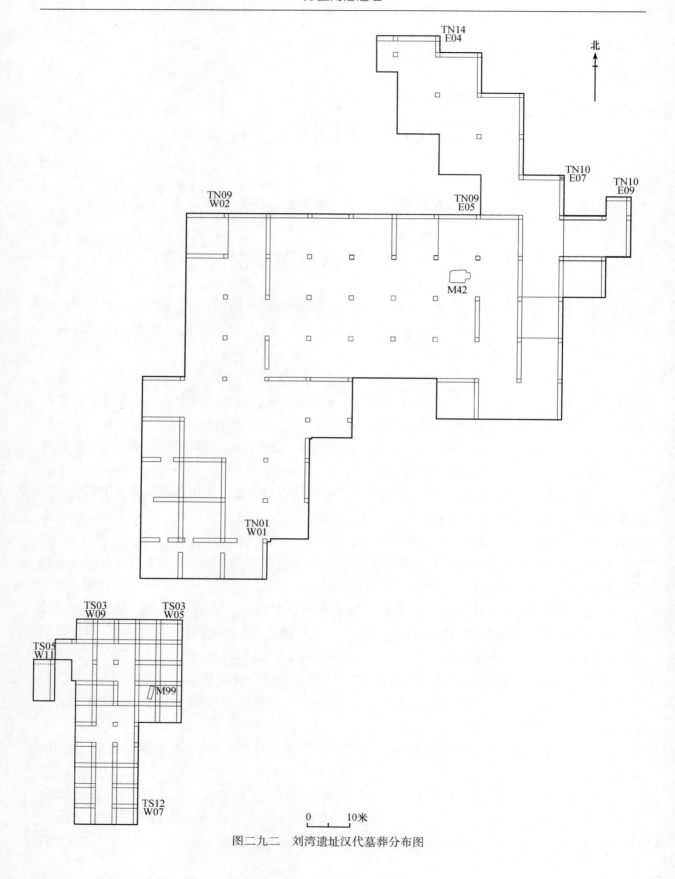

图二九二　刘湾遗址汉代墓葬分布图

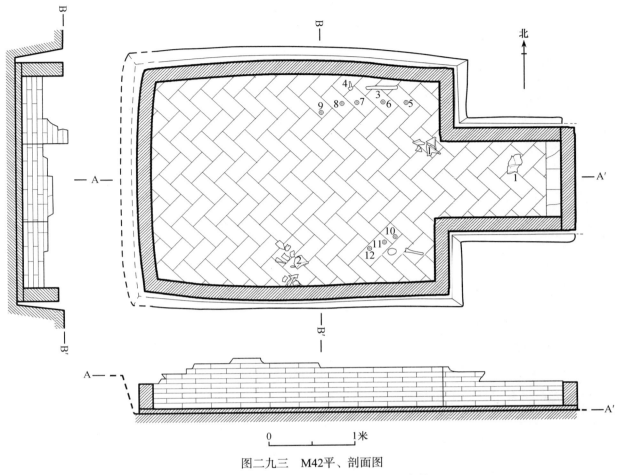

图二九三　M42平、剖面图
1.陶盆　2.陶瓮　3.铁剑　4.铜削刀　5～12.铜钱

不好，锈蚀明显，尺寸不详。

　　M99　位于Ⅲ TS06W06东部。开口于第2层下，距地表深约25厘米，打破生土。长方形土坑竖穴砖室墓，遭破坏严重，仅存部分墓底及东、南、西部分砖墙。推测平面开口形状近长方形，无墓道。南北残长约300、东西残宽90～120、残高约20厘米，方向195°。填土为灰褐花土，包含较多红烧土颗粒及少量陶片，结构较疏松。墓室砖壁斜直，错缝顺砌，上部有起券迹象，墓底近平。墓砖多不规则，长23～25、宽13～15、厚8～10厘米。葬式不详，未发现人骨、葬具及随葬品（图二九五）。

第二节　分期及年代

一、分　　期

　　由于遗迹、遗物稀少，不能对该期遗存进行分期。

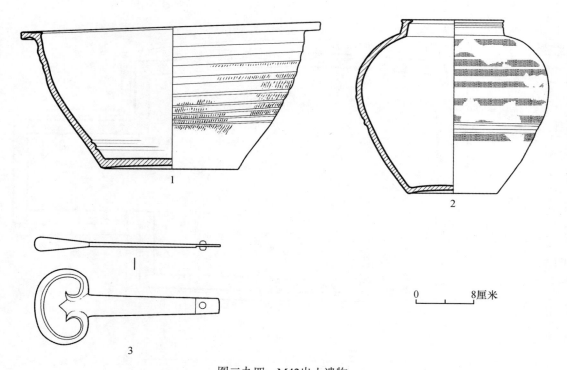

图二九四　M42出土遗物

1. 陶盆（M42：1）　　2. 陶瓮（M42：2）　　3. 铜削刀（M42：4）

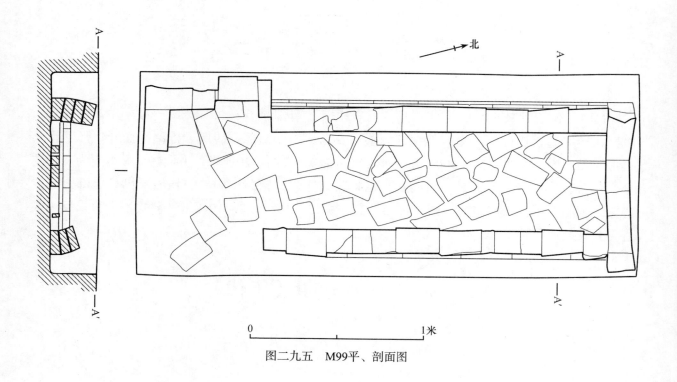

图二九五　M99平、剖面图

二、年　　代

从墓葬形制及出土器物分析，M42出土器物为日用陶器与铜铁工具的组合，器形特征等与周边地区东汉中晚期墓葬基本相同，故M42的年代也当在这一阶段。

M99因未有遗物出土，仅从其单室的形制大体判断其当为东汉时期墓葬。

第三节　小　　结

刘湾遗址汉代遗存极少，但也是鄂西北地区东汉中晚期墓葬形制的实证，充实了整个遗址的内涵。墓葬规模较小，随葬器物数量少、等级低，据此推测这两座汉墓主人的身份应为一般平民。

第六章 宋代遗存

刘湾遗址宋代遗存并未见文化层堆积，仅发现1座窑址、2座墓葬（图二九六）。

第一节 遗迹及遗物

Y1 位于Ⅰ TN08E05西部，部分延伸至西壁内。开口于第2层下，距地表深约20厘米，打破M42，第3、4层和生土。由窑室及窑前工作面二部分组成（图二九七）。

窑室破坏严重，残存底部。平面呈椭圆形，东西长约398、南北宽100~128厘米，方向271°。窑壁由填土高温烘烤而成，厚6~16厘米；窑底近平，质坚。火膛位于窑室中部，近长方形，长约128、宽约84厘米。火门位于窑室西端，砖砌，平面呈长方形，长约100、宽约18、残高约20厘米。窑内堆积主要为烧土渣，包含少量碎砖、瓦块。

窑前工作面位于窑室西部，平面近长方形，东西长约180、南北宽约130、深约50厘米。坑内填土为灰褐黏土，夹杂黑斑、少量红烧土块及碎砖、瓦块，结构较疏松。

第二节 墓葬及随葬品

M85 位于Ⅱ TN01W03东北部及Ⅱ TN01W02西北部。开口于第2层下，距地表深30~60厘米，打破H173、第5层和生土。长方形土坑竖穴，直壁，平底，长约320、宽60~70、深130~155厘米。墓道位于墓室西南，陡坡状，长约140厘米，砖室长约230、宽70~80厘米。方向230°。墓室北壁中部距墓口深约80厘米处发现一长方形头龛，长约35、宽约14、高约40厘米。墓底中部发现一圆形腰坑，直径约35、深约10厘米。墓坑内填五花土，包含少量烧土块、石块及砖块，结构较疏松。葬式不详，未发现人骨和葬具，只在墓底两端发现有两条黑褐色土带，疑为垫木痕迹。腰坑内随葬陶盆1件，其内置铜钱4枚（图二九八）。

陶盆 1件。泥质灰陶。侈口，卷沿，圆唇，斜腹，平底微凹。素面。M85∶1，口径22.4、底径14.4、高8.8厘米（图二九九）。

铜钱 4枚。圆形方孔钱，内、外郭均较明显。M85∶2~M85∶5，保存欠佳，锈蚀严重，字迹难以辨认。

M96 位于Ⅰ TN05E06东南部。开口于第2层下，距地表深约84厘米，打破H196、第3层和生土。长方形土坑竖穴砖室墓，破坏严重，仅存砖室墓底，残长约220、残宽约104、残高约16

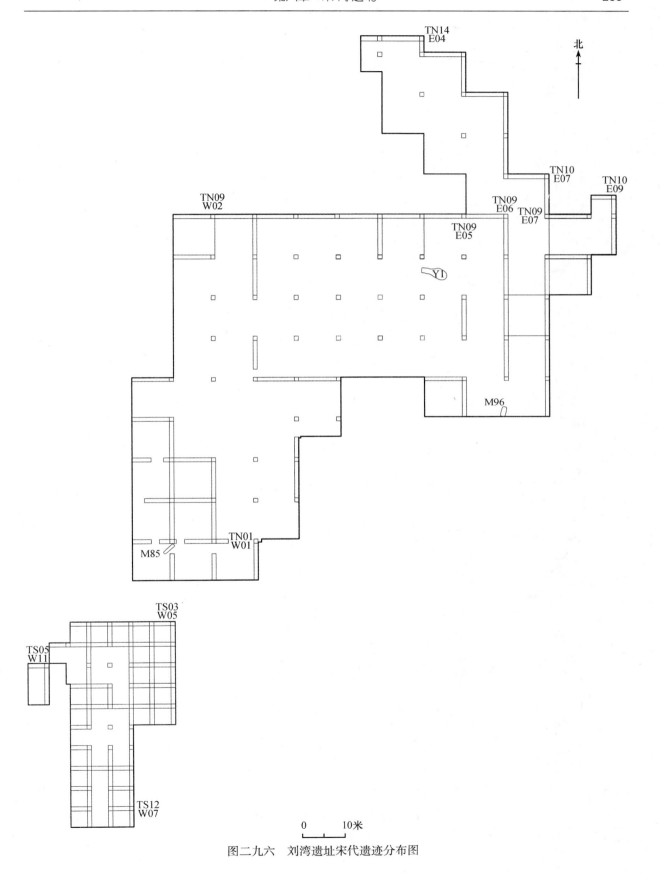

图二九六 刘湾遗址宋代遗迹分布图

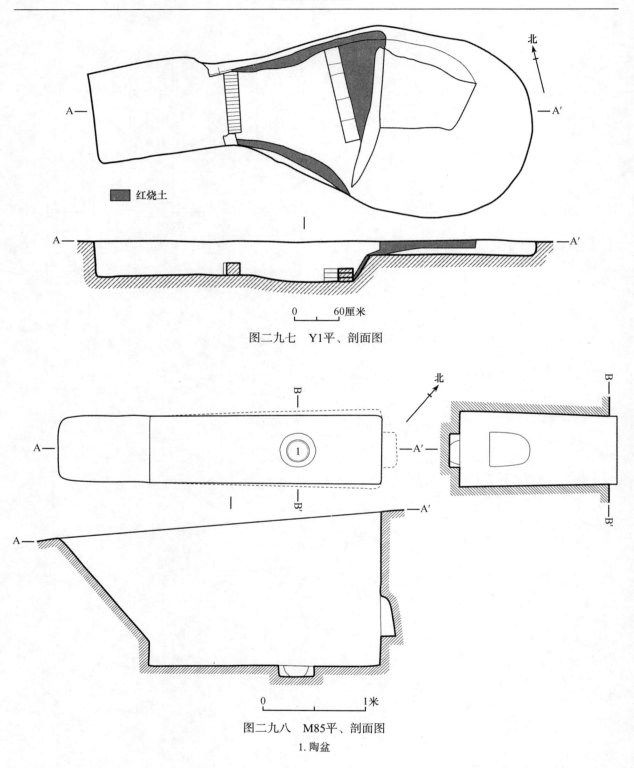

■ 红烧土

0　　　60厘米

图二九七　Y1平、剖面图

北

图二九八　M85平、剖面图
1. 陶盆

0　　　1米

厘米。方向7°。墓坑内填土为黄褐花土，夹杂少量黑土颗粒，结构较疏松，包含陶片、瓦片及瓷片等。砖室墓底近平，错缝平砌，墓砖规格多不一致。葬式不详，未发现人骨、葬具及随葬品（图三〇〇）。

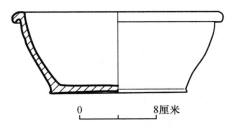

图二九九　M85出土陶盆（M85∶1）

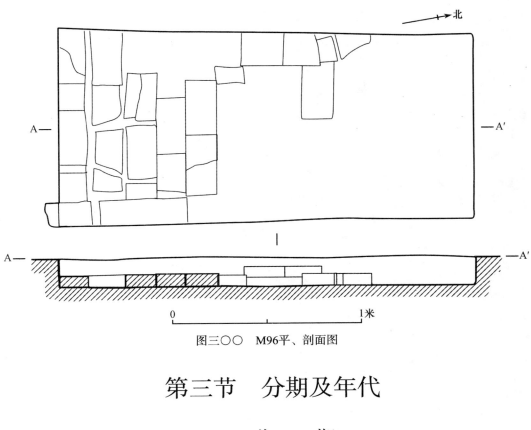

图三〇〇　M96平、剖面图

第三节　分期及年代

一、分　　期

囿于材料，未能对该期遗存进行分期。

二、年　　代

从Y1形制上推断其时代为宋代，具体时段不详。同样，从墓葬形制及出土器物推测M85和M96为宋代墓葬，但不能判断具体时段。

第四节　小　　结

　　刘湾遗址极少量宋代遗存的出现，一方面进一步充实了遗址本身的内涵，另一方面也补充了该地区宋代人类生产生活及墓葬形制的研究材料。虽然Y1没有出土遗物，但从规模可以判定其烧造等级不高，只是低端民窑。同样，墓葬等级也比较低，只会属于一般平民。

第七章 明清时期遗存

刘湾遗址明清时期同样未见文化层堆积，共发现墓葬8座，多位于遗址东部（图三〇一；附表五）。

第一节 墓葬及随葬品

M17 位于ⅠTN07E06西部。开口于第2层下，距地表深约30厘米，打破第3、4层和生土。长方形土坑竖穴，直壁，平底，壁面及底面无加工痕迹。长约230、宽约80、深约60厘米。方向25°。墓室北壁中部距墓口深约20厘米处发现一长方形头龛，长约20、宽约12、高约20厘米。墓坑内填土为灰褐花土，结构较疏松。葬式为单人仰身直肢葬，人骨保存较好，头下枕有青灰板瓦。葬具应为木棺，保存极差，仅发现棺钉。墓主头部发现铜钱1枚，应作口含钱用。头龛内随葬陶壶1件，其上倒扣瓷碗1件（图三〇二；图版三五，1）。

瓷碗 1件。青花瓷。敞口，圆唇，斜腹，矮圈足。碗内底部及外壁饰花卉纹。M17:1，口径11.2、底径4.2、高5.2厘米（图三〇三，1；图版三六，1）。

陶壶 1件。釉陶。尖流，束颈，鼓腹，平底微凹，近半环形器扳。素面。M17:2，口径6.4～8、腹径9.1、底径7.6、高11.6厘米（图三〇三，4；图版三六，3）。

M18 位于ⅠTN07E06中部。开口于第2层下，距地表深约35厘米，打破M19、H71、H72，第3、4层和生土。长方形土坑竖穴，斜壁，平底，壁面及底面无加工痕迹。墓口长约240、宽约100厘米，墓底长约230、宽约90厘米，深约110厘米。方向322°。墓室北壁中部距墓口深约50厘米处发现一长方形头龛，长约30、宽约24、高约30厘米。墓坑内填土为红褐花土，结构疏松。葬式为单人仰身直肢葬，人骨保存较好，头下枕有青灰板瓦5块。葬具应为木棺，保存极差，仅在骨架下发现棺痕。头龛下嵌有墓志铭1块，其上朱砂已脱落，字迹不辨。头龛内随葬陶壶1件，其上倒扣瓷碗1件（图三〇四；图版三五，2）。

陶壶 1件。釉陶。尖流，束颈，鼓腹，平底微凹，扳残。素面。M18:1，口径8.2～9.2、腹径15、底径9.6、高18.6～18.8厘米（图三〇三，6）。

瓷碗 1件。青白瓷。敞口，厚圆唇，斜弧腹，圈足较高。素面。M18:2，口径13.9、底径6.2、高6.3厘米（图三〇三，3）。

M100 位于ⅠTN10E06东部及ⅠTN10E07西部。开口于第2层下，距地表深约30厘米，打破G2。长方形土坑竖穴，直壁，平底，壁面及底面无加工痕迹。长约230、宽约90、残深约40

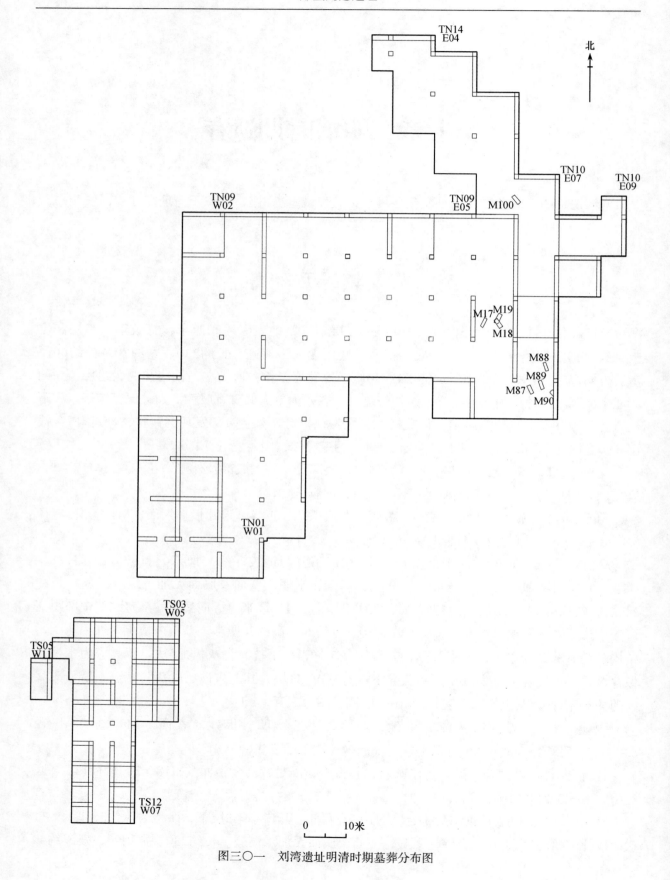

图三〇一　刘湾遗址明清时期墓葬分布图

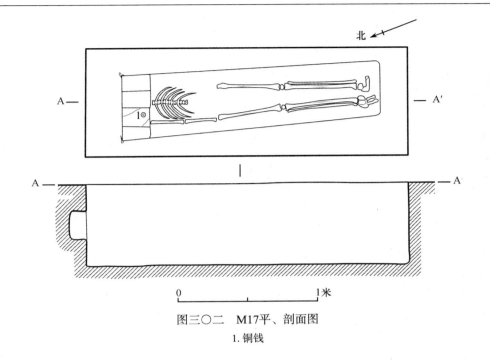

图三〇二 M17平、剖面图
1. 铜钱

厘米。方向290°。墓室北壁中部发现一长方形头龛，长约34、宽约26、残高约20厘米。墓底中部发现一方形腰坑，边长约30、深约14厘米。墓坑内填土为黄色花土，夹杂少量红烧土颗粒，结构疏松。葬式不详，未发现人骨及葬具痕迹。随葬陶、瓷器3件，分别置于头龛、腰坑及墓室北部（图三〇五；图版三五，3）。

陶壶　1件。釉陶，下腹及底未施釉。直口，方唇，鼓腹，腹最大径中部偏上，平底内凹，贴塑三系和冲天流。素面。M100∶1，三系、壶流均残。口径9.6、腹径16.4、底径9.2、高18厘米（图三〇三，7；图版三六，4）。

瓷碗　1件。青花瓷。敞口、宽沿、方圆唇、斜腹、圈足较高。内底及腹壁饰花卉纹，圈足外壁饰二道蓝釉窄带。M100∶2，口径15.4、底径6.4、高6.6厘米（图三〇三，2；图版三六，2）。

陶罐　1件。夹砂红褐陶，泥条盘筑，口及上腹残。弧鼓腹，平底微凹。素面。M100∶3，腹径14.6、底径7.8、残高14厘米（图三〇三，5）。

M87　位于ⅠTN05E07西北部。开口于第2层下，距地表深约35厘米，打破第5层和生土。长方形土坑竖穴，直壁微斜，平底，壁面及底面无加工痕迹。长约260、宽70～80、深35～38厘米。方向335°。墓坑内填五花土，杂有极少量小石块，结构较疏松，墓底铺垫一层草木灰。葬式为单人仰身直肢葬，人骨保存极差，仅见头骨。葬具应为木棺，已朽，仅见朱红漆皮和棺钉。出土残碎陶片和2枚"康熙通宝"铜钱（图三〇六）。

M89　位于ⅠTN05E07北部，部分延伸进北隔梁内。开口于第2层下，距地表深约35厘米，打破第5层和生土。长方形土坑竖穴，直壁微斜，平底，壁面及底面无加工痕迹。长约240、宽70～80、深约50厘米。方向345°。墓坑内填五花土，杂有极少量小石块，结构较疏松，墓底铺垫一层草木灰。葬式为单人俯身直肢葬，人骨保存极差，仅见头骨，头下枕青灰板

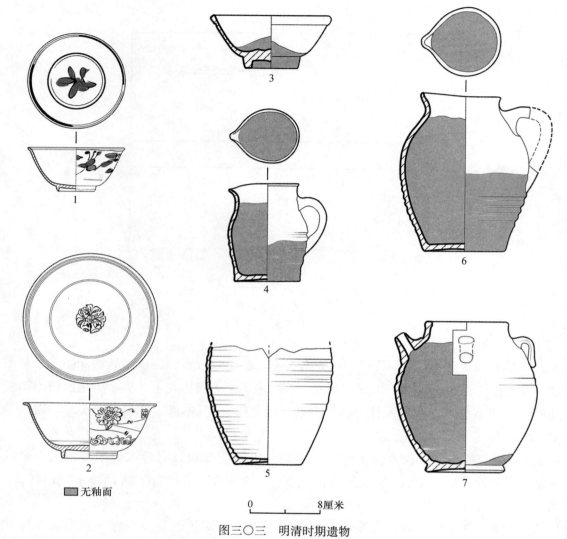

■ 无釉面

0 　　　　　8厘米

图三〇三　明清时期遗物

1～3.瓷碗（M17：1、M100：2、M18：2）　4、6、7.陶壶（M17：2、M18：1、M100：1）　5.陶罐（M100：3）

瓦。葬具应为木棺，已朽，仅见棺钉。出土"康熙通宝"铜钱2枚（图三〇七）。

M19　位于ⅠTN07E06中部。开口于第2层下，距地表深约35厘米，被M18打破，并打破第3、4层和生土。长方形土坑竖穴，直壁，平底，壁面及底面无加工痕迹。长约240、宽约110、深约70厘米。方向24°。墓坑内填土为灰褐花土，结构较疏松。葬式不详，未发现人骨痕迹、葬具及随葬品（图三〇八）。

M88　位于ⅠTN06E07东南部。开口于第2层下，距地表深约40厘米，打破第5层和生土。长方形土坑竖穴，直壁微斜，平底，壁面及底面无加工痕迹。长约220、宽约68、深48～54厘米。方向345°。墓坑内填土为灰色花土，结构较疏松。葬式为单人仰身直肢葬，人骨保存极差，仅见头骨，头下枕青灰板瓦。葬具应为木棺，已朽，仅见棺钉，未发现随葬品（图三〇九）。

M90　位于ⅠTN05E07东北部，部分延伸进东隔梁。开口于第2层下，距地表深约35厘米，

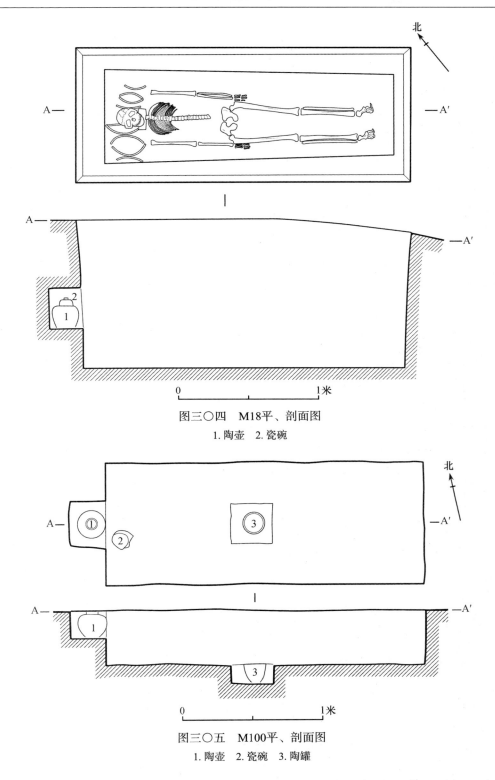

图三〇四　M18平、剖面图
1. 陶壶　2. 瓷碗

图三〇五　M100平、剖面图
1. 陶壶　2. 瓷碗　3. 陶罐

打破第5层和生土。长方形土坑竖穴，破坏严重，直壁，平底，壁面及底面无加工痕迹。残长50～140、宽约80、深约52厘米。方向317°。墓坑内填土为五花土，杂有极少量小石块，结构较疏松，墓底铺垫一层草木灰。葬式为单人仰身直肢葬，人骨保存极差，仅见头骨，头下枕有灰陶瓦12块。葬具应为木棺，已朽，仅见棺钉，未发现随葬品（图三一〇）。

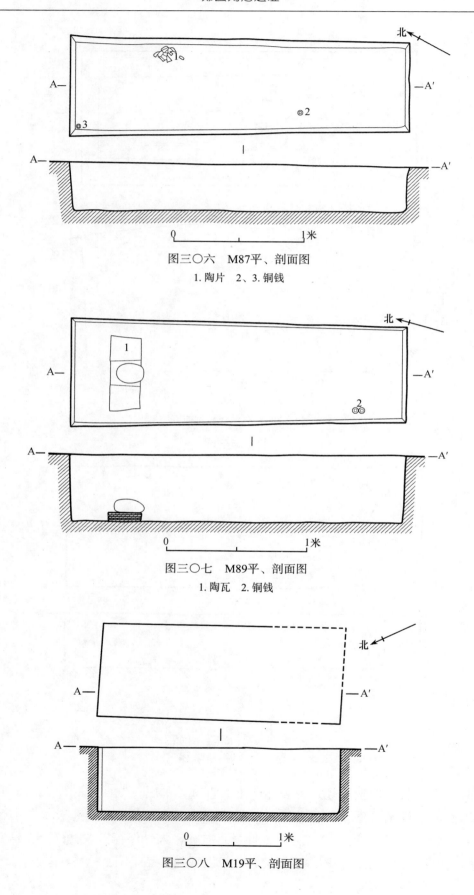

图三〇六　M87平、剖面图
1. 陶片　2、3. 铜钱

图三〇七　M89平、剖面图
1. 陶瓦　2. 铜钱

图三〇八　M19平、剖面图

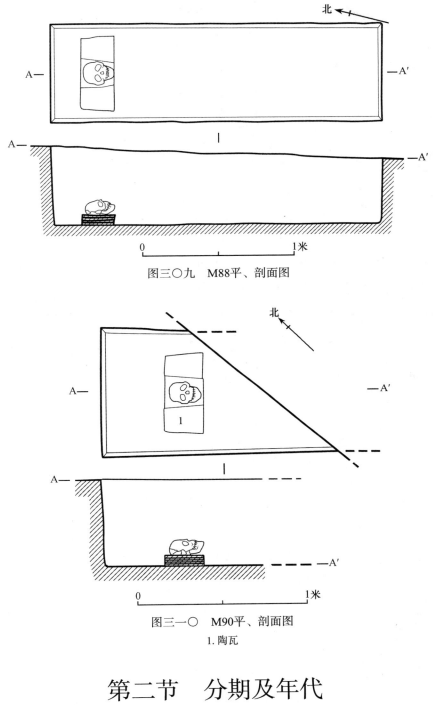

图三〇九　M88平、剖面图

图三一〇　M90平、剖面图
1. 陶瓦

第二节　分期及年代

一、分　　期

由于遗迹、遗物较少，且明清时期文化特征差别不甚明显，故未对该期遗存进行分期。

二、年　　代

从墓葬形制及出土器物分析：M17、M18、M100出土器物特征与丹江口金陂墓群明墓出土釉陶器、青花瓷碗颇为相近，依此可以判断这三座墓应为明代墓葬，但不能判定其具体时段[1]。M87、M89出土清代纪年通宝钱，其时代为清代应不差，同样不能判断具体时段。M19、M88、M90未出土器物，只能据墓葬形制大致判断为明清时期墓葬。

第三节　小　　结

刘湾遗址出土的明清时期墓葬，为研究鄂西北、丹江流域相关时期的丧葬习俗提供了新的例证，基本符合以往对该地区相应葬俗的认识。墓葬方向没有统一规律，随意性较大。墓葬规格小，随葬品贫乏，等级低下。以上特征都表明这批明清墓葬的主人应为一般平民阶层。

注　　释

[1] 荆州博物馆：《湖北省丹江口市金陂墓群2008年发掘报告》，《湖北南水北调工程考古报告集（第一卷）》，科学出版社，2013年。

第八章 结 语

刘湾遗址是南水北调中线工程区范围内一处文化面貌保存比较单纯的遗址，地处汉江中上游一处由西南向东北方向小拐弯位置，受河流走向及北半球地转偏向力影响，该处河湾泥沙沉积迅速，土壤肥沃，气候适宜。从新石器时代后岗一期文化开始，历经西阴文化、朱家台文化，刘湾遗址作为一处小型聚落孕育了较为繁盛的史前文化。此后，受江水冲刷及人类活动破坏，周代、汉代、宋代、明清时期及至当今，该遗址逐步成为当时人类的墓区，从另一个层面延续了遗址的文化内涵。

刘湾遗址经过四次发掘，总计面积8325平方米，发现了多个时期的文化层及聚落环壕、灰坑、灰沟、房址、窑址及灶坑遗迹等，还有各时期人类留下的墓葬。出土遗物标本千余件，以陶器、石器为主，还有少量骨角器、瓷器、釉陶器及铜器等。

经过发掘整理得知，刘湾遗址以新石器时代遗存为主体，其中又以后岗一期文化和西阴文化遗存为大宗，仅在遗址西南部发现少量朱家台文化遗存。由于遗址临近汉江，常年受江水浸泡冲刷，文化层堆积不厚，第Ⅰ、Ⅱ和第Ⅲ发掘区均分为5层，其中Ⅰ、Ⅱ区第4、5层为后岗一期文化层；Ⅰ、Ⅱ区第2、3层，Ⅲ区第5层、ⅢTS05W11第1层为西阴文化层；Ⅲ区第3、4层为朱家台文化层。余下周代、汉代、宋代及明清时期均未发现文化层，仅有少量遗迹，可能是晚期破不所致。

需要指出的是，刘湾遗址在西阴文化时期由普通聚落演变为环壕聚落，环壕（G2）由遗址西南顺地势呈半环状一直延伸至西北汉江边，将整个遗址分为两部分。由于并未发现同时期的房址遗迹，所以尚不能判断环壕内外是否为双聚落群体。但在环壕之外发现多处疑为贮藏用的深方坑及一个大型石料场（H195、H196），推测环壕外可能是特定的作坊功能区域。

鄂西北地区处于鄂、豫、陕三省交界处，并有汉江穿境而过，水陆交通便利，自古以来就是南北交通要道和文化交融前沿。刘湾遗址各个时期的发现同样证明了其与外界有着密切的文化往来：新石器时代后岗一期及西阴文化本身就是中原及北方文化南下形成的，朱家台文化则是之前中原及北方文化的土著化，并受到江汉地区屈家岭文化北上的影响。周代文化虽然出土遗存较少，可以看出是以江汉地区和鄂西北地区的楚文化因素为主体，但也受到中原文化因素的影响。同样，汉代、宋代及明清时期遗存或多或少都与外界产生过交流因素。可以看出，刘湾遗址的历史就是整个鄂西北地区不断与外界各方文化因素交融历史的缩影。

附　表

附表一　新石器时代未采集遗物灰坑登记表

编号	位置	层位关系		形状		尺寸/厘米 长×宽~深、直径~深 或长径×短径~深	备注
		开口	打破	平面	剖面		
H176	I TN14E03东南部	⑤下	生土	近椭圆形	斜壁、平底	145×130~20	叠压于G2底部
H177	I TN14E03西北部	⑤下	生土	近椭圆形	斜壁、平底	126×108~30	叠压于G2底部
H207	I TN09E07北部	⑤下	生土	不规则椭圆形	斜弧壁、平底	95×60~20	
H211	I TN09E08北部	⑤下	生土	圆角长方形	直壁、平底	80×114~(27~35)	北部被现代扰坑打破
H113	I TN07E05西部	④下	⑤、生土	近长方形	直壁、平底	100×80~110	部分延伸至西壁内 坑壁有加工痕迹
H118	I TN07E05东南角	④下	⑤、生土	圆角长方形	直壁、平底	160×130~110	坑壁有加工痕迹
H48	I TN06E02西南部	③下	⑤、生土	方形	直壁、平底	80×80~40	
H74	I TN07E05东南部	③下	④、⑤	近长方形	斜壁、坡底	(80~100)×(60~72)~24	坑壁、底有加工痕迹
H75	I TN07E05南部	③下	G2、④、⑤	近椭圆形	斜壁、平底	100×(46~62)~37	坑壁、底有加工痕迹
H26	I TN06E03西北部	②下	③、M14	近半圆形	弧壁、近平底	180×130~30	部分延伸至北隔梁内
H30	I TN06E01东北部	②下	⑤ 被M9打破	圆角长方形	直壁、平底	85×(40~60)~30	坑壁有加工痕迹
H31	I TN06E01东北部	②下	⑤ 被M9打破	残缺正方形	直壁、平底	73×73~40	坑壁有加工痕迹

续表

| 编号 | 位置 | 层位关系 | | 形状 | | 尺寸/厘米 | 备注 |
		开口	打破	平面	剖面	长×宽×深，直径×深 或长径×短径×深	
H33	ⅠTN06E01北部	②下	⑤、生土	近长方形	直壁、平底	80×76-38	坑壁有加工痕迹
H35	ⅠTN06E05东北部	②下	④、生土	近圆形	斜壁、弧底	102-（16~22）	
H37	ⅠTN06E01西北部	②下	⑤、生土 被M10打破	近长方形	直壁、平底	85×（40~65）-30	坑壁有加工痕迹
H38	ⅠTN06E01西北部	②下	⑤、生土	椭圆形	直壁、平底	55×45-26	坑壁有加工痕迹
H39	ⅠTN06E01中东部	②下	⑤、生土	圆角方形	直壁、平底	60×60-30	坑壁有加工痕迹
H40	ⅠTN06E01中东部	②下	⑤、生土	近长方形	直壁、平底	170×150-30	坑壁有加工痕迹
H47	ⅠTN06E01东南部	②下	⑤、生土 被H23、M15打破	圆角方形	直壁、平底	70×70-30	坑壁有加工痕迹
H63	ⅠTN07E01东南部	②下	⑤、生土	圆角方形	直壁、平底	60×60-40	坑壁有加工痕迹
H64	ⅠTN07E01西部	②下	⑤、生土	椭圆形	直壁、平底	50×45-44	坑底铺垫一层石块 坑壁有加工痕迹
H65	ⅠTN07E01北部	②下	⑤、生土	方形	直壁、平底	50×50-20	坑壁有加工痕迹
H79	ⅠTN07E04西北部	②下	④、生土	圆形	斜壁、平底	180-22	
H84	ⅠTN08E03西南角	②下	生土	方形	直壁、平底	40×40-60	坑壁有加工痕迹
H86	ⅠTN08E03东北部	②下	生土	方形	直壁、平底	90×90-40	
H87	ⅠTN08E03东北部	②下	生土 被H120打破	近圆角长方形	斜壁、平底	（170~200）×100-60	
H90	ⅠTN08E02南部	②下	⑤、生土	近长方形	斜壁、平底	100×80-20	
H94	ⅠTN09E01西南角	②下	⑤、生土	椭圆形	弧壁、圆底	64×60-10	
H95	ⅠTN07E02西南角	②下	⑤、生土	近长方形	斜壁、平底	70×60-12	
H98	ⅠTN08E04东南部	②下	③、生土	半椭圆形	弧壁、平底	150×150-25	
H101	ⅠTN09E06西南部	②下	生土	近长方形	直壁、平底	170×100-60	部分延伸至东隔梁内
H110	ⅠTN09E03中部	②下	生土	长方形	直壁、平底	100×90-60	

续表

编号	位置	层位关系		形状		尺寸/厘米 长×宽~深、直径~深 或长径×短径~深	备注
		开口	打破	平面	剖面		
H111	ⅠTN09E03东南部	②下	生土 被H109打破	方形	直壁、平底	100×100~40	
H112	ⅠTN09E02中部	②下	生土	椭圆形	弧壁、平底	110×60~20	
H114	ⅠTN09E01东南部	②下	⑤、生土	近长方形	直壁略弧、平底	100×70~20	
H115	ⅠTN07E03北部	②下	生土	圆角长方形	直壁、平底	100×70~100	
H117	ⅠTN06E05北部	②下	⑤、生土	方形	直壁、平底	80×80~85	坑壁有加工痕迹
H119	ⅠTN09E03西南部	②下	生土	椭圆形	上壁斜弧、下壁陡直、平底	180×120~90	
H120	ⅠTN08E03北部	②下	H87、H121、生土	长条形	弧壁、底近平	500×200~38	
H121	ⅠTN08E03北部	②下	生土 被H120打破	椭圆形	直壁、平底	110×90~60	
H150	ⅠTN03E01西南部	②下	生土	圆角长方形	直壁、平底	60×42~(30~34)	
H192	ⅠTN06E07东部	②下	⑤、生土	不规则椭圆形	斜壁、阶梯状底	(78~105)~(20~30)	
H202	ⅠTN07E07东北部	②下	⑤、生土	圆形	斜壁、平底	120~36	
H205	ⅠTN07E07中西部	②下	⑤、生土 被H203打破	椭圆形	斜弧壁、平底	142×90~18	
H130	ⅡTN07W01中部	②下	⑤、生土 被M47打破	半圆形	直壁略斜、平底	85~70	
H134	ⅡTN07W01东南部	②下	⑤、生土	圆形	斜壁、平底	(92~100)~44	坑壁、底有加工痕迹
H141	ⅡTN08W01东南部	②下	⑤、生土	近圆形	斜弧壁、平底	105~20	
H154	ⅡTN09W01中东部	②下	⑤、生土	圆角长方形	直壁、平底	80×70~20	
H179	ⅡTN01W02西南部	②下	⑤、生土	圆角长方形	直壁、平底	66×44~6	
H180	ⅡTN02W03中部	②下	生土	长方形	直壁、平底	80×(66~70)~50	

续表

编号	位置	层位关系		形状		尺寸/厘米 长×宽-深、直径-深 或长径×短径-深	备注
		开口	打破	平面	剖面		
H182	ⅡTN02W03东部	②下	生土	圆角长方形	直壁、平底	65×60-20	坑壁、底有加工痕迹
H186	ⅡTN02W01西南部	②下	⑤、生土	方形	直壁、平底	74×74-86	
H187	ⅡTN02W03东部	②下	生土 被H182打破	方形	直壁、平底	60×60-30	坑壁、底有加工痕迹
H189	ⅡTN05W02西南角	②下	生土	近长方形	直壁、平底	(78~84)×55-10	
H193	ⅡTN09W02南部	②下	⑤、生土	近圆角方形	斜壁、平底	(65~68)-40	
H96	ⅠTN09E06南部	①下	生土	近长方形	直壁、平底	110×80-30	
H102	ⅠTN09E05西北部	①下	⑤、生土	圆角方形	斜壁、平底	64×64-20	
H103	ⅠTN09E05西部	①下	⑤、生土	方形	斜壁、平底	55×55-30	
H105	ⅠTN09E05北部	①下	⑤、生土	梯形	斜壁、平底	(50~60)×70-30	
H106	ⅠTN09E05中北部	①下	⑤、生土	圆角长方形	斜壁、平底	60×40-30	
H107	ⅠTN09E05东北部	①下	⑤、生土	近椭圆形	斜壁、平底	110×100-80	
H108	ⅠTN09E05南部	①下	⑤、生土	圆角方形	直壁微斜、平底	62×62-30	
H3	ⅢTS10W09西北部	③下	生土	近椭圆形	弧壁、坡底	155×120-32	
H2	ⅢTS11W08西北角	②下	④、生土	近椭圆形	弧壁、坡底	64-(10~14)	
H10	ⅢTS11W08北部	②下	H5、生土	椭圆形	弧壁、平底	196×120-(18~20)	
H12	ⅢTS09W08东北角	②下	H13、生土	半椭圆形	弧壁、坡底	90×50-28	部分延伸至北隔梁内

附表二　新石器时代无随葬品土坑墓登记表

编号	位置	层位关系		形制	尺寸/厘米 长×宽-深	葬式	方向/°
		开口	打破				
M22	I TN06E05中部	④下	⑤和生土	长方形竖穴土坑 直壁、平底	180×（40~46）-14	单人仰身直肢葬	232
M5	I TN06E02西北部	②下	⑤和生土	长方形竖穴土坑 直壁、平底	200×40-10	单人仰身直肢葬	200
M6	I TN06E02北部	②下	⑤和生土	长方形 直壁、平底	200×40-10	单人仰身直肢葬	213
M13	I TN06E06南部	②下	⑤和生土	长方形 直壁、平底	186×40-18	单人仰身直肢葬	230
M21	I TN07E02中部	②下	⑤和生土	长方形 直壁微斜、平底	165×60-10	单人仰身直肢葬	15
M26	I TN07E01东北部	②下	⑤和生土	长方形 直壁、平底	200×（52~60）-10	单人仰身直肢葬	198
M27	I TN07E03中部	②下	⑤和生土	长方形 直壁、平底	90×50-10	单人仰身直肢葬	310
M28	I TN07E03中部	②下	生土	长方形 直壁、平底	170×50-8	单人仰身直肢葬	290
M34	I TN06E02东北部	②下	⑤和生土	长方形 斜壁、平底	110×40-15	单人仰身直肢葬	185
M35	I TN08E02西南部	②下	⑤和生土	长方形 直壁微弧、平底	170×60-10	单人仰身直肢葬	295
M36	I TN08E01西南部	②下	⑤和生土	长方形 直壁、平底	190×60-10	不详	38
M37	I TN08E01南部	②下	⑤和生土	长方形 直壁、平底	200×60-10	不详	18

续表

编号	位置	层位关系 开口	层位关系 打破	形制	尺寸/厘米 长×宽-深	葬式	方向/°
M38	ⅠTN08E01南部	②下	⑤和生土	长方形 直壁、平底	200×60-10	不详	212
M39	ⅠTN08E01南部	②下	M44、⑤和生土	长方形 直壁、斜底	170×52-（10~15）	不详	295
M40	ⅠTN08E01中部	②下	M43、⑤和生土	长方形 直壁、平底	230×（60~70）-10	不详	220
M41	ⅠTN09E02东北部	②下	生土 被现代房基打破	长方形 直壁微斜、平底	（180~195）×50-16	不详	130
M45	ⅠTN06E01东北角	②下	⑤和生土	长方形 直壁、平底	190×60-14	单人仰身直肢葬	170
M48	ⅡTN07W02东部	②下	⑤和生土	长方形 直壁、平底	200×60-10	单人仰身直肢葬	115
M51	ⅡTN06W02东部	②下	⑤和生土	长方形 直壁、平底	200×60-10	单人仰身直肢葬	132
M52	ⅡTN06W02中北部	②下	⑤和生土	长方形 直壁、平底	180×50-10	单人仰身直肢	148
M53	ⅡTN08W02中北部	②下	⑤和生土	长方形 直壁、平底	176×50-10	不详	145
M54	ⅡTN05W02中南部	②下	⑤和生土	长方形 直壁、平底	180×50-10	单人仰身直肢葬	124
M55	ⅡTN05W01东南部	②下	⑤和生土	长方形 直壁、平底	170×46-6	不详	209
M56	ⅡTN05W01中东部	②下	⑤和生土	长方形 直壁、平底	170×46-10	单人仰身直肢葬	212
M57	ⅡTN05W01中南部	②下	⑤和生土	长方形 直壁、平底	170×50-8	单人仰身直肢葬	228

续表

编号	位置	层位关系		形制	尺寸/厘米 长×宽-深	葬式	方向/°
		开口	打破				
M58	II TN06W02南部	②下	⑤和生土	长方形 直壁、平底	80×40-10	单人仰身直肢葬	116
M59	II TN05W01西南部	②下	⑤和生土	长方形 直壁、平底	170×50-8	单人仰身直肢葬	220
M60	II TN05W01东北部	②下	⑤和生土	长方形 直壁、平底	170×50-6	单人仰身直肢葬	205
M67	I TN05E02西南部	②下	生土	长方形 直壁、平底	210×70-10	单人仰身直肢葬	230
M69	I TN05E01北部	②下	⑤和生土	长方形 直壁、平底	190×50-15	单人仰身直肢葬	212
M71	I TN05E01西北部	②下	⑤和生土 被M68打破	长方形 直壁、平底	200×60-10	单人仰身直肢葬	166
M72	I TN04E01西北角	②下	⑤和生土	长方形 直壁、平底	210×70-（40~60）	单人仰身直肢葬	173
M73	II TN04W01东北角	②下	⑤和生土	长方形 直壁、平底	210×（42~45）-10	单人仰身直肢葬	180
M74	II TN04W01北部	②下	⑤和生土	长方形 直壁、平底	202×50-11	单人仰身直肢葬	202
M75	II TN04W01西北部	②下	⑤和生土	长方形 直壁、平底	194×52-15	单人仰身直肢葬	203
M76	II TN04W01西北部	②下	⑤和生土	长方形 直壁、平底	210×56-12	单人仰身直肢葬	274
M77	II TN03W01西北部	②下	⑤和生土	长方形 直壁、平底	220×60-（12~22）	单人仰身直肢葬	288
M78	II TN02W01中东部	②下	⑤和生土	长方形 直壁、平底	200×50-10	单人仰身直肢葬	343

续表

编号	位置	层位关系		形制	尺寸/厘米 长×宽-深	葬式	方向/°
		开口	打破				
M79	ⅡTN04W02东北部	②下	生土	长方形 直壁、平底	200×（80~90）-（70~90）	不详	6
M82	ⅡTN04W01东北部	②下	⑤和生土	长方形 直壁、底微斜	180×（44~48）-（6~7）	单人仰身直肢葬	176
M83	ⅡTN02W03南部	②下	生土	长方形 直壁、平底	200×55-10	单人仰身直肢葬	174
M84	ⅡTN02W03南部	②下	生土	长方形 直壁、平底	185×50-10	单人仰身直肢葬	177
M91	ⅠTN05E05北中部	②下	H194	长方形 直壁、平底	145×56-10	单人仰身直肢葬	310
M92	ⅠTN05E05西北部	②下	H194	长方形 直壁、平底	205×56-10	单人仰身直肢葬	231
M95	ⅠTN04E02东南部	②下	⑤和生土	长方形 直壁、平底	200×48-16	单人仰身直肢葬	35
M4	ⅢTS05W08东南部	④下	生土 被H19打破	长方形竖穴土坑 直壁、平底	（80~150）×50-14	单人仰身直肢葬	25

期别	段别	罐形鼎 A Aa	罐形鼎 A Ab	罐形鼎 A Ac	罐形鼎 B	釜形鼎	罐 A Aa	罐 A Ab	罐 A Ac	罐 A Ad	罐 A Ae	罐 B Ba	罐 B Bb	罐 C	高领罐	小口罐	筒形罐	红陶钵 A Aa	红陶钵 A Ab	红陶钵 A Ac	红陶钵 B Ba	红陶钵 B Bb	红陶钵 B Bc	红陶钵 C	黑 A Aa	黑 A Ab
一	1	√		Ⅰ		√												√			√				√	√
	2																				√	√				
	3		Ⅰ Ⅱ Ⅲ	Ⅱ	Ⅰ Ⅱ Ⅲ		Ⅰ Ⅱ	√								Ⅰ Ⅱ		Ⅰ Ⅱ		√						
二	4				√			Ⅲ				√	√	√			Ⅰ Ⅱ Ⅲ							√		
三	5									√	√				Ⅰ Ⅱ											

期组合表

红顶钵					盆					带流盆	碗							杯			盘		器座		
A			B	C	A	B	C				A	B	C		D			A	B	C	A	B	A		B
Aa	Ab	Ac					Ca	Cb	Cc				Ca	Cb	Da	Db	Dc						Aa	Ab	
√																									
											√	Ⅰ Ⅱ													
	√		√	√		√	Ⅰ Ⅱ Ⅲ						√	√	√	Ⅰ Ⅱ	√				√		√		
					Ⅰ Ⅱ			√	√	√								√	Ⅰ Ⅱ Ⅲ	Ⅰ Ⅱ Ⅲ		Ⅰ Ⅱ		√	
		√			Ⅲ																				√

附表四　东周时期墓葬登记表

墓号	形制	方向/°	尺寸/厘米	葬具	葬式	随葬器物	年代	备注
M8	长方形竖穴土坑斜壁、平底	2	墓口：长252、宽108　墓底：长230、宽92　深：148	不详	不详	无	东周时期	
M9	长方形竖穴土坑斜壁、平底	358	墓口：长210、宽80~100　墓底：长200、宽76~90　深：96	不详	不详	无	东周时期	
M10	长方形竖穴土坑斜壁、平底	350	墓口：长269、宽120~140　墓底：长250、宽110~130　深：110	不详	不详	玉玦1	东周时期	
M47	长方形竖穴土坑斜壁、平底	166	墓口：长280、宽116~132　墓底：长234、宽102~104　深：186	单棺（已朽，仅发现少许棺灰及朱红棺漆）	单人仰身直肢葬	绿松石饰品1　玉芯1　石璧1　陶鬲1	春秋中晚期	南壁有一方形头龛，边长约40、高36厘米
M50	长方形竖穴土坑斜壁、平底	172	墓口：长260、宽110　墓底：长242、宽80　深：145~160	单棺（已朽，仅发现少许棺灰及朱红棺漆）	单人仰身直肢葬	无	东周时期	
M86	长方形竖穴土坑直壁、平底	168	长250、宽92、深90	不详	不详	鬲1　盂1	春秋晚期	南壁有一半圆形头龛，直径35、高25厘米

附表五　明清时期墓葬登记表

墓号	形制	方向/°	尺寸/厘米	葬具	葬式	随葬器物	年代	备注
M17	长方形竖穴土坑直壁，平底	25	长230、宽80，深60	有棺钉 有枕瓦	单人仰身直肢葬	铜钱1 瓷碗1 釉陶壶1	明代	北壁有一长方形头龛，长约20，宽约12，高约20厘米
M18	长方形竖穴土坑斜壁，平底	322	墓口：长240、宽100 墓底：长230、宽90 深110	有棺痕 有枕瓦	单人仰身直肢葬	墓志铭1 陶壶1 瓷碗1	明代	北壁有一长方形头龛，长约30，宽约24，高约30厘米
M19	长方形竖穴土坑直壁，平底	24	长240、宽110，深70	不详	不详	无	明清时期	
M87	长方形竖穴土坑直壁微斜，平底	335	长260、宽70~80，深35~38	有棺钉	单人仰身直肢葬	"康熙通宝" 2	清代	墓底铺垫一层草木灰
M88	长方形竖穴土坑直壁微斜，平底	345	长220、宽68，深48~54	有棺钉 有枕瓦	单人仰身直肢葬	无	明清时期	墓底铺垫一层草木灰
M89	长方形竖穴土坑直壁微斜，平底	345	长240、宽70~80，深50	有棺钉 有枕瓦	单人仰身直肢葬	"康熙通宝" 2	清代	墓底铺垫一层草木灰
M90	长方形竖穴土坑直壁，平底	317	残长50~140、宽80，深52	有棺钉 有枕瓦	单人仰身直肢葬	无	明清时期	墓底铺垫一层草木灰
M100	长方形竖穴土坑直壁，平底	290	长230、宽90，残深40	不详	不详	陶壶1 瓷碗1 陶罐1	明代	北壁有一长方形头龛，长约34，宽约26，残高约20厘米。墓底中部发现一方形腰坑，边长约30，深约14厘米

附　录

附录一　郧县刘湾遗址出土人骨的初步研究

周　蜜　赵　军

（湖北省文物考古研究所）

　　刘湾遗址位于湖北省十堰市郧县杨溪铺镇刘湾村4组，该遗址的发掘为研究汉江中游新石器时代区域性文化提供了重要资料。2010～2012年，笔者曾三次应邀赴发掘现场对该遗址墓内出土的人骨材料进行了形态学观察以及病理现象的鉴定。

一、材料与方法

　　本文所鉴定的古代人骨标本共计25例，发掘者认为：新石器时代人骨标本22例，东周时期人骨标本1例，清代人骨标本2例[1]。骨骼的性别鉴定往往是以骨盆、颅骨和下颌骨为主要依据，同时，结合四肢长骨及其他各部位骨骼的性别特征作出的综合判断。该墓地人骨标本保存情况较差，墓内人体骨骼腐蚀严重，绝大多数个体仅有部分牙齿得以保存，未见有完整的颅骨及四肢长骨保存下来。因此，我们仅能从对残存的牙齿及骨骼碎片进行详细的形态学观察入手，对该批人骨材料提出有关性别、年龄和某些病理现象的鉴定意见。对于骨骼性别特征比较明确的，我们用"男"或"女"进行记录；对于骨骼性别特征不十分明确但尚可提出倾向性估计的，我们用"男？"或"女？"加以记录；对于那些骨骼缺失严重且残存骨块不足以进行性别判断的个体，我们均记录为"不详"。

　　年龄鉴定主要是观察牙齿的萌出和磨耗程度，结合颅骨骨缝和四肢长骨骨骺的愈合程度以及骨骼上所表现出来的老年性变化等几个方面进行综合判断。一般来说，人类牙齿的磨耗程度随年龄的增加而递增，而古代居民，尤其是先秦时期以前的先民们，由于饮食相对粗糙，对牙齿的磨耗较现代人更为严重。因此，对于那些仅能依据牙齿的磨耗程度来判断年龄的个体，我们通常采用从根据现代人牙齿磨耗程度制定的等级标准得出的判断结果中减去5岁的方法来推断古代居民的死亡年龄。在对年龄进行记录时，通常只提供某个个体死亡时所在的年龄范围，对于那些缺乏明确年龄标志的个体，我们只登记为"成年"或者"未成年"。

　　本文对该批人骨标本的观察和性别、年龄鉴定主要依据邵象清[2]和吴汝康等[3]提出的相关标准。

二、形态学观察

观察和鉴定的结果以墓葬为单位依次叙述如下（附表一）。

M5　新石器时代墓葬，墓内人骨腐蚀严重，未见人类牙齿保存下来。该例个体颅骨破碎严重，无法拼对。观察其残片可以发现，颅骨骨壁较厚，眉弓发育显著，乳突较大，枕外隆突明显。四肢长骨较粗壮，肌肉附丽线处发育强烈。推测该例个体倾向为男性，已成年。

M6　新石器时代墓葬，墓内人骨标本残破严重，颅骨及牙齿均已腐蚀无存。四肢长骨残段较为粗壮，坐骨大切迹较深而窄。判断该例标本为成年男性个体。

M7　新石器时代墓葬，墓内人骨保存较差，骨骼整体轮廓可辨。标本颅骨已碎，未见牙齿保存。该个体颅骨骨壁较薄，枕外隆突缺如。观察可知，颅内缝与颅外缝清晰可见。四肢长骨两端骨骺均已愈合，肌肉附丽线发育较弱，坐骨大切迹宽而浅。由此判断，墓主应为女性，已成年。

M14　新石器时代墓葬，该例标本下肢粗壮，肌肉附丽线处发育强烈，坐骨大切迹窄而深。下颌右侧第一臼齿（M_1）咬合面齿尖已磨平，三个齿质暴露区较大但相对独立，磨耗级别在Ⅲ级范围内。推测墓主人年龄在35岁左右，男性。

M16　新石器时代墓葬，墓中人骨保存状况较差，颅骨已粉碎，四肢仅存残段，未见牙齿保存下来。该例标本下颌支较宽，髁突较大，下颌角较小且角区外翻。肱骨、股骨及胫骨均较粗壮，肌肉附丽线发育显著。推测该个体为成年男性。

M17　清代墓葬，该墓人骨保存情况欠佳，颅骨已成碎片，下颌骨保存相对较为完整。观察可知，颅骨骨壁较厚，乳突较大，枕外隆突发育显著。下颌整体较大，下颌支较宽，髁突较大，下颌角较小且角区明显外翻。下颌左侧中门齿（I_1）、侧门齿（I_2）和右侧犬齿（C）咬合面均已出现明显的线状齿质暴露，下颌左、右侧第一臼齿（M_1）咬合面齿尖磨平，出现多个较大的齿质点，磨耗级别为Ⅲ级。综合以上分析，该个体倾向于男性，年龄约35岁。

M18　清代墓葬，颅骨破碎严重，无法拼对。该例个体颅骨骨壁较厚，眉弓发育显著，乳突较大，枕外隆突呈喙状。骨盆较厚重，肌嵴明显，耳状关节面大而较直，耳前沟不显，坐骨大切迹窄而深。四肢长骨较粗壮，肌肉附丽线处发育强烈。下颌右侧第一臼齿（M_1）咬合面齿质大片暴露，有三个面积较大的齿质暴露区且已相互融合，磨耗程度属于Ⅳ级。推测墓主人年龄在45~50岁，男性。

M20　新石器时代墓葬，人骨保存较差，仅有部分颅骨、下颌骨残片以及髋骨和四肢骨骼残段可供观察。墓内保存人类恒齿5颗。该个体颅骨骨壁较薄，眉弓发育较弱，眶上缘较为锐薄。下颌支较窄，髁突较小，下颌角较大且角区平直、光滑。四肢长骨较纤细，肌肉附丽线处发育较弱，坐骨大切迹宽而浅。上颌左侧中门齿（I_1）和侧门齿（I_2）咬合面出现明显的线状齿质暴露，下颌左、右侧第一臼齿（M_1）咬合面可见多个较大的齿质点暴露，但尚未相互融合，呈Ⅲ级磨耗。由此可见，墓主人年龄在30~35岁，女性。

M23　新石器时代墓葬，墓内采集到残破的颅骨、髋骨及下肢骨骼，未见人类牙齿保存。

该例标本颅骨骨壁较厚，乳突较大，眶上缘较钝厚。下肢粗壮，肌肉附丽线处发育强烈，坐骨大切迹窄而深。推测墓主人已成年，倾向为男性。

M29　新石器时代墓葬，墓内保留颅骨碎片若干以及肱骨、尺骨、股骨和胫骨残段。颅骨虽已破碎但脑颅部分尚可进行简单拼对，牙齿腐蚀无存。该例标本颅形卵圆，颅骨骨壁较薄，骨面光滑。额节结较显著，眶上缘较锐薄。眉弓发育较弱，眉间突度较平，鼻根点凹陷浅。乳突较小，枕外隆突缺如。四肢长骨较纤细，肌肉附丽线处发育较弱。墓主人倾向为女性，成年。

M30　新石器时代墓葬，墓内人骨标本残破，颅骨破碎，未见牙齿。颅骨骨壁较厚，眶上缘钝厚，乳突较大，枕外隆突较显著。四肢骨骼残段较为粗壮，肌肉附丽线处发育强烈。髋骨厚重，耳状关节面较大而直，坐骨大切迹较窄而深。判断墓主人为成年男性。

M31　新石器时代墓葬，墓内人骨保存欠佳，牙齿已成碎渣。观察可知，该例个体颅形呈楔形，矢状嵴稍显。颅骨骨壁较薄，乳突较小，枕外隆突缺如。坐骨大切迹宽而浅，肢骨表面较光滑，骨嵴较弱。推测墓主人为女性，已成年，具体死亡年龄不详。

M32　新石器时代墓葬，墓内人骨保存较差，颅骨仅余脑颅部分，下颌残。该个体颅形楔形，矢状嵴明显。乳突较大，眶上缘较钝厚，眉弓发育显著。下颌支较宽，髁突较大，下颌角较小，角区外翻明显。坐骨大切迹较窄而深，四肢长骨粗壮，肌肉附丽线处发育较强烈。下颌左、右侧第一臼齿（M_1）咬合面各有三个大的片状齿质暴露面，但尚未连成片，仍属Ⅲ级磨耗。由此判断，该个体年龄约35岁，男性。

M33　新石器时代墓葬，墓内颅骨破碎严重，下颌骨缺失。采集到髋骨、下肢骨骼残段以及上、下颌左侧第二前臼齿和下颌左、右侧第一臼齿。该例个体颅骨骨壁较厚，乳突较大，枕外隆突较显著。股骨较粗壮，肌肉附丽线处发育强烈，坐骨大切迹窄而深。下颌左、右侧第一臼齿（M_1）咬合面齿质点呈现大片状暴露且齿质暴露区互相融合，磨耗程度已达Ⅳ级。由此判断，墓主人为男性，年龄约40岁。

M34　新石器时代墓葬，墓内采集到下颌骨残段及乳齿10颗，未见恒齿萌出。综合乳齿萌出及四肢骨骼残段进行判断，该例标本应属于年龄约5岁的儿童，性别不详。

M46　新石器时代墓葬，墓内人骨腐蚀严重，仅采集到两侧股骨中段及5颗散牙。该个体股骨较为纤细，上颌左、右侧中门齿呈铲型，咬合面出现发丝状齿质暴露；上颌右侧第一臼齿（M_1）咬合面釉质变薄，呈现多个小点状齿质暴露。推测墓主人年龄在25～30岁，性别不详。

M47　东周墓葬，墓内人骨腐蚀无存，仅采集到散牙3颗，分别为上颌左侧第一臼齿（M_1）、第二臼齿（M_2）和第三臼齿（M_3）。上颌左侧第一臼齿（M_1）四个齿质暴露区互相融合，出现咬合面中央釉质岛，磨耗程度已达Ⅴ级。判断墓主人年龄约50岁，性别不详。该例标本上颌左侧第三臼齿咬合面上可见一处较大的圆形龋齿病灶，龋蚀已达牙髓。

M48　新石器时代墓葬，墓内仅保留颅骨残片若干及部分股骨、胫骨、髋骨和肋骨残段。下颌左、右侧第一前臼齿（P_3）至第三臼齿（M_3）保存完好，且均附着在颌骨上。颅骨虽已破碎，但脑颅部分尚可拼对，下颌骨保存相对较为完整。该例标本具有楔形颅形，矢状缝前囟段呈微波型，顶孔段呈深波型，铲形上颌中门齿。下颌整体较厚重，下颌支宽阔，下颌角较小，方形颏部。坐骨大切迹窄而深，四肢粗壮，肌肉附丽处较发达。下颌第一臼齿咬合面呈现若干大的齿质暴露，但彼此各自独立，磨耗程度属于Ⅲ级。鉴定墓主人年龄在35～40岁，男性。该例个体下颌左、右侧第一前臼齿至第二臼齿处齿槽萎缩，齿根暴露于齿槽以外1/2以上。下颌右侧第三臼齿阻生。

M49　新石器时代墓葬。墓内采集到颅骨、髋骨、胫骨、股骨和腓骨残段以及上颌左侧中门齿（I_1）、第一臼齿（M_1）、下颌左侧第二前臼齿（P_4）、右侧第一臼齿（M_1）、第二臼齿（M_2）和第三臼齿（M_3）。该例标本颅骨骨壁较厚。乳突较大，眶上缘较钝厚，眉弓发育较显著。下颌支较宽，下颌角较小且角区外翻。四肢骨骼较为粗壮，肌肉附丽线处发育明显，坐骨大切迹窄而深。上颌中门齿呈铲型，矢状嵴明显。上颌左侧第一臼齿和下颌右侧第一臼齿咬合面齿质暴露区均已互相融合，磨耗程度属于Ⅳ级。推测墓主人年龄约40岁左右，男性。下颌右侧第一臼齿至第三臼齿处齿根严重暴露于齿槽窝外1/2以上，齿槽明显萎缩，近齿颈处附着坚硬的结石。由此可知，该个体生前患有较为严重的牙周病。

M53　新石器时代墓葬，颅骨破碎，上颌硬腭、下颌残段及四肢长骨残段尚存。采集到上颌左、右侧中门齿（I_1）、侧门齿（I_2）、犬齿（C）、第一前臼齿（P_3）、第二前臼齿（P_4）和第一臼齿（M_1），下颌左、右侧中门齿（I_1）、侧门齿（I_2）、第二前臼齿（P_4）、第二臼齿（M_2）和第三臼齿（M_3）。除下颌左、右侧门齿、第二前臼齿和第二臼齿尚在颌骨上以外，余者均为散牙。上颌两侧第一臼齿咬合面均可见较大的齿质暴露区相互融合，磨耗等级为Ⅳ级。推测墓主人年龄40岁左右，性别不详。该个体在颌牙齿齿根均暴露在齿槽窝外1/2以上，齿槽突明显萎缩，推测为墓主人生前患牙周病所致。

M58　新石器时代墓葬，人体骨骼腐蚀难辨，采集到齿冠6颗。除下颌左侧第一臼齿（M_1）外均为乳齿。下颌左侧第一臼齿刚刚开始萌出，齿冠尚在齿槽内。鉴定该例标本为年龄约6岁的儿童，性别不详。

M64　新石器时代墓葬，墓内骨骼保存较差，仅有部分骨骼残块可供观察。颅骨破碎成片，乳突小，眉间非常平坦，眉弓极弱。下颌角平直，下颌支较窄，下颌角较大。坐骨大切迹宽而浅，四肢骨骼较为纤弱，股骨头和颈部明显瘦小。牙齿磨损较轻，上、下颌左侧第一臼齿咬合面均有齿质点暴露，呈Ⅲ级磨耗。推测墓主人年龄约30岁，倾向判断为女性。

M65　新石器时代墓葬，墓内人骨大部分已腐蚀，采集到散牙3颗，均为恒齿。该个体颅骨骨壁较厚，眉弓较弱，额骨稍后倾，枕外隆突中等。下颌支宽阔，下颌角较小，下颌角区外翻明显。四肢长骨均较粗壮。冠状缝已愈合，人字缝和矢状缝正在愈合。上颌左侧第一臼齿（M_1）和第二臼齿（M_2）咬合面各有三个较大的齿质暴露区且已相互融合，磨耗程度已达Ⅳ级。综合上述判断，墓主人年龄在45～50岁，男性。

M66　新石器时代墓葬，墓内仅采集到下颌残段和破损严重的髋骨以及两侧股骨及胫骨残段。股骨和胫骨均较粗壮，坐骨大切迹窄而深。下颌右侧第一臼齿（M_1）咬合面齿质点已连成一片，呈Ⅳ级磨耗。推测墓主人年龄在40～45岁，男性特征比较明显。下颌右侧第一臼齿（M_1）至第二臼齿（M_2）处齿根均暴露在齿槽窝外约1/2，齿槽萎缩。该个体股骨和胫骨弯曲明显，类似"O"形。

M94　新石器时代墓葬，墓中残存颅骨碎片和下颌骨残段，采集到恒齿12颗。该例标本颅骨骨壁较厚，乳突较大，枕外隆突明显。下颌支宽阔，下颌角较小，下颌角区外翻。上颌左侧第一臼齿（M_1）及下颌左、右侧第一臼齿（M_1）咬合面均有大片齿质暴露区相互融合，属于Ⅳ级磨耗。判断墓主人年龄在40~45岁，倾向为男性。上颌左侧第一臼齿（M_1）至第三臼齿（M_3）处齿根均严重暴露于齿槽窝外1/2以上，齿槽萎缩。上颌左侧第一臼齿（M_1）和第二臼齿（M_2）颊侧均可见到较大而深的龋齿病灶。由此可见，墓主人生前患有较为严重的龋齿和牙周病。

三、病 理 现 象

刘湾遗址出土的25例人骨标本中观察到的病理现象主要包括两大类，即骨骼疾病和口腔疾病，现将观察和鉴定结果汇总如下。

（一）骨骼疾病

该遗址中发现1例骨骼畸形标本（编号为M66，男性，新石器时代）现代医学上称之为膝内翻，一般认为此类骨骼疾病可能与缺乏维生素D影响钙、磷吸收有关[4]。

（二）口腔疾病

1. 龋齿

龋齿是牙齿硬组织发生脱钙和有机物分解使牙齿遭到破坏的一种口腔疾病，也是口腔病变中最常见的一种[5]。本文标本中患龋齿的个体有2例（男性1例，性别不详1例），编号分别为M47（东周时期）和M94（新石器时代）。

2. 牙周病

牙周病是牙周组织的慢性破坏性病变，患病牙齿齿根因齿槽骨萎缩而暴露在外，严重的可以导致牙齿松动和脱落[6]。本文标本中患有牙周病的个体共计5例（男性4例，性别不详1例），编号分别为M48、M49、M53、M66和M94，均为新石器时代。

3. 第三臼齿阻生

第三臼齿阻生主要表现为牙胚在颌骨内形成后不能萌出或萌出后位置不正常，该现象也是人类牙齿退化的一种表现形式[7]。本文标本中发现第三臼齿阻生仅1例（男性），编号为M48，新石器时代。

四、小　　结

　　本文通过对湖北省郧县刘湾遗址墓葬中出土的新石器时代、东周时期和清代人骨标本进行了观察、鉴定和初步研究，得出以下几点结论。

　　（1）刘湾遗址新石器时代居民多死于中年期（36～55岁），其次为壮年期（24～35岁）。由于东周时期和清代标本数量较少，故未发现明显规律。

　　（2）人骨标本中颅形以楔形为主，铲形中门齿出现率较高。

　　（3）该地区古代居民口腔疾病发病率较高，其中牙周病发病率最高，龋齿次之。由于出土人骨标本保存情况较差，上、下颌颌骨多已腐蚀无存，残留下来可供观察的散牙也比较少，因此我们有理由认为，该地区古代居民口腔疾病的实际患病率要高于本文统计出的数据。

　　附记：本课题研究得到湖北省文物局南水北调工程丹江口库区文物保护科研课题资助。本文所鉴定的古人骨样本在材料收集过程中得到湖北省文物考古研究所胡文春副研究员和闻磊馆员的大力协助，在此并致谢忱。

注　　释

［1］　胡文春：《郧县刘湾遗址工作汇报》，湖北省文物考古研究所内部资料（未刊）。
［2］　邵象清：《人体测量手册》，上海辞书出版社，1985年。
［3］　吴汝康、吴新智、张振标：《人体骨骼测量方法》，科学出版社，1965年。
［4］　贾卫斗、程开明、宋洁富：《小儿骨科学》，第二军医大学出版社，2009年。
［5］　丁仲娟、杨佑成：《口腔科学》（案例版），科学出版社，2008年。
［6］　张璇、韩迎星、邵金陵：《古代人类口腔疾病流行概况》，《牙体牙髓牙周病学杂志》2005年第8期。
［7］　刘武、曾祥龙：《第三臼齿退化及其在人类演化上的意义》，《人类学学报》1996年第3期。

附表一 郧县刘湾遗址出土人骨性别、年龄鉴定表

序号	墓号	时代	性别	年龄/岁
1	M5	新石器	男（？）	成年
2	M6	新石器	男（？）	成年
3	M7	新石器	女	成年
4	M14	新石器	男	35±
5	M16	新石器	男（？）	成年
6	M17	清	男（？）	35±
7	M18	清	男	45~50
8	M20	新石器	女	30~35
9	M23	新石器	男（？）	成年
10	M29	新石器	女（？）	成年
11	M30	新石器	男	成年
12	M31	新石器	女	成年
13	M32	新石器	男	35±
14	M33	新石器	男	40±
15	M34	新石器	不详	5±
16	M46	新石器	不详	25~30
17	M47	东周	不详	50±
18	M48	新石器	男	35~40
19	M49	新石器	男	40±
20	M53	新石器	不详	40±
21	M58	新石器	不详	6±
22	M64	新石器	女（？）	30±
23	M65	新石器	男	45~50
24	M66	新石器	男（？）	40~45
25	M94	新石器	男（？）	40~45

附录二　郧县刘湾遗址出土动物遗存鉴定

陶　洋　闻　磊

（湖北省文物考古研究所）

刘湾遗址出土了少量动物骨骼遗存，可鉴定标本共25件，主要以猪骨为主体，可见零星黄牛和鹿科动物（大型鹿科动物和小型鹿科动物）骨骼。现将鉴定情况公布如下。

编号 I TN02E01②：20，三角帆蚌（残）1件。

编号 I TN02E01②：13，根瘤丽蚌1件。

编号G2②：332，黄牛牙齿碎块1件。

编号G2②：333，黄牛牙齿碎块1件。

编号G2②：334，黄牛牙齿碎块1件。

编号H22：3，大型鹿科动物角环1件。

编号H29：4，黄牛左桡骨（完整）1件，近端长96.38、宽54.27毫米，远端长99.54、宽67.33毫米，总长323毫米。

编号H69：4，猪左下颌碎块1件，残存M_1、M_2。

编号H76：7，猪右肱骨远端1件，远端长44.99、宽41.38毫米。

编号H77：4，猪左盆骨（残）1件。

编号H123：11，猪右下颌碎块1件，残存M_3，其萌出级别为0.5～u。

编号H130：5，猪左肱骨远端1件，远端长44.21、宽45毫米。

编号H138：6，猪左下颌碎块1件，残存M_1和M_3，M_1磨蚀级别为k，M_3磨蚀级别为e。

编号H139：2，小型鹿科动物角1件。

编号H139：7，黄牛右肱骨远端，远端长102.15、宽96.83毫米。

编号H139：8，猪右肱骨骨干1件。

编号H152：17，猪下颌联合部1件。

编号H152：18，猪左盆骨（残）1件。

编号H160：6，猪左下颌碎块1件，存M_1、M_2，可见P4齿孔。M_1磨蚀级别为c，长16.45、前宽10.19、后宽11.71毫米。M_2，长21.86、前宽14.05、后宽14.52毫米。

编号H171：1，小型鹿科动物角（残）1件。

编号H171：2，小型鹿科动物角尖1件。

编号H171：3，小型鹿科动物角（残）1件。

编号H171：7，大型鹿科动物角（残）1件。

编号H183：12，猪左下颌碎块1件。

编号Z2：8，猪左尺骨近端（骨骺线未愈合）1件。

　　附记：本文所鉴定动物遗存在材料收集过程中得到湖北省文物考古研究所胡文春副研究员的大力协助，在此并致谢忱。

附录三　郧县刘湾新石器时代遗址石质生产工具综合研究

冯小波[1]　闻　磊[2]

（1. 北京联合大学应用文理学院　　2. 湖北省文物考古研究所）

　　在中国的新石器时代考古学研究中，绝大部分学者关注的是聚落、考古学文化方面的主题，遗物研究方面多数学者关注的是陶器、玉器等的类型研究，石器（或石质工具）的研究少有学者涉猎。据黄可佳先生研究，目前中国学者对新石器时代遗址中出土的石质生产工具的研究主要涉及"石器的定名与分类、石器的制作方法、石器的装柄和使用方式、石器的功能、石器的原料来源、石器的贸易和区域性特征等六个方面"（黄可佳，2006）。

　　其实我国考古学的先辈们早就关注过新石器时代或历史时期的石质工具研究，如李济先生在《殷墟有刃石器图说》中，将制作方法作为分类的第一等级，对石器的分类以刃所在处为主要标准，将殷墟的有刃石器分为端刃器、边刃器、全刃器三类。端刃器包括斧、锛、斤、铲、锄、凿等形器物；边刃器包括各式刀、削等形；全刃器为戈、矛、箭头等形。对端刃器的细分，李济先生所依据的分类指标主要有：宽厚指数、重量、穿、齿四个指标，在此基础之上，还考虑到了制作方法，进而将端刃器分为七大类（式）、三十小类（型）。其分类的标准和顺序为：制作方法、穿、齿到宽厚指数、重量到形状到刃部形态（李济，1952）。

　　安志敏先生对石刀进行了分类的尝试（安志敏，1955）。根据基本形制分为有孔或两侧带缺口的石刀、镰形石刀、有柄石刀三类。安先生的分类指标顺序为：总体形状到次类特征和形状（两侧缺口、长方形、半月形）到形状、制作方法、刃部凸凹形态到钻孔数量、长宽比。这一分类方案始终以形状作为最主要的分类标准。后来又有诸多学者对新石器时代遗址中发现的石器进行了研究，但均极为简略（闻广，1986、1992；张弛，2000、2003；林惠祥，1958；陈星灿，1998、2006；傅宪国，1992；赵辉，1997；纪仲庆，1983；肖梦龙，1982；李京华，1991；童恩正，1983；吕烈丹，2003；佟柱臣，1978、1982；杨鸿勋，1982、1986；朔知等，2003；季曙行，1987、1993；陈淳，2001；赵晔，2008；胡松梅，1992；贾昌明，2008；李新伟，2011）。

　　佟柱臣先生是中国最早、最系统研究中国新石器时代生产工具的学者，他在两卷恢宏巨著《中国新石器研究》中对中国新石器时代遗址发现的石质生产工具进行了全面研究（佟柱臣，1998）。可惜后辈学者没有很好地继续进行这方面的研究，因此目前关于新石器时代石制工具的文章虽很多，但仍存在不少问题，如在新石器时代考古遗址中发现的石制品的类型学研究方面，如何区别石斧和石锛、石凿和石锛等方面。比研究方面不足更令人担忧的是新石器时代遗址的发掘者和研究者等往往不重视石制品的研究，"重陶器轻石器"，很少有学者在田野发掘时就像对待陶器一样对待磨制石器，往往一堆石制品像陶片一样装入陶片袋中，偶尔有学者会选择一些完整石器编上小件号。磨制石制品的研究更是无从谈起，往往只是简单描述一下其平面形状，石制品分类的科学性严重缺乏，分类的随意性很大，往往没有介绍分类的依据、标准和顺序，导致无法在不同种类器物间进行对比。大部分学者往往只测量石器长、宽、厚、重量，石器的描述和分析的统计方法落后，对石器的岩性、硬度、刃缘的观察基本上没有关注。

因此有必要对新石器时代的石器进行一些探索性的研究，本文在这方面做了一些探索，希望在引起学者的关注的同时，推动中国新石器时代石质工具的研究水平更上一层楼。

一、丹江口库区地质地貌及新石器时代考古研究概况

（一）丹江口库区地质地貌

丹江口库区由汉水及其支流丹江从西向东及从北向南交汇而成。库区北、西、南三面分别被伏牛山、秦岭山地和武当山环绕，东部为南阳盆地。丹江库区三面环山，处于山地和平原的过渡地带，地形复杂，汉水及其支流遍布整个地区。由于地形的影响，寒冷气流受阻以及地势较低而自成的小气候影响，部分植被显现出亚热带景观，动植物资源以及水产资源丰富，非常适合古人类生存和繁衍，是人类和脊椎动物南北交往的过渡地带。近几十年来做的工作也表明，此地区已成为中国新石器时代遗址集中分布的地区之一。

汉水最初形成于第三纪后期，第四纪是河流发育的主要时期，由于构造活动和河流侵蚀作用使得河流两岸发育多级河流阶地（沈玉昌，1956；朱震达，1955；朱诚等，2007）。该地区内地质构造复杂，从元古代的变质火山碎屑岩到震旦纪和古生代的硅质灰岩、片岩、千枚岩，以及中、新生代的紫红色、棕红色沙砾岩、砂岩、泥岩及阶地堆积物都很发育。汉水河谷以丹江口为界分为两大段，丹江口以上与秦岭东西褶皱带平行，丹江口以下则和西北—东南方向的荆山与大洪山的褶皱和大断层线一致。沿汉水河谷盆地与峡谷相间，丹江口以上尤为明显。黄金峡以下所有盆地内都有第三纪红色岩系堆积，盆地的面积亦较大。

汉水在该地区流经秦岭—大别山南麓，地层为前寒武系至中生代的变质中性火山岩—沉积岩建造。构成夷平面和Ⅳ级阶地的基座均为白垩纪红层——紫红色的细砂岩、粉砂岩、泥岩和局部夹有分选、磨圆均欠佳的白色脉石英。该红层属于南阳—郧阳中生代盆地的一部分。在盆地中的河南西峡、湖北郧县均发现了大量的恐龙蛋化石。该红层是在一种温热、干燥环境下的产物。白垩纪地层产状近于水平，地层倾角一般在5°～10°，地层倾向东南。

丹江口地区新生代以来新构造运动一直处在间歇性上升阶段，使该区形成了五级层状地貌，同时也反映出该区有五次构造运动上升和稳定。新近纪是一个新构造运动相对稳定的时期，形成高度在380米左右的分布较广的夷平面。新近纪末受喜马拉雅造山运动的影响，有一次较剧烈的新构造运动上升期，上升幅度达200米。在早更新世新构造运动又处于一个相对稳定时期，形成了Ⅳ级基座阶地，早更新世末又有一次新构造运动上升，上升幅度为30米左右。在中更新世也有一次较长时期新构造运动稳定和下降时期，形成了分布较广的Ⅲ级冲积阶地。

郧县盆地和均县盆地内汉江流域的阶地分布广泛，其中分布最大的为第Ⅱ级和第Ⅲ级阶

地，第Ⅱ级阶地一般海拔150米左右，岩性为灰黄色沙土、泥沙等，第Ⅱ级阶地埋藏有丰富的新石器时代遗址。

（二）丹江口库区新石器时代考古研究概况

丹江口库区新石器时代考古研究始于20世纪50年代。1958～1962年，为配合丹江口水库建设工程，由中国科学院考古研究所、文化部文物局专业人员组成的长江流域规划办公室文物考古直属工作队湖北分队、中国科学院考古研究所长江工作队、襄阳专署（今襄阳市）及郧县、均县（今丹江口市）的文物考古工作者，先后在湖北的郧县和均县进行了一系列的考古调查和发掘工作，发现了包括新石器时代遗址在内的遗址80多处，重点发掘了郧县大寺和青龙泉，均县朱家台、乱石滩和观音坪，郧西县庹家湾等新石器时代遗址。

20世纪70年代至今又进行了多次调查和发掘。1978年，湖北省博物馆与武汉大学考古专业对房县七里河遗址进行了发掘，发现了大量的石家河文化遗存，使我们对鄂西北新石器时代晚期文化面貌有了更深的了解。2001年，湖北省文物考古研究所、十堰市博物馆为配合"十漫"高速公路建设，发掘了郧西县六官坪遗址，发现了一批新石器时代屈家岭文化和石家河文化时期的遗物。2008年，十堰市博物馆为配合潘口水电站建设，发掘了竹山县北坝、黄土凸遗址，发现了大量的新石器时代遗物。尤其是自2004年以来配合南水北调中线工程进行的文物保护工作的实施，抢救性发掘了湖北省丹江口市的彭家院、南张家营、观音坪、玉皇庙，郧县大寺、刘湾、青龙泉、黑家院、辽瓦店子、郭家道子、郭家院、店子河，郧西县庹家湾等遗址（王劲，1980、1987；王劲等，1984；向绪成，1983、1985；方酉生，1985、1986、1989；王杰，1985、1987；李龙章，1985、1988；王红星等，1985；张云鹏，1985；刘德银，1990；高兴学，1992；沈强华，1986、1992；彭明麒，1992；周光林，1993；白云，1993；林邦存，1997；樊力，1997、1998、1999、2000；任新雨，2001；韩建业，2002、2004；湖北省博物馆等，1984；湖北省文物考古研究所，2008；湖北省文物考古研究所等，1996；长江水利委员会文物考古队，1996；十堰市博物馆，1997、1999；十堰市博物馆等，1998；郧县博物馆等，1994；北京大学考古实习队等，1996、1998；北京大学考古学系等，1994、1997；河南省文物局文物工作队，1957、1962、1965；南阳地区文物队等，1983；祁国钧，1986；魏京武，1989；魏京武等，1983；裴明相，1990；朱乃诚，1993；李文杰，1980；张绪球，1991；罗彬柯，1983；中国社会科学院考古研究所长江工作队，1984、1986、1989；丁安民，1957；中国科学院考古研究所，1965；中国社会科学院考古研究所，1991；长江流域规划办公室考古队河南分队，1989、1990；河南省文物研究所等，1989）。

目前，丹江口库区的新石器时代文化发展的序列为仰韶文化—屈家岭文化—石家河文化，而且具有强烈的地方特点。

丹江口库区的仰韶文化分为早、晚两期。早期以大寺、朱家台、乱石滩等遗址为代表。陶器以容器和炊器为多；陶质以夹砂陶为主；陶色有橙黄色、红色、灰色和黑色；陶器大部分为素面和磨光，大寺遗址发现有彩陶；陶器器形有碗、钵、罐、盆、瓮、鼎、瓶等。石器主要是磨制石器，有的经过了琢制；石器器形有斧、锛、凿、镞、铲、圭形凿等。除石质生产工具外，还有骨质工具。晚期以青龙泉、朱家台等遗址为代表。陶器以容器和炊器为多；陶质以泥质陶和夹砂陶为主；陶色有橙黄色、红色、灰色和黑色四种；陶器大部分为素面和磨光，青龙泉遗址发现有少量彩陶；陶器器形有碗、罐、盆、杯、鼎等。石器主要是磨制石器，有的经过了琢制、钻孔；石器器形有斧、锛、凿、镞、铲、圭形凿、矛、锥等。出现了大量的装饰品。

屈家岭文化也可分为早、晚两期。早期以青龙泉等遗址为代表。陶器陶质以夹砂陶为主，陶色以灰色为多；陶器大部分为素面和磨光，发现有器内绘彩；陶器器形有碗、钵、罐、鼎等，出现了较多的圈足器。石器主要是磨制石器，有的经过了琢制；石器器形有锄、斧、锛、凿、刀、镰、铲、圭形凿等，石锄的数量较多。晚期仍以青龙泉等遗址为代表。陶器以生活用器为多；陶质以夹砂陶为主；陶色有灰色、红色等，黑色不多；陶器大部分为素面和磨光；陶器器形有碗、罐为多，其他还有杯、盘、甑、缸、壶、盆等。石器主要是磨制石器，有的经过了琢制、钻孔；石器器形有斧、锛、凿、镞、铲、圭形凿、盘状器、网坠等，石锄的数量和种类增加。

石家河文化以青龙泉、大寺、七里河等遗址为代表。陶器陶质以夹砂陶为主；陶色以灰色为多；陶器大部分为素面和磨光；陶器器形复杂，出现大量三足器，如鬶、鼎等，圈足器大为减少。石器主要是磨制石器，多为通体磨光；石器器形有斧、锛、凿、刀、镰、铲、圭形凿等，骨、角器多为镞。

因此新石器时代黄河、长江流域的文化势力在丹江口库区呈现此消彼长态势。如在大寺遗址发现的彩陶、小口尖底瓶等半坡时期文化遗物说明这一地区从新石器时代仰韶文化时期就与汉水上游的关中地区有着密切联系；在郧县青龙泉遗址发现的仰韶文化、屈家岭文化、石家河文化三叠层使人们对丹江口库区新石器时代文化发展序列以及江汉地区与中原地区、关中史前文化的相互关系有了基本认识，完善了丹江口库区新石器时代考古学文化序列。

二、研究方法

（一）概述

新石器时代遗址中发现的文化遗物有石质、骨质、陶质、角质或其他质地的，但目前发现的生产工具以石质的居多，所以在研究新石器时代遗址的文化面貌的时候，我们目前主要关注的是石制品。在本文中，我们借鉴了一些已经成熟并广泛应用的分类体系（佟柱臣，1998；黄可佳，2006），并参考了我国新石器时代石器研究先行者在类型学方面的研究成果。在本文中我们借鉴法国学者在观察法国南部新石器时代遗址中发现的磨制石制品的方法，结合我国新石器时代石制品研究的实际情况，特设计、制作了一张"磨制石器观察卡片"（表一、表二；图一）。

表一　磨制石器观察表

磨制石器观察表

遗址：

名称	野外编号	室内编号	探方、层位、遗迹	方向	位于哪张图中	观察者	重量（g）
			X	走向	绘图者	观察日期	自然长度
			Y	倾向	发现者		自然宽度
			Z（相对深度）（水平深度）（绝对深度）（cm）	倾角	发现日期		自然厚度（mm）

物理状况

岩性	几何形状			石锈状况（两面）	变质（风化）状况	拼合状况	脱硅状况	热力作用	被钙结核包裹状况	假菌丝体状况	海洋生物状况	风蚀作用	发亮状况	滚动状况（是否非常圆）
	平面	横剖面	纵剖面											

保存状况

功能分类

石斧	石锛	石凿	石楔	石锤	石刀	压平器	复合工具	其他	未定

使用痕迹：装柄、刃部磨损

加工技术：精加工

剥片

刃部			柄部			左侧边	远端边	右侧边	近端（刃缘）	顶面	底面
弧长	矢长	弦长	弧长	矢长	弦长						

刃角			两边对称	两面对称
左	中	右		

表二 刘湾遗址磨制石器观察表

磨制石器观察表

遗址：刘湾

名称	室内编号	探方、层位、遗迹	方向	位于哪张图中	物理状况					观察者	自然长度 自然宽度 自然厚度 (mm)	重量(g)
废剥石片(砸砸)	252	G2	走向 倾向 倾角	绘图者 发现者 发现日期	脱硅状况	变质(风化)状况	热力作用	被钙结核包裹状况		刘拯 观察日期 2013.1.25	133 60 15	196

岩性	几何形状					石锈状况(两面)	拼合状况	功能分类					左侧边	右侧边	假菌丝体状况	海洋生物状况	风蚀作用	发亮状况	滚动状况(是否非常圆)
细砂岩(青灰)	平面 不规则	横剖面 不规则	纵剖面 透镜体					石斧 石锛 石凿 石锤 石铲 石刀 磨石半 复合工具					磨 台面 直 凸	平磨 直 凸 弧			近端(磨磨)	顶面	底面
√								√					台面 凸 直	打磨 弧			打磨		打磨

保存状况	加工技术		使用痕迹	柄部		刃部					刃角		
未定	精加工	剥片	装柄	刃部磨损	弧长 弦长 矢长			两面对称	两面对称	左	中	右
√	琢磨	打		√	50 35 12 70	60 15		略√	略√	65	66	67

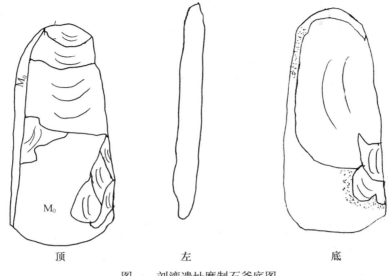

顶　　　　　　　　　　　左　　　　　　　　　　　底

图一　刘湾遗址磨制石斧底图

（二）磨制石制品定位及测量

　　除了磨制圭形凿外，我们借鉴了旧石器时代石制品观察的一些方法，参考自然界中立方体的形状及特征，以磨制石斧为例来说明石器的定位。我们将石器略微平的一面朝下（是为底面），略凸起的一面朝上（是为顶面）；以石器的长轴定位近端边和远端边，较宽的一端朝向观察者（是为近端边，也为刃部），较窄的一端朝向远端（是为远端边，也为柄部），依此石斧的左侧边、右侧边也可确定（图二）。

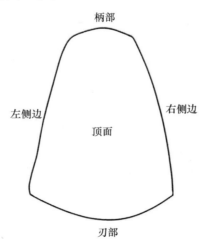

图二　磨制石斧观察部位示意图

　　石斧的测量项目除了常规的长度、宽度、厚度和重量外，我们还尝试测量石斧远端边缘（柄部）和近端边缘（刃部）的弧长（用软尺测量）、弦长（用游标卡尺测量）和矢长（用直尺测量）。在测量刃部刃角时，我们测量了刃缘的三个部位（用量角器测量），分别在刃缘的左侧、中部和右侧部位，测量时以量角器两侧接触刃部的3～5毫米处时的读数为准（图三）。

　　磨制圭形凿的测量也基本上同石斧的测量项目，刃角只测量左侧边和右侧边（图四）。

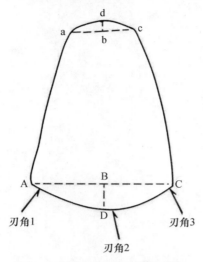

图三　磨制石斧测量项目示意图

（弧长：ADC、adc　弦长：ABC、abc　矢长：BD、bd）

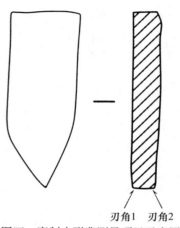

图四　磨制圭形凿测量项目示意图

（三）磨制石制品观察表格需要填写的信息

1. 田野发掘信息资料

遗址名称

（1）标本名称

（2）标本所在区域

（3）野外编号

（4）室内编号

（5）探方编号（次一级小探方）

（6）层位：大的沉积单元、自然层位、水平层位、古人类居住地（遗迹）

（7）坐标：X（横坐标）、Y（纵坐标）、Z1（相对深度）、Z2（与参考平面的深度）、
　　　　　Z3（绝对深度）

（8）方向（最好以地质罗盘的读数为准）：未定、N—S、NE—SW、E—W、NW—SE

（9）倾向（°）

（10）倾角（°）（放置方式）

　　未定

　　平放

　　倾斜：未定、向北、向东北、向东、向东南、向南、向西南、向西、向西北

　　近垂直：未定、向北、向东北、向东、向东南、向南、向西南、向西、向西北

　　竖直：未定、向北、向东北、向东、向东南、向南、向西南、向西、向西北

　　垂直：未定、平放、竖放

（11）位于哪张图中、绘图者、发现者及日期

（12）观察者、观察日期

（13）尺寸：自然长、自然宽、自然厚；工具长、工具宽、工具厚；石片的打击轴长、打击轴宽、打击轴厚、打击泡附近厚、打击轴长中段厚

（14）重量

2. 磨制石器观察物理性质

（1）岩性

1）沉积岩

均质灰岩、页岩、白云岩、砾岩、角砾岩、泥砾岩、燧石类、砂岩（粗、细、粉、泥、杂砂岩等）、石英砂岩、含砾砂岩、核形石、泥质条带状粉砂岩、条带状硅质岩、粉砂质泥岩、变质泥岩、长石砂岩等

2）变质岩

变质石英岩、角页岩、板岩、千枚岩、片岩、混合岩、含云母片岩、大理岩、云母片岩、片麻岩、绿帘石岩、斜长角闪岩、蛇纹石岩、糜棱岩、大理岩、矽卡岩、斑点板岩、阳起石片岩、细粒云母变粒岩、蚀变岩等

3）火成岩

脉石英、火山熔岩、闪长岩、安山岩、流纹岩、玄武岩、花岗岩、玢岩、黑曜岩、粗面岩、凝灰岩、斑岩、花岗斑岩、辉绿岩、闪长玢岩、透闪石岩等

4）陨石、熔融石等

5）矿物

6）未定岩性

（2）素材的几何形状

1）平面俯视（正平面投影）

①薄标本（厚度≤1/2宽度）

长（宽度≤1/2长度）：未定、长椭圆形、三边形、四边形、多边形

短（宽度>1/2长度）：未定、圆形、椭圆形、半月形、心形、三边形、四边形、多边形

②厚标本（厚度>1/2宽度）

a. 最宽处横剖面形状未定

b. 最宽处横剖面形状为椭圆形时平面形状

未定

长（宽度≤1/2长度）：未定、加长椭圆形、三边形、四边形、多边形

短（宽度>1/2长度）：未定、圆形、椭圆形、三边形、四边形、多边形

c. 最宽处横剖面形状为三边形时平面形状

未定、圆形、椭圆形、三边形、四边形、多边形

d. 最宽处横剖面形状为四边形时平面形状

未定、圆形、椭圆形、三边形、四边形、多边形

（注：最长处的纵剖面形状可参考最宽处横剖面形状标准）

2）剖面形状

　　未定、圆形、椭圆形、半月形、心形、三边形、四边形、多边形

（3）标本物理状况

1）石锈颜色：黑、灰、淡灰褐、粉红灰褐、白、绿、黄、栗、红褐、红等

2）两面石锈

　　①两面均匀

　　②两面不均匀：两面散开（所有面上均有；一面多于另一面）；两面有明显区别（平面少于凸面；工具少于石片或砾石其他部分；几处加工少于工具处；不规则加工少于工具或石片；一处工具少于另一处）

3）变质作用：无、弱、中等、强烈

4）脱硅状况：无、有（弱、中等、强烈）

5）热力作用：漂白、变黑、发红、碎纹（未定、火烧裂、冻裂）、脱皮（薄膜状：未定、火烧裂、冻裂；壳状：未定、火烧裂、冻裂）

6）被钙皮包裹：石皮上，片疤、加工等面上，断裂面上

7）假菌丝体状况：石皮上，片疤、加工等面上，断裂面上

8）海洋生物状况：石皮上，片疤、加工等面上，断裂面上

9）风力作用：未定、弱、强烈

10）光泽：无、弱、强烈

11）滚动、搬运：未使用、变钝、滚动过

（4）保存状况

　　根据标本保存状况我们将新石器时代的石质工具分为完整器物、器物毛坯（柄部、刃部、中段、左侧边、右侧边等）和器物残段（柄部、刃部、中段、左侧边、右侧边等）。

（5）功能分类

　　从大的分类层面考虑，新石器时代遗址中出土的石制品，可以分为两类：加工工具和被加工的对象。加工工具主要是指石锤（硬锤、软锤和其他用来剥片、加工石器的工具）、石砧、磨制石器的砺石等。被加工的对象包括砾石、石核、石片等加工工具所施与的对象，包括成品、半成品及废料等。

　　被加工对象具体可以分为以下几个类型：砾石、结核和岩块。砾石、结核和岩块作为石器的原料来源，被古人有目的地采集后储存起来，可以反映出古人对于原料岩性、大小、产状等特征的偏向性和选择性，是研究石制品的必不可少的一部分。所有的被加工对象即可作为加工石器的素材，可分为以下几种：砾石、石核、石片、石碎片（块）、石器等。这些都为加工工具所施与的对象，包括成品、半成品及加工时产生的剩余产品等。

　　在分类时我们首先将新石器时代的石制品分为磨制和打制石制品，然后将石制品大类又分为砍伐工具、农耕工具、手工艺工具、渔业工具、狩猎工具（兵器）、纺织工具、加工石器工具、谷物加工工具及其他石制品等。

　　我们将石斧、石锛、石楔归入砍伐工具，石铲、石刀、石锄、石镰和石铖等归入农耕工具，小石斧、小石刀、石锛形凿、石圭形凿、石钻等归入手工艺工具，石网坠、石叉等归入渔

业工具，石镞、石矛和石球等归入狩猎工具（兵器），石纺轮、石针等归入纺织工具，石锤、石砧、砺石、石敲琢器等归入加工石器工具。其他石制品包括不规则打制石制品、装饰品、石钻芯、石祖、砾石、石断片、石拍等。

　　观察时需要分别描述近端边、左侧边、远端边、右侧边、顶面和底面的特征及加工技术、使用痕迹等。

　　观察时需要测量的数据方面我们尝试测量柄部和刃部的弧长、弦长和矢长，两面、两侧边是否对称，刃角等。然后研究者先根据描述要画石制品的草图，最后用激光绘图仪绘制1∶1的铅笔图，出版，再描成硫酸纸底图（为此，我们暂选择了几种图例来表示磨制石器的砾石石皮、打制痕迹、磨制痕迹、砸击痕迹等）（图五）。

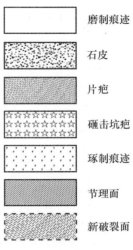

图五　石器线图图例

图例说明：磨制痕迹、石皮、片疤、砸击坑疤、琢制痕迹、节理面、新破裂面

　　以磨制石斧为例说明我们分类的标准，我们首先根据标本的平面几何形状将完整石斧分为三边形、四边形、五边形和不规则形等。鉴于四边形的标本最多，根据其具体平面形状又分为长方形、正方形、梯形和不规则四边形等。然后，我们根据标本刃缘的平视形状分为凸刃、凹刃、直刃、弯曲刃等类型。

　　新石器时代石器类型中，出现了农业生产工具和谷物加工工具，其中，农业生产工具广泛使用石斧、石锛、石刀、石铲（有称为石镢）、石镰、石凿、石刮削器；由于地理环境的需要，有的区域还有石锄、石犁（有称为石耜）、石耘田器等。谷物加工工具有石磨盘、磨棒或石臼、石杵等。早期多是磨制与打磨兼制的石器，中晚期石器通体磨光，有的磨制得十分精致。

　　为了便于进行对比研究，在综合前人的研究成果基础上，我们在本项研究中对一些器物的名称进行了梳理。

　　磨制石斧：器体厚重，分为两面刃和单面刃，砍伐工具。一般多为普通石斧，有穿孔斧和有肩斧，可能是捆绑木柄的石斧。

　　磨制石锛：器体较厚，单面刃（无刃的一面微弧，极少平直）。一般多为普通石锛，有锻石锛是安有柄的石锛，背面上段为绑木柄打磨出一个平面。

　　磨制石刀：器体较薄，一般为两面刃，多为横长方形，多为直刃、凸刃，柄部或直或凸，少有竖长方形的，均为普通石刀。有穿孔石刀，穿孔多为1孔，亦有多达13孔。

　　磨制石镰：器体为弯月形，刃缘为凹弧刃或锯齿凹弧刃，一般均为手握镰，柄部有宽缘式握手。穿孔镰柄部呈凸弧状，握手上有一穿孔，可能是穿绳索圈套在手腕的握手。

　　磨制石铲（有称为石镢）：器体较宽，扁平而较薄，单面刃，平面形状多为长方形与正方形，或有穿孔，少有双肩铲。穿孔石铲和双肩石铲均是按木柄的石铲。

　　磨制石凿：器体略小，为手工艺工具或加工工具，平面形状多为竖长方形和圭形，竖长方形的多为锛形凿；圭形凿正反两面和两侧都打磨出刃面，呈圭状。

　　石钻：器体粗长，长圆锥形，钻头为四棱状尖刃，为手工艺工具，可用于钻孔、镂空等。

　　石耘田器：两端上翘，中上部穿孔，弧刃，农田耕耘、碎土工具。

　　石犁（有称为石耜）：近似现代耕田的犁形，农田耕耘翻土工具。

石磨盘、磨棒：近椭圆形或长方形盘，盘下有足或无足，磨棒粗细、长短不一，为谷物加工工具。

石臼、石杵：石臼的器体应同于现今石臼器形，只是略小于现今石臼器体，中心凹窝较浅。石杵为粗圆柱状。

三、石质工具研究

（一）石制品概述

刘湾新石器时代遗址发现的石制品有958件，这些石制品分属于仰韶文化、屈家岭文化时期，都属于新石器时代。刘湾新石器时代石制品岩性大类以沉积岩为主，有794件，占石制品总数的82.88%；其次为火成岩，有123件，占12.84%；变质岩的标本最少，有41件，占4.28%。石制品岩性小类以砂岩为主，有414件，占石制品总数的43.22%；其次是细砂岩，有290件，占30.27%；其他有花岗岩、脉石英、闪长岩、片岩、粉砂岩、硅质岩、泥质条带状粉砂岩、粗砂岩、中砂岩、辉长岩、泥质粉砂岩、粉砂质泥岩、片麻岩、蛇纹石岩、含砾砂岩、砾岩、石英片岩、花岗斑岩、石英砂岩、细粒黑云母花岗岩、流纹岩、粗面岩、水晶、石英岩、板岩、辉绿岩、闪长玢岩、流纹斑岩、细粒云母变粒岩和霏细岩等从35件到1件，所占比率为3.66% ~ 0.1%（表三）。

刘湾新石器时代遗址的石制品类型有砍伐、农耕、手工艺、谷物加工、渔业、狩猎等（表四）。

（二）仰韶文化时期石制品

刘湾遗址发现的仰韶文化时期的石制品有931件，岩性大类以沉积岩为主，有776件，占本期石制品总数的83.35%；其次为火成岩，有117件，占12.57%；变质岩的标本最少，有36件，占3.87%。除三大岩性外，还有水晶标本2件，占0.21%。石制品岩性小类以砂岩为主，有413件，占本期石制品总数的44.36%；其次是细砂岩，有280件，占30.07%；其他有花岗岩、脉石英、闪长岩、片岩、粉砂岩、硅质岩、泥质条带状粉砂岩、粗砂岩、中砂岩、辉长岩、泥质粉砂岩、片麻岩、蛇纹石岩、含砾砂岩、砾岩、石英片岩、花岗斑岩、石英砂岩、细粒黑云母花岗岩、流纹岩、粗面岩、水晶、石英岩、板岩、辉绿岩、闪长玢岩、流纹斑岩、细粒云母变粒岩和霏细岩等从34件到1件，所占比率为3.65% ~ 0.11%（表五）。

仰韶文化时期的石器有砍伐工具、农耕工具、谷物加工工具、手工艺工具、狩猎工具、加工石器工具和渔业工具。其中以砍伐工具最多，有137件，占此时期石器总数的79.65%；其他手工艺工具、农耕工具、渔业工具、狩猎工具、谷物加工工具、纺织工具和加工石器工具分别有16件、10件、3件、2件、2件、1件、1件（表六、表七）。另外还有其他石制品759件。

表三　刘湾遗址新石器时代石制品岩性统计表

大类	小类	仰韶	屈家岭	小计	百分比(%)
沉积岩	砂岩	413	1	414	43.22
	细砂岩	280	10	290	30.27
	粉砂岩	17	3	20	2.09
	泥质粉砂岩	6	1	7	0.73
	粉砂质泥岩		1	1	0.1
	含砾砂岩	5		5	0.52
	泥质条带状粉砂岩	12		12	1.25
	砾岩	5		5	0.52
	硅质岩	17		17	1.78
	粗砂岩	9	2	11	1.15
	中砂岩	9		9	0.94
	石英砂岩	3		3	0.31
沉积岩小计				794（82.88%）	
变质岩	石英岩	1		1	0.1
	石英片岩	4		4	0.42
	蛇纹石岩	5	1	6	0.63
	片岩	18	4	22	2.3
	片麻岩	7	0	7	0.73
	板岩	1		1	0.1
	脉石英	33		33	3.44
变质岩小计				41（4.28%）	
火成岩	细粒黑云母花岗岩	2		2	0.21
	辉绿岩	1		1	0.1
	闪长岩	27	2	29	3.03
	闪长玢岩		1	1	0.1
	花岗岩	34	1	35	3.66
	辉长岩	9		9	0.94
	花岗斑岩	4		4	0.42
	流纹斑岩	1		1	0.1
	细粒云母变粒岩	1		1	0.1
	流纹岩	2		2	0.21
	粗面岩	2		2	0.21
	霏细岩	1		1	0.1
火成岩小计				121（12.63%）	
其他	水晶	2		2	0.21
其他小计				2（0.21%）	
小计		931	27	958	100

表四 刘湾遗址新石器时代石制品类型统计表

大类	砍伐工具		农耕工具				手工艺工具				渔业工具	谷物加工工具	狩猎工具（兵器）	纺织工具	加工石器工具	其他石制品						小计
小类	磨制石斧	磨制石锛	打制石锄	磨制石铲	磨制石刀	磨制石镰	磨制小石斧	磨制锛形器	磨制圭形器	石锯	网坠	磨盘	磨制石镞	磨制纺轮	石锤	打制石器	装饰品	石器钻芯	石祖	砾石	断片	小计
仰韶	116	21	1	2	3	3	7	2	6	1	3	2	2	1	1	19	1	1	1	247	490	931
屈家岭	14	3	1				1		1		1		1			1		2		1		27
小计	130	24	2	2	3	3	8	2	7	1	4	2	3	1	1	20	1	3	1	248	490	958
百分比（%）	13.57	2.51	0.21	0.21	0.31	0.31	0.84	0.21	0.73	0.1	0.42	0.21	0.31	0.1	0.1	2.09	0.1	0.31	0.1	25.89	51.15	100

大类合计（百分比）：砍伐工具 154（16.08%）；农耕工具 12（1.25%）；手工艺工具 18（1.88%）；渔业工具 4（0.42%）；谷物加工工具 2（0.21%）；狩猎工具 3（0.31%）；纺织工具 1（0.1%）；加工石器工具 1（0.1%）；其他石制品 763（79.65%）。

表五 刘湾遗址仰韶文化石制品岩性统计表

沉积岩（776，83.35%）

小类	细砂岩	粉砂岩	泥质粉砂岩	含砾砂岩	条带状粉砂岩	硅质砾岩	粗砂石英砂岩	中砂石英砂岩	石英砂岩	石英砂岩	石英砂岩
数量	413	280	17	6	5	12	5	17	9	9	3
百分比（%）	44.36	30.07	1.82	0.64	0.54	1.28	0.54	1.82	0.97	0.97	0.32

变质岩（36，3.87%）

小类	板岩	片岩	石英片岩	蛇纹石岩	片麻岩	石英岩
数量	1	4	18	1	7	5
百分比（%）	0.11	0.43	1.93	0.11	0.75	0.54

火成岩（117，12.57%）

小类	脉石英	细粒黑云母花岗岩	辉绿岩	闪长岩	花岗岩	流纹斑岩	细粒云母变粒岩	流纹岩	粗面岩	靠细岩
数量	33	2	1	27	34	4	9	2	2	1
百分比（%）	3.55	0.21	0.11	2.9	3.65	0.43	0.97	0.21	0.21	0.11

其他（2，0.21%）

小类	水晶
数量	2
百分比（%）	0.21

小计：数量 931，百分比 100。

表六　刘湾遗址仰韶文化石制品类型统计表

大类	砍伐工具		农耕工具					手工艺工具				渔业工具	谷物加工工具	狩猎工具（兵器）	纺织工具	加工石器工具	其他石制品						小计
小类	磨制石斧	磨制石锛	磨制石锄	打制石锄	磨制石铲	磨制石刀	磨制石钺	磨制小石斧	磨制锛形凿	磨制圭形凿	石锯	网坠	磨盘	磨制石镞	磨制纺轮	石锤	打制石器	装饰品	石器钻芯	石祖	砾石	断片	
数量	116	21	1	1	2	3	3	7	2	6	1	3	2	2	1	1	19	1	1	1	247	490	931
百分比（%）	12.46	2.26	0.11	0.11	0.21	0.32	0.32	0.75	0.21	0.65	0.11	0.32	0.21	0.31	0.11	0.11	2.04	0.11	0.11	0.11	26.53	52.63	100
	137 （14.72%）		10 （1.07%）					16 （1.72%）				3 （0.32%）	2 （0.21%）	2 （0.21%）	1 （0.11%）	1 （0.11%）	759 （81.53%）						100

表七　刘湾遗址仰韶文化石制品类型统计表（不包含其他石制品）

大类	砍伐工具		农耕工具					手工艺工具				渔业工具	谷物加工工具	狩猎工具（兵器）	纺织工具	加工石器工具	小计
小类	磨制石斧	磨制石锛	磨制石锄	打制石锄	磨制石铲	磨制石刀	磨制石钺	磨制小石斧	磨制锛形凿	磨制圭形凿	石锯	网坠	磨盘	磨制石镞	磨制纺轮	石锤	
数量	116	21	1	1	2	3	3	7	2	6	1	3	2	2	1	1	172
百分比（%）	67.44	12.21	0.58	0.58	1.16	1.75	1.75	4.06	1.16	3.5	0.58	1.75	1.16	1.16	0.58	0.58	100
	137（79.65%）		10（5.81%）					16（9.3%）				3 （1.74%）	2 （1.16%）	2 （1.16%）	1 （0.58%）	1 （0.58%）	100

1. 砍伐工具

（1）石斧，有116件，均为磨制石斧，没有发现打制石斧。根据刃缘磨制状况将磨制石斧分为双面刃和单面刃（有1件刃部残段）两种。

双面刃磨制石斧，有115件。根据标本的平面几何形状将完整石斧分为三边形、四边形、五边形和不规则多边形等。鉴于四边形的标本最多，根据其具体形状又分为长方形、正方形、梯形和不规则四边形等。然后我们根据标本刃缘的平视形状分为凸刃、凹刃、直刃、弯曲刃等类型。完整双面刃石斧有15件，其中不规则梯形最多，有10件；其次为不规则四边形，有5件。

不规则梯形，有10件，均为凸刃。ⅠTN02E01②：15，保存完整。长147、宽69、厚35毫米，重523克。岩性为细砂岩，横剖面和纵剖面均为不规则四边形。柄部和刃部平面形状均呈凸刃状，侧视形状均呈直刃状。加工方式为打制和磨制，有使用痕迹。柄部、刃部的弧长、弦长、矢长分别为47、42、12毫米，80、70、20毫米。两侧面对称、两侧边不对称，刃角为70°、70°、67°（图六；图版二一，3）。G2②：253，保存完整。长104、宽55、厚18毫米，重157克。岩性为细砂岩，横剖面和纵剖面均为不规则四边形。柄部和刃部平面形状均呈凸刃状，侧视形状均呈直刃状。加工方式为打制和磨制，有使用痕迹。柄部、刃部的弧长、弦长、矢长分别为45、42、5毫米，58、54、11毫米。两侧面不对称、两侧边对称，刃角为52°、52°、52°（图七；图版二一，4）。ⅡTN03W02②：2，残石斧。长96、宽45、厚32毫米，重212克。岩性为细砂岩，横剖面和纵剖面均为不规则四边形。柄部和刃部平面形状均呈凸刃状，侧视形状均呈直刃状。加工方式为打制、磨制，有使用痕迹。柄部、刃部的弧长、弦长、矢长分别为37、32、11毫米，58、50、13毫米。两侧面对称、两侧边不对称，刃角为76°、74°，另外一个刃角难测（图八；图版二一，5）。G2②：252，保存完整。长133、宽60、厚15毫米，重196克。岩性为细砂岩，横剖面和纵剖面均为不规则四边形。柄部和刃部平面形状均呈凸刃状，侧视形状均呈直刃状。加工方式为打制、磨制，有使用痕迹。柄部、刃部的弧长、弦长、矢长分别为50、35、12毫米，70、60、15毫米。两侧面和两侧边均对称，刃角为65°、66°、67°（图九；图版一九，3）。H67：3，保存完整。长110、宽77、厚24毫米，重329克。岩性为辉长岩，横剖面和纵剖面均为不规则四边形。柄部和刃部平面形状均呈凸刃状，侧视形状均呈直刃状。加工方式为打制、磨制和琢制，有使用痕迹。柄部、刃部的弧长、弦长、矢长分别为60、51、10毫米，90、76、20毫米。两侧面对称、两侧边不对称，刃角为68°、68°、65°（图一〇；图版二一，6）。G2②：276，保存完整。长104、宽71、厚22毫米，重236克。岩性为辉长岩，横剖面和纵剖面分别为不规则椭圆形、不规则三边形。柄部和刃部平面形状均呈凸刃状，侧视形状均呈直刃状。加工方式为打制、磨制和琢制，有使用痕迹。柄部、刃部的弧长、弦长、矢长分别为58、53、7毫米，84、69、13毫米。两侧面对称、两侧边对称，可测刃角为70°，另两个难测（图一一）。ⅠTN05E02②：3，保存完整。长101、宽59、厚19毫米，重191克。岩性为细砂岩，横剖面和纵剖面分别为透镜体形、不规则三边形。柄部和刃部平面形状均呈凸刃状，侧视形状均呈直刃状。加工方式为打制、磨制，有使用痕迹。柄部、刃部的

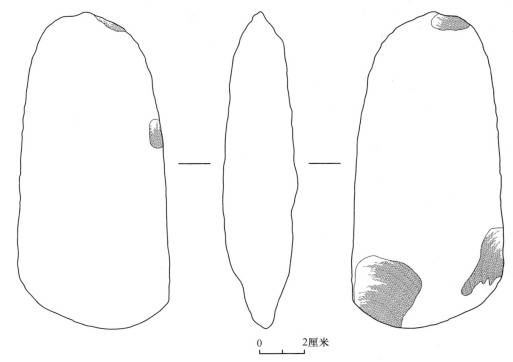

0　　　2厘米

图六　刘湾遗址仰韶文化石斧（ⅠTN02E01②：15）

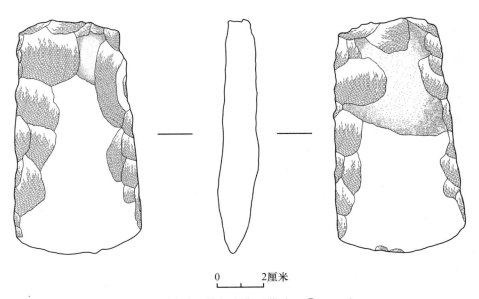

0　　　2厘米

图七　刘湾遗址仰韶文化石斧（G2②：253）

弧长、弦长、矢长分别为49、47、5毫米，68、58、10毫米。两侧面对称、两侧边对称，刃角为65°、62°，一个难测（图一二）。H126：2，保存完整。长167、宽75、厚37毫米，重780克。岩性为砾岩，横剖面和纵剖面分别为不规则椭圆形、不规则四边形。柄部和刃部平面分别呈凸刃状、凸弧刃状，侧视均呈直刃状。加工方式为打制、磨制，有使用痕迹。柄部、刃部的弧长、弦长、矢长分别为40、38、2毫米，80、67、19毫米。两侧面和两侧边均对称，刃角为69°、

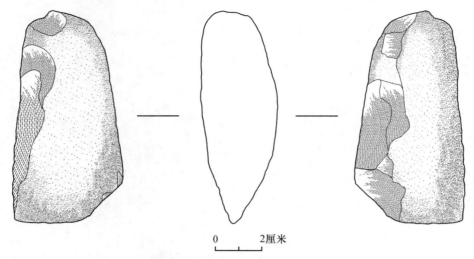

0   2厘米

图八　刘湾遗址仰韶文化石斧（ⅡTN03W02②：2）

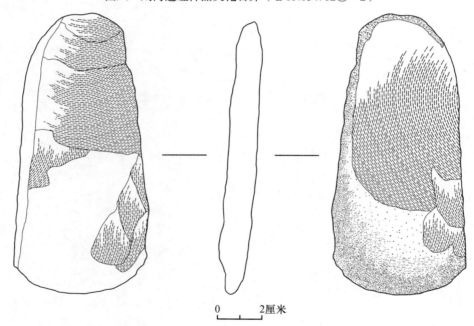

0   2厘米

图九　刘湾遗址仰韶文化石斧（G2②：252）

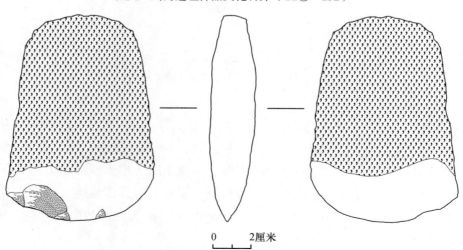

0   2厘米

图一〇　刘湾遗址仰韶文化石斧（H67：3）

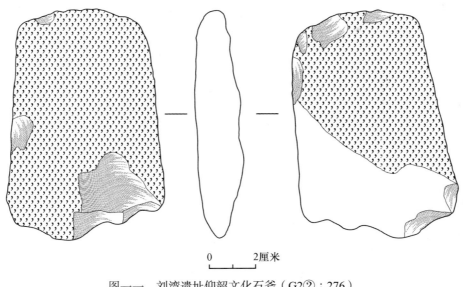

图一一　刘湾遗址仰韶文化石斧（G2②：276）

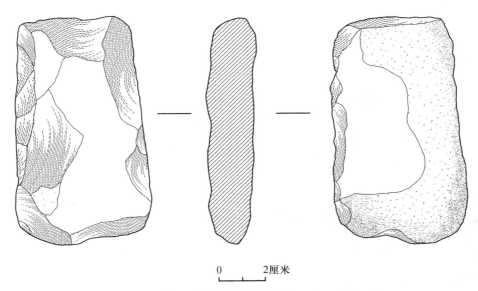

图一二　刘湾遗址仰韶文化石斧（ⅠＴN05E02②：3）

71°、69°（图一三）。H67：4，保存完整。长103、宽63、厚19毫米，重203克。岩性为辉长岩，横剖面和纵剖面均为不规则椭圆形。柄部和刃部平面均呈凸刃状，侧视均呈直刃状。加工方式为打制、磨制和琢制，有使用痕迹。柄部、刃部的弧长、弦长、矢长分别为50、44、9毫米，72、65、10毫米。两侧面对称、两侧边不对称，刃角为68°、70°、70°（图一四）。

不规则四边形，有5件，均为凸刃。H5：5，保存完整。长120、宽68、厚22毫米，重325克。岩性为粗面岩，横剖面和纵剖面均为不规则四边形。柄部和刃部平面均呈凸刃状，侧视均呈直刃状。加工方式为打制、磨制和琢制，有使用痕迹。柄部、刃部的弧长、弦长、矢长分别为61、52、11毫米，81、68、15毫米。两侧面和两侧边均对称，刃角为80°、80°、74°（图一五；图版二二，1）。ⅢTS08W09②：5，保存完整。长99、宽57、厚15毫米，重150克。岩

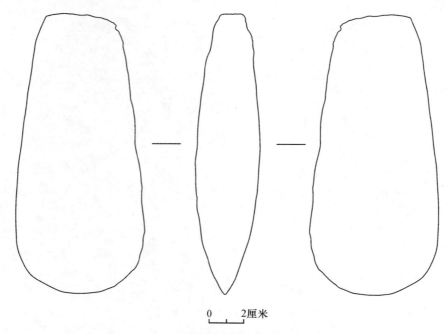

0　　2厘米

图一三　刘湾遗址仰韶文化石斧（H126：2）

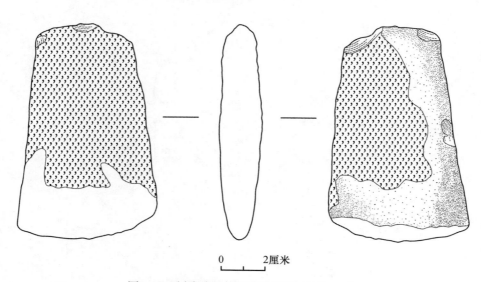

0　　2厘米

图一四　刘湾遗址仰韶文化石斧（H67：4）

性为细砂岩，横剖面和纵剖面均为不规则四边形。柄部和刃部平面形状均呈凸刃状，侧视形状均呈直刃状。加工方式为打制、磨制，有使用痕迹。柄部、刃部的弧长、弦长、矢长分别为42、34、10毫米，53、49、7毫米。两侧面和两侧边均略对称，刃角为66°、61°、62°（图一六；图版二二，2）。G2②：336，保存完整。长120、宽68、厚22毫米，重264克。岩性为细砂岩，横剖面和纵剖面均为不规则透镜体形。柄部和刃部平面均呈凸刃状，侧视均呈直刃状。加工方式为打制、磨制，有使用痕迹。柄部、刃部的弧长、弦长、矢长分别为75、58、19毫米，80、65、16毫米。两侧面和两侧边均略对称，刃角为68°、65°，一个难测（图一七）。ⅠTN07E02②：44，保存完整。长124、宽82、厚23毫米，重360克。岩性为粗砂岩，横剖面

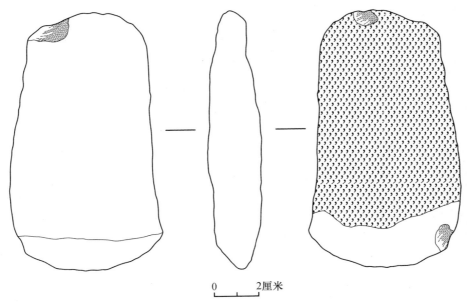

图一五 刘湾遗址仰韶文化石斧（H5：5）

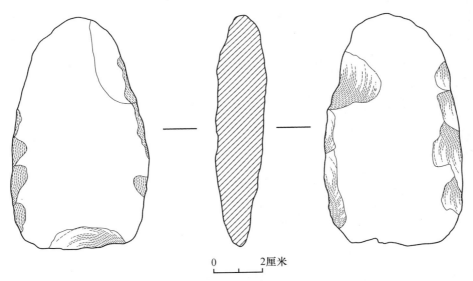

图一六 刘湾遗址仰韶文化石斧（ⅢTS08W09②：5）

和纵剖面均为不规则椭圆形。柄部和刃部平面形状均呈凸刃状，侧视形状均呈直刃状。加工方式为打制、磨制和琢制，有使用痕迹。柄部、刃部的弧长、弦长、矢长分别为35、33、7毫米，95、84、17毫米。两侧面对称、两侧边不对称，刃角为66°、62°，一个难测（图一八）。

ⅠTN06E02②：11，保存完整。长129、宽77、厚18毫米，重291克。岩性为砂岩，横剖面和纵剖面分别为不规则透镜体形、不规则三边形。柄部和刃部平面形状均呈凸刃状，侧视形状均呈直刃状。加工方式为打制、磨制和琢制，有使用痕迹。柄部、刃部的弧长、弦长、矢长分别为72、58、18毫米，89、75、18毫米。两侧面对称、两侧边不对称，刃角为69°、64°，一个难测（图一九）。

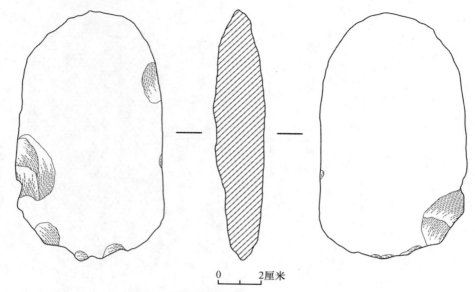

图一七　刘湾遗址仰韶文化石斧（G2②：336）

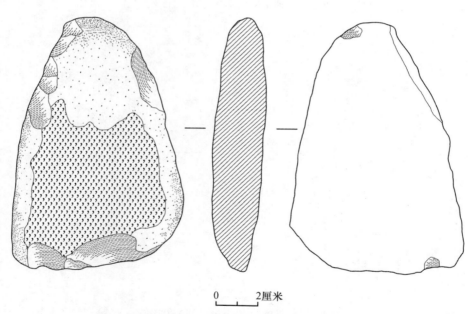

图一八　刘湾遗址仰韶文化石斧（ⅠTN07E02②：44）

另外，还有残石斧、石斧毛坯等。

ⅢTS05W09②：1，残石斧。残长202、宽90、厚31毫米，重947克。岩性为硅质岩，平面、横剖面和纵剖面分别为不规则四边形、不规则椭圆形、不规则椭圆形。柄部和刃部平面形状均呈凸刃状，侧视形状均呈直刃状。加工方式为打制、磨制，有使用痕迹。柄部、刃部的弧长、弦长、矢长分别为90、71、22毫米，94、85、12毫米。两侧面和两侧边均对称，刃角难测（图二〇；图版一七，1）。

ⅠTN07E06②：8，残石斧。残长126、宽78、厚20毫米，重301克。岩性为细砂岩，平面、横剖面和纵剖面分别为不规则五边形、不规则三边形、不规则透镜体形。柄部和刃部平面

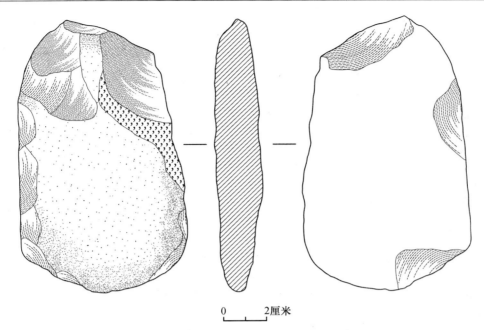

0 　2厘米

图一九　刘湾遗址仰韶文化石斧（ⅠTN06E02②：11）

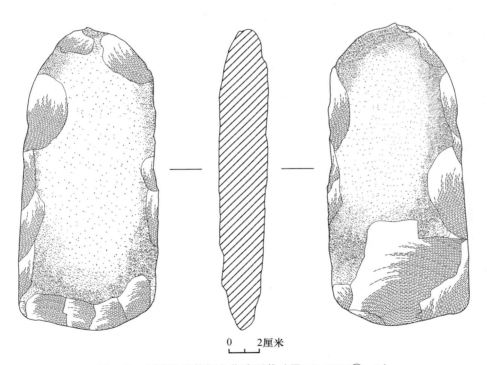

0 　2厘米

图二〇　刘湾遗址仰韶文化残石斧（ⅢTS05W09②：1）

形状均呈凸刃状，侧视形状均呈直刃状。加工方式为打制、磨制，有使用痕迹。柄部、刃部的弧长、弦长、矢长分别为73、63、13毫米，88、78、15毫米。两侧面和两侧边均不对称，刃角难测（图二一）。

M33：3，残石斧。残长129、宽72、厚25毫米，重337克。岩性为细砂岩，平面、横剖面

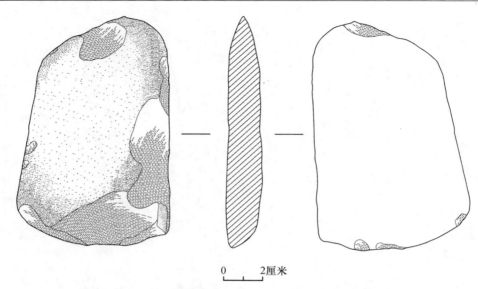

0　　2厘米

图二一　刘湾遗址仰韶文化残石斧（ⅠTN07E06②：8）

和纵剖面分别为不规则四边形、不规则透镜体形、不规则透镜体形。柄部和刃部平面形状均呈凸刃状，侧视形状均呈直刃状。加工方式为打制、磨制，有使用痕迹。柄部、刃部的弧长、弦长、矢长分别为57、45、15毫米，78、64、15毫米。两侧面和两侧边均对称，可测刃角为78°，两个刃角难测（图二二）。

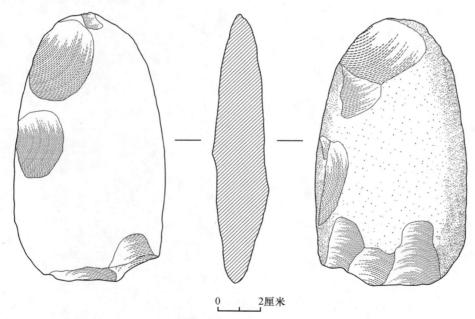

0　　2厘米

图二二　刘湾遗址仰韶文化残石斧（M33：3）

ⅠTN08E02③：8，磨制石斧毛坯。长98、宽58、厚10毫米，重99克。岩性为细砂岩，平面、横剖面和纵剖面分别为不规则四边形、透镜体形、透镜体形。柄部和刃部平面形状均呈凸刃状，柄部、刃部侧视形状均呈直刃状。加工方式为打制和磨制，有使用痕迹。柄部、刃部

的弧长、弦长、矢长分别为50、43、8毫米，58、52、7毫米。两侧面、两侧边均不对称（图
二三）。

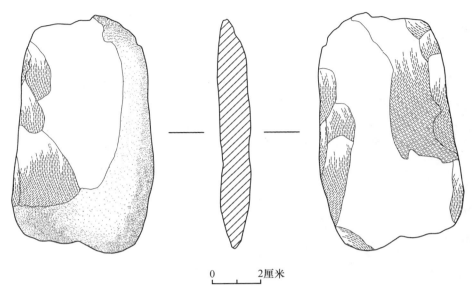

0　　　　2厘米

图二三　刘湾遗址仰韶文化石斧毛坯（ⅠTN08E02③∶8）

ⅠTN07E06③∶5，磨制石斧毛坯。长121、宽84、厚29毫米，重433克。岩性为细砂岩，
平面、横剖面和纵剖面分别为不规则四边形、椭圆形、不规则四边形。柄部和刃部平面形状
均呈凸刃状，柄部、刃部侧视形状均呈直刃状。加工方式为打制、磨制和琢制，有使用痕
迹。柄部残破，刃部的弧长、弦长、矢长为88、83、3毫米。两侧面对称，两侧边不对称（图
二四）。

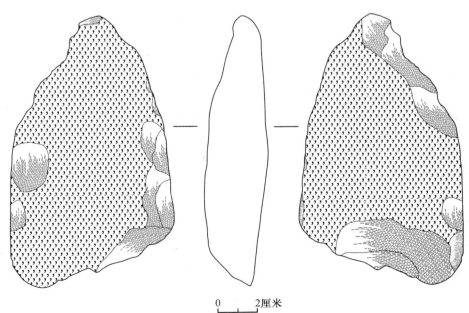

0　　　　2厘米

图二四　刘湾遗址仰韶文化石斧毛坯（ⅠTN07E06③∶5）

　　H55：1，磨制石斧毛坯。长134、宽68、厚20毫米，重232克。岩性为细砂岩，平面、横剖面和纵剖面分别为不规则六边形、不规则三边形、不规则三边形。柄部和刃部平面形状均呈凸刃状，柄部、刃部侧视形状均呈直刃状。加工方式为打制、磨制和琢制，有使用痕迹。柄部、刃部的弧长、弦长、矢长分别为72、60、20毫米，67、58、12毫米。两侧面、两侧边均不对称（图二五）。

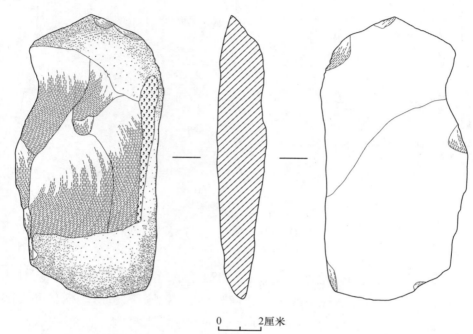

0　　2厘米

图二五　刘湾遗址仰韶文化石斧毛坯（H55：1）

　　H100：1，磨制石斧毛坯。长145、宽76、厚25毫米，重442克。岩性为泥质条带粉砂岩，平面、横剖面和纵剖面分别为不规则四边形、椭圆形、椭圆形。柄部和刃部平面形状均呈凸刃状，柄部、刃部侧视形状均呈直刃状。加工方式为打制和磨制，有使用痕迹。柄部、刃部的弧长、弦长、矢长分别为60、45、14毫米，90、63、19毫米。两侧面、两侧边均对称（图二六）。

　　H128：2，磨制石斧毛坯。长146、宽76、厚25毫米，重393克。岩性为细砂岩，平面、横剖面和纵剖面分别为不规则长四边形、透镜体形、透镜体形。柄部和刃部平面形状均呈凸刃状，柄部、刃部侧视形状均呈直刃状。加工方式为打制和磨制，有使用痕迹。柄部、刃部的弧长、弦长、矢长分别为74、61、14毫米，88、68、19毫米。两侧面、两侧边均不对称（图二七）。

　　H51：9，磨制石斧毛坯。长142、宽82、厚26毫米，重390克。岩性为细砂岩，平面、横剖面和纵剖面分别为不规则四边形、椭圆形、椭圆形。柄部和刃部平面形状均呈凸刃状，柄部、刃部侧视形状均呈直刃状。加工方式为打制和磨制，有使用痕迹。柄部、刃部的弧长、弦长、矢长分别为70、62、15毫米，92、80、20毫米。两侧面、两侧边均不对称（图二八）。

　　H132：5，磨制石斧毛坯。长118、宽68、厚19毫米，重233克。岩性为细砂岩，平面、横

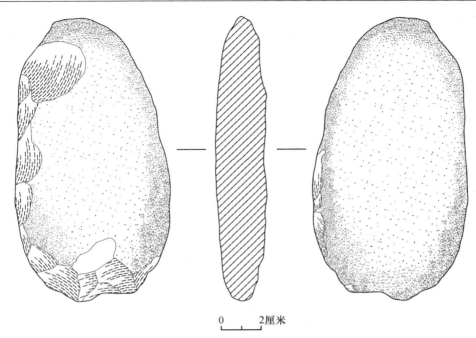

图二六　刘湾遗址仰韶文化石斧毛坯（H100：1）

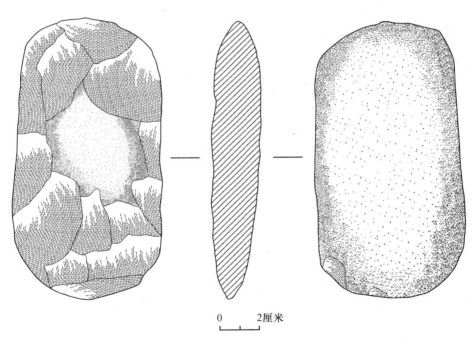

图二七　刘湾遗址仰韶文化石斧毛坯（H128：2）

剖面和纵剖面均为不规则四边形。柄部和刃部平面形状均呈凸刃状，柄部、刃部侧视形状均呈直刃状。加工方式为打制和磨制，有使用痕迹。柄部、刃部的弧长、弦长、矢长分别为60、53、5毫米，65、57、11毫米。两侧面、两侧边均不对称（图二九）。

　　H49：1，磨制石斧毛坯。长181、宽87、厚36毫米，重890克。岩性为粗砂岩，平面、横剖面和纵剖面分别为不规则梯形、椭圆形、椭圆形。柄部和刃部平面形状均呈凸刃状，柄部、刃

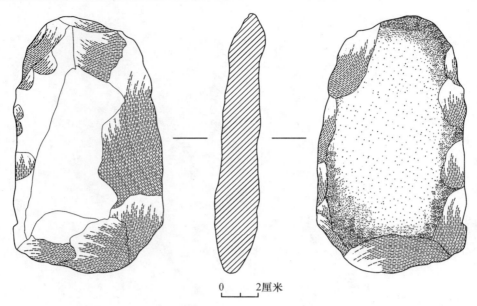

0 ____ 2厘米

图二八　刘湾遗址仰韶文化石斧毛坯（H51∶9）

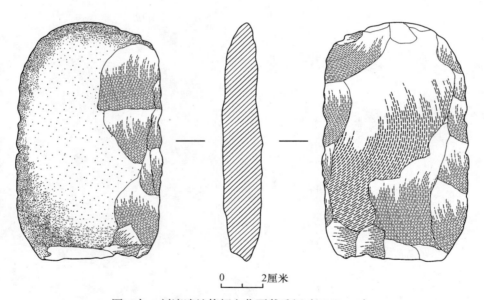

0 ____ 2厘米

图二九　刘湾遗址仰韶文化石斧毛坯（H132∶5）

部侧视形状均呈直刃状。加工方式为打制和磨制，有使用痕迹。柄部、刃部的弧长、弦长、矢长分别为80、65、17毫米，90、83、9毫米。两侧面、两侧边均对称（图三〇）。

（2）石锛，有21件。其中完整石锛有8件。完整石锛中不规则四边形有4件，其中不规则梯形有2件，不规则长方形有2件。

不规则四边形，有4件。H126∶3，长80、宽37、厚9毫米，重33克。岩性为细砂岩，横剖面和纵剖面分别为透镜体形、不规则三边形。柄部和刃部平面形状均呈凸刃状，柄部、刃部侧视形状均呈直刃状。加工方式为打制和磨制，有使用痕迹。柄部、刃部的弧长、弦长、矢长分别为32、27、10毫米，43、33、11毫米。两侧面、两侧边均不对称，刃角为31°、29°、26°（图

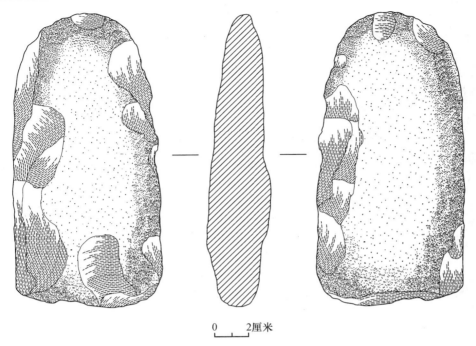

图三〇　刘湾遗址仰韶文化石斧毛坯（H49：1）

三一）。ⅠTN07E04③：28，长102、宽46、厚11毫米，重88克。岩性为细砂岩，横剖面和纵剖面均为不规则四边形。柄部和刃部平面形状均呈凸刃状，柄部、刃部侧视形状均呈直刃状。加工方式为打制和磨制，有使用痕迹。柄部、刃部的弧长、弦长、矢长分别为42、40、4毫米，48、47、3毫米。两侧面、两侧边均不对称，刃角为65°、66°、63°（图三二）。

　　不规则梯形石锛，有2件，均为凸刃。ⅠTN06E03③：21，保存完整。长65、宽37、厚9毫米，重40克。岩性为蛇纹石岩，横剖面和纵剖面均为不规则四边形。柄部和刃部平面形状均

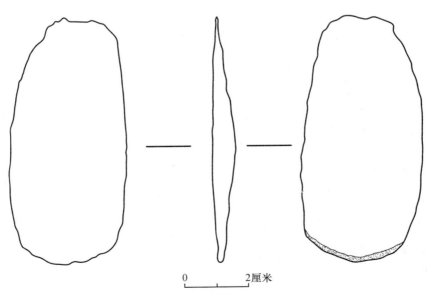

图三一　刘湾遗址仰韶文化石锛（H126：3）

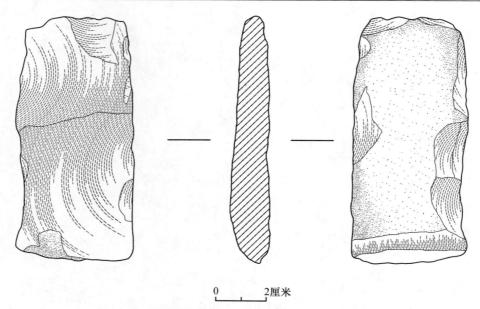

图三二　刘湾遗址仰韶文化石锛（ⅠTN07E04③：28）

呈凸刃状，柄部、刃部侧视形状均呈直刃状。加工方式为打制和磨制，有使用痕迹。柄部、刃部的弧长、弦长、矢长分别为31、29、4毫米，38、37、2毫米。两侧面不对称、两侧边略对称，刃角为72°、71°、69°（图三三；图版二二，3）。H126：4，长67、宽39、厚10毫米，重49克。岩性为粉砂岩，横剖面和纵剖面均为不规则四边形。柄部和刃部平面形状均呈凸刃状，柄部、刃部侧视形状均呈直刃状。加工方式为打制和磨制，有使用痕迹。柄部、刃部的弧长、弦长、矢长分别为22、21、2毫米，40、38、3毫米。两侧面、两侧边均不对称，刃角为59°、59°、59°（图三四；图版一九，1）。

　　不规则长方形，有2件。ⅠTN08E05②：8，保存完整。长76、宽40、厚8毫米，重52克。岩性为细砂岩，横剖面和纵剖面均为不规则四边形。柄部和刃部平面均呈凸刃状，柄部侧视形

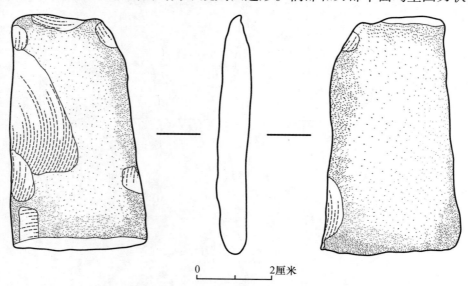

图三三　刘湾遗址仰韶文化石锛（ⅠTN06E03③：21）

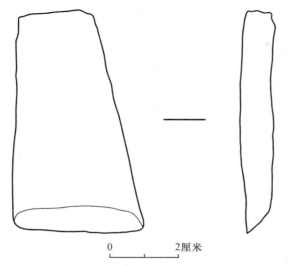

0　　　　　2厘米

图三四　刘湾遗址仰韶文化石锛（H126：4）

状呈直刃状、刃部侧视形状呈弧刃状。加工方式为打制和磨制，有使用痕迹。柄部、刃部的弧长、弦长、矢长分别为37、33、3毫米，40、39、5毫米。两侧面不对称、两侧边对称，刃角为58°、58°、58°（图三五；图版一八，3）。G2②：304，长102、宽33、厚12毫米，重85克。岩性为细砂岩，横剖面和纵剖面均为不规则四边形。柄部和刃部平面形状均呈凸刃状，柄部、刃部侧视形状均呈直刃状。加工方式为打制和磨制，有使用痕迹。柄部、刃部的弧长、弦长、矢长分别为36、35、1毫米，36、33、1毫米。两侧面、两侧边均对称，刃角为64°、66°、67°（图三六）。

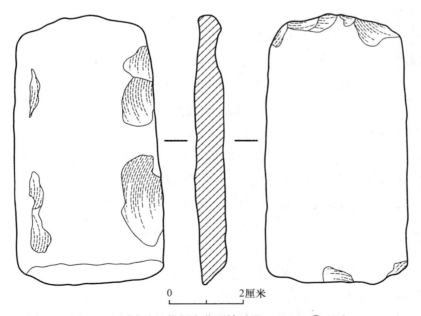

0　　　　　2厘米

图三五　刘湾遗址仰韶文化石锛（ⅠTN08E05②：8）

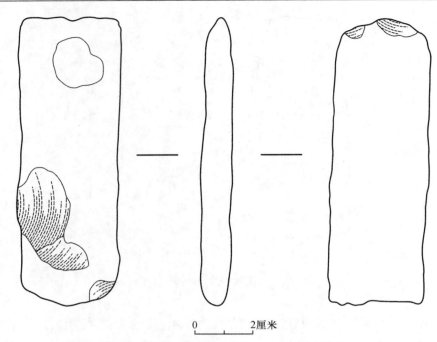

0 ____ 2厘米

图三六　刘湾遗址仰韶文化石铲（G2②：304）

另外，有残石铲、石铲毛坯等。

H152：15，残磨制石铲。长143、宽67、厚20毫米，重251克。岩性为细砂岩，平面、横剖面和纵剖面均为不规则四边形。柄部和刃部平面形状均呈凸刃状，柄部、刃部侧视形状均呈直刃状。加工方式为打制和磨制，有使用痕迹。柄部的弧长、弦长、矢长分别为50、44、9毫米，刃部残。两侧面、两侧边均不对称，可测刃角为61°、63°，一个难测（图三七）。

H140：15，磨制石铲毛坯。长86、宽38、厚10毫米，重48克。岩性为细砂岩，横剖面和纵剖面均为不规则四边形。柄部和刃部平面形状均呈凸刃状，柄部、刃部侧视形状均呈直刃状。加工方式为打制和磨制，有使用痕迹。柄部、刃部的弧长、弦长、矢长分别为30、23、7毫米，36、32、7毫米。两侧面对称、两侧边不对称（图三八）。

H196：30，磨制石铲毛坯。长52、宽26、厚17毫米，重44克。岩性为粉砂岩，横剖面和纵剖面均为不规则四边形。柄部和刃部平面形状均呈凸刃状，柄部、刃部侧视形状均呈直刃状。加工方式为打制和磨制，有使用痕迹。柄部、刃部的弧长、弦长、矢长分别为23、19、2毫米，28、26、3毫米。两侧面对称、两侧边不对称（图三九）。

2. 手工艺工具

16件。分为磨制小石斧7件、磨制圭形凿6件、磨制铲形凿2件和磨制石锯1件。

（1）小石斧，有7件，其中完整小石斧有5件，均磨制。H145：6，长93、宽43、厚13毫米，重84克。岩性为闪长岩，横剖面和纵剖面均为不规则椭圆形。柄部和刃部平面形状均呈凸刃状，柄部、刃部侧视形状均呈直刃状。加工方式为打制和磨制，有使用痕迹。柄部、刃部的弧长、弦长、矢长分别为45、37、10毫米，41、37、6毫米。两侧面对称、两侧边不对称，

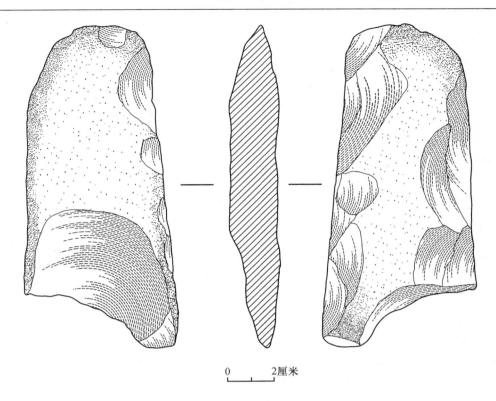

0　　　　2厘米

图三七　刘湾遗址仰韶文化残石锛（H152∶15）

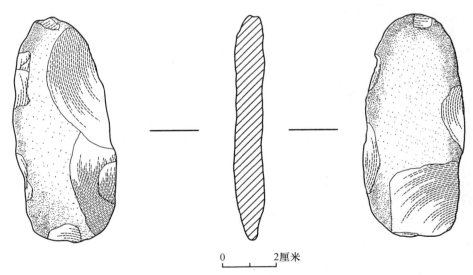

0　　　　2厘米

图三八　刘湾遗址仰韶文化石锛毛坯（H140∶15）

刃角为52°、53°、54°（图四〇）。G2②∶296，长83、宽36、厚10毫米，重54克。岩性为细砂岩，横剖面和纵剖面均为不规则椭圆形。柄部和刃部平面形状均呈凸刃状，柄部、刃部侧视形状均呈直刃状。加工方式为打制和磨制，有使用痕迹。柄部、刃部的弧长、弦长、矢长分别为31、25、10毫米，31、27、8毫米。两侧面对称、两侧边均为对称，刃角为77°、75°、76°（图四一）。ⅠTN05E02②∶7，保存完整。长113、宽47、厚12毫米，重102克。岩性为细砂岩，

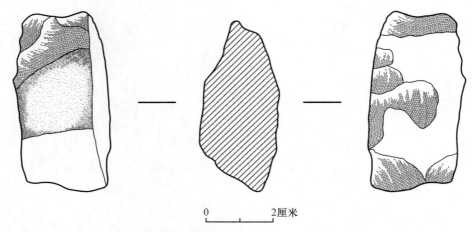

0　　　　2厘米

图三九　刘湾遗址仰韶文化石锛毛坯（H196∶30）

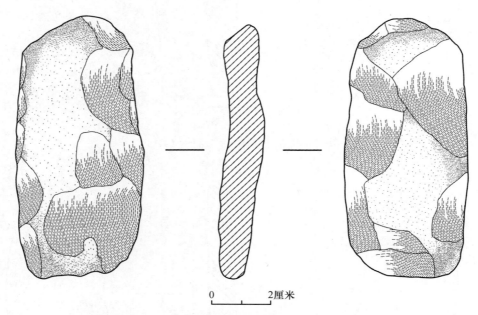

0　　　　2厘米

图四○　刘湾遗址仰韶文化小石斧（H145∶6）

横剖面和纵剖面均为不规则透镜体形。柄部、刃部平面形状呈凸刃状，柄部、刃部侧视形状均呈直刃状。加工方式为打制和磨制，有使用痕迹。柄部、刃部的弧长、弦长、矢长分别为44、39、7毫米，50、46、6毫米。两侧面对称、两侧边略对称，刃角为55°、55°、56°（图四二）。

ⅠTN09E06②∶1，保存完整。长104、宽44、厚16毫米，重100克。岩性为细砂岩，横剖面和纵剖面分别为不规则椭圆形、透镜体形。柄部、刃部平面形状呈凸刃状，柄部、刃部侧视形状均呈直刃状。加工方式为打制和磨制，有使用痕迹。柄部、刃部的弧长、弦长、矢长分别为28、26、6毫米，50、44、5毫米。两侧面略对称、两侧边对称，刃角为64°、61°、59°（图四三）。

　　另外，有磨制小石斧毛坯等。

　　H128∶1。长116、宽47、厚16毫米，重119克。岩性为细砂岩，平面、横剖面和纵剖面分

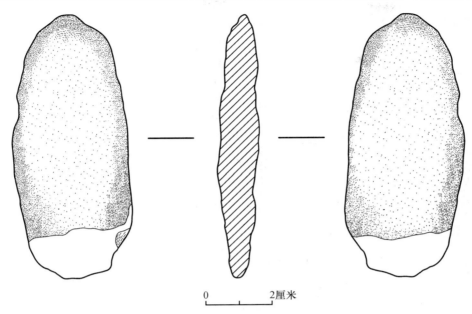

图四一　刘湾遗址仰韶文化小石斧（G2②：296）

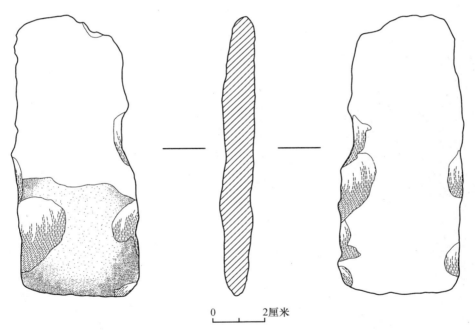

图四二　刘湾遗址仰韶文化小石斧（ⅠTN05E02②：7）

别为不规则长四边形、透镜体形、透镜体形。加工方式为打制和磨制，有使用痕迹。柄部、刃部的弧长、弦长、矢长分别为42、32、10毫米，50、43、10毫米。两侧面不对称、两侧边对称（图四四）。

（2）圭形凿，完整圭形凿有2件。ⅠTN06E04③：22，保存完整。长79、宽35、厚14毫米，重50克。岩性为片岩，横剖面和纵剖面均为不规则四边形。加工方式为打制和磨制，有使用痕迹。刃部的弧长、弦长、矢长分别为6、6、0.1毫米。两侧面和两侧边均对称，刃角为

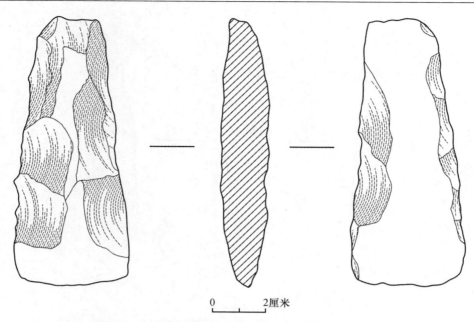

0　　　2厘米

图四三　刘湾遗址仰韶文化小石斧（ⅠTN09E06②∶1）

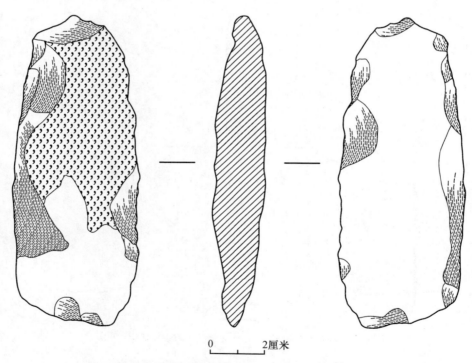

0　　　2厘米

图四四　刘湾遗址仰韶文化小石斧毛坯（H128∶1）

73°、73°（图四五；图版一九，4）。G2②∶303，保存完整。长150、宽36、厚16毫米，重149克。岩性为细砂岩，横剖面和纵剖面均为不规则四边形。加工方式为打制和磨制，有使用痕迹。刃部的弧长、弦长、矢长分别为6、6、0.1毫米。两侧面和两侧边均对称，刃角为76°、76°（图四六）。

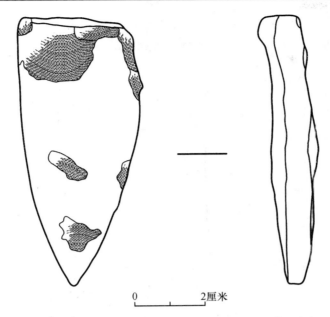

图四五　刘湾遗址仰韶文化圭形凿（ⅠTN06E04③：22）

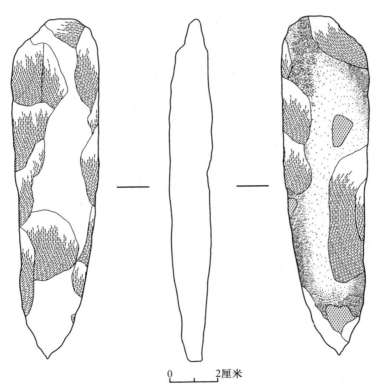

图四六　刘湾遗址仰韶文化圭形凿（G2②：303）

（3）锛形凿，有2件。G2②：251，保存完整。长85、宽31、厚9毫米，重42克。岩性为粉砂岩，平面、横剖面和纵剖面分别为不规则梯形、不规则四边形、不规则四边形。柄部、刃部平面形状呈凸刃状，柄部、刃部侧视形状均呈直刃状。加工方式为打制和磨制，有使用痕迹。

柄部、刃部的弧长、弦长、矢长分别为32、30、5毫米，24、22、2毫米。两侧面对称、两侧边略对称，刃角为49°、49°、49°（图四七；图版一九，2）。

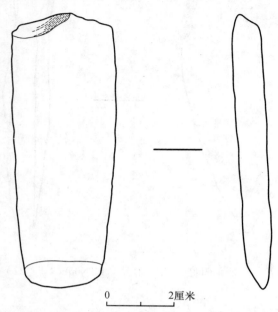

图四七　刘湾遗址仰韶文化锛形凿（G2②∶251）

（4）石锯，1件，存一段。ⅢTS12W08③∶1，残长32、宽50、厚3毫米，重7克。岩性为片岩，横剖面和纵剖面均为不规则四边形。柄部平面形状为凸刃状、刃部平面形状呈锯齿状。加工方式为打制和磨制，有使用痕迹。刃部的弧长、弦长、矢长分别为36、36、1毫米（图四八；图版二二，4）。

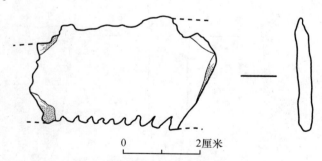

图四八　刘湾遗址仰韶文化石锯（ⅢTS12W08③∶1）

3. 农耕工具

有10件，分为石锄、石铲、石刀和石钺等。

（1）石刀，有3件，均为磨制，均为残石刀，没有发现完整石刀。H126∶16，保存完整。长61、宽38、厚8毫米，重29克。岩性为细砂岩，平面、横剖面和纵剖面均分别为不规则椭圆形、不规则四边形、不规则四边形。柄部、刃部平面形状呈凸刃状，柄部、刃部侧视形状均呈直刃状。加工方式为打制和磨制，有使用痕迹。柄部、刃部的弧长、弦长、矢长分别为25、21、4毫米，35、29、10毫米。两侧面和两侧边均不对称，刃角为61°、61°、60°（图四九）。

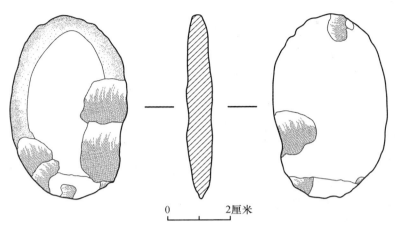

0　　　　2厘米

图四九　刘湾遗址仰韶文化石刀（H126∶16）

（2）石钺，有3件，均为磨制。其中完整石钺有2件，平面形状均为不规则梯形。ⅡTN03W02②∶1，保存完整。长111、宽83、厚15毫米，重256克。岩性为闪长岩，横剖面和纵剖面均为不规则四边形。柄部平面形状为直刃、刃部平面形状呈凸弧刃状，柄部、刃部侧视形状均呈直刃状。加工方式为打制和磨制，有使用痕迹。近柄部中段有一个两面钻圆形孔，两面内外的孔径均为22、15毫米，柄部、刃部的弧长、弦长、矢长分别为65、62、3毫米，90、78、18毫米。两侧面和两侧边均对称，刃角为48°、44°、46°（图五〇；图版二〇，1）。M98∶1，保存完整。长171、宽131、厚15毫米，重620克。岩性为蛇纹石岩，横剖面和纵剖面均为不规则四边形。柄部平面形状为直刃状、刃部平面形状为凸弧刃状，柄部、刃部侧视形状均为直刃状。加工方式为打制和磨制，有使用痕迹。近柄部中段有一个两面钻圆形孔，两面内外的孔径分别为30、19毫米和24、19毫米，柄部、刃部的弧长、弦长、矢长分别为96、94、2毫米，142、121、26毫米。两侧面和两侧边均对称，刃角为54°、52°、53°（图五一；图版二〇，2）。H160∶4，残，存左侧大半部。长98、宽82、厚18毫米，重190克。岩性为蛇纹石岩，横剖面和纵剖面均为不规则透镜体形。柄部残，刃部平面形状呈凸弧刃状，刃部侧视形状呈直刃状。加工方式为打制、磨制和钻孔，有使用痕迹。近柄部中段有一个两面钻圆形孔，两面内外的孔径分别为19、12毫米，22、12毫米，刃部的弧长、弦长、矢长分别为95、78、21毫米。两侧面和两侧边均对称，刃角为60°、62°、61°（图五二）。

（3）石铲，有2件，均为磨制，均为残件，没有发现完整石铲。

（4）石锄，有2件，1件为磨制、1件为打制。H126∶5，磨制石锄，保存完整。长207、宽128、厚35毫米，重937克。岩性为中砂岩，平面、横剖面和纵剖面分别为不规则梯形、不规则四边形、不规则四边形。柄部、刃部平面形状呈凸刃状，柄部、刃部侧视形状均呈直刃状。加工方式为打制和磨制，有使用痕迹。柄部、刃部的弧长、弦长、矢长分别为75、63、8毫米，152、115、39毫米。两侧面和两侧边均不对称，刃角为53°、60°、60°、54°、60°、58°（图五三）。

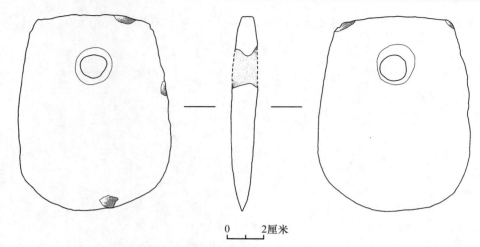

0   2厘米

图五〇　刘湾遗址仰韶文化石钺（ⅡTN03W02②：1）

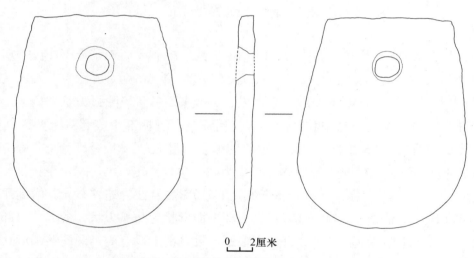

0   2厘米

图五一　刘湾遗址仰韶文化石钺（M98：1）

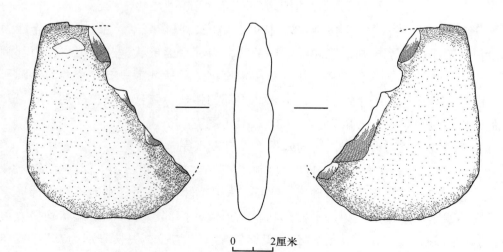

0   2厘米

图五二　刘湾遗址仰韶文化残石钺（H160：4）

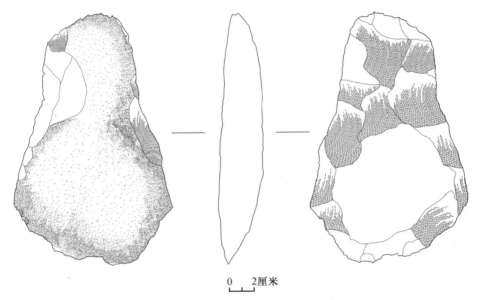

图五三　刘湾遗址仰韶文化石锄（H126：5）

4. 渔业工具

石网坠，有3件，完整网坠有2件。ⅡTN02W02②：1，保存完整。长48、宽43、厚26毫米，重85克。岩性为闪长岩，横剖面和纵剖面均为不规则椭圆形。中部琢制有一纵向凹槽，宽5～6、深1～2毫米（图五四；图版二二，5）。H161：1，保存完整。长99、宽80、厚40毫米，重441克。岩性为花岗岩，横剖面和纵剖面均为不规则椭圆形。中部打制有一横向和纵向呈"十"字交叉凹槽，宽20～5、深1～2毫米（图五五；图版二〇，3）。H161：3，保存完整，未加工完成。长143、宽91、厚38毫米，重653克。岩性为花岗岩，平面、横剖面和纵剖面均为不规则椭圆形。中部打制有一横向和纵向呈"十"字交叉凹槽（图五六）。

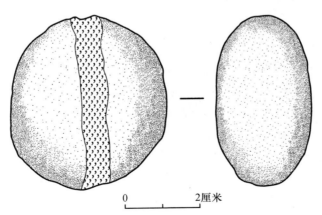

图五四　刘湾遗址仰韶文化石网坠（ⅡTN02W02②：1）

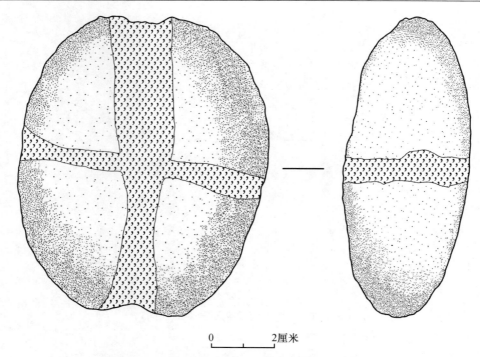

0　　　2厘米

图五五　刘湾遗址仰韶文化石网坠（H161：1）

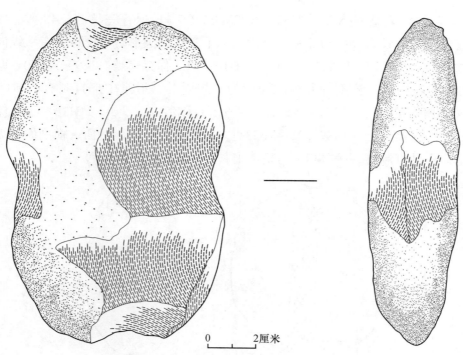

0　　　2厘米

图五六　刘湾遗址仰韶文化石网坠（H161：3）

5. 狩猎工具（兵器）

有2件。均为石镞，根据其有无铤分为有铤石镞1件和无铤石镞1件。

有铤石镞，有1件。ⅢTS12W07②：6，保存完整。长50、宽20、厚3毫米，重4克。岩性为片岩，平面形状为长柳叶形，横剖面和纵剖面均为不规则四边形。左、右两锋平面形状均呈凸刃状，刃部侧视形状均呈直刃状。加工方式为打制和磨制，有使用痕迹。左、右两锋刃的弧长、弦长、矢长分别为42、40、2毫米，42、40、2毫米。两侧面和两侧边均对称，左右两锋刃角分别为45°、44°、45°，44°、45°、44°（图五七；图版一九，6）。

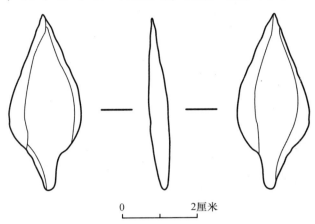

图五七　刘湾遗址仰韶文化石镞（ⅢTS12W07②：6）

无铤石镞，有1件。H128：3，长46、宽19、厚3毫米，重6克。岩性为细砂岩，平面形状为长柳叶形，横剖面和纵剖面均为不规则四边形。左、右两锋平面形状均呈凸刃状，刃部侧视形状均呈直刃状。加工方式为打制和磨制，有使用痕迹。两侧面和两侧边均对称，左右两锋刃角分别为45°、45°（图五八）。

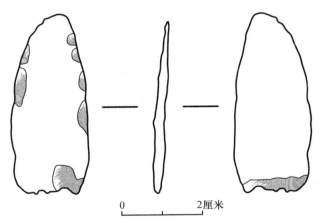

图五八　刘湾遗址仰韶文化石镞（H128：3）

6. 加工谷物工具

有2件，均为磨制石磨盘。

7. 纺织工具

磨制石纺轮，有1件。ⅠTN08E01⑤：1，保存完整。平面形状为圆形，直径68、厚14毫米，重123克。岩性为蛇纹石岩，中部有一个两面钻圆形孔，两面内外的孔径分别为15、6毫米和12、6毫米（图五九；图版二二，6）。

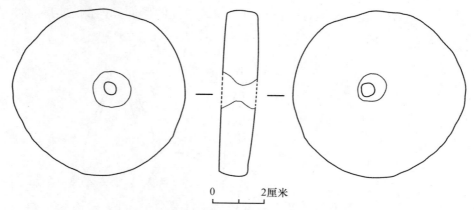

图五九　刘湾遗址仰韶文化石纺轮（ⅠTN08E01⑤：1）

8. 加工石器工具

有1件，为石锤。

9. 其他石制品

有打制石制品（19件）、砾石（247件）、断片（490件）、石祖（1件）、石钻芯（1件）和装饰品（1件）。打制石制品中有打制刮削器、砍砸器、凹刃缺刮器、石刀和盘状器。

（1）打制盘状器，有13件，选取介绍4件。ⅠTN06E03②：1，保存完整。长98、宽97、厚25毫米，重327克。岩性为粗砂岩，横剖面和纵剖面均为不规则四边形。素材为一件扁平砾石，台面位置在顶面，台面性质为天然石皮。在台面的近端边、左侧边、远端边和右侧边打片。台面周长为313毫米，四个边缘剥片长度分别为65、90、75、83毫米，台面周边全部被剥片。剥片面有4个，分别在近端面、左侧面、远端面和右侧面，可辨石片疤18个。约有三分之二的表面积没有剥片。18个台面角分别为57°、59°、65°、75°、75°、78°、61°、77°、70°、62°、69°、65°、50°、53°、83°、55°、55°、60°（图六〇；图版二三，1）。G2②：268，保存完整。长61、宽、厚25毫米，重327克。岩性为细砂岩，横剖面和纵剖面均为不规则四边形。素材为一件扁平砾石，台面位置在顶面，台面性质为天然石皮。在台面的近端边、左侧边、远端边和右侧边打片。台面周长为202毫米，四个边缘剥片长度分别为90、35、50、57毫米，台面周边全部被剥片。剥片面有4个，分别在近端面、左侧面、远端面和右侧面，可辨石片疤16个。约有三分之二的表面积没有剥片。16个台面角分别为70°、58°、39°、63°、69°、60°、45°、44°、71°、55°、89°、50°、83°、65°、53°、64°（图六一；图版二三，2）。H123：10，保存完整。长98、宽97、厚25毫米，重327克。岩性为闪长岩，横剖面和纵剖面均为不规则四边形。素材为一件扁平砾石，台面位置在顶面和底面，底台面性质为天然石皮、顶台面性质未定。在底台面的近端边、左侧边、远端边和右侧边和顶台面的远端边打片。底台面周长为404

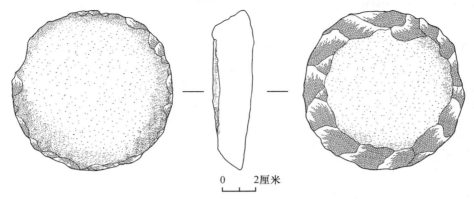

图六○　刘湾遗址仰韶文化盘状器（ⅠTN06E03②：1）

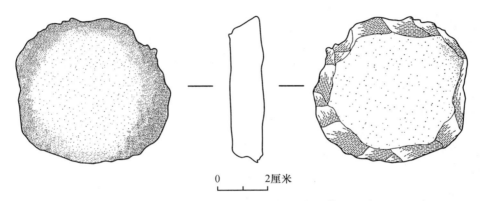

图六一　刘湾遗址仰韶文化盘状器（G2②：268）

毫米，四个边缘剥片长度分别为161、83、60、100毫米，顶台面周长、打片长度未定。台面周边全部被剥片。剥片面有6个，分别在近端面、左侧面、远端面、右侧面、顶面和底面，可辨石片疤12个。约有三分之一的表面积没有剥片。12个台面角分别为31°、38°、49°、62°、55°、71°、93°、81°、93°、75°、41°、92°（图版二三，3）。H166：4，保存完整。长79、宽76、厚42毫米，重306克。岩性为脉石英，横剖面和纵剖面均为不规则四边形。素材为一件扁平砾石，台面位置在顶面，台面性质为天然石皮。在台面的近端边、左侧边、远端边和右侧边打片。台面周长为250毫米，四个边缘剥片长度分别为73、64、63、50毫米，台面周边全部被剥片。剥片面有4个，分别在近近端面、左侧面、远端面和右侧面，可辨石片疤13个。约有60%的表面积没有剥片。13个台面角分别为72°、49°、61°、59°、65°、59°、56°、63°、75°、59°、96°、88°、94°（图六二；图版二三，4）。

（2）打制单刃刮削器，有1件。G2②：267，长77、宽31、厚6毫米，重16克。岩性为硅质岩，平面、横剖面和纵剖面分别为柳叶形、不规则四边形、不规则四边形。素材为一件石片，刃缘在右侧近段。刃缘平面、侧视形状分别呈凸刃形、弯曲形，刃缘弧长、弦长、矢长为36、34、3毫米。有6个加工的小疤，分别为反向加工4个、正向加工2个。可测刃角分别为74°、76°、85°、76°、61°、80°（图六三；图版二一，2）。

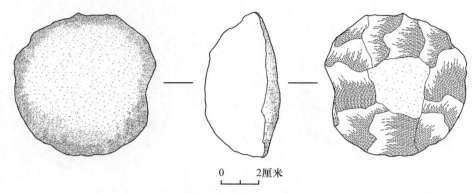

0　　2厘米

图六二　刘湾遗址仰韶文化盘状器（H166：4）

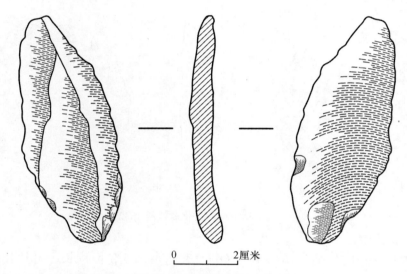

0　　2厘米

图六三　刘湾遗址仰韶文化刮削器（G2②：267）

（3）其他。磨制石环，有1件。ⅠTN06E03③：22，残长59、宽27、厚5毫米，重6克。岩性为蛇纹石岩，横剖面和纵剖面均为不规则四边形。内、外直径分别为12、14毫米（图六四）。磨制石祖，有1件。G2②：262，长61、宽40、厚31毫米，重67克。岩性为细砂岩，平面、横剖面和纵剖面分别为不规则四边形、不规则圆形、不规则四边形。一端有一圈白色石英条带（图六五）。

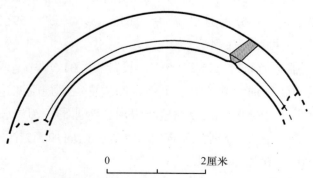

0　　　　　　2厘米

图六四　刘湾遗址仰韶文化石环（ⅠTN06E03③：22）

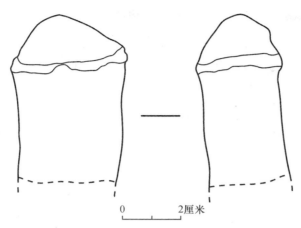

图六五　刘湾遗址仰韶文化石祖（G2②：262）

（三）屈家岭文化时期石制品

屈家岭文化时期的石制品有27件，数量不多，岩性和类型与仰韶文化时期的比较接近（表八、表九）。

表八　刘湾遗址屈家岭文化石制品岩性统计表

大类	沉积岩						变质岩		火成岩			小计
小类	砂岩	细砂岩	粉砂岩	泥质粉砂岩	粉砂质泥岩	粗砂岩	蛇纹石岩	片岩	闪长岩	闪长玢岩	花岗岩	
数量	1	10	3	1	1	2	1	4	2	1	1	27
百分比（%）	3.7	37.04	11.11	3.7	3.7	7.41	3.7	14.81	7.41	3.7	3.7	100
	18（66.67%）						5（18.52%）		4（14.81%）			

表九　刘湾遗址屈家岭文化石制品类型统计表

大类	砍伐工具		农耕工具		手工艺工具		渔业工具	狩猎工具（兵器）	其他石制品			小计
小类	磨制石斧	磨制石锛	磨制石锄	打制石锄	磨制小石斧	磨制圭形凿	网坠	磨制石镞	打制石器	石器钻芯	砺石	
数量	14	3	1	1	1	1	1	1	1	2	1	27
百分比（%）	51.85	11.11	3.7	3.7	3.7	3.7	3.7	3.7	3.7	7.41	3.7	100
	17（63%）		2（7.4%）		2（7.4%）		1（3.7%）	1（3.7%）	4（14.8%）			

1. 砍伐工具

（1）石斧，有15件，均为磨制石斧，没有发现打制石斧。只有双面刃石斧一种。

双面刃磨制石斧，有6件。完整双面刃石斧有4件，其中不规则四边形和不规则梯形各有2件。

　　不规则四边形，有2件，均为凸刃。H4：1，保存完整。长167、宽99、厚37毫米，重838克。岩性为花岗斑岩，横剖面和纵剖面均为不规则四边形。柄部和刃部平面形状均呈凸刃状，侧视形状均呈直刃状。加工方式为打制和磨制，有使用痕迹。柄部、刃部的弧长、弦长、矢长分别为70、62、15毫米，95、83、18毫米。两侧面和两侧边均不对称，刃角为67°、58°、73°（图六六；图版一七，4）。H13：2，保存完整。长106、宽57、厚17毫米，重131克。岩性为泥质条带粉砂岩，横剖面和纵剖面分别为椭圆形、不规则三边形。柄部和刃部平面形状均呈凸刃状，侧视形状均呈直刃状。加工方式为打制和磨制，有使用痕迹。柄部、刃部的弧长、弦长、矢长分别为38、33、5毫米，59、56、4毫米。两侧面和两侧边均不对称，刃角为52°、50°、54°（图六七）。

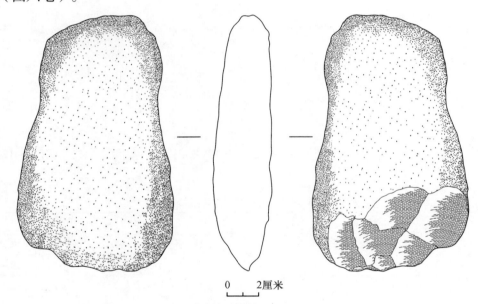

图六六　刘湾遗址屈家岭文化石斧（H4：1）

　　不规则梯形，有2件，均为凸刃。ⅢTS09W08②：2，保存完整。长155、宽71、厚22毫米，重352克。岩性为砂岩，横剖面和纵剖面均为不规则四边形。柄部和刃部平面形状均呈凸刃状，侧视形状均呈直刃状。加工方式为打制和磨制，有使用痕迹。柄部、刃部的弧长、弦长、矢长分别为45、42、10毫米，75、65、10毫米。两侧面和两侧边均不对称，刃角为87°、81°、63°、71°、68°（图六八；图版一七，3）。H13：6，保存完整。长78、宽56、厚17毫米，重98克。岩性为细砂岩，平面形状为不规则梯形，横剖面和纵剖面均为不规则四边形。柄部和刃部平形状均为凸刃状，柄部、刃部侧视形状均为直刃状。加工方式为打制和磨制，有使用痕迹。柄部、刃部的弧长、弦长、矢长分别为34、32、2毫米，46、43、4毫米。两侧面不对称、两侧边对称，刃角为57°、52°、51°（图六九；图版二四，1）。

　　另外，还有残磨制石斧、石斧毛坯等。

　　H15：1，残磨制石斧。长107、宽60、厚33毫米，重324克。岩性为闪长玢岩，平面、横剖面和纵剖面分别为不规则四边形、不规则四边形、椭圆形。柄部和刃部平面形状均呈凸刃状，侧视形状均呈直刃状。加工方式为打制、磨制和琢制，有使用痕迹。柄部、刃部的弧长、

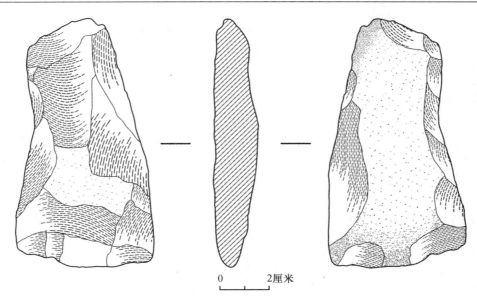

图六七　刘湾遗址屈家岭文化石斧（H13：2）

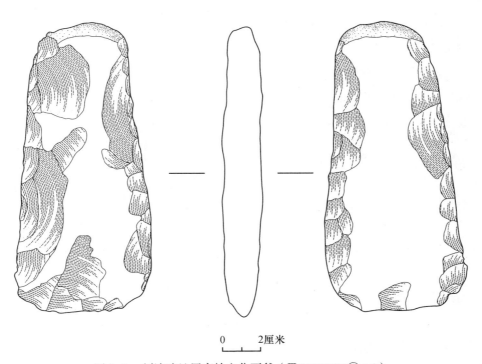

图六八　刘湾遗址屈家岭文化石斧（ⅢTS09W08②：2）

弦长、矢长分别为48、37、9毫米，65、60、7毫米。两侧面和两侧边均不对称，可测刃角为68°，两个难测（图七〇）。

H13：1，磨制石斧毛坯。长119、宽68、厚24毫米，重310克。岩性为泥质条带粉砂岩，平面、横剖面和纵剖面分别为不规则四边形、椭圆形、椭圆形。柄部和刃部平面形状均呈凸刃状，侧视形状均呈直刃状。加工方式为打制和磨制，有使用痕迹。柄部、刃部的弧长、弦长、矢长分别为55、49、11毫米，70、65、8毫米。两侧面和两侧边均不对称（图七一）。

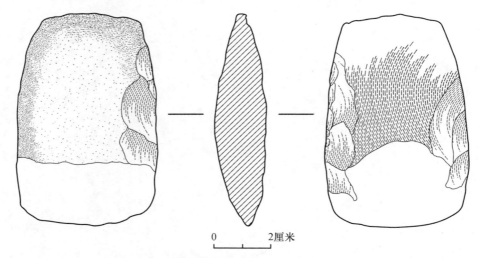

0　　　2厘米

图六九　刘湾遗址屈家岭文化石锛（H13：6）

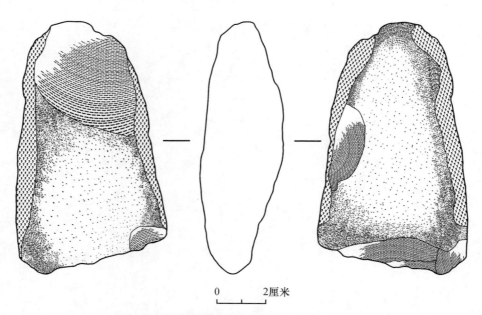

0　　　2厘米

图七〇　刘湾遗址屈家岭文化残石斧（H15：1）

　　H13：3，磨制石斧毛坯。长174、宽67、厚39毫米，重399克。岩性为粉砂岩，平面、横剖面和纵剖面分别为不规则四边形、椭圆形、不规则三边形。柄部和刃部平面形状均呈凸刃状，侧视形状均呈直刃状。加工方式为打制和磨制，有使用痕迹。柄部、刃部的弧长、弦长、矢长分别为50、47、8毫米，78、67、13毫米。两侧面不对称、两侧边对称（图七二）。

　　H4：2，磨制石斧毛坯。长155、宽73、厚29毫米，重298克。岩性为细砂岩，平面、横剖面和纵剖面分别为不规则三边形、椭圆形、椭圆形。柄部和刃部平面形状均呈凸刃状，侧视形状均呈直刃状。加工方式为打制和磨制，有使用痕迹。柄部、刃部的弧长、弦长、矢长分别为54、39、16毫米，75、65、8毫米。两侧面和两侧边均不对称（图七三）。

　　ⅢTS08W08②：1，磨制石斧毛坯。长142、宽66、厚34毫米，重554克。岩性为闪长岩，

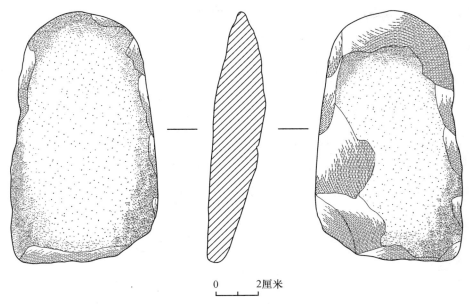

0   2厘米

图七一　刘湾遗址屈家岭文化石斧毛坯（H13：1）

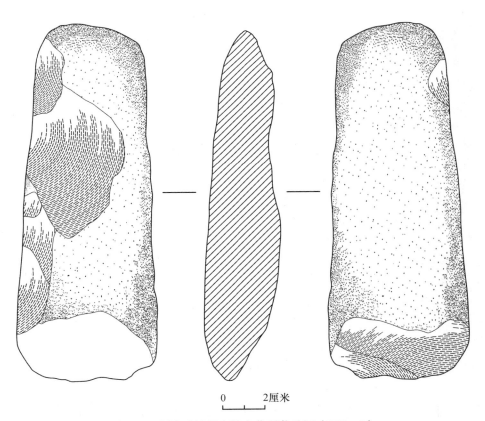

0   2厘米

图七二　刘湾遗址屈家岭文化石斧毛坯（H13：3）

平面、横剖面和纵剖面均为不规则四边形。柄部和刃部平面形状均呈凸刃状，侧视形状均呈直刃状。加工方式为打制、磨制和琢制，有使用痕迹。柄部、刃部的弧长、弦长、矢长分别为59、54、13毫米，75、64、15毫米。两侧面对称、两侧边不对称（图七四）。

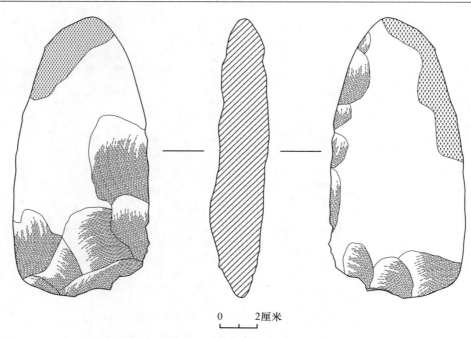

0　　2厘米

图七三　刘湾遗址屈家岭文化石斧毛坯（H4：2）

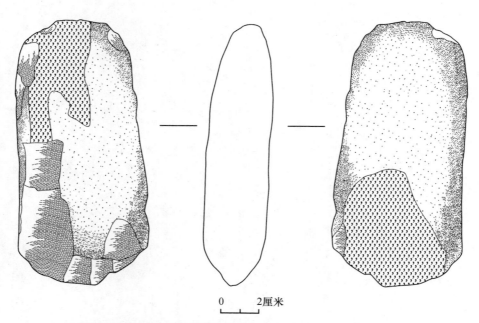

0　　2厘米

图七四　刘湾遗址屈家岭文化石斧毛坯（ⅢTS08W08②：1）

　　（2）石锛，有2件，均为完整磨制石锛。H13：5，保存完整。长63、宽35、厚9毫米，重38克。岩性为细砂岩，平面形状为不规则梯形，横剖面和纵剖面均为不规则四边形。柄部和刃部平面形状均呈凸刃状，柄部、刃部侧视形状均呈直刃状。加工方式为打制和磨制，有使用痕迹。柄部、刃部的弧长、弦长、矢长分别为27、23、4毫米，37、35、5毫米。两侧面对称、两侧边不对称，刃角为58°、59°、60°（图七五；图版一八，6）。H13：12，保存完整。长39、宽27、厚5毫米，重8克。岩性为泥质粉砂岩，平面形状为不规则梯形，横剖面和纵剖面均为不规则椭圆形。柄部和刃部平形状均呈凸刃状，柄部、刃部侧视形状均呈直刃状。加工方式为打制和磨制，有使用痕迹。柄部、刃部的弧长、弦长、矢长分别为23、18、6毫米，29、27、5毫米。两侧面、两侧边均不对称，刃角为39°、36°、34°（图七六）。

另外，有磨制石锛毛坯1件。

ⅢTS09W08②：1，长76、宽41、厚13毫米，重68克。岩性为细砂岩，平面形状为不规则梯形，横剖面和纵剖面均为不规则四边形。柄部和刃部平形状均呈凸刃状，柄部、刃部侧视形状均呈直刃状。加工方式为打制和磨制，有使用痕迹。柄部、刃部的弧长、弦长、矢长分别为28、26、2毫米，40、39、2毫米。两侧面、两侧边均不对称（图七七；图版一八，5）。

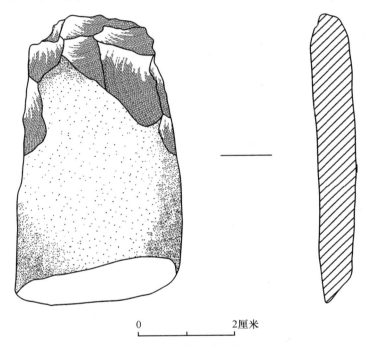

0　　　　　　2厘米

图七五　刘湾遗址屈家岭文化石锛（H13：5）

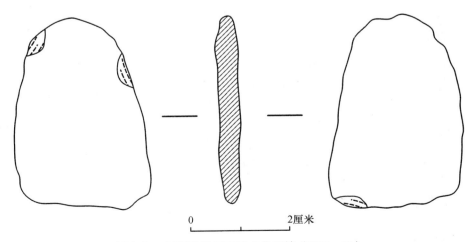

0　　　　　　2厘米

图七六　刘湾遗址屈家岭文化石锛（H13：12）

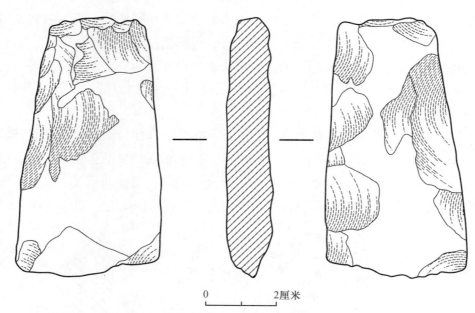

图七七　刘湾遗址屈家岭文化石锛毛坯（ⅢTS09W08②：1）

2. 农耕工具

有2件，只有石锄一种类型，其中磨制石锄和打制石锄各有1件。

磨制石锄，1件。H13：7，保存完整。长165、宽93、厚12毫米，重270克。岩性为闪长岩，横剖面和纵剖面均为不规则四边形。柄部和刃部平面形状均呈凸刃状，柄部、刃部侧视形状均呈直刃状。加工方式为打制和磨制，有使用痕迹。柄部、刃部的弧长、弦长、矢长分别为69、66、3毫米，113、87、27毫米。两侧面不对称、两侧边对称，刃角为43°、45°、48°、45°、48°、47°（图七八；图版二四，2、3）。

3. 手工艺工具

有2件，磨制小石斧和磨制圭形凿各1件。

磨制小石斧，1件。H4：16，保存完整。长82、宽44、厚16毫米，重73克。岩性为细砂岩，平面形状为不规则梯形，横剖面和纵剖面均为不规则四边形。柄部和刃部平形状均呈凸刃状，柄部、刃部侧视形状均呈直刃状。加工方式为打制和磨制，有使用痕迹。柄部、刃部的弧长、弦长、矢长分别为35、30、9毫米，45、40、9毫米。两侧面不对称、两侧边略对称，刃角为62°、51°、52°（图七九）。

磨制圭形凿，1件。H13：4，残长40、宽28、厚12毫米，重20克。岩性为片岩，横剖面和纵剖面均为不规则四边形。加工方式为打制和磨制，有使用痕迹。刃部的弧长、弦长、矢长分别为6、6、0.1毫米。两侧面和两侧边均对称，刃角为73°、73°（图八〇；图版一九，5）。

4. 狩猎工具（兵器）

石镞，有1件。为无铤石镞。H4：17，长45、宽13、厚3毫米，重2克。岩性为片岩，平面

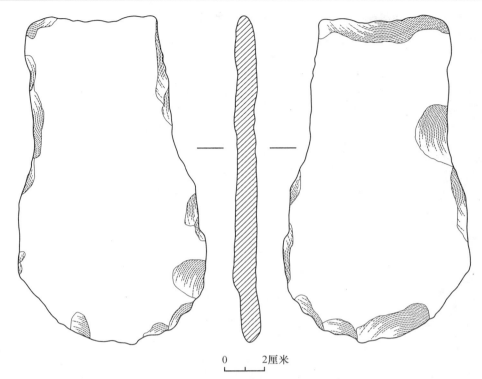

0　　　2厘米

图七八　刘湾遗址屈家岭文化石锄（H13：7）

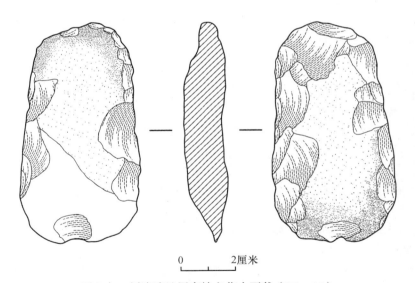

0　　　2厘米

图七九　刘湾遗址屈家岭文化小石斧（H4：16）

形状为长柳叶形，横剖面和纵剖面均为不规则四边形。左、右两锋平面形状均为凸刃状，刃部侧视形状均为直刃状。加工方式为打制和磨制，有使用痕迹。两侧面和两侧边均对称，左右两锋刃角分别为53°、55°，52°、55°（图八一；图版一八，4）。

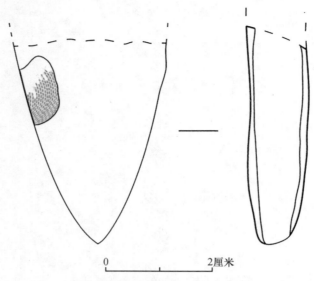

0　　　　　　　　2厘米

图八〇　刘湾遗址屈家岭文化圭形凿（H13：4）

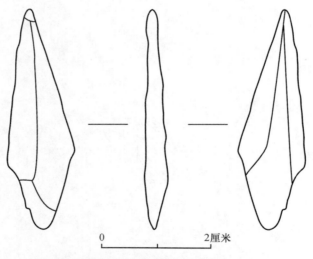

0　　　　　　　　2厘米

图八一　刘湾遗址屈家岭文化石镞（H4：17）

5. 渔业工具

石网坠，有1件，平面形状为不规则四边形。ⅢTS04W09③：4，保存完整。长68、宽29、厚27毫米，重93克。岩性为细砂岩，横剖面和纵剖面均为不规则四边形。一端磨制或琢制有一圈横向凹槽，宽3～4毫米，深1毫米（图八二；图版二〇，4）。

6. 其他石制品

有打制石制品（1件盘状器）、石器钻芯和砾石。

石器钻芯，2件。ⅢTS07W07③：1，长46、宽43、厚13毫米，重29克。岩性为蛇纹石岩，平面、横剖面和纵剖面分别为不规则圆形、不规则四边形、不规则四边形（图八三）。

H16：1，长66、宽57、厚8毫米，重26克。岩性为细砂岩，平面、横剖面和纵剖面分别为不规则圆形、不规则四边形、不规则四边形（图八四）。

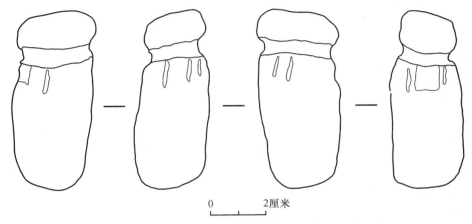

图八二　刘湾遗址屈家岭文化网坠（ⅢTS04W09③：4）

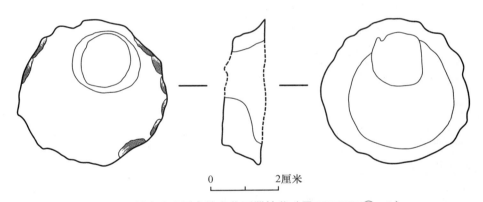

图八三　刘湾遗址屈家岭文化石器钻芯（ⅢTS07W07③：1）

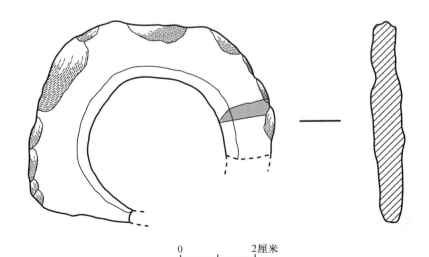

图八四　刘湾遗址屈家岭文化石器钻芯（H16：1）

（四）小结

刘湾遗址中出土的新石器时代石制品大部分属于仰韶文化时期，屈家岭文化时期的石器较少。因此我们进行对比研究的是仰韶文化时期石制品。

刘湾遗址仰韶文化时期的石制品岩性统计说明这个时期的古人们在选择石器时偏好沉积岩中的砂岩、细砂岩和粉砂岩等，其他火成岩和变质岩的岩性很少选择（图表一）。

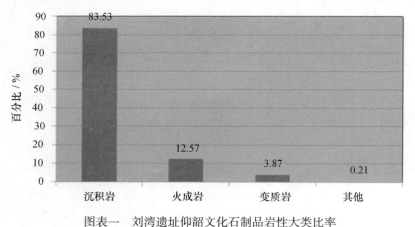

图表一　刘湾遗址仰韶文化石制品岩性大类比率

刘湾遗址仰韶文化时期的石质工具大类以砍伐工具为多，以磨制石斧、石锛为多，其他类型的石器不多（图表二）。

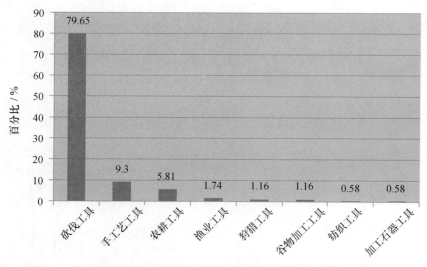

图表二　刘湾遗址仰韶文化石质工具大类比率

我们选择了刘湾遗址中最常见的双面刃磨制石斧、磨制石锛和磨制圭形凿来进行对比研究。

刘湾遗址仰韶文化时期的双面刃磨制石斧可测的柄部/刃部弧长之比集中在60% ～ 79%，说明这个时期的古人们在加工这类石器时柄部和刃部弧长的比例大于1：2，其他比例的很少（图表三）。

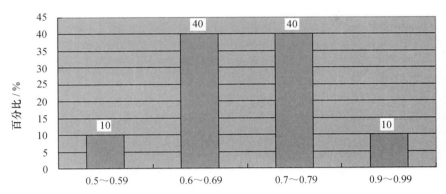

图表三　刘湾遗址仰韶文化双面刃磨制石斧柄部弧长/刃部弧长比率

刘湾遗址仰韶文化时期的双面刃磨制石斧可测的柄部/刃部弦长之比集中在60%～79%，说明这个时期的古人们在加工这类石器时柄部和刃部弦长的比例大于1：2的为多，其他比例的很少（图表四）。

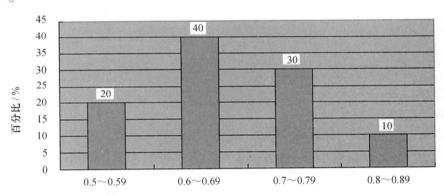

图表四　刘湾遗址仰韶文化双面刃磨制石斧柄部弦长/刃部弦长比率

刘湾遗址仰韶文化时期的双面刃磨制石斧可测的刃角集中在60°～79°，其他范围的刃角较少（图表五）。

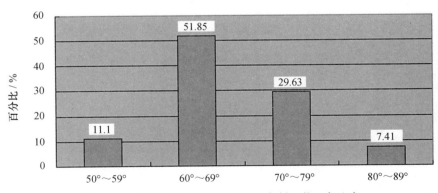

图表五　刘湾遗址仰韶文化双面刃磨制石斧刃角比率

刘湾遗址仰韶文化时期的磨制石锛可测的柄部/刃部弧长之比集中在80%～89%，说明这个时期的古人们在加工这类石器时柄部和刃部弧长的比例大于1∶2，有些标本的柄部的弧长还大于刃部（图表六）。

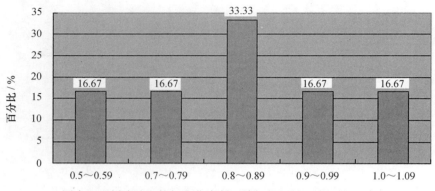

图表六　刘湾遗址仰韶文化磨制石锛柄部弧长/刃部弧长比率

刘湾遗址仰韶文化时期的磨制石锛可测的柄部/刃部弦长之比集中在80%～89%，说明这个时期的古人们在加工这类石器时柄部和刃部弦长的比例大于1∶2的为多，其他比例的很少，有些标本的柄部的弦长还大于刃部（图表七）。

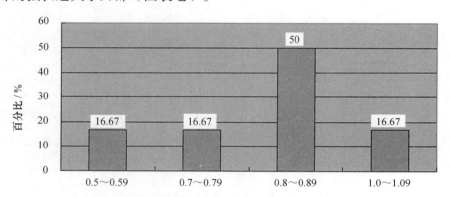

图表七　刘湾遗址仰韶文化磨制石锛柄部弦长/刃部弦长比率

刘湾遗址仰韶文化时期的磨制石锛可测的刃角集中在50º～69º，其他范围的刃角较少（图表八）。

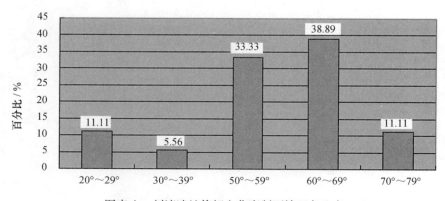

图表八　刘湾遗址仰韶文化磨制石锛刃角比率

刘湾遗址仰韶文化时期的磨制圭形凿可测的刃角集中在60º~79º，没有其他范围的刃角（图表九）。

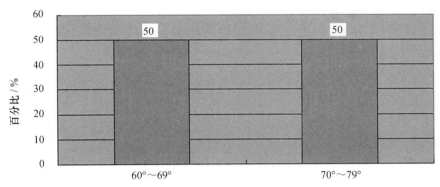

图表九　刘湾遗址仰韶文化时期磨制圭形凿刃角比率

因此，刘湾遗址新石器时代仰韶文化时期的石器岩性以沉积岩为主，多选择砂岩类，如细砂岩、粉砂岩及泥质粉砂岩等，其他变质岩和火成岩的岩性较少选用。石器类型方面以砍伐工具为主，如磨制石斧和石锛等，其他类型的石器较少。这说明刘湾遗址新石器时代的人们的生产活动以砍伐为主，其他农耕、渔猎活动较少。

无论是石斧、石锛，它们的可测柄部/刃部弧长、弦长之比多在1：2或略微大于1：2，磨制石斧、石锛、石圭形凿的刃角以50º~79º为多，其他范围的角度不多。

四、结　论

我们研究了丹江口库区的刘湾、青龙泉、大寺、店子河、黑家院、郭家院、郭家道子等七处遗址的新石器时代遗址的石器材料，它们在考古学文化上大致可分为三个大的阶段：仰韶文化早期和中期、仰韶文化晚期至屈家岭文化、龙山晚期（表一○）。

第一个阶段属于仰韶文化早期和中期，即下王岗遗址的"仰韶文化一期"和"仰韶文化二期"。涉及的遗址有店子河、刘湾和大寺。仰韶文化早期以店子河遗址（偏晚的材料都到了乱石滩文化阶段，乱石滩文化遗存极少，仅单位而言，也只有四五个比较典型，这中间有近2000年的时间空白，估计大部分石器属于仰韶早期）、刘湾遗址最为典型，时间大致在7000BC~6000BC；仰韶文化中期以大寺最早的一批材料最为典型，时间大致处于6000BC~5500BC。

第二个阶段属于仰韶文化晚期至屈家岭文化。仰韶文化晚期即"下王岗仰韶文化三期"，以郭家院、郭家道子和黑家院最为典型，三个点的时间相似，所出石器基本属仰韶文化晚期（即朱家台文化），有少量遗物的时间进入屈家岭文化早期（只是有屈家岭文化的部分遗物，但未见典型组合），主体时间在5500BC~5000BC。青龙泉遗址的时间跨度稍大，最早至仰韶晚期，其中屈家岭文化至石家河文化的遗物最为丰富，填补了这七个遗址在5000BC~4200BC年的时间空白。

第三个阶段属于龙山晚期。辽瓦店子最早的一批材料属于典型的龙山时代晚期（未列入研究对象），青龙泉遗址也有一些遗物，即乱石滩文化的材料，时间大致在4200BC～3900BC。

表一〇　丹江口库区新石器时代遗址文化分期简表

年代 遗址名称	仰韶文化早、中期 （7000BC～5500BC）	朱家台文化、屈家岭中期 （5500BC～4200BC）	石家河文化、乱石滩文化 （4200BC～3900BC）
刘湾	√	√	
店子河	√		
青龙泉	√	√	√
郭家院		√	
郭家道子		√	√
大寺	√	√	√
黑家院		√	√

（一）岩性对比研究

我们选择了和刘湾新石器时代遗址时代相近的郧县店子河遗址进行对比研究。这两个遗址仰韶文化时期的石制品岩性大类中以沉积岩为主，比例超过80%，火成岩的比例大于变质岩，说明此时期的古人们在选择石器时的喜好基本一致，都偏好沉积岩中的砂岩、细砂岩和粉砂岩等，火成岩和变质岩的岩性则很少被选择（图表一〇）。

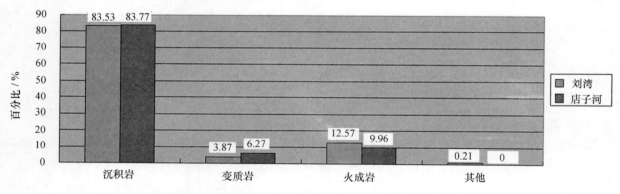

图表一〇　刘湾和店子河新石器时代仰韶文化石制品岩性大类比率

（二）类型学对比研究

我们首先从这两个遗址新石器时代石质生产工具的大类上进行分析研究。

刘湾和店子河新石器时代仰韶文化时期的石质工具大类中以砍伐工具为主，比例超过或接近80%，其他类型的工具很少（图表一一）。

刘湾和店子河新石器时代仰韶文化时期的石质工具小类中以磨制石斧为多，比例超过或接近70%，其他类型的工具不很多（图表一二）。

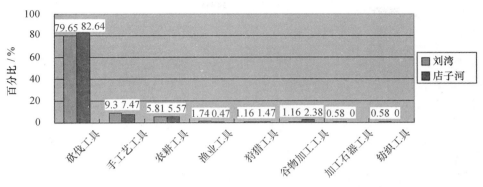

图表一一　刘湾和店子河新石器时代仰韶文化石质工具大类比例

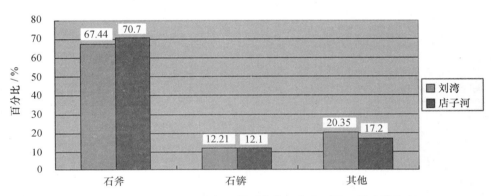

图表一二　刘湾和店子河新石器时代仰韶文化石质工具小类比率

（三）石器对比研究

我们选择了刘湾和店子河新石器时代遗址中比较常见的双面刃磨制石斧、磨制石锛和磨制圭形凿三类器物进行对比研究。

1. 双面刃磨制石斧

刘湾和店子河新石器时代仰韶文化时期双面刃磨制石斧柄部弧长/刃部弧长比率以60%～79%为主，比例都超过40%，其他比率的较少（图表一三）。

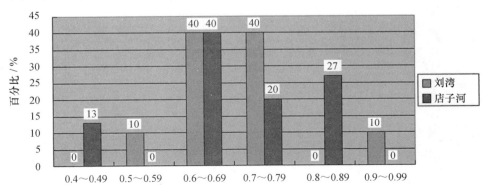

图表一三　刘湾和丹江口库区仰韶文化双面刃磨制石斧柄部弧长/刃部弧长比率

　　刘湾和店子河新石器时代仰韶文化时期双面刃磨制石斧柄部弦长/刃部弦长比率以60%～89%为主，比例多超过30%，其他比率的较少（图表一四）。

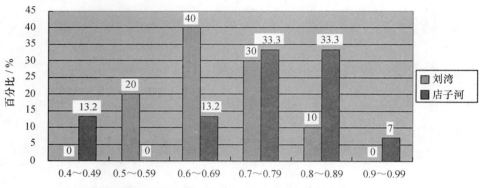

图表一四　刘湾和店子河仰韶文化双面刃磨制石斧柄部弦长/刃部弦长比率

　　刘湾和店子河新石器时代仰韶文化时期双面刃磨制石斧刃角比率以60°～79°为主，比例多超过50%，其他比率的较少（图表一五）。

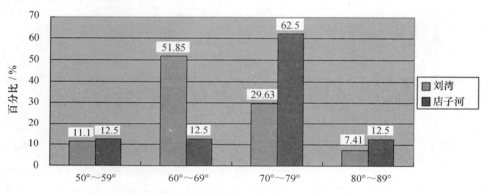

图表一五　刘湾和店子河仰韶文化双面刃磨制石斧刃角比率

2. 磨制石锛

　　刘湾和店子河新石器时代仰韶文化时期磨制石锛柄部弧长/刃部弧长比率以70%～89%为主，比例多超过30%，其他比率的较少（图表一六）。

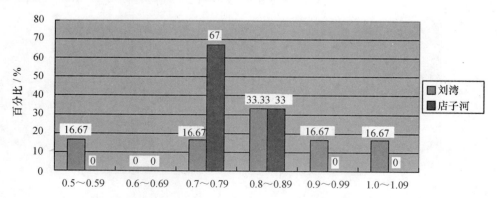

图表一六　刘湾和店子河仰韶文化磨制石锛柄部弧长/刃部弧长比率

刘湾和店子河新石器时代仰韶文化时期磨制石锛柄部弦长/刃部弦长比率以70%~89%为主，比例多超过30%，其他比率的较少（图表一七）。

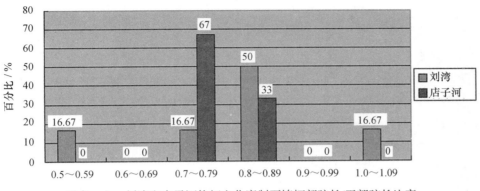

图表一七 刘湾和店子河仰韶文化磨制石锛柄部弦长/刃部弦长比率

刘湾和店子河新石器时代仰韶文化时期磨制石锛刃角比率以50°~69°为主，比例多超过30%，其他比率的较少（图表一八）。

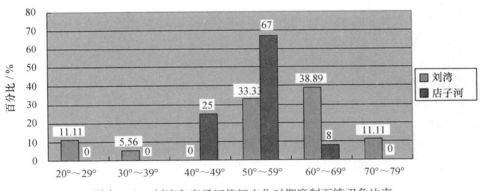

图表一八 刘湾和店子河仰韶文化时期磨制石锛刃角比率

3. 磨制圭形凿

刘湾和店子河新石器时代仰韶文化时期磨制圭形凿刃角比率以60°~79°为主，比例多超过30%，其他比率的较少（图表一九）。

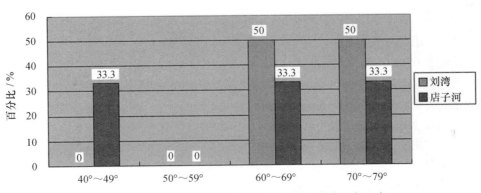

图表一九 刘湾和店子河仰韶文化磨制圭形凿刃角比率

　　致谢：本文得到"南水北调工程湖北丹江口库区文物保护科研课题"（项目编号：NK04）资助。

　　要感谢以下同仁，中国地质大学（武汉）周汉文，湖北省文物考古研究所方勤、孟华平、周国平、朱俊英、黄文新、胡文春、刘辉、郝勤建、余乐、向其芳、王劲，武汉大学余西云、王然，十堰市博物馆胡勤、祝恒富、黄旭初，郧阳博物馆周兴明、陈安宁，北京联合大学应用文理学院2009级本科生郭一超、张沐原，北京联合大学2011级硕士研究生任博，北京联合大学2012级硕士研究生刘越、笪博、李学贝，北京联合大学2013级硕士研究生杨瑞生、刘伟。

　　本文中的照片由郝勤建、余乐、冯小波拍摄；线图底图由冯小波、任博绘制，由李鹤飞、牛翔宇、谭杰、祁钰电脑清绘。

　　对以上各位同仁及许多未能提及的同仁再次表示感谢！

参 考 文 献

安志敏. 1955. 中国古代的石刀. 考古学报（第十册）.

白云. 1993. 关于"石家河文化"的几个问题. 江汉考古，（4）.

北京大学考古实习队，河南省南阳市文物研究所. 1996. 1991年唐白河流域及淮源史前遗址的考古调查. 江汉考古，（2）.

北京大学考古实习队，河南省南阳市文物研究所. 1998. 河南邓州八里岗遗址发掘简报. 文物，（9）.

北京大学考古学系，南阳地区文物研究所. 1994. 河南邓州八里岗遗址调查与试掘. 华夏考古，（2）.

北京大学考古学系，南阳地区文物研究所. 1997. 河南邓州八里岗遗址1992年的发掘与收获. 考古，（12）.

长江流域规划办公室考古队河南分队. 1989. 淅川下集新石器时代遗址发掘报告. 中原文物，（1）.

长江流域规划办公室考古队河南分队. 1990. 河南省淅川黄楝树遗址发掘报告. 华夏考古，（3）.

长江水利委员会文物考古队. 1996. 南水北调中线工程丹江口水库淹没区文物调查概况. 江汉考古，（2）.

陈淳. 2001. "操作链"与旧石器研究范例的变革. 第八届中国古脊椎动物学学术年会论文集. 北京：海洋出版社.

陈星灿. 1998. 中国史前的玉（石）玦初探. 东亚玉器（第一册）. 香港：香港中文大学.

陈星灿. 2006. 从灰嘴发掘看中国早期石器国家的石器工业. 中国社会科学院考古研究所. 中国考古学与瑞典考古学——第一届中瑞考古学论坛论文集. 北京：科学出版社.

丁安民. 1957. 郧西县发现古文化遗址. 文物参考资料，（11）.

樊力. 1997. 丹江流域新石器时代遗存试析. 江汉考古，（4）.

樊力. 1998. 乱石滩文化初论. 江汉考古，（4）.

樊力. 1999. 论石家河文化青龙泉三期类型. 考古与文物，（4）.

樊力. 2000. 豫西南地区新石器文化的发展序列及其与邻近地区的关系. 考古学报，（2）.

方酉生. 1985. 论湖北龙山文化. 江汉考古，（1）.

方酉生. 1986. 试论屈家岭文化. 武汉大学学报，1（3）.

方酉生. 1989. 试论湖北龙山文化与河南龙山文化的关系. 江汉考古，（4）.

傅宪国. 1992. 闽粤港台地区石锛横剖面的初步考察. 考古，（1）.

高兴学. 1992. 关于蓝田泄湖镇新石器遗址中出现大量盘状石器的初步认识. 江汉考古，（2）.

韩建业. 2002. 斜腹杯与三苗文化. 江汉考古，（1）.

韩建业. 2004. 论新石器时代中原文化的历史地位. 江汉考古，（1）.

河南省文化局文物工作队. 1957. 河南南召二郎岗新石器时代遗址. 文物，（7）.

河南省文化局文物工作队. 1962. 河南镇平赵湾新石器时代遗址的发掘. 考古，（1）.

河南省文化局文物工作队. 1965. 河南唐河茅草寺新石器时代遗址. 考古，（1）.

河南省文物研究所，长江流域规划办公室考古队河南分队. 1989. 淅川下王岗. 北京：文物出版社.

胡松梅. 1992. 略谈我国旧石器时代石器原料的选择与岩性的关系. 考古与文物，（2）.

湖北省博物馆，武大考古专业，房县文化馆. 1984. 房县七里河遗址发掘的主要收获. 江汉考古，（3）.

湖北省文物考古研究所. 2008. 房县七里河. 北京：文物出版社.

湖北省文物考古研究所，十堰市博物馆，郧县博物馆. 1996. 南水北调工程丹江口水库郧县淹没区新石器时代考古调查. 江汉考古，（2）.

黄可佳. 2006. 八里岗遗址史前石器研究——兼论南阳盆地史前石器工业. 北京大学硕士研究生学位论文.

纪仲庆. 1983. 略论古代石器的用途和定名问题. 南京博物院集刊，（6）.

季曙行. 1987. "石犁"辨析. 农业考古，（2）.

季曙行. 1993. 石质三角形器、三角形石刀用途考——以使用痕迹与力学分析为中心. 农业考古，（1）.

贾昌明. 2008. 桐林遗址石制品与石器工业研究. 北京大学硕士研究生学位论文.

李济. 1952. 殷虚有刃石器图说. "中央"研究院历史语言研究所集刊，第二十三本.

李京华. 1991. 登封王城岗夏文化城址出土的部分石质生产工具试析. 农业考古，（1）.

李龙章. 1985. 浅议石家河文化. 江汉考古，（3）.

李龙章. 1988. 江汉新石器时代文化系统族属考. 江汉考古，（2）.

李文杰. 1980. 试论青龙泉与屈家岭文化、庙底沟二期文化的关系. 中国考古学会第二次年会论文集. 北京：文物出版社.

李新伟. 2011. 手工业生产专业化的考古学研究. 华夏考古，（1）.

林邦存. 1997. 关于屈家岭文化区、系、类型问题的初步分. 江汉考古，（1）.

林惠祥. 1958. 中国东南区新石器文化特征之一：有段石锛. 考古学报，（3）.

刘德银. 1990. 论石家河文化早期与屈家岭文化晚期的关系. 江汉考古，（3）.

罗彬柯. 1983. 略论河南发现的屈家岭文化——兼述中原与周围地区原始文化的交流问题. 中原文物，（3）.

吕烈丹. 2003. 石器制作工艺的分析与研究. 中国社会科学院考古研究所等. 桂林甑皮岩. 北京：文物出版社.

南阳地区文物队等. 1983. 河南方城县大张庄新石器时代遗址. 考古，（5）.

裴明相. 1990. 试论屈家岭文化的社会性质. 华夏考古，（3）.

彭明麒. 1992. 关于新石器时代考古学文化交集问题的探讨——兼论屈家岭下层及同类遗存的文化属性. 江汉考古，（3）.

祁国钧. 1986. 试论屈家岭文化的类型与相关问题. 江汉考古，（4）.

任新雨. 2001. 试论鄂西北地区的"仰韶文化"和"屈家岭文化". 江汉考古，（4）.

沈强华. 1986. 试论屈家岭文化的地域类型. 考古与文物，（2）.

沈强华. 1992. 试论朱家台文化. 江汉考古，（2）.

沈玉昌. 1956. 汉水河谷的地貌及其发育史. 地理学报，（4）.

十堰市博物馆. 1997. 郧县梅子园遗址调查简报. 江汉考古，（3）.

十堰市博物馆. 1999. 郧县三浪滩遗址调查简报. 江汉考古，（3）.

十堰市博物馆等. 1998. 房县羊鼻岭遗址再调查. 江汉考古，（2）.

朔知等. 2003. 薛家岗石刀钻孔定位与制作技术的观测研究. 中国历史文物，（6）.

佟柱臣. 1978. 仰韶、龙山文化石质工具的工艺研究. 文物，（11）.

佟柱臣. 1982. 仰韶、龙山文化工具的使用痕迹和力学上的研究. 考古，（6）.

佟柱臣. 1998. 中国新石器研究. 成都：巴蜀书社.

童恩正. 1983. 石器的微痕研究. 史前研究，（2）.

王红星，胡雅丽. 1985. 江汉地区"龙山时代"遗存的命名问题——"石家河文化"的特征、年代与分布. 江汉考古，（3）.

王杰. 1985. 屈家岭文化与大溪文化关系中的问题探讨. 江汉考古，（3）.

王杰. 1987. 屈家岭遗址下层与大溪文化晚期是同类文化性质的遗存吗？. 江汉考古，（2）.

王劲. 1980. 江汉地区新石器时代文化综述. 江汉考古，（1）.

王劲. 1987. 鄂西北仰韶文化及同时期文化分析. 华夏考古，（2）.

王劲等. 1984. 房县七里河遗址发掘的主要收获. 江汉考古，（3）.

魏京武. 1989. 汉江流域是中国原始文化的交汇中心之一. 中国原始文化论集——纪念尹达八十诞辰. 北京：文物出版社.

魏京武等. 1983. 试论汉江流域的新石器时代文化. 考古与文物，（6）.

闻广. 1986. 苏南新石器时代玉器的考古地质学研究. 文物，（10）.

闻广. 1992. 辨玉. 考古，（7）.

向绪成. 1983. 浅议大溪文化与屈家岭文化的关系. 江汉考古，（1）.

向绪成. 1985. 屈家岭遗址下层及同类遗存文化性质讨论. 考古，（7）.

肖梦龙. 1982. 试论石斧石锛的安柄与使用——从溧阳沙河出土的带木柄石斧和石锛谈起. 农业考古，（2）.

杨鸿勋. 1982. 石斧石楔辨——兼及石锛与石扁铲. 考古与文物，（1）.

杨鸿勋. 1986. 论石楔及石扁铲——新石器时代考古中被误解了的重要工具，文物出版社成立三十周年纪念文物考古论集. 北京：文物出版社.

郧县博物馆，竹山县文化馆. 1994. 竹山县霍山遗址调查简报. 江汉考古，（4）.

张弛 . 2003. 长江中下游地区史前聚落研究. 北京：文物出版社.

张弛. 2000. 大溪、北阴阳营和薛家岗的玉石器工业. 考古学研究（四）. 北京：科学出版社.

张绪球. 1991. 石家河文化的分期分布和类型. 考古学报，（4）.

张云鹏. 1985. 江汉地区新石器时代考古收获（1955—1965）. 江汉考古，（4）.

赵辉. 1997. 中国北方的史前石镰. 国学研究（第四卷）. 北京：北京大学出版社.

赵晔. 2008. 良渚文化石器装柄技术的重要物证. 东方博物，（3）.

中国科学院考古研究所. 1965. 京山屈家岭. 北京：科学出版社.

中国社会科学院考古研究所. 1991. 青龙泉与大寺. 北京：科学出版社.

中国社会科学院考古研究所长江工作队. 1984. 湖北郧县和均县考古调查与试掘. 考古学辑刊（4）.

中国社会科学院考古研究所长江工作队. 1986. 湖北均县乱石滩遗址发掘报告. 考古，（7）.

中国社会科学院考古研究所长江工作队. 1989. 湖北均县朱家台遗址. 考古学报，（1）.

周光林. 1993. 屈家岭文化墓葬浅析. 江汉考古，（4）.

朱诚等. 2007. 湖北旧石器至战国时期人类遗址分布与环境的关系. 地理学报，（3）.

朱乃诚. 1993. 屈家岭遗址下层遗存的文化性质和屈家岭文化的来源. 考古，（8）.

朱震达. 1955. 汉江上游丹江口至白河间的河谷地貌. 地理学报，（3）.

附表一　郧县刘湾遗址仰韶文化断块统计表

名称	探方层位	编号	X（厘米）	Y（厘米）	Z（厘米）	长度（毫米）	宽度（毫米）	厚度（毫米）	重量（克）	发现者、日期	观察者、日期	素材	岩性	几何形状 平面	几何形状 横剖面	几何形状 纵剖面	特征
断块	H197	5	8	729	154.68	88	54	40	235	12.4.24CF	13.1.21GYC	砾石	砂岩	不五	不三	不三	
断块	H196	631	696	682	154.63	70	65	47	234	12.4.24WL	13.1.21GYC	砾石	砂岩	不四	不四	不四	
断块	H196	78	87	521	154.64	49	42	32	112	12.4.24WL	13.1.21GYC	砾石	砂岩	不三	不四	不四	
断块	H196	147	45	543	154.67	49	48	35	107	12.4.24CF	13.1.21GYC	砾石	砂岩	不三	不四	不四	
断块	H196	37	144	89	154.7	66	45	43	251	12.4.24WL	13.1.21GYC	砾石	砂岩	不四	不四	不四	
断块	H196	168	23	515	154.66	64	42	41	174	12.4.24WL	13.1.21GYC	砾石	砂岩	不四	不四	不四	
断块	H196	624	687	689	154.65	47	38	20	27	12.4.24WL	13.1.21GYC	砾石	砂岩	不三	不三	不四	
断块	H196	287	861	586	154.59	67	58	35	141	12.4.24WL	13.1.21GYC	砾石	砂岩	不四	不四	不四	
断块	H196	429	739	353	154.55	63	45	27	99	12.4.24WL	13.1.21GYC	砾石	砂岩	不四	不四	不四	
断块	H196	199	27	462	154.61	31	27	15	13	12.4.24WL	13.1.21GYC	砾石	脉石英	不五	不四	不四	
断块	H196	442	773	391	154.54	88	52	27	113	12.4.24WL	13.1.21GYC	砾石	脉石英	不三	不三	近椭	
断块	H196	51	128	533	154.68	61	59	30	122	12.4.24WL	13.1.21GYC	砾石	脉石英	不六	不四	不四	
断块	H196	381	867	415	154.55	60	51	37	91	12.4.24WL	13.1.21GYC	砾石	脉石英	不三	不三	不三	
断块	H196	313	835	535	154.55	30	25	19	15	12.4.24WL	13.1.21GYC	砾石	脉石英	不四	不三	不四	
断块	H196	347	844.5	492.5	154.54	40	30	24	28	12.4.24WL	13.1.21GYC	砾石	脉石英	不四	不三	不四	
断块	H196	361	824	485	154.55	53	41	29	70	12.4.24WL	13.1.21GYC	砾石	脉石英	不四	不四	近椭	
断块	H196	481	796	463	154.56	61	44	25	75	12.4.24WL	13.1.21GYC	砾石	脉石英	不四	近椭	近椭	
断块	H196	449	708	400	154.359	76	43	42	222	12.4.25WL	13.1.21LY	砾石	砂岩	不四	不四	不四	
断块	H196	351	886	474	154.54	47	45	42	102	12.4.24WL	13.1.21LY	砾石	砂岩	不三	不三	不三	
断块	H196	343	809	492	154.58	74	37	33	92	12.4.24WL	13.1.21LY	砾石	砂岩	不四	不三	不四	
断块	H196	504	769	496	154.5	79	61	53	335	12.4.24WL	13.1.21LY	砾石	砂岩	不四	不四	不四	
断块	H196	491	790	473	154.59	85	63	41	242	12.4.19WL	13.1.21LY	砾石	砂岩	不四	不四	不三	
断块	H196	552			12	48	45	28	95			砾石	砂岩	近椭	不四	不四	
断块	H196	142	21	549	154.63	57	47	34	129	12.4.24WL	13.1.21LY	砾石	砂岩	不四	不四	不四	

续表

名称	探方层位	编号	X（厘米）	Y（厘米）	Z（厘米）	长度（毫米）	宽度（毫米）	厚度（毫米）	重量（克）	发现者、日期	观察者、日期	素材	岩性	平面	横剖面	纵剖面	特征
断块	H196	141	8.5	546.5	154.59	65	48	27	84	12.4.24WL	13.1.21LY	砾石	砂岩	不三	近椭	不三	
断块	H196	502	766	496	154.56	62	55	32	129	12.4.24WL	13.1.21LY	砾石	砂岩	不四	不三	不三	
断块	H196	574			154.51	63	38	29	89	12.4.18W	13.1.21LY	砾石	细砂岩	不三	不四	不四	
断块	H196	424	730	333	154.65	51	33	18	26	12.4.24WL	13.1.21LY	砾石	细砂岩	不六	不四	不五	
断块	H196	184	40	492	154.62	63	45	35	112	12.4.24WL	13.1.21LY	砾石	细砂岩	不六	不五	不四	
断块	H196	27	51	569	154.64	41	36	19	53	12.4.24WL	13.1.21LY	砾石	细砂岩	不四	不四	不四	
断块	H196	606	727	667	154.61	114	89	30	364	12.4.24WL	13.1.21LY	砾石	细砂岩	不五	不四	不三	
断块	H196	265	923	582	154.52	106	63	39	239	12.4.24WL	13.1.21LY	砾石	细砂岩	不三	近椭	不五	
断块	H196	311	830	538	154.55	65	35	42	83	12.4.25WL	13.1.21ZMY	砾石	砂岩	不三	不三	不五	
断块	H196	411	806	392	154.62	53	49	37	116	12.4.24WL	13.1.21ZMY	砾石	砂岩	不四	不四	不六	
断块	H196	167	15	510	154.67	40	35	34	45	12.4.24WL	13.1.21ZMY	砾石	砂岩	不三	不三	不四	
断块	H196	180	46	486	-5	80	68	48	287	12.4.24WL	13.1.21ZMY	砾石	砂岩	不三	不三	不四	
断块	H196	579			154.66	62	48	33	104	12.4.18WL	13.1.21ZMY	砾石	砂岩	不三	不四	不四	
断块	H196	633	679	666	154.62	55	50	28	104	12.4.24WL	13.1.21ZMY	砾石	砂岩	不四	不四	不四	
断块	H196	80	86	536	154.69	63	43	32	143	12.4.24WL	13.1.21ZMY	砾石	砂岩	不五	不四	不四	
断块	H196	634	665	665	154.53	103	77	64	694	12.4.24WL	13.1.21ZMY	砾石	砂岩	不五	不四	近椭	
断块	H196	422	740	343	154.53	45	39	43	127	12.4.24WL	13.1.21ZMY	砾石	砂岩	不四	不四	不三	
断块	H196	543			-3	55	53	30	104	12.4.19W	13.1.21ZMY	砾石	砂岩	不七	不五	不五	
断块	H196	201	17	463	154.61	74	48	25	109	12.4.24WL	13.1.21ZMY	砾石	砂岩	不五	不四	不四	
断块	H196	206				60	57	57	247	12.4.24WL	13.1.21ZMY	砾石	砂岩	不四	不五	不四	
断块	H196	297	875	556	154.62	79	40	44	149	12.4.24WL	13.1.21LY	砾石	砂岩	不三	不四	不三	
断块	H196	389	804	410	154.56	98	50	45	213	12.4.24WL	13.1.21LY	砾石	砂岩	不四	不三	不四	
断块	H196	218	988	580	154.63	63	52	36	141	12.4.24WL	13.1.21LY	砾石	砂岩	不三	近椭	不四	
断块	H196	126	53	528	154.64	64	57	51	423	12.4.24WL	13.1.21LY	砾石	砂岩	不四	近椭	不四	

续表

名称	探方层位	编号	X（厘米）	Y（厘米）	Z（厘米）	长度（毫米）	宽度（毫米）	厚度（毫米）	重量（克）	发现者、日期	观察者、日期	素材	岩性	几何形状 平面	几何形状 横剖面	几何形状 纵剖面	特征
断块	H196	505	754	495	154.53	82	65	60	336	12.4.24WL	13.1.21LY	砾石	砂岩	不四	近椭	不四	
断块	H196	621	720	738	154.57	77	49	25	152	12.4.24WL	13.1.21LY	砾石	砂岩	不四	近椭	不四	
断块	H196	235	919	470	154.56	69	54	46	158	12.4.24WL	13.1.21LY	砾石	砂岩	不四	不四	不四	
断块	H196	397	818	434	154.53	72	55	45	274	12.4.24WL	13.1.21LY	砾石	砂岩	不四	近椭	不四	
断块	H196	56	124	518	154.68	78	55	24	146	12.4.24WL	13.1.21LY	砾石	砂岩	不四	近椭	不四	
断块	H196	131	50	550	154.62	80	52	52	204	12.4.24WL	13.1.21LY	砾石	砂岩	不三	近椭	不四	
断块	H196	277	866	709	154.61	75	33	39	127	12.4.25WL	13.1.21LY	砾石	砂岩	不三	近椭	不三	
断块	H196	74	83	503	154.65	67	55	30	104	12.4.24WL	13.1.21LY	砾石	砂岩	不三	不三	不三	
断块	H196	24	71	579	154.62	79	49	23	127	12.4.24WL	13.1.21LY	砾石	砂岩	不三	近椭	不三	
断块	H196	22	63	605	154.62	74	56	55	246	12.4.24WL	13.1.21LY	砾石	砂岩	近椭	不三	不三	
断块	H196	521	691	385	154.51	75	78	56	199	12.4.24WL	13.1.21LY	砾石	砂岩	不四	不三	不四	
断块	H196	197	13	470	154.63	80	46	45	226	12.4.24WL	13.1.21LY	砾石	砂岩	不四	近椭	不四	
断块	H196	151	33	528	154.64	80	71	33	313	12.4.24CF	13.1.21LY	砾石	砂岩	不四	近椭	不四	
断块	H196	591		11		75	70	50	375	12.4.18CF	13.1.21LY	砾石	砂岩	不四	不四	不四	
断块	H196	46	132.5	556.5	154.69	39	27	13	24	12.4.24WL	13.1.21RB	砾石	细砂岩	不四	不四	不四	
断块	H196	41	142	539	154.7	38	33	29	62	12.4.24WL	13.1.21RB	砾石	细砂岩	不四	不四	不四	
断块	H196	85	76.5	526	154.61	76	46	22	125	12.4.24WL	13.1.21RB	砾石	细砂岩	不四	不四	不四	
断块	H196	383	822	458	154.55	86	40	27	90	12.4.24WL	13.1.21RB	砾石	细砂岩	不四	不四	不四	
断块	H196	133	43	562	154.58	77	46	14	74	12.4.24WL	13.1.21RB	砾石	细砂岩	不五	不四	不三	有人工加工痕迹
断块	H196	380	896	446	154.52	38	23	13	9	12.4.24WL	13.1.21RB	砾石	细砂岩	不四	不四	不四	
断块	H196	369	844.5	477.5	154.53	42	28	22	36	12.4.24WL	13.1.21LY	砾石	砾岩	不四	不三	不三	
断块	H196	215	997	521	154.67	77	49	35	163	12.4.24WL	13.1.21LY	砾石	砾岩	不四	不四	不四	
断块	H196	190	21	483	154.62	57	32	46	132	12.4.24WL	13.1.21LY	砾石	砾岩	不四	不四	不四	

续表

名称	探方层位	编号	X（厘米）	Y（厘米）	Z（厘米）	长度（毫米）	宽度（毫米）	厚度（毫米）	重量（克）	发现者、日期	观察者、日期	素材	岩性	几何形状 平面	几何形状 横剖面	几何形状 纵剖面	特征
断块	H196	583			6	65	33	23	78	12.4.18WL	13.1.21LY	砾石	粉砂岩	不四	不四	不四	
断块	H196	118	68	513	154.64	57	40	22	45	12.4.24WL	13.1.21LY	砾石	粉砂岩	不三	不四	不三	
断块	H196	565				64	51	44	153	12.4.18CF	13.4.4RB	砾石	砂岩	不三	不四	不四	
断块	H196	647				147	117	94	2110	12.4.18CF	13.4.4RB	砾石	砂岩	不四	不四	不四	
断块	H196	560				64	51	61	328	12.4.24WL	13.1.21LXB	砾石	砂岩	四	半椭	半椭	
断块	H196	234	94	468	154.57	44	30	25	37	12.4.24WL	13.1.21LXB	砾石	砂岩	不四	不四	不四	
断块	H196	29	172	556	154.7	63	60	38	248	12.4.24WL	13.1.22LY	砾石	砂岩	不四	近椭	不三	
断块	H196	1031	38	434	154.56	66	41	26	105	12.4.24WL	13.1.21LXB	砾石	细砂岩	不四	不四	不四	有四处断面
断块	H196	304	877	533	154.6	68	66	28	245	12.4.24WL	13.1.21LXB	砾石	细砂岩	不四	四	四	有三处断面
断块	H196	223	965	610	154.6	96	85	46	581	12.4.24WL	13.1.21LXB	砾石	细砂岩	不五	不四	不四	
断块	H196	43	149	558	154.7	80	38	33	102	12.4.24WL	13.1.21LXB	砾石	细砂岩	不四	不四	不四	有多处打痕
断块	H196	526	678	344	154.51	54	37	24	67	12.4.24WL	13.1.21LXB	砾石	细砂岩	不五	不四	不四	有多处打痕
断块	H196	398	823.5	432.5	154.56	45	28	18	23	12.4.24WL	13.1.21LXB	砾石	细砂岩	不四	三	三	有多处打痕
断块	H196	229	910	441	154.56	52	40	36	96	12.4.24WL	13.1.21RB	砾石	砂岩	不五	不四	不四	
断块	H196	463	726	497	154.53	74	57	28	173	12.4.24WL	13.1.21RB	砾石	砂岩	不四	不三	不四	
断块	H196	457	731	429	154.55	87	40	36	142	12.4.24WL	13.1.21RB	砾石	砂岩	不四	不三	不四	
断块	H196	345	830	496	154.57	60	42	34	111	12.4.24WL	13.1.21RB	砾石	砂岩	不四	不三	不四	
断块	H196	602	752	645	154.62	52	45	41	102	12.4.24WL	13.1.21RB	砾石	砂岩	不五	不四	不四	
断块	H196	243	433	500	154.56	75	43	45	280	12.4.24WL	13.1.21RB	砾石	砂岩	不四	近椭	不四	
断块	H196	34	161	534	154.69	87	62	25	135	12.4.25WL	13.1.21RB	砾石	砂岩	近椭	不四	不四	
断块	H196	9	124	668	154.68	74	35	22	84	12.4.25WL	13.1.21RB	砾石	砂岩	不三	不三	不四	
断块	H196	61	121	558	154.71	70	42	45	111	12.4.25WL	13.1.21RB	砾石	砂岩	不三	不四	不四	
断块	H196	198	19	473	154.62	40	15	17	15	12.4.25WL	13.1.21RB	砾石	脉石英	不四	不四	不四	
断块	H196	137	258	559	154.56	50	36	16	21	12.4.25WL	13.1.21RB	砾石	脉石英	不四	不四	不四	

续表

名称	探方层位	编号	X（厘米）	Y（厘米）	Z（厘米）	长度（毫米）	宽度（毫米）	厚度（毫米）	重量（克）	发现者、日期	观察者、日期	素材	岩性	平面	横剖面	纵剖面	特征
														几何形状			
断块	H196	329	837.5	514	154.58	44	26	19	26	12.4.25WL	13.1.21RB	砾石	脉石英	不四	不四	不四	
断块	H196	75	83	509	154.65	85	60	32	144	12.4.24WL	13.1.21RB	砾石	砂岩	不五	不四	不五	
断块	H196	292	859	577	154.58	70	30	30	104	12.4.24WL	13.1.21RB	砾石	砂岩	不四	近椭	不三	
断块	H196	570				50	42	21	51	12.4.18WZH	13.1.21RB	砾石	砂岩	不三	不三	不四	
断块	H196	50	136	528	154.69	63	51	40	168	12.4.24WL	13.1.21RB	砾石	砂岩	不三	不四	不四	
断块	H196	620	720	738	154.57	63	57	37	233	12.4.24WL	13.1.21RB	砾石	砂岩	近椭	不四	不四	
断块	H196	195	5.5	483.5	154.59	37	24	26	24	12.4.24WL	13.1.21RB	砾石	砂岩	不四	不四	不三	
断块	H196	250	916	540	154.59	72	55	35	166	12.4.24WL	13.1.21RB	砾石	砂岩	近椭	近椭	不四	
断块	H196	39	142	532	154.7	82	77	50	457	12.4.24WL	13.1.21RB	砾石	砂岩	不四	近椭	近椭	
断块	H196	366	807	474	154.61	90	54	50	380	12.4.24WL	13.1.21RB	砾石	砂岩	近椭	不四	不四	
断块	H196	395	804	430	154.56	78	68	30	128	12.4.24WL	13.1.21RB	砾石	砂岩	不四	不三	不四	
断块	H196	175	22	497	154.65	110	45	45	314	12.4.24WL	13.1.21RB	砾石	砂岩	不三	不四	不四	
断块	H196	628	676	675	154.69	51	47	36	148	12.4.24WL	13.1.21RB	砾石	砂岩	近椭	不三	不三	
断块	H196	89	66	492	154.65	78	73	43	398	12.4.24WL	13.1.21RB	砾石	砂岩	近椭	不四	不四	
断块	H196	173	8	500	154.65	75	55	32	199	12.4.24WL	13.1.21RB	砾石	砂岩	不三	不四	不四	
断块	H196	590				72	56	36	186	12.4.24WL	13.1.21RB	砾石	砂岩	不四	不四	不四	
断块	H196	615	718	681	154.54	100	68	44	329	12.4.24WL	13.1.21RB	砾石	砂岩	不三	近椭	不四	
断块	H196	426	743	336	154.52	47	35	24	59	12.4.24WL	13.1.21RB	砾石	砂岩	不四	不四	不四	
断块	H196	301	881.5	546.5	154.7	44	42	28	67	12.4.24WL	13.1.21LY	砾石	砂岩	不四	不四	不四	
断块	H196	125	50	525	154.63	78	30	24	58	12.4.24WL	13.1.21LY	砾石	砂岩	不四	近椭	不三	
断块	H196	557			3	48	38	17	37	12.4.19WL	13.1.21LY	砾石	砂岩	不四	不四	不三	
断块	H196	132	53	561	154.61	58	52	33	122	12.4.24WL	13.1.21LY	砾石	砂岩	不四	不四	不四	
断块	H196	614	713	681	154.6	57	54	44	197	12.4.24WL	13.1.21LY	砾石	砂岩	不四	不四	不四	
断块	H196	144	30	543	154.64	68	49	55	222	12.4.24CF	13.1.21LY	砾石	砂岩	不四	不四	不四	

续表

名称	探方层位	编号	X（厘米）	Y（厘米）	Z（厘米）	长度（毫米）	宽度（毫米）	厚度（毫米）	重量（克）	发现者、日期	观察者、日期	素材	岩性	几向形状			特征
														平面	横剖面	纵剖面	
断块	H196	248	902	526	154.61	74	47	44	249	12.4.24WL	13.1.21LY	砾石	砂岩	不四	近椭	不三	
断块	H196	427	740	343	154.56	92	85	57	490	12.4.25WL	13.1.21LY	砾石	砂岩	不四	不四	不四	
断块	H196	433	734	364	154.57	71	59	44	260	12.4.25WL	13.1.21LY	砾石	砂岩	不四	不四	不四	
断块	H196	629	677	680	154.66	48	40	40	82	12.4.24WL	13.1.21DB	砾石	砂岩	不三	不三	不四	
断块	H196	482	787	461	154.57	79	54	52	362	12.4.25WL	13.1.21DB	砾石	砂岩	不四	不四	似椭	
断块	H196	70	10	497	154.66	64	64	44	240	12.4.24WL	13.1.21DB	砾石	砂岩	似半椭	似椭	似半椭	
断块	H196	604	741	652	154.63	45	44	44	125	12.4.24WL	13.1.21DB	砾石	砂岩	不三	不四	不四	
断块	H196	275	895	714	154.64	26	24	23	17	12.4.24WL	13.1.21DB	砾石	砂岩	不四	不三	不四	
断块	H196	330	887.5	518.5	154.58	34	28	20	21	12.4.24WL	13.1.21DB	砾石	砂岩	不三	不四	不三	
断块	H196	193	7	496	154.61	43	35	20	31	12.4.24WL	13.1.21DB	砾石	砂岩	不四	不四	不四	
断块	H196	284	876	708	154.57	42	33	27	37	12.4.24WL	13.1.21DB	砾石	砂岩	不三	不三	不三	
断块	H196	377	854	463	154.54	59	50	44	147	12.4.24WL	13.1.21DB	砾石	砂岩	不四	不四	不四	
断块	H196	156	6	531	154.65	115	86	79	608	12.4.24WL	13.1.21DB	砾石	砂岩	不三	不四	不三	
断块	H196	627	671	677	154.7	84	70	39	254	12.4.24WL	13.1.21DB	砾石	砂岩	不三	似椭	不三	
断块	H196	616	717	697	154.52	75	60	51	246	12.4.24WL	13.1.21DB	砾石	砂岩	不三	不四	不四	
断块	H196	246	913	492	154.56	54	40	30	78	12.4.25WL	13.1.21DB	砾石	砂岩	不三	不三	不四	
断块	H196	47	129	552	154.7	65	61	40	160	12.4.24WL	13.1.21DB	砾石	砂岩	不四	不四	不三	
断块	H196	94		99.3		53	34	33	50	12.4.24WL	13.1.21DB	砾石	砂岩	不三	不三	不四	
断块	H196	86	74	514	154.64	54	51	33	173	12.4.24WL	13.1.21DB	砾石	砂岩	不三	不四	不四	
断块	H196	255	931	554	154.57	60	37	18	60	12.4.24WL	13.1.21LY	砾石	砂岩	不四	不三	近椭	
断块	H196	281	875	679	154.6	85	37	17	28	12.4.24WL	13.1.21LY	砾石	粉砂岩	不四	不四	不四	
断块	H196	437	707	361	154.59	89	68	54	269	12.4.25WL	13.1.21LY	砾石	粉砂岩	不五	不四	不三	
断块	H196	512	690	420	154.59	78	69	42	308	12.4.24WL	13.1.21LY	砾石	硅质岩	不四	不四	不四	
断块	H196	4	45	710	154.68	122	104	53	656	12.4.24WL	13.1.21LY	砾石	硅质岩	不五	不四	不四	

续表

名称	探方层位	编号	X（厘米）	Y（厘米）	Z（厘米）	长度（毫米）	宽度（毫米）	厚度（毫米）	重量（克）	发现者、日期	观察者、日期	素材	岩性	几何形状 平面	几何形状 横剖面	几何形状 纵剖面	特征
断块	H196	33	161	543	154.69	76	48	24	106	12.4.24WL	13.1.21LY	砾石	硅质岩	不五	不四	不四	
断块	H196	256	931	558.5	154.59	117	40	22	180	12.4.24WL	13.1.21LY	砾石	硅质岩	不五	不四	不四	
断块	H196	531				40	38	25	35	12.4.19WZH	13.1.21RB	砾石	脉石英	不三	不三	不四	
断块	H196	211	990	504	154.63	51	46	33	102	12.4.24WL	13.1.21RB	砾石	砂岩	不四	不四	不四	
断块	H196	99	42	446	154.59	70	46	40	189	12.4.24WL	13.1.21RB	砾石	砂岩	不三	不四	不四	
断块	H196	107	40	466	154.57	60	45	41	126	12.4.24WL	13.1.21RB	砾石	砂岩	不三	不四	不三	
断块	H196	335	825.5	499.5	154.57	37	33	31	44	12.4.24WL	13.1.21RB	砾石	砂岩	不四	不三	不四	
断块	H196	122	77	52.9	154.63	59	31	147	34	12.4.24WL	13.1.21GYC	砾石	砂岩	不四	不四	不四	
断块	H196	105	43	440	154.56	53	49	45	172	12.4.24WL	13.1.21GYC	砾石	砂岩	不四	不四	不四	
断块	H196	69	101	490	154.6	57	42	34	125	12.4.24WL	13.1.21GYC	砾石	砂岩	不四	不四	不四	
断块	H196	237	929	480	154.57	66	46	29	126	12.4.24WL	13.1.21GYC	砾石	砂岩	不四	近椭	不四	
断块	H196	423	729	340	154.53	67	46	22	105	12.4.24WL	13.1.21GYC	砾石	砂岩	不四	不四	不四	
断块	H196	548			11	63	46	29	125	12.4.19WL	13.1.21GYC	砾石	砂岩	近椭	不四	不四	
断块	H196	370	845	473	154.57	66	53	40	96	12.4.24WL	13.1.21GYC	砾石	砂岩	不四	不三	不五	
断块	H196	96	52.5	458	154.62	71	61	41	291	12.4.24WL	13.1.21GYC	砾石	砂岩	近椭	不四	不四	
断块	H196	192	9	487	154.62	55	44	40	126	12.4.24WL	13.1.21GYC	砾石	砂岩	近椭	近椭	近椭	
断块	H196	155	5	537	154.62	49	36	17	40	12.4.24WL	13.1.21GYC	砾石	砂岩	不三	不四	不四	
断块	H196	185	33	493	154.6	50	38	27	74	12.4.24WL	13.1.21GYC	砾石	砂岩	不四	不四	近椭	
断块	H196	258	916.5	560.5	154.64	54	47	35	111	12.4.24WL	13.1.21GYC	砾石	砂岩	不四	不四	不四	
断块	H196	2	14	762	154.68	100	43	34	144	12.4.24CF	13.1.21GYC	砾石	砂岩	近椭	近椭	近椭	
断块	H196	209	929	454	154.63	69	45	30	124	12.4.24WL	13.1.21GYC	砾石	砂岩	不四	不四	不四	
断块	H196	626	647	675	154.51	85	44	43	165	12.4.24WL	13.1.21GYC	砾石	砂岩	不四	不四	不三	
断块	H196	640	696	637		65	30	30	69	12.4.24WL	13.1.21GYC	砾石	砂岩	近椭	不四	不四	
断块	H196	560			-16	141	70	41	451	12.4.19WL	13.1.21ZMY	片岩	片岩	不三	不三	不三	

续表

名称	探方层位	编号	X（厘米）	Y（厘米）	Z（厘米）	长度（毫米）	宽度（毫米）	厚度（毫米）	重量（克）	发现者、日期	观察者、日期	素材	岩性	平面	横剖面	纵剖面	特征
断块	H196	90	69	484	154.65	138	81	25	493	12.4.24WL	13.1.21ZMY	片岩	片岩	不五	不四	不四	有人工打击痕迹
断块	H196	262	912	571	154.6	80	45	10.5	70	12.4.24WL	13.1.21ZMY	片岩	片岩	不四	不四	不四	有人工打击痕迹
断块	H196	271	979	799	154.58	145	70	28	340	12.4.24WL	13.1.21ZMY	片岩	片岩	不三	不四	不四	
断块	H196	139	11	563	154.56	45	28	12	12	12.4.24WL	13.1.21ZMY	硅质岩	硅质岩	不五	不四	不四	
断块	H196	278	894	695	154.64	57	32	18	31	12.4.24WL	13.1.21ZMY	硅质岩	硅质岩	不四	不四	不四	有加工痕迹
断块	H196	576				104	37	14	61	12.4.18W	13.1.21ZMY	砾石	细砂岩	不三	近椭	不四	打击痕迹
断块	H196	231	918	453	154.56	55	50	28	136	12.4.24WL	13.1.21ZMY	砾石	细砂岩	近椭	不四	不五	呈圆形，切割痕迹
断块	H196	230	916	452	154.59	102	72	21	222	12.4.24WL	13.1.21ZMY	砾石	细砂岩	不四	近椭	不四	明显打击痕迹
断块	H196	273	905	702.5	154.65	42	24	13	8	12.4.24WL	13.1.21ZMY	砾石	细砂岩	不四	不三	不四	剥片痕迹
断块	H196	261	921	566	154.61	55	50	18	159	12.4.24WL	13.1.21ZMY	砾石	细砂岩	不四	不四	不四	
断块	H196	226	961	509	154.6	51	35	33	82	12.4.24WL	13.1.21GYC	砾石	砂岩	不四	不四	不四	
断块	H196	111	56	486	154.64	80	54	39	193	12.4.24WL	13.1.21GYC	砾石	砂岩	不椭	不椭	不四	
断块	H196	436	703	354	154.58	89	49	38	227	12.4.24WL	13.1.21GYC	砾石	砂岩	不三	近椭	不四	
断块	H196	109	62.5	483	154.65	84	66	38	275	12.4.24WL	13.1.21GYC	砾石	砂岩	不四	不四	不四	
断块	H196	101	33	438	154.57	53	44	45	166	12.4.24WL	13.1.21GYC	砾石	砂岩	不四	不四	不四	
断块	H196	217	981	577	154.63	62	46	29	109	12.4.24WL	13.1.21LY	砾石	砂岩	不三	近椭	不四	
断块	H196	394	820	442	154.56	87	60	49	304	12.4.24WL	13.1.21LY	砾石	砂岩	不四	近椭	不四	
断块	H196	44	149	547	154.68	53	41	34	75	12.4.24WL	13.1.21LY	砾石	砂岩	不四	不四	不四	
断块	H196	112	59	493.5	154.64	77	55	41	221	12.4.24WL	13.1.21LY	砾石	砂岩	不五	不四	不四	
断块	H196	439	725	383	154.59	61	42	38	82	12.4.25WL	13.1.21LY	砾石	砂岩	不三	不四	不四	
断块	H196	172	24	510	154.64	59	43	29	136	12.4.24WL	13.1.21LY	砾石	砂岩	不四	近椭	不四	

续表

名称	探方层位	编号	X（厘米）	Y（厘米）	Z（厘米）	长度（毫米）	宽度（毫米）	厚度（毫米）	重量（克）	发现者、日期	观察者、日期	素材	岩性	平面	横剖面	纵剖面	特征
断块	H196	252	903	544	154.6	74	45	22	69	12.4.24WF	13.1.21GYC	砾石	砂岩	不四	不四	不四	
断块	H196	646	678	615	154.53	64	52	40	175	12.4.24WF	13.1.21GYC	砾石	砂岩	近椭	不四	不四	
断块	H196	38	148	523	154.7	66	54	41	232	12.4.24WF	13.1.21GYC	砾石	砂岩	不四	不四	不四	
断块	H196	18	142	575	154.72	45	56	43	146	12.4.24WF	13.1.21GYC	砾石	砂岩	不三	不四	不四	
断块	H196	246	903	499	154.59	58	49	27	88	12.4.24GYC	13.1.21GYC	砾石	花岗岩	不四	不四	不三	
断块	H196	191	14	482	154.61	57	44	37	93	12.4.24GYC	13.1.21GYC	砾石	花岗岩	不三	不三	不三	
断块	H196	242	933	494	154.6	73	62	53	259	12.4.24GYC	13.1.21GYC	砾石	花岗岩	不五	不五	不三	
断块	H196	138	12	556	154.57	62	36	27	74	12.4.24GYC	13.1.21GYC	砾石	花岗岩	不四	不四	不四	
断块	H196	513	698	406	154.57	42	22	17	24	12.4.24GYC	13.1.21GYC	砾石	细砂岩	不三	不四	不四	
断块	H196	244	933	507	154.56	73	40	30	126	12.4.24GYC	13.1.21GYC	砾石	花岗岩	不三	不三	不四	
断块	H196	107	53	532	154.63	48	47	20	54	12.4.24WL	13.1.21GYC	砾石	细砂岩	不五	似椭	似椭	
断块	H196	432	745	365	154.54	49	47	12	40	12.4.24WL	13.1.21GYC	砾石	细砂岩	不四	椭	不三	
断块	H196	110	62	489	154.65	52	50	25	89	12.4.24WL	13.1.21GYC	砾石	细砂岩	不三	不四	不四	有打制痕迹
断块	H196	286	876.5	612.5	154.61	71	43	43	124	12.4.24WL	13.1.21GYC	砾石	细砂岩	不四	不四	不四	
断块	H196	497	777	500	154.55	62	60	15	79	12.4.24WL	13.1.21GYC	砾石	细砂岩	不三	不四	不四	
断块	H196	82	105	538.63	154.63	39	34	5	79	12.4.24WL	13.1.21GYC	砾石	细砂岩	不四	不三	不三	
断块	H196	23	75	573	154.62	73	47	36	144	12.4.24WL	13.1.21GYC	砾石	细砂岩	不四	不四	不四	
断块	H196	68	100	486	154.04	71	29	63	63	12.4.24WL	13.1.21GYC	砾石	细砂岩	似椭	不四	不四	
断块	H196	559			15	72	41	44	168	12.4.24WL	13.1.21GYC	砾石	砂岩	似椭	似椭	似椭	
断块	H196	599	790	640	154.53	59	55	37	136	12.4.24WL	13.1.21GYC	砾石	砂岩	不四	不四	似椭	
断块	H196	203	17	452.5	154.58	41	26	9	23	12.4.24WL	13.1.21GYC	砾石	砂岩	似椭	不四	似椭	
断块	H196	350	891	473.5	154.53	55	40	27	93	12.4.24WL	13.1.21GYC	砾石	砂岩	不四	不四	不四	
断块	H196	307	853	538	154.6	70	48	35	125	12.4.24WL	13.1.21GYC	砾石	砂岩	不三	不四	不四	
断块	H196	60	138	542	154.17	42	31	22	26	12.4.24WL	13.1.21DB	砾石	砂岩	不三	不四	不三	

续表

名称	探方层位	编号	X（厘米）	Y（厘米）	Z（厘米）	长度（毫米）	宽度（毫米）	厚度（毫米）	重量（克）	发现者、日期	观察者、日期	素材	岩性	几何形状 平面	几何形状 横剖面	几何形状 纵剖面	特征
断块	H196	164	997	537	154.59	54	39	45	122	12.4.24WL	13.1.21DB	砾石	砂岩	不三	不三	不三	
断块	H196	51	133	573	154.69	87	61	42	285	12.4.24WL	13.1.21DB	砾石	砂岩	不四	不四	似椭	
断块	H196	639	681	637	154.63	51	38	36	56	12.4.24WL	13.1.21DB	砾石	砂岩	不四	不四	不四	
断块	H196	165	4	518	154.65	78	45	49	182	12.4.24WL	13.1.21DB	砾石	砂岩	不四	不四	不四	
断块	H196	49	133	539	154.69	62	54	39	165	12.4.24WL	13.1.21DB	砾石	砂岩	不四	似椭	不四	
断块	H196	166	8	509	154.62	83	62	55	300	12.4.24WL	13.1.21DB	砾石	砂岩	不四	不四	不四	
断块	H196	612	699	658	154.65	60	58	47	318	12.4.24WL	13.1.21DB	砾石	砂岩	不四	不四	不三	
断块	H196	129	67	540	154.62	74	44	43	141	12.4.24WL	13.1.21DB	砾石	砂岩	似椭	不四	似椭	
断块	H196	158	21	526	154.63	68	50	25	124	12.4.24WL	13.1.21DB	砾石	砂岩	不四	不四	不四	
断块	H196	403	839	421	154.54	65	61	59	227	12.4.24WL	13.1.21DB	砾石	砂岩	不四	不四	不三	
断块	H196	485	764	453	154.53	65	37	22	79	12.4.24WL	13.1.21DB	砾石	砂岩	不三	不三	似椭	
断块	H196	320	833.5	513	154.56	84	26	26	99	12.4.24WL	13.1.21DB	砾石	砂岩	似椭	不四	不四	
断块	H196	134	38	559	154.58	50	47	22	75	12.4.24WL	13.1.21DB	砾石	砂岩	不四	不四	不四	
断块	H196	510	693	430	154.56	62	56	39	159	12.4.24WL	13.1.21DB	砾石	砂岩	不四	似椭	不四	
断块	H196	415	746	314	154.5	65	38	19	61	12.4.24WL	13.1.21DB	砾石	砂岩	似椭	不三	似椭	
断块	H196	11	177	616	154.71	51	20	33	46	12.4.24WL	13.1.21DB	砾石	砂岩	似椭	不四	不四	
断块	H196	610	708	649	154.63	68	51	26	101	12.4.24WL	13.1.21DB	砾石	砂岩	似椭	似椭	不四	
断块	H196	283	858	683	154.64	92	54	55	302	12.4.24WL	13.1.21DB	砾石	砂岩	不三	不三	不三	
断块	H196	410	805	400	154.55	68	62	50	256	12.4.24WL	13.1.21DB	砾石	砂岩	不四	不四	不四	
断块	H196	450	702	408	154.55	86	32	50	186	12.4.24WL	13.1.21DB	砾石	砂岩	不四	不三	不三	
断块	H196	495	787	497	154.54	66	52	42	156	12.4.24WL	13.1.21DB	砾石	砂岩	不四	不四	不四	
断块	H196	319	829	513	154.56	31	25	33	30	12.4.24WL	13.1.21DB	砾石	砂岩	不三	不三	不三	
断块	H196	145	30	543	154.64	40	36	22	29	12.4.24WL	13.1.21DB	砾石	砂岩	不三	不三	不三	
断块	H196	544		13		46	34	36	70	12.4.19WL	13.1.21DB	砾石	砂岩	不三	不四	不四	

续表

名称	探方层位	编号	X（厘米）	Y（厘米）	Z（厘米）	长度（毫米）	宽度（毫米）	厚度（毫米）	重量（克）	发现者、日期	观察者、日期	素材	岩性	平面	横剖面	纵剖面	特征
断块	H196	333				72	46	36	107	12.4.24WL	13.1.21DB	砾石	砂岩	不三	不三	不三	
断块	H196	294	874	575	154.59	50	34	27	36	12.4.24WL	13.1.21DB	砾石	砂岩	不三	不三	不四	
断块	H196	507		12		49	30	41	67	12.4.19WL	13.1.21DB	砾石	砂岩	不四	似半椭	不四	
断块	H196	454	722	415	154.53	88	48	25	142	12.4.24WL	13.1.21DB	砾石	砂岩	似半椭	不四	不四	
断块	H196	340	799	502	154.57	77	53	39	210	12.4.24WL	13.1.21DB	砾石	砂岩	不四	不四	不三	
断块	H196	520	685	390	154.51	58	36	32	71	12.4.24WL	13.1.21DB	砾石	砂岩	不三	不四	不四	
断块	H196	647	556.1	3		96	81	19	231	12.4.19WZH	13.1.21DB	砾石	细砂	不三	不四	不四	
断块	H196	573				84	43	12	75	12.4.18.WZH	13.1.21DB	砾石	细砂	似半圆	不四	不四	
断块	H196	310	838	557	154.51	42	38	18	30	12.4.24WL	13.1.21DB	砾石	细砂	不四	不三	不四	
断块	H196	404	844	423	154.54	82	75	45	389	12.4.24WL	13.1.21DB	砾石	细砂	似半圆	不四	不四	
断块	H196	288	845	580	154.56	45	24	19	13	12.4.24WL	13.1.21DB	砾石	细砂	不三	不三	不三	有打击痕
断块	H196	603	740	645	154.61	77	47	21	106	12.4.24WL	13.1.21DB	砾石	细砂	似半椭	不三	不三	

注：不三：不规则三边形；不四：不规则四边形

附表二 郧县刘湾遗址仰韶文化断片统计表

名称	探方层位	编号	X（厘米）	Y（厘米）	Z（厘米）	长度（毫米）	宽度（毫米）	厚度（毫米）	重量（克）	发现者、日期	观察者、日期	素材	岩性	平面	横剖面	纵剖面	特征
断片	H196	270	986	758	154.64	45	31	11	16	12.4.24WL	13.1.21LY	砾石	细砂岩	不四	不四	不四	
断片	H196	587			9	53	34	11	19	12.4.18WL	13.1.21LY	砾石	细砂岩	不四	不三	不三	
断片	H196	200	21	462.5	154.62	55	23	10	13	12.4.24WL	13.1.21RB	砾石	细砂岩	不五	不三	不三	
断片	H196	645	684	615	154.5	61	57	11	39	12.4.24WL	13.1.21RB	砾石	细砂岩	不五	不三	不四	
断片	H196	26				51	29	14		12.4.24WL	13.1.21LXB	砾石	砂岩	四	四	三	
断片	H196	623	692	693	154.66	101	74	15	212	12.4.24WL	13.1.21LXB	砾石	细砂岩	不四	四	四	
断片	H196	641	100	635	154.52	80	48	11	65	12.4.24WL	13.1.21LXB	砾石	细砂岩	不椭	椭	四	
断片	H196	405	826	401	154.52	40	22	4	5	12.4.24WL	13.1.21RB	砾石	砂岩	不四	不四	不三	
断片	H196	121	65.5	521.5	154.65	65	56	25	71	12.4.24WL	13.1.21DB	砾石	砂岩	不五	不四	不四	
断片	H196	220	987	558	154.57	58	52	15	75	12.4.24WL	13.1.21LY	砾石	粉砂岩	不四	近椭	不四	
断片	H196	588			9	48	27	9	19	12.4.18WL	13.1.21LY	砾石	粉砂岩	不四	近椭	不四	
断片	H196	334	877	503	154.57	61	59	12	74	12.4.24WL	13.1.21LY	片岩	片岩	不四	不四	不四	
断片	H196	91	76	483	154.61	60	31	0.5	11	12.4.24WL	13.1.21ZFY	硅质岩	片岩	不四	不四	不四	
断片	H196	274	914.5	691.5	154.63	35	26	8	9	12.4.24WL	13.1.21ZFY	硅质岩	硅质岩	不四	不三	不四	有打制痕迹
断片	H196	431	752	367	154.53	90	51	26	92	12.4.25WL	13.1.21ZFY	砾石	细砂岩	不四	不四	不三	打击痕迹
断片	H196	40	149	535	154.68	81	65	14	67	12.4.24GYC	13.1.21GYC	砾石	硅质	不四	不四	不三	
断片	H196	353	869	482	154.55	60	34	23	34	12.4.24GYC	13.1.21GYC	砾石	细砂岩	不四	不四	不四	
断片	H196	203	16	446	154.58	47	45	13	37	12.4.24GYC	13.1.21GYC	砾石	细砂岩	不四	不四	不四	
断片	H196	486	773	453	154.56	93	49	14	110	12.4.24WL	13.1.21GYC	砾石	细砂岩	不五	不三	不三	
断片	H196	317	828	526	154.53	77	53	10	68	12.4.24WL	13.1.21GYC	砾石	细砂岩	不四	不三	不三	
断片	H196	597	766	637	154.53	78	47	9	57	12.4.24WL	13.1.21GYC	砾石	细砂岩	不三	似椭	不四	
断片	H196	550			13	61	38	9	22	12.4.24WL	13.1.21GYC	砾石	细砂岩	不三	不三	不三	
断片	H196	593	715	580	154.47	97	71	14	138	12.4.24WL	13.1.21GYC	砾石	细砂岩	不四	不四	不三	

续表

名称	探方层位	编号	X（厘米）	Y（厘米）	Z（厘米）	长度（毫米）	宽度（毫米）	厚度（毫米）	重量（克）	发现者、日期	观察者、日期	素材	岩性	几何形状 平面	几何形状 横剖面	几何形状 纵剖面	特征
断片	H196	529	694	347	154.57	56	69	13	104	12.4.24WL	13.1.21GYC	砾石	细砂岩	不三	不三	不四	
断片	H196	420	729	325	154.55	51	49	11	46	12.4.24WL	13.1.21GYC	砾石	细砂岩	不四	不三	不三	
断片	H196	104	39	437	154.55	56	45	11	30	12.4.24WL	13.1.21GYC	砾石	细砂岩	不四	不四	不四	
断片	H196	359	814	486	154.51	54	54	12	33	12.4.24WL	13.1.21GYC	砾石	细砂岩	不三	不三		
断片	H196	635	648	659	154.5	63	33	12	26	12.4.24WL	13.1.21GYC	砾石	细砂岩	不四	不三	不三	
断片	H196	586			9	93	66	18	145	12.4.24WL	13.1.21GYC	砾石	砂岩	不四	不四	不四	
断片	H196	357	844	486	154.53	98	32	11	50	12.4.25WL	13.1.21DB	砾石	细砂	不四	不三	不三	
断片	H196	249	918	535	154.56	35	19	7	6	12.4.24WL	13.1.21DB	砾石	细砂	不四	不四	似椭圆	
断片	H196	272	922	703	154.67	54	34	10	17	12.4.25WL	13.1.21DB	砾石	细砂	不四	不四	不四	
断片	H196	263	907	573	154.57	53	38	14	41	12.4.26WL	13.1.21DB	砾石	细砂	似半圆	不三	不四	
断片	H196	241	919	492	154.56	50	50	12	32	12.4.27WL	13.1.21DB	砾石	细砂	似椭圆	似半椭	似半椭	
断片	H196	19	139	572	154.74	54	41	9	23	12.4.24WL	13.1.21DB	砾石	细砂	不四	似半椭	似半椭	
断片	H196	577		9		53	32	8	17	12.4.24WL	13.1.21DB	砾石	细砂	不四	不三	不四	
断片	H196	376	855	465	154.61	63	59	13	67	12.4.24WL	13.1.21DB	砾石	细砂	不四	不四	似半椭	
断片	H196	124	858	524	154.63	54	32	13	30	12.4.24WL	13.1.21DB	砾石	细砂	不四	不三	不三	
断片	H196	373	854	463	154.53	57	56	15	75	12.4.24WL	13.1.21DB	砾石	细砂	不四	不三	不三	
断片	H196	373	855	468	154.57	64	51	17	69	12.4.24WL	13.1.21DB	砾石	细砂	不五	不四	不三	
断片	I TN05E015⑤	2				92	48	14	88	12.4.24WL	13.1.21DB	砾石	细砂	近椭	透镜体形	不三	
断片	H144	4				121	103	45	586	12.4.24WL	13.1.21DB	砾石	细砂	不五	不四	不三	
断片	H152	12				81	63	11	65	12.4.24WL	13.1.21DB	砾石	含砾砂岩	不四	透镜体形	透镜体形	
断片	I TN03E01②	4				126	48	29	251	12.4.24WL	13.1.21DB	砾石	石英岩	不五	近椭	不四	
断片	H144	3				81	65	22	149	12.4.24WL	13.1.21DB	砾石	石英岩	不四	不四	不四	

续表

名称	探方层位	编号	X（厘米）	Y（厘米）	Z（厘米）	长度（毫米）	宽度（毫米）	厚度（毫米）	重量（克）	发现者、日期	观察者、日期	素材	岩性	几何形状			特征
														平面	横剖面	纵剖面	
断片	I TN05E01⑤	3				76	40	14	48	12.4.24WL	13.1.21DB	砾石	中砂	不三	不三	不四	
断片	H174	4				113	65	28	324	12.4.24WL	13.1.21DB	砾石	中砂岩	不四	不四	不四	
断片	H151	8				124	102	24	296	12.4.24WL	13.1.21DB	砾石	花岗斑岩	不四	近椭	不三	
断片	H190	8				86	82	13	143	12.4.24WL	13.1.21DB	砾石	细砂岩	不四	不四	不三	
断片	H152	13				93	73	19	180	12.4.24WL	13.1.21DB	砾石	砂岩	不四	不四	不四	
断片	I TN03E01②	2				137	84	26	355	12.4.24WL	13.1.21DB	砾石	细粒黑云母花岗岩	近椭	近椭	透镜体形	
断片	M12	1				93	28	8	31	12.4.24WL	13.1.21DB	砾石	片麻岩	近椭	不四	不四	
断片	H190	6				94	64	17	160	12.4.24WL	13.1.21DB	砾石	片麻岩	不四	不三	不四	
断片	H181	6				60	52	7	27	12.4.24WL	13.1.21DB	砾石	含砾砂岩	近椭	透镜体形	透镜体形	
断片	Y2	28				80	74	21	146	12.4.24WL	13.1.21DB	砾石	细砂岩	不五	不四	不三	
断片	H172	7				96	60	18	63	12.4.24WL	13.1.21DB	砾石	细砂岩	不五	透镜体形	不三	
断片	H157	3				67	47	12	43	12.4.24WL	13.1.21DB	砾石	细砂岩	不三	透镜体形	近椭	
断片	H183	2				78	31	14	39	12.4.24WL	13.1.21DB	砾石	细砂岩	不四	不四	不四	
断片	H149	4				83	71	18	144	12.4.24WL	13.1.21DB	砾石	闪长岩	不四	不四	不四	
断片	I TN06E06②	11				72	67	14	73	12.4.24WL	13.1.21DB	砾石	闪长岩	近圆	近椭	不四	
断片	H178	5				106	73	8	87	12.4.24WL	13.1.21DB	砾石	细砂岩	不四	不四	不四	

续表

名称	探方层位	编号	X（厘米）	Y（厘米）	Z（厘米）	长度（毫米）	宽度（毫米）	厚度（毫米）	重量（克）	发现者、日期	观察者、日期	素材	岩性	几何形状 平面	几何形状 横剖面	几何形状 纵剖面	特征
断片	H152	10				76	49	9	40	12.4.24WL	13.1.21DB	砾石	细砂岩	近椭	透镜体形	透镜体形	
断片	H172	6				72	44	20	67	12.4.24WL	13.1.21DB	砾石	细砂岩	不四	不三	不四	
断片	H157	1				80	24	9	20	12.4.24WL	13.1.21DB	砾石	细砂岩	不四	透镜体形	不四	
断片	H181	8				69	61	22	125	12.4.24WL	13.1.21DB	砾石	细砂岩	不六	不四	不四	
断片	H146	3				92	83	27	238	12.4.24WL	13.1.21DB	砾石	闪长岩	不六	不四	不四	
断片	ITN06E06②	9				183	89	22	496	12.4.24WL	13.1.21DB	砾石	闪长岩	不五	不四	不四	
断片	H190	5				77	68	13	56	12.4.24WL	13.1.21DB	砾石	闪长岩	不六	不四	不三	
断片	H181	13				112	82	28	293	12.4.24WL	13.1.21DB	砾石	闪长岩	不六	不五	不四	
断片	G2②	20				80	54	19	85	12.4.24WL	13.1.21DB	砾石	闪长岩	不四	不四	不四	
断片	H185	2				68	42	11	32	12.4.24WL	13.1.21DB	砾石	闪长岩	近椭	不三	不三	
断片	IT0606②	8				101	62	16	146	12.4.24WL	13.1.21DB	砾石	细砂岩	不四	近椭	不四	
断片	IT0202②	3				69	54	16	69	12.4.24WL	13.1.21DB	砾石	细砂岩	不五	不三	不四	
断片	H181	10				74	58	20	41	12.4.24WL	13.1.21DB	砾石	细砂岩	不四	近椭	不三	
断片	H151	4				82	70	28	167	12.4.24WL	13.1.21DB	砾石	粗砂岩	不四	不四	不三	
断片	ITN05E07②	3				71	33	22	112	12.4.24WL	13.1.21DB	砾石	粗砂岩	近圆	透镜体形	近椭	
断片	H81	9				143	64	23	195	12.4.24WL	13.1.21DB	砾石	花岗斑岩	近椭	近椭	不三	
断片	H185	10				55	46	15	42	12.4.24WL	13.1.21DB	砾石	花岗斑岩	不三	不三	不四	
断片	H152	11				79	75	26	173	12.4.24WL	13.1.21DB	砾石	细砂岩	不四	不四	不四	
断片	H185	8				59	50	13	45	12.4.24WL	13.1.21DB	砾石	细砂岩	不三	近椭	不三	
断片	H157	4				65	59	23	97	12.4.24WL	13.1.21DB	砾石	细砂岩	不四	不四	不四	

续表

名称	探方层位	编号	X（厘米）	Y（厘米）	Z（厘米）	长度（毫米）	宽度（毫米）	厚度（毫米）	重量（克）	发现者、日期	观察者、日期	素材	岩性	几何形状平面	几何形状横剖面	几何形状纵剖面	特征
断片	H158	3				90	58	21	134	12.4.24WL	13.1.21DB	砾石	细砂岩	不四	不三	不三	
断片	H163	5				51	32	12	21	12.4.24WL	13.1.21DB	砾石	细砂岩	近椭	不三	透镜体形	
断片	H163	6				58	62	16	108	12.4.24WL	13.1.21DB	砾石	细砂岩	不四	近椭	近椭	

附表三 郧县刘湾遗址仰韶文化碎块统计表

名称	探方层位	编号	X（厘米）	Y（厘米）	Z（厘米）	长度（毫米）	宽度（毫米）	厚度（毫米）	重量（克）	发现者、日期	观察者、日期	素材	岩性	几何形状平面	几何形状横剖面	几何形状纵剖面	特征
碎块	H196	279	890	690	154.64	48	47	22	35	12.4.24WL	13.1.21DB	砾石	脉石英	不三	不三	不三	
碎块	H196	194	4	489.5	154.6	30	28	20	17	12.4.24WL	13.1.21DB	砾石	脉石英	不四	不四	不四	
碎块	H196	315	829	532	154.52	26	21	9	7	12.4.24WL	13.1.21RB	砾石	脉石英	不四	不四	不四	
碎块	H196	79	96	535	154.62	57	51	28	61	12.4.24WL	13.1.21GYC	砾石	辉长岩	不四	不三	不三	
碎块	H149	3				65	31	8	18	12.4.24WL	13.1.21GYC	砾石	细砂岩	近椭	透镜体形	透镜体形	
碎块	H184	3				123	65	14	117	12.4.24WL	13.1.21GYC	砾石	石英砂岩	近椭	不四	透镜体形	
碎块	H181	12				43	22	8	6	12.4.24WL	13.1.21GYC	砾石	花岗斑岩	不三	不三	不三	

注：不三：不规则三边形；不四：不规则四边形

附表四　郧县刘湾遗址仰韶文化完整砾石统计表

名称	探方层位	编号	X（厘米）	Y（厘米）	Z（厘米）	长度（毫米）	宽度（毫米）	厚度（毫米）	重量（克）	发现者、日期	观察者、日期	素材	岩性	几何形状			特征
														平面	横剖面	纵剖面	
完砾	H196	8	119	653	154.68	89	77	44	458	12.4.24WL	13.1.21GYC	砾石	砂岩	近椭	近椭	近椭	
完砾	H196	54	928	551	154.59	67	66	42	275	12.4.24WL	13.1.21GYC	砾石	砂岩	近椭	不四	不四	
完砾	H196	474	780	420	155.57	106	60	55	509	12.4.24WL	13.1.21GYC	砾石	脉石英	不四	不四	不四	
完砾	H196	7	105	655	154.68	95	87	43	517	12.4.24WL	13.1.21ZMY	砾石	砂岩	近椭	近椭	近椭	
完砾	H196	15	163	572	154.72	72	95	84	36	12.4.12WL	13.1.21GYC	砾石	砂岩	近椭	近椭	近椭	
完砾	H196	212	985	503	154.63	96	55	30	252	12.4.24WL	13.1.21ZMY	砾石	砂岩	近椭	近椭	近椭	
完砾	H196	421	920	326	154.58	93	64	43	362	12.4.24WL	13.1.21ZMY	砾石	砂岩	不三	近椭	近椭	
完砾	H196	245	917	504	154.56	90	43	42	221	12.4.24WL	13.1.21ZMY	砾石	脉石英	不五	不三	不四	
完砾	H196	542			1	90	62	48	390	12.4.19W	13.1.21ZMY	砾石	脉石英	近椭	近椭	近椭	
完砾	H196	28	17	570	154.62	76	73	57	357	12.4.24WL	13.1.21RB	砾石	细砂岩	不四	不四	不四	
完砾	H196	306	860	535	154.61	95	74	67	632	12.4.24WL	13.1.21LY	砾石	砾岩	近椭	近椭	近椭	
完砾	H196	276	877	725	154.6	158	77	45	817	12.9.29WL	13.1.21LY	砾石	流纹斑岩	不四	不四	不四	
完砾	H196	409	802	468	154.59	153	93	81	1554	12.4.24WL	13.1.21LY	砾石	细粒云母变粒岩	不四	不四	不四	
完砾	H196	150	455	538	154.61	36	31	27	40	12.4.24CF	13.1.21DB	砾石	脉石英	不四	不四	不四	
完砾	H196	564				99	71	56	535	12.4.18CF	13.4.4RB	砾石	花岗岩	似椭	似椭	似椭	
完砾	H196	566				100	77	39	410	12.4.18CF	13.4.4RB	砾石	砂岩	似椭	不四	似椭	
完砾	H196	106	55	437	154.56	66	60	32	292	12.4.24WL	13.1.21LXB	砾石	砂岩	椭	椭	椭	完整砾石
完砾	H196	547				74	66	31	280	12.4.24WL	13.1.21LXB	砾石	砂岩	椭	椭	椭	完整砾石
完砾	H196	567				81	60	32	260	12.4.24WL	13.1.21RB	砾石	砂岩	似椭	不四	不四	
完砾	H196	17	152	577	154.72	90	75	46	442	12.4.25WL	13.1.21RB	砾石	砂岩	近椭	近椭	近椭	
完砾	H196	186	28	492	154.61	45	42	23	67	12.4.25WL	13.1.21RB	砾石	脉石英	近椭	近椭	近椭	
完砾	H196	72	85	479	154.65	89	57	46	332	12.4.24WL	13.1.21RB	砾石	砂岩	近椭	近椭	近椭	
完砾	H196	434	730	360	154.57	81	67	37	293	12.4.24WL	13.1.21RB	砾石	砂岩	近椭	近椭	近椭	

续表

名称	探方层位	编号	X (厘米)	Y (厘米)	Z (厘米)	长度 (毫米)	宽度 (毫米)	厚度 (毫米)	重量 (克)	发现者，日期	观察者，日期	素材	岩性	平面	横剖面	纵剖面	特征
完砾	H196	159	2	530	154.64	107	72	42	556	12.4.24WL	13.1.21RB	砾石	砂岩	近椭	近椭	近椭	
完砾	H196	392	815	445	154.58	89	72	45	465	12.4.24WL	13.1.21RB	砾石	砂岩	近椭	近椭	近椭	
完砾	H196	280	819	684	154.62	108	55	38	367	12.4.24WL	13.1.21RB	砾石	砂岩	近椭	近椭	近椭	
完砾	H196	523	691	363	154.53	82	69	38	315	12.4.24WL	13.1.21RB	砾石	砂岩	近椭	近椭	近椭	
完砾	H196	298	880	554	154.61	74	62	33	226	12.4.24WL	13.1.21DB	砾石	砂岩	似椭	似椭	似椭	
完砾	H196	216	983	572	154.62	84	77	25	297	12.4.24WL	13.1.21GYC	砾石	砂岩	近椭	近椭	近椭	
完砾	H196	582			7	127	57	54	544	12.4.19WL	13.1.21GYC	砾石	砂岩	不四	不四	不四	
完砾	H196	157	910	540	154.61	57	71	34	357	12.4.24WL	13.1.21GYC	砾石	砂岩	近椭	近椭	近椭	
完砾	H196	227	919	438	154.63	103	72	63	547	12.4.24WL	13.1.21LY	砾石	砂岩	不四	近椭	不四	
完砾	H196	13	217	583	154.69	97	70	54	545	12.4.24WF	13.1.21GYC	砾石	砂岩	近椭	近椭	近椭	
完砾	H196	162	992	551	154.62	64	46	38	165	12.4.24WF	13.1.21GYC	砾石	砂岩	近椭	近椭	近椭	
完砾	H196	260	917	567	154.65	93	57	40	326	12.4.24GYC	13.1.21GYC	砾石	花岗岩	不椭	不椭	不椭	
完砾	H196	400	830	422	154.52	86	45	43	223	12.4.24GYC	13.1.21GYC	砾石	细砂岩	不四	不四	不三	
完砾	H196	562				121	65	52	661	12.4.24WL	13.1.21GYC	砾石	辉长岩	不四	不四	不四	
完砾	H196	348	857	487	154.56	138	44	16	170	12.4.24WL	13.1.21GYC	砾石	细砂岩	椭圆	椭圆	椭圆	
完砾	H196	607	724	629	154.5	79	51	33	122	12.4.24WL	13.1.21GYC	砾石	细砂岩	不三	不三	不三	
完砾	H196	267	995	734	154.64	192	54	18	324	12.4.24WL	13.1.21GYC	砾石	细砂岩	似椭	似椭	似椭	
完砾	H196	64	112	494	154.71	55	42	17	61	12.4.24WL	13.1.21GYC	砾石	细砂岩	不四	不四	不四	
完砾	H196	483	790	467	154.56	93	76	29	300	12.4.24WL	13.1.21GYC	砾石	细砂岩	似椭	似椭	似椭	
完砾	H196	448	706	307	154.56	95	80	35	327	12.4.24WL	13.1.21GYC	砾石	砂岩	不四	不四	不四	
完砾	H196	488	770	465	154.56	91	67	31	225	12.4.24WL	13.1.21DB	砾石	砂岩	不四	不四	不四	
完砾	H196	88	71	497	154.63	68	66	22	121	12.4.24WL	13.1.21DB	砾石	砂岩	不三	似椭	不三	
完砾	H196	492	793	482	154.61	135	77	51	887	12.4.24WL	13.1.21DB	砾石	砂岩	似椭	似椭	似椭	
完砾	H196	498	780	490	154.59	114	74	52	507	12.4.24WL	13.1.21DB	砾石	砂岩	不三	不三	不四	

续表

名称	探方层位	编号	X（厘米）	Y（厘米）	Z（厘米）	长度（毫米）	宽度（毫米）	厚度（毫米）	重量（克）	发现者、日期	观察者、日期	素材	岩性	平面	横剖面	纵剖面	特征
完砾	H196	470	762	445	154.59	89	66	44	349	12.4.25WL	13.1.21DB	砾石	砂岩	椭圆	椭圆	椭圆	
完砾	I TN02E01②	14				36	31	27	39	12.4.25WL	13.1.21DB	砾石	砂岩	近椭	近椭	近椭	
完砾	H165	1				450	288	128	22230	12.4.25WL	13.1.21DB	砾石	砂岩	不三	不三	近椭	
完砾	I TN08E05②	7				28	28	27	32	12.4.25WL	13.1.21DB	砾石	石英砂岩	近圆	近圆	近圆	
完砾	M49	3				15	15	15	6	12.4.25WL	13.1.21DB	砾石	砂岩	不圆	不圆	不圆	
完砾	H126	17				37	37	27	48	12.4.25WL	13.1.21DB	砾石	中砂岩	近椭	近椭	近椭	
完砾	H173	3				284	78	57	2078	12.4.25WL	13.1.21DB	砾石	中砂岩	近椭	近椭	近椭	
完砾	H132	6				98	34	9	50	12.4.25WL	13.1.21DB	砾石	细砂岩	近椭	透镜体形	近椭	
完砾	H145	4				162	60	27	437	12.4.25WL	13.1.21DB	砾石	细砂岩	近椭	透镜体形	近椭	
完砾	G3	17				165	29	22	164	12.4.25WL	13.1.21DB	砾石	细砂岩	近椭	透镜体形	近椭	
完砾	I TN05E07②	2				47	41	30	80	12.4.25WL	13.1.21DB	砾石	花岗岩	近椭	近椭	近椭	
完砾	H173	2				158	49	19	231	12.4.25WL	13.1.21DB	砾石	细砂岩	近椭	近椭	近椭	
完砾	H143	3				274	60	59	1703	12.4.25WL	13.1.21DB	砾石	细砂岩	近圆	近椭	近圆	
完砾	H142	9				63	60	12	83	12.4.25WL	13.1.21DB	砾石	细砂岩	近圆	透镜体形	透镜体形	
完砾	H142	8				64	56	12	79	12.4.25WL	13.1.21DB	砾石	细砂岩	近椭	不四	不四	
完砾	II TN05E02②	5				101	98	55	706	12.4.25WL	13.1.21DB	砾石	花岗岩	近圆	不三	不四	
完砾	II TN02W01②	11				41	41	41	93	12.4.25WL	13.1.21DB	砾石	粗砂岩	近圆	近圆	近圆	

续表

名称	探方层位	编号	X(厘米)	Y(厘米)	Z(厘米)	长度(毫米)	宽度(毫米)	厚度(毫米)	重量(克)	发现者、日期	观察者、日期	素材	岩性	几何形状 平面	几何形状 横剖面	几何形状 纵剖面	特征
完砾	TN07E04②	8				62	56	15	55	12.4.25WL	13.1.21DB	砾石	粉砂岩	近圆	近椭	近圆	有一个天然形成的孔
完砾	H181	9				220	136	36	1679	12.4.25WL	13.1.21DB	砾石	花岗岩	近椭	近椭	近椭	
完砾	TN06E04④	12				61	47	40	155	12.4.25WL	13.1.21DB	砾石	花岗岩	近椭	近椭	近椭	
完砾	H145	5				71	58	36	224	12.4.25WL	13.1.21DB	砾石	花岗岩	近椭	近椭	近椭	

注：不三：不规则三边形；完砾：完整砾石

附表五　郧县刘湾遗址仰韶文化有弧立片疤的砾石统计表

名称	探方层位	编号	X(厘米)	Y(厘米)	Z(厘米)	长度(毫米)	宽度(毫米)	厚度(毫米)	重量(克)	发现者、日期	观察者、日期	素材	岩性	几何形状 平面	几何形状 横剖面	几何形状 纵剖面	特征
有弧立片疤的砾石	H196	473	763	421	154.55	105	91	24	318	12.4.24WL	13.1.21RB	砾石	细砂岩	似椭	不四	不四	

注：不四：不规则四边形

附表六　郧县刘湾遗址仰韶文化完整砾石统计表

名称	探方层位	编号	X(厘米)	Y(厘米)	Z(厘米)	长度(毫米)	宽度(毫米)	厚度(毫米)	重量(克)	发现者、日期	观察者、日期	素材	岩性	几何形状 平面	几何形状 横剖面	几何形状 纵剖面	对称性 两面	对称性 两边	特征
完整砾石	H157	4				178	191	59	2322	12.4.25WL	13.1.21DB	砾石	粗砂岩	不四	不四	不四			

注：不四：不规则四边形

附表七 郧县刘湾遗址仰韶文化断裂砾石统计表

名称	探方层位	编号	X（厘米）	Y（厘米）	Z（厘米）	长度（毫米）	宽度（毫米）	厚度（毫米）	重量（克）	发现者、日期	观察者、日期	素材	岩性	几何形状			特征
														平面	横剖面	纵剖面	
断砾	H181	10（重号）				151	76	41	700	12.4.24WL	13.1.21GYC	砾石	片麻岩	不四	不四	不四	
断砾	H144	3				252	75	73	1928	12.4.24WL	13.1.21GYC	砾石	砂岩	不四	近椭	不四	
断砾	H181	15				181	143	46	1498	12.4.24WL	13.1.21GYC	砾石	石英片岩	不五	不四	不四	
断砾	M29	01				273	124	59	2219	12.4.24WL	13.1.21GYC	砾石	砂岩	不四	近椭	不四	
断砾	H151	6				130	80	59	793	12.4.24WL	13.1.21GYC	砾石	中砂岩	不四	近椭	不四	
断砾	H183	1				66	50	30	120	12.4.24WL	13.1.21GYC	砾石	细砂岩	不三	近椭	不四	
断砾	H181	11				105	102	27	409	12.4.24WL	13.1.21GYC	砾石	细砂岩	不四	不四	近椭	
断砾	H190	7				74	71	48	350	12.4.24WL	13.1.21GYC	砾石	花岗岩	不四	不三	不三	

注：不三：不规则三边形；不四：不规则四边形；断砾：断裂砾石

附表八 郧县刘湾遗址仰韶文化有打击痕迹的砾石统计表

名称	探方层位	编号	X（厘米）	Y（厘米）	Z（厘米）	长度（毫米）	宽度（毫米）	厚度（毫米）	重量（克）	发现者、日期	观察者、日期	素材	岩性	几何形状			特征
														平面	横剖面	纵剖面	
有打击痕迹的砾石	H190	4	119	73	64	192	87	34	707	12.4.24WL	13.1.21DB	砾石	细砂岩	不四	不四	不三	
有打击痕迹的砾石	H169	7	185	44		185	44	40	443	12.4.24WL	13.1.21DB	砾石	砂岩	不四	不四	不三	

注：不三：不规则三边形；不四：不规则四边形

附表九 郧县刘湾遗址仰韶文化有打击痕迹的石英断块统计表

名称	探方层位	编号	X（厘米）	Y（厘米）	Z（厘米）	长度（毫米）	宽度（毫米）	厚度（毫米）	重量（克）	发现者、日期	观察者、日期	素材	岩性	几何形状			特征
														平面	横剖面	纵剖面	
有打击痕迹的石英断块	M49	1				48	35	23	44	12.4.24WL	13.1.21DB	砾石	砂岩	不四	不四	不三	
有打击痕迹的石英断块	M9	2				42	39	26	51	12.4.24WL	13.1.21DB	砾石	砂岩	不四	不四	不三	

注：不三：不规则三边形；不四：不规则四边形

后　记

　　湖北省南水北调文物保护工程渐近尾声，在国家文物局、湖北省文物局的领导、支持下，通过文物考古工作者的辛勤劳动，相关专业学术报告和研究成果陆续与社会各界见面。作为整个工程的缩影，郧县刘湾遗址从2009～2016年，历时四年发掘、整理，又经过近四年的报告编写工作，终于在此写下最后一笔。

　　在刘湾遗址发掘、整理及报告编写过程中，湖北省文物局多次组织专家莅临现场进行指导和检查，为田野发掘及研究工作指明了方向。武汉大学余西云教授和湖北省文物考古研究所周国平研究员在百忙之中抽出时间审阅书稿，并提出了宝贵的修改意见。此外，湖北省文物考古研究所、十堰市博物馆及郧阳博物馆等各级单位的领导多次赴工地进行慰问，让一线考古工作者在艰苦环境下感受到温暖。在此，笔者向各位专家、领导表示崇高的敬意。

　　刘湾遗址的发掘、整理及报告编写工作最需要感谢的是湖北省文物考古研究所胡文春副研究员，他精心组织团队、严谨开展工作，为整个项目的顺利完成奠定了坚实的基础。在其退休后，依然不忘初心，无私地帮助和指导后辈编写报告，笔者表示由衷的感谢。同时，刘湾遗址的发掘、整理和报告编写工作是一个系统工程，有多位同仁参与其中，贡献了自己的力量，在此一并表示感谢。

　　本报告以全面发表材料为主，很少涉及研究内容，编者作为一名青年考古工作者，水平实在有限，敬请各位专家、领导批评指正。

编　者
2016年12月

刘湾遗址卫星地形图

刘湾遗址

1. 秋季全景（南—北）

2. 夏季全景（东北—西南）

刘湾遗址全景

1. Ⅰ、Ⅱ区2009、2010年度发掘遗迹全景（东北—西南）

2. Ⅰ区2009年度发掘探方全貌（北—南）

Ⅰ、Ⅱ区发掘遗迹全景和Ⅰ区发掘探方全貌

1. Ⅱ区2010年发掘探方全貌（东—西）

2. Ⅲ区2009年度发掘探方全貌（北—南）

Ⅱ、Ⅲ区发掘探方全貌

1. G2全景（西南—东北）

2. H196全景（西—东）

G2、H196发掘全景

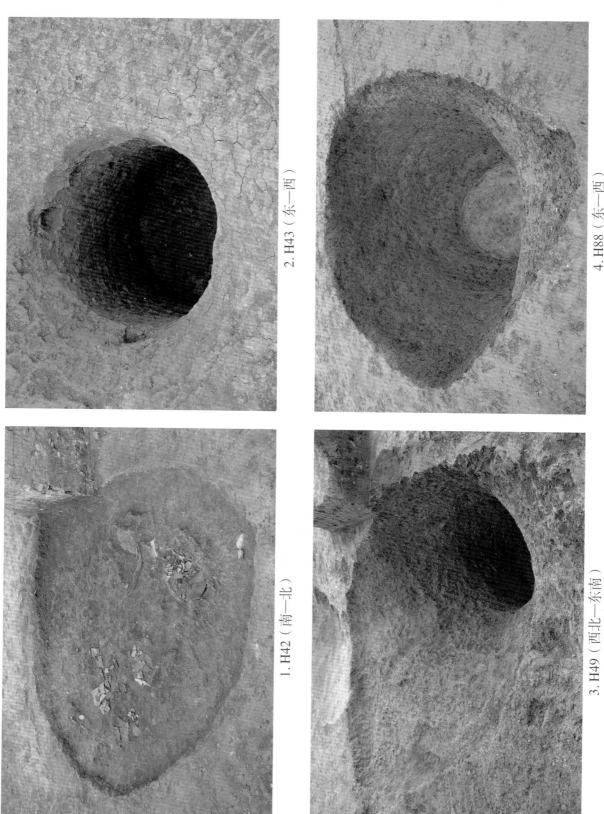

2. H43（东—西）

4. H88（东—西）

1. H42（南—北）

3. H49（西北—东南）

新石器时代灰坑

2. H126（北—南）

4. H152（东—西）

1. H123（北—南）

3. H140（南—北）

新石器时代灰坑

图版八

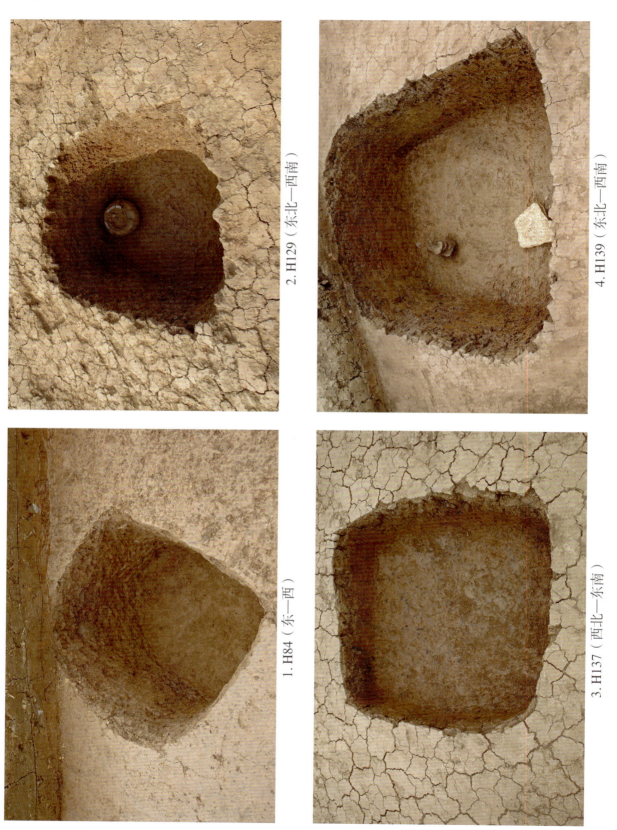

1. H84（东—西）

2. H129（东北—西南）

3. H137（西北—东南）

4. H139（东北—西南）

新石器时代灰坑

1. H144（北—南）

2. H151（西北—东南）

3. H159（北—南）

4. H178（西南—东北）

新石器时代灰坑

G4发掘全景（西南—东北）

1. F1全景（西—东）

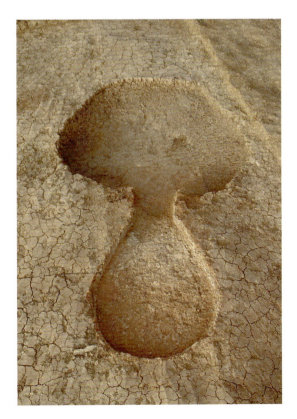

2. Y2全景（南—北）

新石器时代房址、窑址

1. Z1全景（东北—西南）

2. Z2全景（西南—东北）

新石器时代灶坑

2. M31（西北—东南）

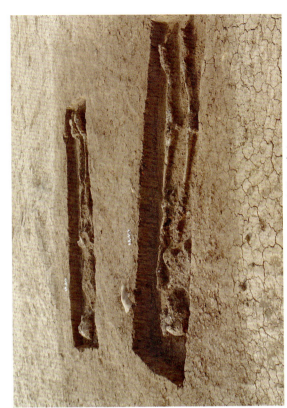

4. M48、M49（北—南）

新石器时代墓葬

1. M7（西北—东南）

3. M34（西北—东南）

1. M11（东北—西南）

2. M14（东北—西南）

3. M95（东北—西南）

4. M98（东北—西南）

1. M1（西南—东北）

2. M3（北—南）

3. M16（东—西）

新石器时代墓葬

1. W1（南—北）

2. W3（东南—西北）

新石器时代瓮棺葬

1. 斧（ⅢTS05W09②：1）

2. 斧（ⅠTN06E04③：18）

3. 斧（ⅢTS09W08②：2）

4. 斧（H4：1）

5. 斧（H13：1）

6. 铲（H67：4）

新石器时代石器

1. 斧（H67：3）

2. 斧（H126：2）

3. 锛（ⅠTN08E05②：8）

4. 镞（H4：17）

5. 锛（ⅢTS09W08②：1）

6. 锛（H13：5）

新石器时代石器

1. 锛（H126：4）

2. 锛（G2②：251）

3. 斧（G2②：252）

4. 凿（ⅠTN06E04③：22）

5. 凿（H13：4）

6. 镞（ⅢTS12W07②：6）

新石器时代石器

1. 钺（ⅡTN03W02②：1）

2. 钺（M98：1）

3. 网坠（H161：1）

4. 网坠（ⅢTS04W09③：4）

5. 盘状器（H166：2）

6. 网坠（H166：3）

新石器时代石器

1. 盘状器（G2②：269）

2. 刮削器（G2②：267）

3. 斧（ⅠTN02E01②：15）

4. 斧（G2②：253）

5. 斧（ⅡTN03W02②：2）

6. 斧（H67：3）

新石器时代石器

1. 斧（H5：5）

2. 斧（ⅢTS08W09②：5）

3. 锛（ⅠTN06E03③：21）

4. 锯（ⅢTS12W08③：1）

5. 网坠（ⅡTN02W02②：1）

6. 纺轮（ⅠTN08E01⑤：1）

新石器时代石器

1. 盘状器（ⅠTN06E03②：1）

2. 盘状器（G2②：268）

3. 盘状器（H123：10）

4. 盘状器（H166：4）

1. 石斧（H13：6）

2. 石铲（石锄）（H13：7）

3. 石铲（石锄）（H13：7）

4. Ab型Ⅰ式陶鼎（H162：1）

5. Ab型Ⅱ式陶鼎（H82：7）

6. Ab型Ⅲ式陶鼎（H83：6）

新石器时代石器、陶器

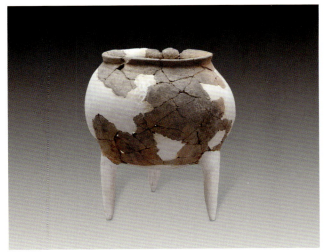

1.B型Ⅰ式鼎（H42：2）

2.Ab型Ⅲ式鼎（H129：1）

3.B型Ⅱ式鼎（H42：1）

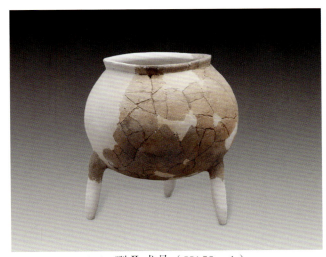

4.Ac型Ⅱ式鼎（H159：1）

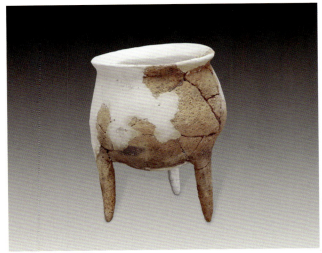

5.Ab型Ⅱ式鼎（H178：6）

6.B型Ⅲ式鼎（M11：1）

新石器时代陶器

1. Aa型罐（M16：1）

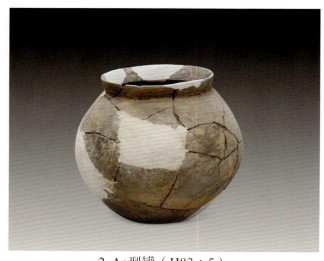

2. Ac型罐（H83：5）

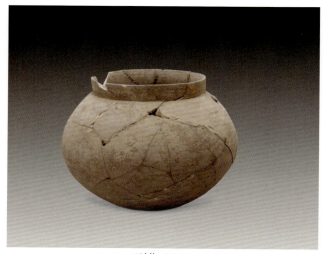

3. Ac型罐（M7：1）

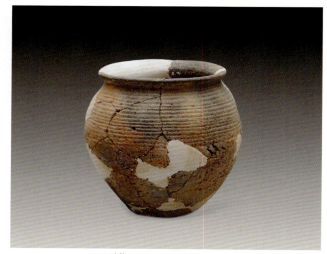

4. Ad型罐（ⅢTS12W07②：2）

5. Ⅱ式筒形罐（Z2：1）

6. Ⅱ式小口罐（H160：2）

新石器时代陶器

1.Aa型红陶钵（M68：1）

2.Ab型Ⅰ式红陶钵（H57：6）

3.Ab型Ⅱ式红陶钵（H36：1）

4.Ba型红陶钵（M46：1）

5.Bb型红陶钵（M44：1）

6.Ac型红陶钵（ⅠTN06E04④：26）

7.Bc型红陶钵（M81：1）

8.C型红陶钵（G2②：9）

新石器时代陶器

1.Ab型黑灰陶钵（M32：1）

2.Ac型黑灰陶钵（M80：1）

3.Ad型黑灰陶钵（H147：1）

4.Ba型黑灰陶钵（M12：2）

5.Bb型黑灰陶钵（M64：1）

6.Bb型黑灰陶钵（M65：1）

7.Aa型红顶钵（H42：4）

8.Aa型红顶钵（M14：1）

1. Ab型红顶钵（H200：1）

2. Ac型红顶钵（ⅢTS12W07②：1）

3. B型红顶钵（ⅠTN09E01⑤：1）

4. C型红顶钵（ⅠTN08E02③：9）

5. B型盆（ⅠTN07E04③：27）

6. A型Ⅱ式盆（H61：1）

7. A型Ⅰ式盆（H44：1）

8. Ca型Ⅰ式盆（ⅢTS11W07④：1）

新石器时代陶器

1.Ca型Ⅱ式盆（H170：1）

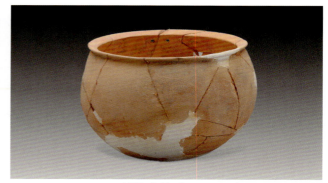

2.Ca型Ⅲ式盆（H42：9）

3.Cb型碗（H42：6）

4.Da型碗（M66：1）

5.Db型Ⅱ式碗（M33：2）

6.Da型碗（M97：1）

7.Db型Ⅱ式碗（H60：1）

8.Db型Ⅰ式碗（M43：2）

1. B型Ⅲ式杯
（ⅢTS07W08②：1）

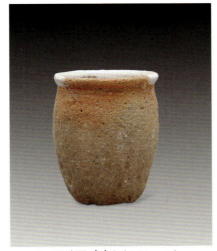

2. C型Ⅲ式杯（M1：1）

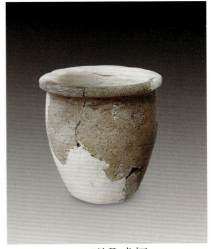

3. C型Ⅱ式杯
（ⅢTS07W06③：1）

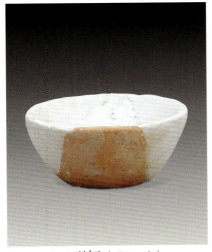

4. A型杯（G1：2）

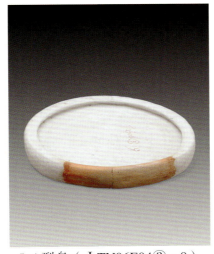

5. A型盘（ⅠTN06E04③：9）

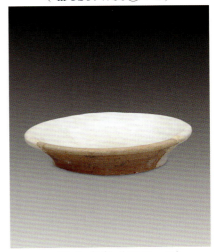

6. B型Ⅰ式盘（H28：8）

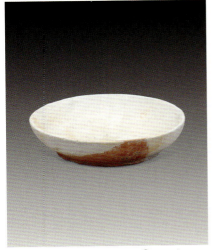

7. B型Ⅱ式盘（G2②：8）

8. Aa型器座
（ⅠTN06E04③：25）

9. Aa型器座（M29：1）

新石器时代陶器

1. M47（北—南）

2. M86（北—南）

东周时期墓葬

1. 鬲（M47：4）

2. 鬲（M86：1）

3. 盂（M86：2）

东周时期陶器

1. 盆（M42：1）

2. 瓮（M42：2）

汉代陶器

1. M17（南—北）

2. M18（西北—东南）

3. M100（东南—西北）

明清时期墓葬

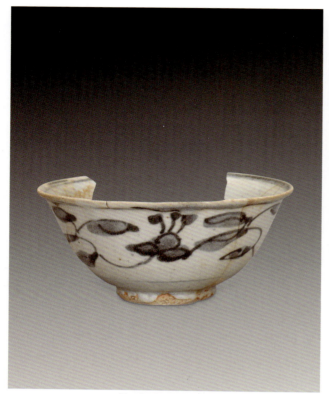

1. 瓷碗（M17：1）

2. 瓷碗（M100：2）

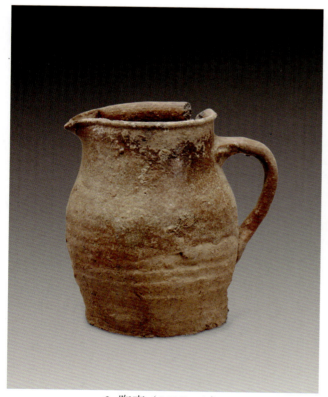

3. 陶壶（M17：2）

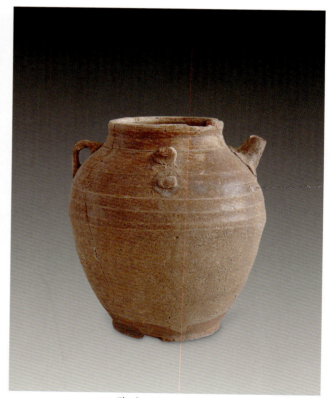

4. 陶壶（M100：1）

明清时期遗物